区域·社会·变迁
研究丛书

A Study on the Financial System of the
Shanghai Municipal Council in Modern Times

城市发展的"财"与"政"
近代上海工部局财政制度研究

李东鹏 ——— 著

图书在版编目(CIP)数据

城市发展的"财"与"政":近代上海工部局财政制度研究 / 李东鹏著. -- 上海 : 上海社会科学院出版社, 2025. -- ISBN 978-7-5520-3833-0

Ⅰ. F812.95

中国国家版本馆 CIP 数据核字第 2025P18N98 号

城市发展的"财"与"政":近代上海工部局财政制度研究

著　　者：李东鹏
责任编辑：蓝　天
封面设计：黄婧昉
出版发行：上海社会科学院出版社
　　　　　上海顺昌路 622 号　邮编 200025
　　　　　电话总机 021-63315947　销售热线 021-53063735
　　　　　https://cbs.sass.org.cn　E-mail:sassp@sassp.cn
排　　版：南京展望文化发展有限公司
印　　刷：上海万卷印刷股份有限公司
开　　本：890 毫米×1240 毫米　1/32
印　　张：14.75
字　　数：355 千
版　　次：2025 年 9 月第 1 版　2025 年 9 月第 1 次印刷

ISBN 978-7-5520-3833-0/F·818　　　　定价:88.00 元

版权所有　翻印必究

目 录

导读 …………………………………………………………… 1

第一章 移植调适：工部局财政管理制度的形成 ………… 26
  第一节 工部局财政管理制度的渊源……………………… 28
  第二节 体系建构：《土地章程》与工部局的财政管理
         制度……………………………………………… 32
  第三节 "市税"的选择：租地人会议时期财税模式的
         确立……………………………………………… 52

第二章 相伴成长：工部局财政收入与城市经济发展 …… 86
  第一节 地税……………………………………………… 90
  第二节 房捐…………………………………………… 116
  第三节 码头捐………………………………………… 153
  第四节 执照捐………………………………………… 173

第三章 权责不等：20世纪30年代工部局的财政困境 … 194
  第一节 工部局财政收支发展阶段分析………………… 195
  第二节 公共租界外侨群体的抗税斗争………………… 205
  第三节 工部局电气处的出售与财政问题的出现……… 235
  第四节 由局内人的评论所想…………………………… 248

第四章　持筹握算：工部局的财政支出与职能发挥 ………… 255
    第一节　由简至繁：工部局财政支出结构变迁 ………… 257
    第二节　财政支出与管理职能发挥 ……………………… 270
    第三节　个案分析：工部局大楼筹建中的财务运作 …… 301
    第四节　问题隐伏：20世纪30年代工部局的紧缩行动 …… 323

第五章　比较视野：近代中国城市财政考察 ………………… 342
    第一节　国内租界城市财政概况与比照 ………………… 343
    第二节　冲击下的仿效：国内城市财税与市政的起步
           发展 ……………………………………………… 380

结论 ……………………………………………………………… 427

参考文献 ………………………………………………………… 438

表格目录索引 …………………………………………………… 457

图片目录索引 …………………………………………………… 460

后记 ……………………………………………………………… 463

导 读

一、城市发展的"财"与"政"问题：研究缘起

财政问题，涉及"财"与"政"的关系，关乎财富的分配。古典经济学派认为政府"有形的手"和市场"无形的手"共同调节资源配置，使得社会不断更新、向前发展。政府的财政职能属于"有形的手"，是进行转移支付与实现施政目标的手段之一，一般可分为收入职能和配置职能，也可以形象地称为"筹集资金和供应资金"[1]。政府能否有效地筹集资金并源源不断地支出资金，关乎政权稳固、社会安定。

（一）研究缘起

具体到城市而言，一座城市有序、高效地运转，离不开"财"与"政"。城市的管理机构进行城市管理、社会治理、公共服务需要大量的人力和物力，而城市运转的有序、高效，也为城市持续获取稳定的收入提供了保障。本书所研究的对象为上海公共租界工部局，其作为近代西方列强侵略强权的产物，但同时也是近代以来在中国土地上第一次用现代城市管理制度进行城市管理的实践，具有"双重影响"[2]。在历史的演进中，以公共租界为核心区的近代上海"一

---

[1] 郭庆旺、赵志耘：《财政学》，中国人民大学出版社 2002 年版，第 75 页。
[2] 熊月之：《上海租界与近代中国》，上海交通大学出版社 2019 年版，第 78 页。

市三制"格局逐步形成。上海公共租界形成了以工部局为城市"管理者"的城市管理制度,依托其强大的财政获取能力,对租界社会进行治理。因此,对近代上海公共租界工部局的财政制度进行研究,探析其"财"与"政"的相互关系问题,可以作为中国近代城市发展史上一个具有观察意义的独特样例。

社会的演进是一个动态的过程,必须对不断变化的社会现实进行理性思辨分析、对社会结构进行不断调适,让社会整体形成一个完整的、不断生发的动态系统。在考察工部局的财政制度与上海城市"财"与"政"的关系时可以看到,上海租界原本是专供外侨居住的居留地,移植了当时西方(特别是英国)的市政制度与税收理念,但自小刀会起义打乱了华洋分治的模式后,工部局在面对中国本土出现的各种政治、经济、社会的特殊事件时进行适应性调整、改变,最终形成了独具特色的上海工部局城市管理制度,并发展出与其配套的城市财政制度,促进了上海公共租界的城市发展。正如布罗代尔所说,历史上一切都是互相关联的,特别是经济活动,它不能脱离周围的政治和信仰环境,不能离开当时当地的可能和限制而孤立存在。[1] 近代西方的城市管理制度、城市财政制度在上海的移植、调适,是工部局成功实现城市管理的重要制度保障,也证明任何先进制度、模式不能照搬照抄,在坚持核心理念的基础上必须进行本土化改造。因此,在近代中西文明交互、碰撞的大背景下,观察工部局财政制度的建构、演变问题,可以对探讨"冲击—反应"模式在中国近现代史中的效用问题,提供参考。

托克维尔认为,"公共事务几乎没有一项不是产生于捐税,或导

---

[1] [法]费尔南·布罗代尔著,施康强、顾良译:《15 至 18 世纪的物质文明、经济和资本主义》第 3 卷,生活·读书·新知三联书店 1993 年版,第 4 页。

致捐税"①。市政机构的运转需要资金,因此工部局需要有持续的收入。伴随着租界面积的增加、人口的增长,工部局职能的不断扩展,所涉领域不断延伸,获得持久稳定的收入便成为租界管理当局面临的首要问题。

《土地章程》被认为是租界的"根本大法"。在上海公共租界的治理体系中,工部局是以事实上的类似"政府"角色而存在,正如著名的大法官费唐所言:"就公共租界之普通统治系统言,工部局为行政机关,其权力为以条约为根据之组织法所限制。"② 工部局的前身为道路码头委员会,租界财政的源头即为道路码头委员会修路建桥提供经费。在1845年《土地章程》中第三条规定:"业已出租之路而其价早经洋商偿付者,如有损坏,应由附近地基租主修复;领事官今后公开召集租主,共同商议,公平分摊。"第十二条规定:"洋泾浜北首界址内租地租房洋商应会商修建木石桥梁,保持道路清洁,竖立路灯,设立灭火机,植树护路,挖沟排水,雇用更夫。领事官经各租主请求,召集会议,公同商议,摊派以上各项所需经费。"③ 于是在1846年12月22日,由英驻沪领事巴富尔召集在租界租赁土地的英国商人,在黄浦江畔的礼查饭店召开了第一次租地人会议。④ 规定道路码头委员会负责码头、道路的维修和护理等。同时确定租地人会议召开的日期为每年1月,会议的职责为审议过去一年经费收支报告,听取道路码头委员会的市政建设报告,选举新

---

① [法]托克维尔著,冯棠译:《托克维尔文集》第3卷,商务印书馆2013年版,第129页。
② 费唐著,工部局华文处译:《费唐法官研究上海公共租界情形报告书》第1卷,1931年版,第388页。
③ 王铁崖:《中外旧约章汇编》第1册,生活·读书·新知三联书店1957年版,第66页。
④ 租地人会议(The Land Renter's Meeting),纳税人会议前身。1870年后,改为纳税人会议(The Ratepayer's Meeting)。

一届的道路码头委员会并讨论与地产有关的其他租界事项。直至1854年，工部局承继道路码头委员会衣钵，正式登上历史舞台。

工部局成立之初，财政状况十分窘迫，只有25 000元左右的资产。① 而到20世纪30年代，工部局收入每年有千万两之巨。据1930年工部局年报载：1930年度之本局经常收入，共计银12 679 208两。② 依托纳税人会议赋予的征税权力，上海公共租界的管理者——工部局获得了源源不断的财政收入，收入状况发生了翻天覆地的变化。伴随着收入的不断增加，工部局把触手伸向警备、医疗卫生、公共设施、教育等社会事业，在拓展自身职能的同时，施行社会治理举措，促进了上海公共租界的繁荣发展，使得上海成为"世界首列八商埠之一"③。时人称"各种商业利益之集中于上海，尤其集中于公共租界者"④，此种盛况，必依赖于一种无歧视的、公平合理的税收政策和完备的财政制度，并有一个施行此种财政制度的高效"政府"。工部局对于公共租界的管理既包含殖民主义强权政治、在沪外侨的特权和相伴随的对华人利益的歧视，但也引进并施行西方先进的城市管理理念，建立先进的管理制度。正是这些当时西方先进的城市管理文化、财政制度，使得上海公共租界的城市建设和社会治理在良性、有序的轨道上发展，其中某些制度规章至今仍作为城市管理的元素而传承。

在当下，城市为了生存、竞争和兴盛被迫日益去实现城市秩序。⑤

---

① 上海市档案馆编：《工部局董事会会议录》第1册，上海古籍出版社2001年版，第572页。
② 工部局华文处译：《上海公共租界工部局年报》(1930)，第310页。
③ 《费唐法官研究上海公共租界情形报告书》第1卷，第509页。
④ 《费唐法官研究上海公共租界情形报告书》第1卷，第506页。
⑤ [英]彼得·霍尔著，王志章等译：《文明中的城市》(第1册)，商务印书馆2016年版，第10页。

城市治理的探索与创新已成为国家治理体系与治理能力现代化建设的重要方面。作为近代中国城市治理的样例之一，上海城市的发展路径值得深入分析研究。近代上海工部局的财政收入主要有房捐、地税、码头捐、执照捐，这四大收入的成长依托上海的对外贸易、房地产价格和城市商业，代表上海城市经济的命脉，四大收入的结构也是上海经济成长的全景。财政问题是研究近代上海公共租界治理、演变的重要线索，而财政制度中的重要关节——税收，关乎社会各阶层的切身利益，税率的变动经常引发租界内的群体性活动，进而影响工部局的社会治理政策、方针、手段，与租界的政治活动密切相关。因此，本书将研究目光聚焦于上海公共租界的税收、财政和城市管理，希冀通过上海公共租界财政制度的研究，找到上海公共租界演变的内在理路，理清财政制度与城市管理、社会治理的相互关系。

（二）时段说明

本书考察对象为近代上海公共租界工部局的财政与城市管理问题，起始于1843年上海开埠至1937年淞沪抗战爆发，时间跨度近一百年，期间涉及从道路码头委员会到工部局成立、英租界与美租界合并为公共租界、租地人会议到纳税人会议，以及公共租界拓界等历史事件。这些都与工部局管理下城市"财"与"政"的关系密切相关。

上海在开埠以前，已是"江海通津"的商业重镇，但县城北部苏州河与黄浦江交汇处，仍"惟是时荒芜"的景象。1843年上海开埠。1845年，上海道台与英国驻沪领事签订《土地章程》，规定外国人可以租用土地。英国人最先在今"外滩源"地区建造驻沪领事馆，近现代上海城市便以此为"源"点开始发展。

本书下限为 1937 年，是基于 1937 年淞沪抗战爆发后，日本帝国主义入侵上海，大量难民疯狂涌入租界，上海的城市经济运行进入了特殊时期，随后租界成为所谓的"孤岛"。尽管在 1943 年汪伪政府"接收"上海公共租界以前，工部局表面上仍拥有着城市管理的权力，但这一时段工部局的财政收入、支出，因战争带来了巨大的变量，呈现出不同于城市发展惯性的特殊现象。这一时期的工部局财政问题虽然可以作为特殊时期的历史问题进行考察，但与本书探究的城市发展中"财"与"政"的关系问题，相差较大。因此，本文下限定为 1937 年，这也是工部局管理的公共租界进行城市治理的历史分野。

需要说明的是，本书在讲述城市房捐历史演变之时，简要提及了 1945 年抗战胜利后的上海城市房捐征收和新中国成立初期的上海城市房捐征收。房捐作为研究工部局财政收入的重要案例，其征收方式一直延续至新中国成立后，也可从侧面看出其在近代中国财税史、城市发展史中的重要地位与影响。此外，本书提及的公共租界财政与工部局财政为同一论述范畴。

二、学术史回顾

学术史回顾是对相关研究的阶段性整理概括。唐力行认为"历史研究必须重视全面的时间、全面的空间和全面的人"[①]，如此方能把握好研究选题，这也突出了学术史回顾的重要性。从上海开埠以来，不管是历史还是当下，上海的成长路径一直受到学界的高度关注。近代上海分为公共租界、法租界、华界，因而存在三个不同市

---

① 唐力行等：《论题：区域史研究的理论与实践》，《历史教学问题》2004 年第 5 期。

政管理机构,有来自世界各国的不同种族、不同习俗、不同生活习惯的人群,汇聚于此。"一市三制"的政治特色与相互交织的文化习俗,使近代上海成为一个精彩纷呈、极其复杂的大舞台。得益于近代出版业的发展和外侨出色的档案管理制度,与其他城市相比,对上海工部局财政制度研究可以找到更丰富、更翔实的资料和数据,使得上海史、租界史、城市史的研究成果十分丰富,也为笔者研究相关"财"与"政"问题,开阔了视角、带来了方法的借鉴。目前,学界相关学术史梳理主要从以下四个方面展开:

(一)从城市近代化的视野中审视

自五口开埠通商引起变局,在中外文明碰撞的合力中,中国城市自身发展路径发生改变,开始走向近代化的历程。五口之中,上海地位最为重要,发展最为迅速。上海城市从明清江南市镇成长起来,其成长过程存在着从传统到现代的转变问题。

关于城市在近代化中的作用问题,美国学者施坚雅在《中华帝国晚期的城市》[①]一书中,曾提出中心地理论,解决了城市空间层次、城市与地方体系层级等结构的问题,将近代中国城市的社会流动体系解释清楚,为城市的近代化转型提供了依据。在此基础之上,他对这一时期城市的社会管理运作做了评判。英国学者彼得·霍尔认为城市作为一个文化熔炉,其商业和工业的繁荣与文学和艺术的创新密切相关,城市为了生存、竞争和兴盛被迫不断完善城市秩序。[②]何一民在《近代中国城市发展与社会变迁》[③]中,将近代城市发展置于近代社会变迁的全过程中来考察,从近代中国城市演变和

---

① [美]施坚雅著,叶光庭、徐自立等译:《中华帝国晚期的城市》,中华书局2000年版。
② 《文明中的城市》(第1—3册)。
③ 何一民:《近代中国城市发展与社会变迁(1840—1949)》,科学出版社2004年版。

城市发展动力机制的转变、近代中国城市化进程、近代中国城市管理的现代化趋势、社会结构的演变，重点探讨城市发展所引起的社会变迁，以及社会变迁对城市发展的促进和制约作用。

而关于上海城市近代化问题，上海在开埠以前虽为"江海之通津，东南之都会"，但通商开埠则是上海成长为国际性大都市的根本动因，"东南五口城市近代化的主导因素，是对外开放带来的对外贸易的发展以及由此而来的埠际贸易"①。张仲礼《近代上海城市研究》②一书以上海城市、经济的近代化为切入点，可谓找准了上海城市近代化的关键所在，以此对近代上海的经济、政治、文化的嬗变皆作了详细梳理，呈现了近代上海城市演变过程、发展规律与历史关节点。对于上海公共租界的管理体制，其用"三权分立"的政权组织原则来定义纳税人会议、工部局和会审公廨在公共租界的地位与作用，论证了上海政治的近代化、市政管理的近代化与经济的发展并肩齐步。

以上海为代表的近代中国通商口岸城市的近代化，是整个中国社会走向近代化的开端和尝试，在中国具有示范性、引导性的意义。美国学者罗兹·墨菲的《上海——现代中国的钥匙》③一书，就地理、政治、交通运输、贸易和工业制造等多方面，论述了从上海开埠到1949年上海城市的成长动力和城市运作等问题，着重证明上海的发展演变对近代中国适应世界潮流和走向现代化的关键作用。罗兹·墨菲用跨学科的方法，以大量的图表数据将上海与和世界其他

---

① 熊月之、潘君祥、沈祖炜、罗苏文：《论东南沿海城市与中国近代化》，《史林》1995年第1期。
② 张仲礼主编：《近代上海城市研究》，上海人民出版社1990年版，第608页。
③ ［美］罗兹·墨菲著，上海社会科学院历史研究所译：《上海——现代中国的钥匙》，上海人民出版社1986年版。

发达地区进行对比，彰显了上海租界在近代中国与世界的特殊地位。法国学者安克强在《1927—1937 年的上海：市政权、地方性和现代化》[1] 一书中的研究背景正处于国民政府建设大上海时期，其分析了上海市政府在行政管理体系学习、模仿公共租界的各项组织制度的必然性，文章重点讨论了上海市政府财政收入的问题，与同期租界当局的财政收入作了对比。胡端的《从城西首镇到华洋之界：上海法华地区城市化进程研究》[2] 一书考察了处于"华洋之界"的法华地区城市化的问题，认为其在应对城市化问题与现代性成长过程中，既要适应时代变化，又要保留旧有文化基因，呈现出复合而多元的内涵。

近代上海城市经济繁荣，城市管理先进，在国内产生了强大的示范效应。1927 年上海特别市成立以后，市政府即开始对上海建设的规划。1929 年又通过了"大上海建设计划"，对中心城区建设、道路、港口、铁路等进行规划，体现了振兴华界与外国租界抗衡的意图。这是中国政府第一次系统性地用先进的规划理念进行城市建设，对国内其他城市的近代化产生重要影响。

（二）在制度变迁的角度中解析

城市制度是城市健康有序发展的基础体制，要关注制度变迁。制度变迁是指新制度或新的社会结构产生、替代改变旧制度的过程，是一种社会经济演进的动力。近代中国社会动荡不安，城市的兴衰此起彼伏，社会结构亦经常发生变化。近代上海公共租界实现了城市的经济、文化、社会繁荣，与其有一个相对稳定可靠的城市管理

---

[1] ［法］安克强著，张培德译：《1927—1937 年的上海：市政权、地方性和现代化》，上海古籍出版社 2004 年版。
[2] 胡端：《从城西首镇到华洋之界：上海法华地区城市化进程研究》，上海社会科学院出版社 2024 年版。

制度密不可分。新制度经济学由三大理论支撑，分别是：制度变迁理论、产权理论和企业理论。在制度变迁理论中提到制度变迁有"路径依赖"特点：一旦初始条件给定，制度演进会沿着初始条件所规定的发展可能性空间展开，并在这一展开的过程中不断强化这一路径的依赖倾向。[1] 从城市制度的变迁，可探究上海公共租界税收、财政与城市管理的内在发展理路。正如诺斯认为，制度乃是一个社会的游戏规则，制度构造了人们在政治、社会或经济领域进行交换的激励结构，制度变迁则某种程度上决定了社会演进的形式。因此，制度是理解历史变迁的关键。[2]

制度变迁，必须推其沿革。民国时期的中国学者首先对上海公共租界的制度问题进行了研究。徐公肃、邱瑾璋所著《上海公共租界制度》[3] 对租界管理中的立法、司法、行政从法理上进行论述，特别对租界成立、运作的法律文件进行了逐一分析，梳理了公共租界制度发展的历史脉络。阮笃成的《租界制度与上海公共租界》[4]以上海租界制度的解析为基础，分别从上海公共租界的立法、司法和行政三方面解释纳税人会议的职权、会审公廨的司法权和工部局行政权。此外，还有顾器重《租界与中国》、夏晋麟《上海租界问题》[5]、王臻善《沪租界前后经过概要》、王揖唐《上海租界问题》等相关著作。关于租界制度的影响，熊月之在《论上海租界的双重

---

[1] 曹远征：《中国城市化进程中的政府角色和路径依赖问题》，《东方早报》2014年5月27日。
[2] [美]道格拉斯·C.诺斯著，杭行译：《制度、制度变迁与经济绩效》，格致出版社、上海三联书店、上海人民出版社2014年版，第3页。
[3] 收录《上海公共租界史稿》，上海人民出版社1980年版，第102页。
[4] 阮笃成：《租界制度与上海公共租界》，《民国丛书》第四编·24，上海书店出版社1989年版。
[5] 夏晋麟：《上海租界问题》，《民国丛书》第四编·24，上海书店出版社1989年版。

影响》①一文中指出租界对中国的政治、经济、文化、教育、科学等方面产生过多重影响，不能单一而论，既有消极的一面，也有积极的一面。

上海公共租界的土地管理制度是典型的外生性制度，在中外政治力量的博弈中，产生了永租制度、道契制度、土地估价制度、税收制度等，这些皆是上海公共租界城市"财"与"政"的重要内容。产权，是经济进一步发展的基石，是投资扩张的动力，也是社会稳定的保证。马学强《从传统到近代：江南城镇土地产权制度研究》②一书，将土地产权制度置于整个社会结构之中，围绕土地产权制度的演进揭示中国传统城镇从传统到近代的变迁，通过对上海道契的发行、时局变动与产权秩序、晚清以来民法的修订等问题，揭示近代上海房产、地产、房地产市场的运作体系。杜恂诚对道契制度进行了深入的分析和论证，并把道契制度与中国传统土地私有制度进行了优劣比较，认为道契制度是完全意义上的土地私有产权制度。③

近代上海是远东和世界金融体系的中心，上海的金融制度在中国的整个金融领域具有特殊性，其深刻影响着公共租界的税收、财政和城市管理。20世纪30年代受邀来沪就工部局体制改革进行研究的费唐，说其目的之一便是"对于业在上海发展之伟大商务利益，给以合乎情理之充分保障"④。杜恂诚《上海金融的制度、功能与变迁（1897—1997）》⑤以上海金融百年的演化为线索，通过对经济和金融的地位关系，论证近代中国存在的自由市场型金融制度和垄

---

① 熊月之：《论上海租界的双重影响》，《史林》1987年第3期。
② 马学强：《从传统到近代：江南城镇土地产权制度研究》，上海社会科学院出版社2002年版。
③ 杜恂诚：《道契制度：完全意义上的土地私有产权制度》，《中国经济史研究》2011年第1期。
④ 《费唐法官研究上海公共租界情形报告书》第1卷，第8页。
⑤ 杜恂诚：《上海金融的制度、功能与变迁（1897—1997）》，上海人民出版社2002年版。

断型金融制度的不同作用，中外在上海的金融力量影响着近代中国金融政策，亦影响着整个中国的金融制度。

（三）跨学科视野中的上海城市史研究

上海史的研究一直受学术界和社会各界的关注。早在 20 世纪初，工部局就先后资助兰宁、库寿龄完成《上海史》两卷①，对早期上海城市的发展情况进行了多视角的论述。随着社会的发展，多学科跨专业的合作与尝试为上海史研究引入了崭新的视角，让人们得以重新审视近代上海城市建设、管理体系背后所隐藏的那些多元因素。

樊果《陌生的"守夜人"——上海公共租界工部局经济职能研究》② 一书，运用古典经济学、财政学相关理论，特别是以亚当·斯密的国家财政理论，对工部局财政制度进行了深入的分析探究，认为工部局具有维护稳定市场秩序、制订公共政策、运用公共财政管理租界三方面的功能。书中对工部局公共财政管理体制，分别从收入支出、平衡预算、管理债券发行和偿还、调节社会公共产品和进行转移支付等方面进行论述，对公共租界财政收入问题进行了初步探讨。张鹏《都市形态的历史根基——上海公共租界市政发展与都市变迁研究》以市政建设为视角，从市政制度、市政机构、建设手段、道交系统、港岸系统、管线系统几个方面，探讨市政机构的演变和市政机构对市政建设的控制等问题，阐明了公共租界市政建设的诸多方面都是上海都市近代化最为重要的组成部分。万勇《近代上海都市之心：近代上海公共租界中区的功能与形态演进》③，利

---

① ［英］兰宁、库寿龄著，朱华译：《上海史》第一、第二卷，上海书店出版社 2020 年版。
② 樊果：《陌生的守夜人——上海公共租界工部局经济职能研究》，天津古籍出版社 2012 年版。
③ 万勇：《近代上海都市之心：近代上海公共租界中区的功能与形态演进》，上海人民出版社 2014 年版。

用租界历史上不同时期的历史地图和历史照片,通过现代技术手段,针对上海公共租界中区的城市功能、住宅布局、空间形态、道路市政等要素进行梳理,并在此基础上对空间演进进程进行了研究,认为现代城市规划的要素早在租界初期建设中即显露端倪,并为现代的里弄保护提供启示。

孙倩的博士论文《上海近代城市建设管理制度及其对公共空间的影响》[1],利用租界档案讨论了城市建设管理制度和土地利用制度的形成与演变及其对公共空间的影响,并重点考察了公共租界、法租界和华界的制度差异以及征地制度背后的公司利益纠纷。马学强、朱亦峰主编的《从工部局大楼到上海市人民政府大厦》[2]一书,从工部局大楼的筹建、变迁角度,讲述发生在一座建筑内的故事,探讨工部局、工部局大楼与上海城市的发展变迁,其中特别注重人物研究,让城市研究更有血、有肉、有灵魂。罗婧《繁华之始:上海开埠初期租界地区洋行分布与景观变迁 1843—1869》[3]认为,在租界发展的早期阶段,洋行与工部局联手协作,参与城市的规划和开发,在工部局各项职能完善后,才逐步褪去相关作用。

此外,新资料的不断涌现,也助力研究向深处拓展,如《申报》《北华捷报》等被大量使用,《新闻报》《密勒氏评论报》等报刊也逐渐进入学者研究的视野,譬如马学强、王海良主编的《〈密勒氏评论报〉总目与研究》[4],将研究视角转向在同时代具有重要地位和影

---

[1] 孙倩:《上海近代城市建设管理制度及其对公共空间的影响》,同济大学博士论文,2006年。
[2] 马学强、朱亦峰主编:《从工部局大楼到上海市人民政府大厦》,上海社会科学院出版社2019年版。
[3] 罗婧:《繁华之始:上海开埠初期租界地区洋行分布与景观变迁 1843—1869》,同济大学出版社2022年版。
[4] 马学强、王海良主编:《〈密勒氏评论报〉总目与研究》,上海书店出版社2015年版。

力的外文报纸，更加注重基本性史料和外文史料。《密勒氏评论报》是一份侧重于经济和政治的综合性报纸，记载了有关工部局、公董局、中国政府等多方面的资料，通过整理、翻译和研究《密勒氏评论报》，使得学术界了解《密勒氏评论报》全貌，了解时代背景。

（四）关于财政制度与城市管理研究的几个论域

近代中国税收制度的现代化是一个时代命题，它既是传统中国税收制度的延续，也经历了西方财税理念的冲击，其中，城市财政与城市管理的命题是随着现代城市发展而出现的新命题。在坚持客观分析的基础上，对关于上海公共租界税收、财政制度与城市管理的研究，目前学界主要聚焦在公共租界的税收分类问题、公共租界的财政转移支付不公平问题、工部局的职能与市政管理问题等几个关键节点，其中房产与房捐问题是研究热点。

民国时期《费唐法官研究上海公共租界情形报告书》一书，对租界财政问题进行了专门论述，费唐认为地税与房捐为公共租界市税收入主要来源，以此为重点分析了租界的收入制度，并为租界改革提供参考建议。上海市档案馆编纂的《上海租界志》[①] 挖掘利用了大量的珍贵史料，对上海公共租界和法租界的财政问题进行了详细的梳理，将公共租界的财政收入分为地税、房捐、码头捐、执照捐、其他捐税、公共事业收入和公债收入七大项，并记载了地税、房捐等项目的历史沿革和其他参考数据，特别是对道路码头委员会档案资料的整理利用，具有重要的开创性意义。但因志书体例问题，没有过多进行深层次的探讨，对政策变动原因及影响等方面讨论不足。李佳策《上海租界的财政统计》[②] 一文，将租界财政收入分为

[①] 《上海租界志》编纂委员会编：《上海租界志》，上海社会科学院出版社2001年版。
[②] 李佳策：《上海租界的财政统计》，《上海统计》2003年第8期。

经常收入与临时收入两大部分,并把地税、房捐和执照捐等捐税收入认定为租界的经常收入项目,但没有将码头捐认定为租界的重要收入而加以探讨。

杜恂诚《收入、游资与近代上海房地产价格》[①]一文,对近代上海的房地产的价格变动和房捐问题进行了专门论述,亦对租界财政问题研究有非常大的借鉴价值。张生在其关于近代上海房荒研究的《上海居,大不易》[②]一书中,对房荒问题与房捐、人口之间的相互关系进行了讨论。马长林《上海公共租界城市管理研究》[③]一书,在已有的研究成果之上,对公共租界管理体制进行了阐释,认为租界的管理理念是来自英国的自治市政,并定义了纳税人会议为议事机构,并对租界管理起辅助作用,外国领事团是租界管理的监督者,而工部局则是公共租界管理的践行者。刘雅媛以清末民初上海县城的案例,解析城市财政形成的动力机制并分析其收支结构,认为积极有效的财政运作是上海县城自治市政成功的基础。[④]

近代上海城市经济的繁荣在整个中国产生了强大的示范效应,公共租界施行顺利的财政理念在晚清士大夫、民国知识分子中间产生了强大吸引力。周育民《晚清财政与社会变迁》[⑤]剖析了晚清财政制度与现实财政收入构成之间的矛盾,以及由此引发的一系列政治、经济、社会事件。晚清政府的关税收入是其一项重要收入,而上海的进出口贸易又贡献了清政府最大部分的关税收入。上海公共租界的码头捐基于货物的进出口贸易额,故上海公共租界的财政实

---

① 杜恂诚:《收入、游资与近代上海房地产价格》,《财经研究》2006年第9期。
② 张生:《上海居,大不易》,上海辞书出版社2009年版。
③ 马长林:《上海公共租界城市管理研究》,中西书局2011年版。
④ 刘雅媛:《清末民初上海县城城市财政的形成与构成》,《中国经济史研究》2022年第1期。
⑤ 周育民:《晚清财政与社会变迁》,上海人民出版社2000年版。

与晚清财政密切相关。刘增合《"财"与"政"：清季财政改制研究》重点研究了清政府如何引进并学习西制税制的问题，其认为"清季两税的划分学理资源与制度参照，取径多端，其中两个来源不可忽视，其一为取法日本，其二系仿照欧美，这两个来源在一般情况下并不对立"①。新税制的移植，不但包括东西各国的制度性建构，更是西方财政知识体系的全盘吸纳，这种制度与知识体系的联袂接引，成为清季变革时期引人注目的新现象，更重要的是移植到国内来的知识与制度，并非仅仅限于财政性的，而是呈现全方位、多领域的特征，显示出西方制度与知识体系强劲东移的趋势。上海公共租界的财政制度是在中国的土地上，继承中国的传统土地模式和习俗，同时融合西方制度与知识体系，特别是经过大量实践的城市财政理念、城市管理制度等，其示范效应对清政府财政改制、民国时期我国的城市建设，提供了可资借鉴的资源。这些思想、理念、观点的"冲击"，带来了近代我国在思想、学理方面的全面"反应"，改变了传统的知识积淀，养成急剧趋新的观念结构，从而进一步为我国城市管理制度的发展、变革，提供了新的分析工具。

本人攻读硕士学位期间，在张秀莉研究员的引导下，开始聚焦上海公共租界的城市管理研究，完成硕士论文《上海公共租界纳税人会议研究》，并对上海公共租界的财政问题产生了浓厚的兴趣。攻读博士学位期间，在唐力行教授、马学强研究员的指导下，开始对上海公共租界的城市管理与城市财政问题展开整体研究，完成了《租地人会议时期上海工部局财政收入研究》② 一文，通过对地税、

---

① 刘增合：《"财"与"政"：清季财政改制研究》，生活·读书·新知三联书店 2014 年版，第 346 页。
② 文章收录于熊月之编：《上海史国际论丛》第 1 辑，生活·读书·新知三联书店 2014 年版。

房捐、码头捐、执照捐等诸项收入的梳理,初步构建了早期上海公共租界财政的制度框架。通过对工部局最终采用房捐代替码头捐成为市政捐的个案分析,找出了租地人会议发展成为纳税人会议的财政因素。此后,又先后发表《利益博弈:略论上海公共租界纳税人会议与各方关系》[1]《上海公共租界纳税人会议制度研究:从〈土地章程〉、〈议事规章〉看纳税人会议》[2]《上海公共租界纳税人会议代表性研究》[3]《从加税之争看近代上海公共租界工部局财政制度的演变》[4]《从近代上海工部局大楼筹建考察公共租界的运作机制》[5]《近代上海租界工部局的房税》[6] 等论文,从不同角度对工部局的财政问题进行了研究,相关成果和观点已被学界多次引用。

综上所述,目前学界对于上海公共租界的财政制度研究成果,大部分集中在工部局的职能分析、房产与房捐的关系之上,其中,租界的华洋关系与抗捐斗争是研究的热点。近些年,关于近代上海城市卫生管理、交通管理、污水管理等细部研究也得到很多关注。但是,涉及工部局财政、税收领域的研究尚缺乏整体性、系统性的研究成果;关于近代上海公共租界财政制度的理念来源与发展脉络、"一市三制"视角下三个行政机关的不同财政状况分析也少有学者涉足;财政制度与社会治理之间的互动关系更是缺乏系统的分析与研

---

[1] 李东鹏、张庆桐:《利益博弈:略论上海公共租界纳税人会议与各方关系》,《泰山学院学报》2015年第4期。
[2] 李东鹏:《上海公共租界纳税人会议制度研究:从〈土地章程〉、〈议事规章〉看纳税人会议》,《江西师范大学学报》(哲社版) 2015年第4期。
[3] 李东鹏:《上海公共租界纳税人会议代表性研究》,《史林》2015年第5期。
[4] 李东鹏:《从加税之争看近代上海公共租界工部局财政制度的演变》,《城市史研究论丛》第1辑,上海社会科学院历史研究所上海史研究室编,上海社会科学院出版社2018年版。
[5] 李东鹏:《从近代上海工部局大楼筹建考察公共租界的运作机制》,收录马学强、[日]塚田孝主编《中日城市史研究论集》,商务印书馆2019年版。
[6] 李东鹏:《近代上海租界工部局的房税》,《经济社会史评论》2022年第4期。

究。此外,上海公共租界财政制度所产生的示范效应对中国政府的城市治理带来了"冲击","移植"西方的财政预算制度也是近代中国财政制度变动的关键问题[①],涉及中国的财税发展史与中国的财税现代化问题。由此依循税收、财政与社会治理的内在理路,本书从城市"财"与"政"的角度,去探讨上海公共租界财政制度的变迁,应当会有一些新的发现、新的所得。

三、思路寻绎、研究框架与研究特色

(一)思路寻绎

进行学术研究需要注重研究观念的转变、新领域的开拓、研究内容的深化、新史料的挖掘,同时必须要有整体史的视野审视。以工部局财政收入的发展变迁探析上海公共租界城市经济由"一维"向"多维"展开的内在理路;以工部局财政支出的结构变化探索工部局的城市管理制度、社会治理模式;以工部局收入与支出对比定位工部局财政状况的三个阶段;以比较的视野,通过对比同时期国内其他租界城市与本土城市财税征收,探讨工部局财政制度与城市管理在近代中国城市史、财税史的地位与作用。通过对上海公共租界财政制度进行构建并展开分析研究,探索税收与财政制度、财政制度与社会治理的互动关系,并通过公共租界、法租界和华界三种不同的财政制度对比,为近代上海财政制度研究提供多维度的视角。

近代上海公共租界的财政收入主要基于税收收入,分别是地税、房捐、码头捐、执照捐等,此外尚有公共事业、局产租金和

[①] 《"财"与"政":清季财政改制研究》,第203页。

发行债券等其他收入。在百年租界的发展历程中，各税收项目的金额与地位皆发生了很大的变化，在不同时期或阶段先后发挥了各自的作用。

取得收入只是财政的开始环节，如何实现财富的公平分配（也即资源优化配置）是财政制度研究的关键内容。法国著名经济学家托马斯·皮凯蒂认为财富分配领域恰恰是一个需要经济学者深入研究社会现实和挖掘历史文化制度的研究领域和方向。① 工部局依靠公共权力的代表纳税人会议赋予征税的权力，并在每年的纳税人年会上汇报前一年的财政执行情况和未来一年的预算，由纳税人会议审批预、决算。若纳税人会议对工部局的财政报告表示不满，则须工部局修改。纳税人会议的代表在沪全体外侨的利益，这一群体是早期公共租界最主要的收入来源。而随着时代的发展，公共租界的纳税主力从外侨转移至华人，因此公共租界的财政使用越来越受到华人力量的影响，财富的分配若不向华人倾斜，必定引起社会不满，这也可以解释进入 20 世纪后租界的华人群体抗争活动此起彼伏的原因。正如托马斯·皮凯蒂所说："通过回顾国民账户的简史，我们可以得出一个结论：国民账户是一个不断演进的社会建构，总是反映出那个时代的关注点。"②

（二）研究框架

本书按照上述研究理念和思路，共分为六部分，主要研究时段为 1843 年上海开埠至 1937 年淞沪抗战爆发。

第一章"移植调适：工部局财政管理制度的形成"。在上海租界

---

① ［法］托马斯·皮凯蒂著，巴曙松、陈剑等译：《21 世纪资本论》，中信出版社 2014 年版，第 3 页。
② 《21 世纪资本论》，第 59 页。

的建立过程中，英国人起着主导作用。在沪外侨管理租界之初，便移植西方特别是英国的自治市制度和古典经济学派财政理论。《土地章程》和纳税人会议赋予了纳税人会议为租界最高权力机关的地位，工部局对其负责，受其领导，定期向其汇报，而租界财政制度即在驻沪领事、在沪外侨、工部局和清地方政府四种势力的博弈下建立。但工部局成立之初，便处于严重的财政窘境，必须进行财政改革以维持自身运行，引出了早期公共租界的一系列变革，这种"从移植到调适"的变化，最终确立以房捐为基础的"市税"模式。

第二章"相伴成长：工部局财政收入与城市经济发展"。上海公共租界的财政收入主要基于地税、房捐、码头捐和执照捐，此外尚有公共事业、局产租金和发行债券等其他收入，但不占重要地位。在上海租界存在的近百年历史中，各税收项目的金额与地位皆发生了很大的变化，在不同时期或阶段先后发挥了各自的主导作用。在工部局的财政收入制度中，地税为基于公共租界地产价格征收，房捐基于房租而征收，码头捐基于进出口贸易量而征收，执照捐则基于城市商业场所、娱乐场所和交通工具来征收。房捐与地税的多寡反映了公共租界城市地产价格的高低，码头捐则反映了上海港口货物吞吐量的涨跌，执照捐则是工部局管理公共租界的需要。房捐、地税、码头捐和执照捐构成的工部局财政收入结构，真实地反映了公共租界由贸易中心成长为工业中心、商业中心和金融中心的变化历程，围绕四大收入项目的政策变动，即是公共租界城市各种政治力量的博弈历史，体现了公共租界城市发展路径的原貌。此外，基于稳定收入结构的演进路径，工部局出现典型"路径依赖"特征，这也是导致其后期出现困境的重要原因。

第三章"权责不等：20世纪30年代工部局的财政困境"。财政收支的整体状况可以反映财政制度的整体特征,一个时段内的特征可称为一个稳定的结构。纵观工部局财政收入历史全貌,可以分为3个阶段,每个阶段的财政各有独自的特点,是时代背景的真实写照;每个阶段相依相承,整个工部局的财政发展历程便是一个发展链条。进入20世纪后,中国社会剧烈变革,华人经济力量、政治力量在公共租界增长,逐步获得发言权和管理参与权。如《申报》《密勒氏评论报》等国内外众多公共媒体、国内外众多学者加入公共租界财税体制改革的大讨论中。以费唐大法官为代表的公共租界自身亦认识到上海公共租界变革以适应社会变化的重要性。但20世纪20年代末,工部局电气处出售,给工部局带来了一笔巨额财富,工部局加大公共事业、社会福利投入,一定程度上掩盖了矛盾,推迟了危机的爆发。至1936年末,工部局爆发财政危机,发生了加税之争。至此,公共租界基于纳税权的政治权利已经因华人经济、政治力量的崛起,悄悄发生了转移。

第四章"持筹握算:工部局的财政支出与职能发挥"。工部局依靠较为高效的征税模式获取了巨额的财政收入,如何"花钱"更是工部局财政决策的重要内容。工部局以"市政府"的定位而进行城市管理,但工部局的财政支出管理则更趋向于"企业化",从支出类型可以分为工资支出、工程建设支出、事业投资、转移支付和办公经费;从支出去向看,警务处、工务处、卫生处占据了最大项支出。工部局财政支出结构与决策的变迁,更可以论证工部局"商人自治"的特点;工部局在企、事业和城市地产方面的投资,体现出工部局企业管理思维的特征;工部局对慈善、教育、公共设施的支出,又体现了工部局的政府转移支付职能。正是一个复杂思维的工部局,让近代上海成为包容万象的现代化城市,形成一套行之有效的管理模式。

第五章"比较视野：近代中国城市财政考察"。依托在沪华人和外侨缴纳的房税、地税等税费，工部局管理下的上海公共租界成为全球闻名的国际化城市，与同时期华人治理下的上海地方城市形成鲜明比照。工部局财政实践持续近百年，工部局城市财政制度的成功，对法租界、上海地方市政府和国内其他城市，如天津英租界、厦门英租界等皆产生重要影响。"租界市政管理的科学性，亦为上海士绅认可、仿效"[①]，这种依托发达财政的市政管理，促进了中国现代城市财政观念的宣传和实践，对上海和国内其他城市财政制度的建构产生借鉴意义和示范效应。

最后部分为"结论"。制度因社会需要而产生。世界上不存在一个孤立、静止不前，但可以生存发展的社会，也没有一套无须改革而永远有效的制度。产生制度的知识、观念，时时在变，日新月异，必须与时俱进，永远在改革的路上。工部局的财政收入和支出，既是公共租界城市发展的真实图景的反映，也是工部局进行城市管理的"财力"之源。制度必须有纠错机制，不断自我更新方能向前发展。工部局在公共租界创设之初，历经千辛万苦，与多方博弈，并不断摸索，逐步建立起一套行之有效的财政收入和支出的运营模式，形成了较稳定的财政制度，并不断调整政策维系稳定的财政收支结构，但工部局也因此陷入了"路径依赖"的困境，特别是20世纪后公共租界的经济结构、政治结构由量变发生质变，工部局不能改变路径反而不断强化路径，导致了一系列问题的出现。

（三）研究特色：研究方法和研究材料

吕西安·费弗尔说："历史学既是有关过去的科学，也是有关现

---

① 《上海租界与近代中国》，第81页。

在的科学。"① 历史研究的方法必须正视自主性与客观性两方面的问题。所谓客观性是指档案资料与历史实物客观存在,我们不能脱离客观存在,不能虚构历史;自主性是指在方法的选用和材料的取舍上,皆由学者自主抉择。许倬云也说:"历史的陈述,只能是旁观者的观察,从许多线索中寻找因与缘:因是直接的演变,缘是不断牵涉的因素,无数的因与缘于是凑成无数可能之中的果。"② 这些关于历史研究方法的观点,都给开展研究以极大启发。

对于近代上海公共租界财政制度研究,首先要充分继承前辈学者的研究成果,用多学科的视角和理论,综合社会治理中的各个要素,努力在租界的历史变迁中揭示财政运作机制和城市发展的互动关系。

其次,因本书选题的方向为财政制度研究,涉及经济思想史、经济学、财政学、统计学等多学科,必须充分依靠经济学、财政学的理论与方法展开研究。公共租界的财政理念判定涉及经济思想史,租界的运作机制研究涉及经济学原理,财政制度研究需要财政学的理论与方法做支撑,而各税收的项目资料的整理与研究又涉及统计学的应用。因此,必须充分应用经济学、财政学的原理与研究方法。

再次,城市学的研究方法也不可或缺。本书内容为上海城市史研究,近代上海城市的繁荣与发展在中国近代化的历程中产生了重要的示范效应。城市地理学关于城市空间变化、城市形态及城市职能的理论,为本文的城市治理角度打开了思路;城市规划学关于城市规划、城市管理与公众参与的理论,是本书理解近代公共租界当

---

① [法]费尔南·布罗代尔著,刘北成、周立红译:《论历史》,北京大学出版社2008年版,第41页。
② 许倬云:《历史大脉络》,广西师范大学出版社2009年版,第2页。

局规划发展公共租界、城市人群参与城市治理的重要路径。城市经济学、土地产权学等关于房地产市场对城市的影响机制，也是租界财政研究的重要理论依据。

本书从整体史的角度对工部局的城市财政与城市管理进行审视研究，并将研究对象和研究资料的开拓性与经济理论有效结合。以往研究中对于上海公共租界的财政制度研究虽有提及，却没有进行整体的学术研究，尚无完整的研究专著出现，对于与其相关的大量外文档案也未曾发掘利用。开拓之处主要有以下几点：

第一，以新视角对纳税人会议与上海公共租界的财政制度关系作了判定，为公共租界财政的"公共"属性提供了法理依据。同时，较深入地探讨了租界财政思想的理论流派。

第二，对上海公共租界的各税收项目做系统、完整的梳理，还原公共租界各项财政收入的真实图景。注重分析公共租界的经常项目收入地位的变化，结合社会背景，理清变化原因。

第三，从较开阔的视野中对公共租界、法租界、华界和国内其他城市的财税制度进行对比分析，对近代上海财税体制进行概述。

第四，利用大量的中、外文报刊资料，如《申报》《东方杂志》《密勒氏评论报》《字林西报》等，在多种语言系统的历史资料中相互印证历史事件，充分把握公共租界当局财政制度运行和改革中的各方意见，以便作出最全面的分析。

第五，道格拉斯·诺斯的新制度经济学"路径依赖"理论是本书解释工部局财政制度变迁的重要支撑理论。工部局在经历"移植与调适"的阶段后，建立稳定的财政框架后，不断强化自身的收支模式，鲜有突破，按照既定的路径不断前进。"路径依赖"问题是了解工部局财政制度变迁的一个重要线索。

本书研究所用的核心资料包括三方面：(1) 外文档案资料。上海市档案馆藏大量的工部局外文档案，包括工部局年报、工部局公报、工部局各委员会会议录、工部局财务委员会会议录、纳税人会议年会记录、纳税人会议特别会议记录、工部局地价表、公董局年报和其他珍贵档案资料。(2) 中文档案资料。业已出版的《工部局董事会会议录》是记录工部局董事会历次会议的珍贵资料，了解和研究工部局必须对其认真研读。20 世纪 30 年代工部局华文处译的工部局年报、工部局公报也为本文研究提供了语言上的便捷。(3) 中、外文报刊资料，如《申报》《东方杂志》《密勒氏评论报》(*China Weekly Review*)、《字林西报》(*North China Daily News*)、《大陆报》(*China Press*)、《上海泰晤士报》(*The Shanghai Times*) 等。此外，民国时期的中外学者对上海公共租界的研究成果也弥足珍贵，如顾器重的《租界与中国》、王臻善的《沪租界前后经过概要》、徐公肃、邱瑾璋的《上海公共租界制度》、蒯世勋的《上海公共租界史稿》、王揖唐的《上海租界问题》、阮笃成的《租界制度与上海公共租界》、夏晋麟的《上海租界问题》等；国外的如《费唐法官研究上海公共租界情形报告书》、Dyce Charles（戴以思）的 *Personal Reminiscences of Thirty Years' Residence in the Model Settlement: Shanghai*，1870－1900（《模范租界：旅居上海租界三十年回忆录，1870—1900》）、F. L. Hawks Pott（卜舫济）的 *A Short History of Shanghai*《上海简史》等，这些论著从不同的视角、不同的专题对上海公共租界进行探讨。

第一章　移植调适：工部局财政管理制度的形成

20世纪30年代，来自世界各国的旅客或商人来到上海，都会购买旅行指南。1934年写就的 *All About Shanghai and Environs*（《上海大全》）是一本有关上海的旅游指南，其书开篇写道：

> 上海，世界第六大城市！
>
> 上海，东方的巴黎！
>
> 上海，西方的纽约！
>
> 上海，最具世界性的大都市，曾经泥滩上的小渔村，几乎一夜之间成为一个国际大都市。
>
> 它是全世界的旅行者必去之地，是48个不同国家人民的栖息地，它中西兼备。它有绚丽多彩的夜生活。在远东，上海展现了在各领域的吸引力。
>
> 上海绝不是寺庙、筷子、玉石和睡衣裤混杂的荒芜之地。实际上，上海是一个巨大的现代化城市，那里有整齐的大街、摩天大楼、奢华的酒店和俱乐部、电车、汽车和摩托车，还有源源不断的电力供应。
>
> 不到一百年前，上海只不过是一个垃圾的堆积地，零散的几个村庄沿着低矮的、泥泞的河岸分布。一百年之后它将会怎

么样,这是对想象力的挑战。它是进入中国的主要通道,供应内地超过 200 000 000 人口的需求,许多细致的观察者相信它将会成为世界上最大的城市。①

图 1-1 1920 年代的外滩景象

第一次鸦片战争后,中英签订《南京条约》。条约规定上海作为五口通商的口岸之一,对外开埠。此后,上海迅速取代广州成为最大的通商口岸,并成为我国的贸易中心、金融中心、工业中心、商业中心、文化中心,成为近代中国最重要的城市之一。上海公共租界位于上海城市的核心区,高耸的建筑、宽敞的街道、熙熙攘攘的人群,构成近代上海城市的繁华图景,这是经济繁荣的象征,雄厚财力的标志,这一切的背后基于上海城市开发建设的不断推进、城

---

① Peter Hibbard: *All About Shanghai and Environs: The 1934 - 35 Standard Guide Book*, China Economic Review Publishing for Earnshaw Books, 2008, p. 1.

市管理的高效运转。

一座城市的管理运转,必须依靠一套行之有效、与时俱进的管理制度。近代上海公共租界的管理者——工部局,是公共租界城市建设的"操盘手"。近代上海公共租界的城市建设、管理,皆需要源源不断的、庞大的资金支持,除了不断开辟税源、扩大税基,工部局在长期的管理中,依靠自身的制度文化、风俗习惯,结合上海本地的市情,逐步形成了相对固定、独具特色的财政管理制度,这套财政管理制度为城市不断向前发展提供了资金的保障。此外,城市建设和运转由一套行政机构负责,行政机构则需要职员进行管理,职员的良莠与规模决定管理的效率,能否招来优秀的管理者、职员,决定工部局城市建设和管理效率的高低,而优厚的薪俸则成为工部局吸引全球人才前来上海的重要因素,这一切的基础建立在工部局掌握大量的可支配收入。因此,上海公共租界工部局财政管理制度的发展、变迁,既是探寻近代上海城市崛起的线索之一,也有助于探讨近代中西方在财政领域经历"碰撞与互鉴"后,对我国城市财政的发展史有着怎样重要的样本意义。

第一节 工部局财政管理制度的渊源

"现代化"是近当代中国持续面临的时代命题,具体到财税领域,在近代西学东渐背景下,域外税制对本土制度和观念的影响持续发生,我国"税制改良、预算制度、收支新规等,无不渗透着西方理财新制的复杂影响"[①]。工部局的财政制度便具有非常明显的西

---

① 《"财"与"政":清季财政改制研究》,序论,第14页。

方特色(以英国为主)。工部局的财政模式源于英国的"自治市"制度中的财税收支制度,其依靠《土地章程》和纳税人会议确定自身财政收支的合法性,《土地章程》作为租界的根本大法,具有"宪法特征",但不具备"宪法"实质,因为工部局的财政管理制度只能称为具有典型"宪政特征"的财政管理制度。

上海租界原为外侨的居留地,因太平天国运动、小刀会起义等诸多历史的偶然因素,形成了华洋杂居的局面。上海公共租界制度形成有偶然性,若不折不扣地按照初始条约的原始条款严格执行,上海的租界仅限于外国人居住,则上海绝不会发展成为一个世界性的大都市,必是一个截然不同的地方。在租界创立之初,在沪外侨(英国人是租界成立的主导力量)创设租界的市政管理制度之时,有深深的西方(特别是英国)特征的烙印。

在漫长的历史长河中,英国形成了独具特色的地方自治制度。从发展过程看,英国的地方自治可称为"原生型"或"自发型"[①]的自治制度,其起源于中世纪晚期并长期保持,未曾中断。在多年的发展演变中,英国地方自治制度积累了丰富的经验,有着独特的制度文化,形成英国的自治传统。

在英国,以土地为内容的经济财产权和以选举与被选举权利为标志的政治权,是核心权利。约翰·洛克的自由主义要求保障个人权利,而个人权力的核心就是财产权。议会是保障财产权的重要机构,英国地方政府以地方议会为权力核心。地方议会由民选的议员组成,但地方议会中的各种委员会是实际处理议会事务的机构,并由议会任命各种常任官员如警官、消防员、执行主管、社会事务官、

---

① 孙宏伟:《英国地方自治的发展及其理论渊源》,《北京行政学院学报》2013年第2期。

财务员等组成执行部门，处理日常行政事务。

19世纪中期以后，地方政府（local government）一词在英国正式出现。1835年，英国出台的市政法案开启了英国地方自治民主化的进程，特别体现地方自治中的重要原则——居民自治。上海租界建立以后，来沪的英国侨民移植了"自治市制度"，形成了上海公共租界的权力机构——纳税人会议（1870年以前称租地人会议），行政机构——工部局（1854年前称道路码头委员会），工部局受纳税人会议监督，在每年的纳税人会议上，工部局总董要提交年度预算供纳税人审批，提交工作报告，并执行纳税人会议的有关决议。而纳税人会议则为工部局提供法理保障，赋予工部局代表公共租界全体纳税人共同利益行动的权力。在1920年4月召开的纳税人年会上，英人爱资拉讲道："向来凡有侵及工部局权力范围之举动，工部局辄抗拒之，而纳捐人亦辄为工部局之后援，盖以工部局应握租界行政之总权也。"① 在以"纳税人会议"为代表的权力体制和以工部局为代表的行政体制之下，逐步形成了近代上海公共租界独具特色的商人自治市政制度。

上海公共租界工部局是一个自治的市政管理机构，并非地方政府，这是租界长期存在的法理基础和政治前提。1936年4月29日工部局董事会上，工部局总裁费信惇讲道："工部局的行政管理制度原先是模仿英国自治郡制度的，各部门主管所履行的职责，既是专业性的，也是行政性的。"② 公共租界仿照英国的"自治市"制度，主要特点体现在：

(1) 英国人主导公共租界成立，但公共租界的行政长官不由英

---

① 《公共租界纳捐人年会续纪》，《申报》1920年4月9日，第10版。
② 《工部局董事会会议录》第27册，第476页。

王任命，而是由纳税人会议选举工部局董事，并组成工部局董事会，负责管理工部局。早期在沪外侨以英国人为主，据费唐法官报告记载"一八四八年之公共租界外侨人数，似略逾百人以上，包括二十四家之商行代表在内，此种商行之属于美籍者三家，余均英籍"①。1865年工部局第一次正式户口调查，英美租界外侨2 235人，英侨1 329人，美侨360人，德侨175人。② 在工部局董事会中，英籍董事长期占据最高比重。

（2）征税权由公共租界的纳税人掌握，并每年表决税率标准及是否允许征收。英国自《自由大宪章》签署后，议会便牢牢地掌控了征税权。上海公共租界仿照英国建立纳税人会议，其作用与地位类似英国的议会，纳税人会议掌握公共租界的最高权力，对工部局进行管控。③

（3）对外交涉由英美等国驻沪领事进行交涉，工部局无外事权。

（4）界内立法由纳税人会议确定，但必须由各国驻华公使最终批准。

（5）参加纳税人会议的纳税人具有不动产财产要求或最低纳税额，与英国同时期选举议员的资格条件相似。④

工部局正是在移植西方近代市税制度的基础上建立，在之后的城市管理中，开启了不断"调适"的过程。

---

① 《费唐法官研究上海公共租界情形报告书》第1卷，第54页。
② 《费唐法官研究上海公共租界情形报告书》第1卷，第55页。
③ 李东鹏：《上海公共租界纳税人会议代表性研究》，《史林》2015年第5期。
④ 李东鹏：《上海公共租界纳税人会议代表性研究》，《史林》2015年第5期。

第二节　体系建构:《土地章程》与
　　　　　工部局的财政管理制度

工部局的财政管理制度架构，具有鲜明的英国特色，正如时人评论工部局"所欲施行之税制即英国从前之旧法"①。根据 1845 年《上海租地章程》相关规定，英国驻沪领事巴富尔于 1846 年 12 月 22 日召集在上海租界内租赁土地的英国商人，在礼查饭店召开第一次租地人会议，选举成立由三人组成的道路码头委员会（工部局前身）。道路码头委员会主要负责管理租界的道路、码头等公共设施的修筑事宜，并于每年 1 月份召开租地人大会，听取道路码头委员会的市政建设和收支报告，这是工部局财政制度的雏形。

一、《土地章程》与工部局的创立

因为内外形势发生变化，为增强租界的军事实力，提高租界地位，1854 年 7 月 11 日，在沪的外侨租地人在租界内召开会议，主要目的是讨论所经修正的《土地章程》。英国领事爱棠对《土地章程》说明道："各国侨民、与就地华民，同居于五方杂处之租界，须有一种权力，能将各种分子熔冶于一炉，并须有一种统一之组织、宗旨以及治制，以谋公共利益。就执行领事职务每日所遇之事件而言，此种需要，常深印于脑际，而不容遗忘或忽视。设立新法典之明显意旨，系使全体外侨，得经由租地人，以取得自治及征收捐税以办理市政之权，并得行使此二种权力，以自图保障与自谋福

---

① 《西报对于加捐问题之纪载》，《申报》1919 年 8 月 15 日，第 10 版。

利。"① 取得自治的地位和获取收税的权力，是修订《土地章程》的目的，这次会议通过了新的《上海英法美租界租地章程》，其第十条正式将1845年《土地章程》中的摊派费用改为捐税，具体内容如下：

> 起造、修整道路、码头、沟渠、桥梁，随时扫洗净洁，并点路灯，设派更夫各费，每年初间，三国领事官传集各租主会商，或按地输税，或由码头纳饷，选派三名或多名经收，即用为以上各项支销。不肯纳税者，即禀明领事饬追。倘该人无领事官，即由三国领事官转移道台追缴，给经收人具领。其进出银项，随时登簿，每年一次，与各租主阅准。凡有田地之事，领事官于先十天将缘由预行传知各租主届期会商，但须租主五人签名，始能传集，视众论如何，仍须三国领事官允准，方可办理。②

根据此次修订的《土地章程》和当年纳税人会议决议成立的工部局，正式获取了在租界内征收税收的权力，成为上海公共租界工部局财政管理制度构建的真正起点。依托纳税人赋予工部局的"财权"与"市政权"，对公共租界城市进行了一系列的治理，在长期实践中形成了一些行之有效的制度及方法，成为代表在沪外侨的管理机构，在1866年租地人特别会议担任会议主席的詹姆斯·霍格（James Hogg）讲道："自从英美租界合并已经有了世界

---

① 《费唐法官研究上海公共租界情形报告书》第1卷，第66—67页。
② 《中外旧约章汇编》第1册，第81—82页。

性利益,工部局作为租界身体的一个部分被任命的机构代表了各方面的利益,不再仅仅代表英国的尊严和其他单一民族力量"①。此外,在 1879 年,工部局董事会根据驻沪领事团的建议,在 7 月 25 日的纳税人特别会议上提交一项议案,大意为"居民"一词应包括所有在本租界拥有营业事务者或拥有私人住宅者。② 这一议案不区分职业、国籍和人群,从而大大增强了公共租界的代表性和向心力。

图 1-2 1857 年工部局董事会董事(左:腊肯,中:克雷,右:曼)

---

① Minutes of a Special Meeting of Land Renters (1866),载《上海公共租界工部局西人纳税人会议报告(1866—1869)》,上海市档案馆藏档案,档案号:U1-1-1049。
② 《工部局董事会会议录》,第 7 册,第 681 页。

二、工部局财政管理体系

在上海公共租界的权力统治体系中,工部局为行政机关,其权力来源于《土地章程》,同时受《土地章程》所限制。工部局依靠在沪外侨的代表——纳税人会议,以"一致同意"的契约原则管理公共租界,并因此获得征税权。由纳税人会议领导工部局,这项原则是租界权力系统运转的根本基础,正如费唐法官所言,"工部局财政建议之必须经由纳税人年会核准,工部局立法建议之必须经由纳税人特别大会核准,厥为公共租界生命之重要原素"[1]。工部局的财政管理体系,具有以下五个特征:

(一) 工部局董事会代表纳税人会议管理租界

工部局的管理者是工部局董事会,工部局董事会董事每年由上海公共租界的"合格纳税人"[2]在纳税人会议年会中选举产生。工部局董事由来自世界各国的侨民组成,其中英国人占大多数。[3]

工部局董事会的权力,以租界的"根本大法"——《土地章程》的形式确立。1869年《上海洋泾浜北首租界章程》第十条规定"故

---

[1] 《费唐法官研究上海公共租界情形报告书》第2卷,第312页。
[2] 工部局越界筑路地区的纳税人不具有选举资格,有关合格纳税人的定义及相关研究参看李东鹏:《上海公共租界纳税人会议代表性研究》,《史林》2015年第5期。
[3] 在1928年工部局容纳华董以前,英籍董事人数常占居多数。自1873年至1914年间,工部局董事会之内,常有德籍董事1人。1879年至1888年10年间,每年有法籍代表1人,即有丹麦代表1人,加入董事会。自1890年至1914年间,董事会内恒有英籍董事7人,美德两国籍董事各1人。1914年末,德籍董事落选,由俄籍代表补充。1916年,始有日本代表1人当选为董事。是年及嗣后两年之董事会内,计有英籍董事6人,美籍1人,俄籍1人,日籍1人。1918年末,俄籍董事落选。自是厥后,董事会只代表英美日3国国籍。1927年,日董人数自1人增至2人。美籍董事人数,自1919年以降,恒为2人。1930年,有英籍董事6人,美籍董事只有1人。此由于年选之时,美籍候选人有3人,而此3人中,究孰应认为代表美侨社会所选择之2人,又不能确定。1931年,原状恢复。美籍董事又为2人。英籍董事则减为5人。

该董事选充之后，即当给以全权办理捐款收支等事；倘有不遵章付捐者，即由局董投该管官署控追，并将欠捐人房地扣留作抵，或抄取货物、器具拍卖抵偿，以重捐项"①，工部局董事会在征税权方面获得部分加强。1898年《增订上海洋泾浜北首租界章程》第十一条规定："该局董有随时另行酌定规例之权，以便章程各项更增完善，并可将酌定规例增改停止，但不能与章程相背，须俟批准宣示以后，方可施行。"② 工部局董事会由此被赋予制定公共租界规章的权力，但必须经纳税人会议最终批准，而工部局董事会对纳税人会议拥有很大的影响力，因此工部局董事会事实上获得此项权力。

在1930年纳税人会议年会上，台维史发表演说，其对工部局董事会制度进行总结，讲道：

> 董事会为一种代议制政府之模范，孤立于尚未了解或施行代议制政府原则之国内。董事会董事系选自各国国籍之人民。对于关系国际及种族情感之问题，始终得任意坦白讨论。董事会所有最关重要，且最有价值之特色，即在于各董事个人，无论与各本国之利益有何关系，咸能自由发表其独立意见。各方利益纵有冲突，但中外董事，均能图谋且确曾图谋上海之一般利益。③

台维史的讲话充满对中国行政制度的偏见，但从城市治理的角度看，其讲述工部局董事"均能图谋且确曾图谋上海之一般利益"是客观存在的事实，证明工部局董事能站在工部局的角度为公共租界的发

---

① 《中外旧约章汇编》第1册，第294页。
② 《中外旧约章汇编》第1册，第806页。
③ 《费唐法官研究上海公共租界情形报告书》第1卷，第456页。

展服务。工部局董事会制度是上海公共租界管理制度区别于英国西方自治市制度的重要特征,其体现了鲜明的商人自治特色,是工部局企业化管理的重要原因。① 关于工部局董事会的制度原则,在 1930 年 4 月 16 日召开的公共租界纳税人年会上,总董麦克诺登演说讲道:"自公共租界之最初期以迄今日,工部局董事会所根据以履行其职务之原则,系一种内阁原则。换言之,即董事会以全体名义行动。"②

图 1-3　1900 年工部局董事会合影

(二)总办为工部局日常运作体系的中枢

在上海租界创立后,由于租界面积多次拓展,人口大量流入,市政建设项目日渐增多,租界管理日趋庞大、繁复,每周召开董事

---

① 李东鹏:《上海公共租界纳税人会议代表性研究》,《史林》2015 年第 5 期。
② 《费唐法官研究上海公共租界情形报告书》第 1 卷,第 455—456 页。

会已不能满足日常事务处理，于是专业处理各种事务的总办出现，负责执行董事会具体命令。1860年8月，工部局董事会正式任命首任总办皮克沃德，并决议"今后一切有关工部局事务信件可寄交总办处理"①。由于总办处理工部局一切日常事务，事实上成为工部局董事会管控租界的形象代言人和管理政策的执行人。

总办可以列席所有工部局董事会会议及各委员会会议，负责工部局日常事务，发布指示，编制统计报表，处理工部局的各种来往信函，准备董事会会议及各委员会会议议程。工部局所有正式通告发布前都由总办呈报总董批准。

工部局一切经济活动、外事活动都由总办操办，只是总办尚未获得最终决定权而已，任何行为须经工部局董事会讨论、批准。总办直接领导工部局会计股、工部局书信馆，指派收税员，代表工部局签订经各委员会批准的除人事聘约以外的一切合同，并负责保管所有银钱及工部局账册。

由于工部局董事皆为兼职，各董事大都有自己的职业或商业事务，工部局具体事务办理皆依靠总办。例如，1876年3月，董事会讨论为减少传染病而实行强制条例的问题，便指示总办"拟出计划，交董事会研究"②。同年

图1-4 曾担任上海公共租界工部局总办的爱德华

① 《工部局董事会会议录》第1册，第601页。
② 《工部局董事会会议录》第6册，第725页。

5月，董事会认为工部局一月一次审计工部局账册的制度不够完善，要求总办拟出一套办法以改善现行制度。① 可以说总办在工部局财务管理体系中处于枢纽地位，在工部局行政管理体系中仅次于董事会。

1920年10月，总办被董事会授权，若"当违反执照条例事件向总办汇报时，如果总办认为这些事件很严重，执照应予吊销，则他应根据工部局授予他的全权立即采取行动，并于事后通知警备委员会并由委员会批准"②。董事拉姆先生强调，这一程序刻不容缓，否则会产生灾难性的结果，并将拖累工部局，这是可以想象得到的。总办在工部局的行政事务处置中获得部分决策权。

总裁在后期取代总办，成为工部局的主要行政领导。

1921年，总办利德尔被任命为总裁兼总办。1925年，工部局任命负责华人事务的前警务处副处长希尔顿·强森为总裁，当时总裁仅为名誉性质。③ 1920年代，由于时任工部局总董费信惇将大部分时间投入到工部局董事会的工作中，致使其本职工作律师业务受到影响。于是，他在1928年接受了相当于前任总裁所领取的薪酬的三分之二，作为权宜之计。费信惇继续提出

图1-5 曾担任工部局总裁的费信惇

---

① 《工部局董事会会议录》第6册，第734页。
② 《工部局董事会会议录》第21册，第603页。
③ 《上海租界志》，第210页。

"除非给他现在的职务,否则他将不得不放弃目前他所从事的许多工作,以便重新恢复他的律师业务"①。工部局副总董贝尔讲道:"去年作出这种安排时,大家都明白,这只不过是权宜之计,并且也通知了纳税人会议,即董事会不想留用一位支薪总董。因此费信惇先生认为,根据这些条件,他不应继续担任总董。"②而工部局大部分董事认为"董事会不能失去这位总董,他作出了宝贵的贡献"③。因此贝尔建议在即将召开的纳税人年会,费信惇应接受总裁任命,担任工部局全体职员的主要行政官员。费信惇表示答应放弃私人业务,如果董事们同意这个建议的话,他将把他的全部时间贡献给董事会,并按惯例签订3年聘约。他在这个职位上将负责董事会的行政工作,并且调查在行政机关内部实行节约的办法。④

在1929年5月,工部局董事会在致工部局各处处长的信中明确了总裁的地位,即:他的总权力和职责相当于负责常设铨叙机构行政主管和董事会总董的代表。⑤

(三) 财务委员会为工部局的专业智囊

1869年《上海洋泾浜北首租界章程》第二十三条规定:"公局董事应办事件内,酌有交与分局办理更觉妥善者,随时在董事内分派设局几处,委办何事,全归公局任便调度,分局办事不得出公局分所当为之外;分局会议人数,极少亦由公局酌定。"⑥此处的分局,即工部局各委员会。在公共租界日常运行管理中,工部局的许

---

① 《工部局董事会会议录》第24册,第538页。
② 《工部局董事会会议录》第24册,第538页。
③ 《工部局董事会会议录》第24册,第538页。
④ 《工部局董事会会议录》第24册,第538页。
⑤ 《工部局董事会会议录》第24册,第552页。
⑥ 《中外旧约章汇编》第1册,第298页。

多工作都由各有职务要求的委员会办理，工部局董事会董事担任委员会成员。捐税等财务工作是工部局的诸多工作中的重中之重，财政、捐税及上诉委员会（简称财务委员会）是工部局成立最早的三大委员会财务委员会、警备委员会和工务委员会之一。1865年5月1日工部局董事宣布成立三大委员会，并决议派董事霍锦士和汉壁礼到当年度财务委员会任职；派汉壁礼、普罗思德和奈伊到当年度工务委员会任职；派库慈、赖德茂和霍锦士到警备委员会任职。①

董事会通过工部局总办操纵各委员会的日常工作，各委员以顾问咨询性质参与工部局在租界的治理，委员会的讨论或调查结果必须经董事会批准才能生效。在实际操作中，由于警务、财务和工务等委员会的委员主要为工部局董事，因此委员会的决议很少会被董事会否决。在租界早期，由于工部局行政机构组织并不健全，财务、警务等委员实际上都行使部分职能，并以季度、年度报告和专项报告等形式向董事会汇报具体工作情况，并提交决策咨询建议。例如，在财务委员会成立当天，工部局即"授权财政、捐税及上诉委员会就领事获取实施工部局税制权力之事与他联系"②。在进入20世纪后，随着工部局行政体系的完备，工部局各行政部门负责人权力逐步增大并逐步越过委员会独立向董事会汇报工作。概括讲之，委员会在工部局的决策体系中，有以下优点：

（1）专项分工，部门协作，相互熟悉。各委员会相互商讨，并与工部局各有关处室负责人接洽，熟悉主管业务，分担董事会工作量，又可以使董事会更深入了解基层工作的具体情况。如1873年，为减少市政机构不断上升的开支，工部局董事会认为有必要对工部

---

① 《工部局董事会会议录》第2册，第503—504页。
② 《工部局董事会会议录》第2册，第504页。

局的财务状况进行专门检查，董事会决定：工务委员会、警备委员会和防卫委员会对它们所属工作部门的费用开支各自进行检查，并在适当考虑到市政管理方面需要的情况下，查明哪一些费用可予以缩减，同时财务委员会也同样地对其三个工作部门的费用开支进行检查，所有各委员会均应尽可能早地将检查的结果报告董事会。①

(2) 办事迅速，减少决策时间成本。凡各委员会能决定的一般事项，可立即执行，无须董事会批准，事后向董事会汇报并由董事会批准。特别是工务委员会，因其管理公共租界道路、桥梁、排水等众多公共基础设施修造，若事事具禀，程序繁复，必须具有一定自主权。

(3) 专业研究，科学决策。各委员会对董事会布置的任务，如工部局大宗开支等事，须经委员会讨论、调研、论证，再向董事会汇报，决策程序科学，有助于工部局工作的系统化、专业化，避免行政失误。1909 年 3 月，为应对当年纳税人会议对工部局会计股的批评，财务委员会按照纳税人会议指示的方针，改组工部局会计股，为对各处的支出报表项目建立一个有效的监督制度作准备。② 决策科学、专业对市政管理非常重要，下表为工部局常设委员会与特别委员会列表：

表 1-1　工部局常设委员会

名　称	成立时间	职　责
财政、捐税及上诉委员会	1865 年 5 月	负责工部局的财政事务

---

① 《工部局董事会会议录》第 5 册，第 631 页。
② 《工部局董事会会议录》第 17 册，第 600 页。

续 表

名　称	成立时间	职　责
警备委员会	1865 年 5 月	负责巡捕房事务，早期还负责租界卫生管理
工务委员会	1865 年 5 月	负责承担并监督各项市政工程
防卫委员会	1870 年	1880 年与警备委员会合并
乐队委员会	1881 年	接管上海公共乐队
电气委员会	1907 年	负有部分管理电气处的职权
常设教育委员会	1912 年	负责有关教育、学校事项
华人教育委员会	1912 年	负责工部局局立华童学校事务
图书馆委员会	1913 年	因接收上海图书馆而来
慈善团体委员会	1914 年 5 月	协调慈善团体行动，联络上海各慈善团体
西人教育委员会	1916 年	负责工部局局立外侨学校事务
卫生委员会	1918 年	负责租界内一切有关于公共卫生事项的顾问、咨询
公用事业委员会	1924 年 6 月	管理公共交通、电话、煤气、自来水等公用事业
铨叙委员会	1924 年 11 月	负责工部局的人事工作
电影检查委员会	1927 年 9 月	负责检查放映影片的内容
学务委员会	1930 年 6 月	调查公共租界内学校及教育状况并提供意见
人力车务委员会	1934 年 5 月	负责人力车、车夫监督检查等事项
食物供应委员会	1940 年	应战时租界"孤岛"困难而生
饲料、牛奶及奶制品委员会	1941 年 12 月	调查租界内有关饲料、牛奶、奶制品情况并提供相关建议

续 表

名　称	成立时间	职　责
运输统制委员会	1941年12月	负责交通燃料供应、交通管制等事项
煤炭统制委员会	1941年12月	管制租界煤炭供应、运输

资料来源：据《上海租界志》《工部局董事会会议录》中相关内容制表。

表1-2　工部局特别委员会

名　称	成立时间	职　责
捕房特别调查委员会	1907年	全面调查工部局巡捕房现状并提供意见
普通教育委员会	1910年11月	为教育政策提供建议政策
特别电气委员会	1913年5月	调查电气处经营问题
俸给委员会	1919年12月	对职员薪俸及利益等制定统一标准
医院及看护事务调查委员会	1930年7月	调查公共租界内医院及看护服务状况
宣传委员会	1931年5月	调查采取何种方式宣传工部局政务信息
电影检查问题调查委员会	1932年5月	调查电影、电影广告的检查问题
人力车调查委员会	1933年	调查公共租界内人力车情况并提出改良意见
职员经济委员会	1936年7月	在不损害职员利益和不影响工作前提下，提出节约经费措施
教育侨童政策委员会	1936年10月	调查外侨子弟究竟应持何种教育政策
经济委员会	1940年3月	调查工部局机构实行精简的可行性

续　表

名　称	成立时间	职　责
特别教育委员会	1940 年	考察工部局学务处、学校及教育政策问题
房租纠纷调解委员会	1941 年 12 月	处理租界内房主与房客的租金纠纷

资料来源：据《上海租界志》《工部局董事会会议录》中相关内容制表。

1937 年 4 月 7 日，工部局总董安诺德在工部局董事会上讲道："董事会本身成立的许多特别委员会，虽然严重增加各位董事个人的负担，但他们都能以毫不自私的态度予以接受。"① 由董事直接负责各委员会，也有利于董事会了解基层的具体情况。

简称财务委员会于 1865 年 5 月 1 日成立。当年 10 月 10 工部局董事会以备忘录的形式公布了财务委员会、工务委员会和警备委员会职责划分，其中关于财务委员会的职责：

> 属财政、捐税及上诉委员会所管理的事务有：
> 所有的财政事务，批准及授权支出贷款，听证及裁定上诉，房地产估价，对财会及账目部门监督，以及以下外国人和本地人捐税的征收：
> 外国人房捐
> 外国人地税
> 码头捐
> 华人房捐
> 租住中国人房屋的欧洲人

① 《工部局董事会会议录》第 27 册，第 524 页。

>   工部书信馆的收入及管理
>
>   房屋的租赁在所有协定最后达成前的批准
>
>   掌管所有代表董事会签订的契约、证券、保险单等，以及与董事会住房、办公室及其他房屋有关的事务。①

经过几年工作后，在1868年6月8日工部局董事会批准了增加内容的财务委员会职责备忘录：

>   财务方面的一切事物，均属于财政、捐税及上诉委员会的职责范围，例如批准开支和贷款、审理和裁决上诉案件，确定房地产税额，监督会计账册股的工作，以及向西人和华人征收所有各种捐税，工部书信馆的收入和管理，租用房屋以及批准所有进行最后签订之前的合同和协议等，掌管代表工部局签署的所有合同债券、保险单等，负责工部局大楼、办事处和其他房产有关的事物，并照管工部局所有的工厂、仓库等单位。②

所增内容中最重要的是可对税率提出参考建议，即财务委员会根据经济形势和房地产形势向董事会提出合理的税率建议，由董事会向纳税人会议提交征税申请并据此编制预算。在租地人会议时期，房捐属工部局三大收入来源之一，1870年房捐改为市税后，逐步成为最大的收入项目。房地产税率的掌握，是财务委员会对租界经济运行进行调控的重要工具。财务委员会负责制定工部局的财政政策，主导工部局财政施行方向，是财务委员会的重要职能。

---

① 《工部局董事会会议录》第2册，第520页。
② 《工部局董事会会议录》第3册，第672页。

在工部局成立后近90年的时间中，可分为不同时段，各时期工部局面临的经济形势、财政形势、政治形势皆不相同。初创时期，不断扩大财政收入来源，巩固、稳定财政税基，进行市政建设是财务委员会的工作重点。19世纪后半期，不断进行市政建设的同时保持财政收入稳定增长、财政盈余是财务委员会制定财政政策的指导思想。进入20世纪，虽然工部局财政收入大幅增加，但工部局开支巨大，应对社会舆论对财政浪费的批评，改善财政赤字是财务委员会工作的重中之重。1908年3月，工部局总董在为财政问题召开的特别会议上讲道：根据纳税人会议上纳税人对目前预算所提出的批评。在总董看来，为满足公众极为普遍的意见，财务委员会应竭尽一切来防止下一年预算经费的超支，如果可能的话，要予以削减，这是很必要的。作为一种初步措施，会议决定要求各主要部门的主管就是否有可能进一步削减预算而不影响对公众服务的效率提出报告，然后由各有关委员会予以审核。[1]

工部局财政政策始终按照"适用"的思想，并未僵化固守某种财政模式，其在"量入为出"与"量出为入"中不断转换，显现出商人治理中的灵活性，也是商人治制下工部局"企业化管理"的表现。

（四）财务处是财务资金的运作者

工部局早期的财务工作由总办处负责，下设会计、出纳、收税员等职位。1909年召开的纳税人会议不仅批评工部局财政开支的大幅增长，还批评总办处会计股承担的工部局财务工作，工部局于是筹设专业化的财务处。当年4月21日，工部局董事会批准了由古德

---

[1] 《工部局董事会会议录》第17册，第542页。

尔代理会计师并进行财务处改组的必要调查，并同意他提出的增加人员的建议。① 11月1日，原总办处会计股代理股长古德尔被指定担任该处处长，三年任期内，月薪分别为500两、550两和600两。②

财务处主要掌管工部局经常收入、支出预算及执行、临时收支。成立初期设处长1人，副处长1人，首席会计1人，助理会计若干人及买办间。随着工部局财政收支日趋庞大及事务增多，财务处专门成立会计股。1931年1月14日工部局公报发表公告："自1932年1月1日起，将捐务处并入财务处。现任捐务处处长艾伦君，在未退休前，当另委以属于顾问性质之特别职务，现任帮办处长包恩君，暂充捐务处主任。"③ 原属总办处管辖的捐务处划归财务处，该处又监管捐税稽征工作。财务处还管理原属于财务委员会管理的与各公用事业公司订立的重要合同等工作。

财务处主要负责工部局的财务运作。财务处的专业化操作，盘活了工部局庞大的冗沉资金，使现金可以增值。1912年11月，因工部局年底需要投资的信托基金总额将达到约20万两，而财务委员会在以合理价格购买本地债券中遇到了困难，因此财务处长决定将此笔款项以年利5厘存于汇丰银行，为期一年。④ 到1913年底，此份投资获得的本息22万两，被董事会批准投资业广公司的债券，年利6厘，每份买进价为103.5两。⑤ 工部局职员的退职基金亦由财务处操作，其管理模式类似当今的养老金。因为工部局许多高级职

---

① 《工部局董事会会议录》第17册，第605页。
② 《工部局董事会会议录》第17册，第637页。
③ 工部局华文处译：《上海公共租界工部局公报》，1931年1月14日，第2期。
④ 《工部局董事会会议录》第18册，第632页。
⑤ 《工部局董事会会议录》第18册，第692页。

员为英籍,离职或退休需换取英镑,故白银与英镑汇率的变动直接影响退职基金的资本额。

工部局的现金还包括股票投资。1929年,财务处长向董事会报告建议购买自来水公司5万股"C"类股票,每股1英镑,该股票每年能获得8%的累加红利,但不分享航运和特别协议利润。因为工部局在该公司内所拥有的股票,有资格认购26 605股新股,而根据新股票的条款规定,股票持有人可以申购超过其现有股票赋有资格购买的股票数。财务处长认为:"出售电气处将要得到的款项,可能很难获得令人满意的投资收益。而此项股票认购投资具有金边证券(一般泛指政府债券,此处指最高资信等级债券)性质,可认为由此获得的投资收益是令人满意的。"[1] 经讨论后,董事会通过了财务处长有关申购5万股股票的建议。[2]

1937年1月20日工部局董事会讨论财务处关于本金的转换问题。财务处长指出,根据基金委托书上的资金投入条款规定,工部局早已具有将投入资金转变为英镑的权利。此刻白银基金可能得到5.6%的年利率,而如果转换为英镑,则只能得到3%的平均年利率。这样,转换会使工部局雇员或工部局蒙受每年2.6%的损失。他建议把工部局"在转换有利时"就有权转换这一原则肯定下来,但是不要为现在所建议的这一特权同附款列出。根据总董的建议,董事们同意在原则上批准:如果工部局希望转换时,就有权将退职基金转换为英镑。[3]

经纳税人会议批准的财政预算支出并不意味着自动生效,还须

---

[1]《工部局董事会会议录》第24册,第552页。
[2]《工部局董事会会议录》第24册,第552页。
[3]《工部局董事会会议录》第27册,第510页。

遵守财务程序，各处室要将 300 两以上的开支预算详细造册，报财务处长审核。财务处长在必要时可对各部门的预算提出意见，并报董事会讨论。对于未列入预算的支出，财务处长有权拒绝。财务处长批准的预算开支，经总办转呈各相关委员会审议，再报董事会批准。1929 年 3 月，财务处长获准将处理预算情况，特别是有关电气处出售的具体情况，直接呈报董事会，可见，此时财务处已部分脱离总办的掌控。① 据《申报》记载，工部局财务处长讲述该处控制财政的原则与方法："在实行各该项计划以前，必须先由有关系之各处处长提出详细建议，设系关于建筑工程，则应连同图样，递请正式核准。倘只牵涉银三百两，或不及三百两，而又无原则关系者，则一经填送请准购办物品册，即视为业已提出建议。"②

工部局财务处管理工部局的全部财政运作，该处是支付款项及保管账目的唯一负责机关，其所处的地位，足以切实限制工部局其他各部门的费用支出。

（五）纳税人会议是工部局财政的监管、审批者

纳税人会议由公共租界里具有资格的纳税人参加召开的公共大会，决定公共租界的大政方针，可以说是公共租界制度的灵魂。下文记述了纳税人会议召开的情景：

> 1929 年 4 月 17 日纳税人年会在南京路市政厅举行，本年因有出售电气事业等重要议案，故纳税西人到者甚众，捕房方面亦加派探捕在市政厅附近严密戒备，以防发生事端，并于车马行驶路线及停歇地点，先期规划指定，派捕照料，以免拥挤。

---

① 《工部局董事会会议录》第 24 册，第 543 页。
② 《费唐法官研究上海公共租界情形报告书第四卷》，《申报》1932 年 11 月 4 日，第 16 版。

钟鸣二时，工部局诸西董及贝袁赵三华董，鱼贯就席，宣告开会。随由总董费信惇动议，推举格雷森为主席，全场一致赞成，次举阿伦为会场书记，并照例通过会议规则。①

进入 20 世纪以后，纳税人会议每次召开动辄千人，规模庞大，往往是国内外社会舆论的重点话题。

图 1-6　1934 年上海公共租界纳税人年会场景

图片来源：《中国画报》1936 年第 4 期

纳税人会议除了要批准工部局的年度预决算报告外，还要监管工部局的财政花费。1883 年 2 月 12 日工部局董事会上，会议接受了经法律顾问改动和修正的附律草案如下："不论在什么情况下，纳税人会议在其召开的公众会议上，在授权工部局为租界从事物资采购或签订市政建设工程合同时，凡费用数额超过 5 000 两者，则工部局在切实可行的情况下至少应在租界内以英文出版的一家报纸上

---

① 《昨日纳税西人年会通过出售电气处案》，《申报》1929 年 4 月 18 日，第 13 版。

根据具体情况为必要的采购或市政建设工程刊登广告公开招标。但需根据纳税人会议在批准此类采购或市政建设工程时所下达的指示去办。"①

概况言之，工部局行政组织机构具有以下特点：

(1) 组织严密。所划分的"处""股"虽多，但各有事权，一定的工作范围内并无掣肘机关，并且还尽量集中事权。

(2) 管理得法。工部局各下属机构的事务管理，按程序原则，有条不紊地进行。20 世纪 30 年代，有国人参观位于汉口路的工部局大楼后，感叹工部局行政效率，道："你要翻阅十年以前的档案么，马上可以得到；你要知道某位佣工的履历表么，不出两分钟，人事股的负责人就可给你；你要晓得某罪犯以前犯过罪没有，警务处也有方法立刻考察出来。像这样管理方法，非但行政效率可以大增，同时人力和经费两者俱可节省。我其所以看到各股办事人员很少，很难见一股超过四人的原因，自然也易明白了。"②

第三节 "市税"的选择：租地人会议时期财税模式的确立

1854 年，在沪租地外侨与英法美三国驻沪领事因政治形势变化，谋求组建更强大的行政机构来管理租界，遂擅自推动修改、制订了 1854 年《上海英美法租界租地章程》，并于 1854 年 7 月 11 日召开的租地人大会批准成立租界新的市政管理机构——

---

① 《工部局董事会会议录》第 8 册，第 494 页。
② 穆渭琴：《笔记：参观了上海工部局与市政府归来》，《之江校刊》1935 年第 70 期。

工部局。工部局承继道路码头委员会的衣钵，开始了租界管理的新时期。

虽然直到1862年3月31日美租界才并入英租界，但英美租界一直处于同一机构的管理之下，财政收支管理一体化，因此本将1863年以前的英租界、美租界也称英美租界或租界。因1869年《上海洋泾浜北首租界章程》扩大了租界的选举范围，达到条件的纳税人也可以参加会议选举，不再局限于当初的租地人，租地人会议遂于1870年改称纳税人会议。租界的公共决策群体基础发生变化，使得1869年成为重要时间转折点。

一、工部局成立之初的财政困境

租地人会议时期的上海公共租界，经费不足一直制约着租界建设。在工部局"量入为出"的财政特点下，没有足够的财政支持便无法开展工作，因此稳定财政收入的来源便成为租界运转的首要问题。

工部局成立之初，只有25 000元左右的资产，而且收入来源渠道有限，资金使用情况时常捉襟见肘，下表是在1854年9月工部局董事会上对资产状况进行的估计。

表1-3　资产负债估计备忘录

资产		
中国政府资产		零
华人租赁房屋和栈房	8%	2 400元
华人租赁小块地产		3 000元
西人租赁地产	0.5%	2 000元

续 表

西人租赁房屋和栈房	3%	3 000元
码头捐结余		14 600元
合计		25 000元
负债		
巡捕28名和督察2名		15 000元
道路和码头修理		3 000元
路灯(按照目前)		200元
新建码头(太古及怡和之间)		1 200元
煤、木柴、蜡烛和油(或许过多)		1 600元
营房租金		1 500元
附加费用和杂费、巡捕所需服装等,包括医疗、护理和药物		2 500元
合计		25 000元

资料来源:《工部局董事会会议录》第1册,第572页。

由于财政状况比较窘迫,致使工部局经常无法完成租地人会议提出的工作计划。在1854年9月21日的董事会议上,董事们就发觉"市政机构计划提出的不可避免的开支比租地人会议在上次大会上所预计的要大得多"[1]。1855年1月4日的董事会上,财务员报告说:"他手头已无资金可支付公共支出,而且透支额已超过1 200元,他已无法支付任何其他费用。"[2] 租界大部分费用用于维持捕房和支付巡捕工资,因财政拮据状况不能扭转,到1855年3月26日

---

[1] 《工部局董事会会议录》第1册,第571页。
[2] 《工部局董事会会议录》第1册,第578页。

工部局董事会便不得不裁减巡捕数量，同时尽量减少不必要的人员和费用，以维持工部局的运转。①

租界获取财政收入的法理源于在沪外侨摊派修筑码头、道路等产生的费用。在 1845 年的《上海租地章程》中本身并无行政强制力来收取税费，1854 年的《上海英美法租界租地章程》比旧章程前进了一步，有"不肯纳税者，即禀明领事饬追。倘该人无领事官，即由三国领事官转移道台追缴，给经收人具领"②的条款，但初期的工部局仍无"国家权力"属性的强制力强制征收捐税。例如，1856 年一名叫威尔斯的英国人拒不支付其所欠税款，工部局董事只好写信给英国领事要求他采取措施收回欠款，才获成功。③对工部局征税权力的认同上，外侨社会一直存有争议，拒不缴税的事件屡见不鲜，特别是 19 世纪 60 年代新兴资本主义强国普鲁士，不仅商人拒不纳税，其领事亦认定工部局没有征税权力。1866 年 10 月 16 日，时任普鲁士驻沪领事德登贲给工部局总董写信，反对提高房捐：

阁下：

两家德国商行即瑞诺夫·维尔洋行和元亨洋行告诉我说，在他们拒付新增收的 5% 的房捐之后，他们于本月 13 日收到了工部局总办寄来的一封信，我有幸在此附上该信副本。

我无权评论您公函的形式和您愿意使用的措词，诸如"一些模棱两可的理由"等等。我不准备去研究诸如只要不交房捐

---

① 《工部局董事会会议录》第 1 册，第 579 页。
② 《中外旧约章汇编》第 1 册，第 80 页。
③ 《工部局董事会会议录》第 1 册，第 592—593 页。

就扣留许可证的威胁性措词是否与工部局的尊严相称,但我有义务照会您,我认为工部局打算采取的步骤明显是非法的,超越了该机构的权限。我认为工部局的每位董事都应对此明显的非法行为和越权行为负责。

毋庸赘言,也许我最遗憾的是:根据旧《土地章程》,我不能直接向房屋租用人强行征收土地和房屋捐税,但我乐于看到新的《土地章程》在尽可能短的时间内在上海生效;不过与此同时我要求阁下,您,作为工部局的代表取消这些措施,因为那些措施很难得到公众舆论的赞同,而且会使本来有希望解决的矛盾激化起来。①

领事尚且袒护自己国家的商行,不支持租界当局决定,可见早期工部局征税工作的开展举步维艰。

工部局征收捐税的法理来源于《土地章程》。1845年《上海租地章程》第十三条规定:"新海关南首房价、地价高于北首,为详查价目应为若干起见。地方官宪会同领事官遴派诚实正直华、洋商人四五名,照按价抽税章程,查明房价、地租、迁移费用、种地工力,公正评估,以昭公允。"② 据此可知,道路码头委员会有对地产估价的权力。第二十条中有"道路、码头及修建闸门原价及其后修理费用应由先来及附近居住租主分担……倘仍有缺款,分担者亦可共同决定征收卸货、上货一部税款,以资弥补"③ 的规定,以此道路码头委员会衍申出征收码头捐的权力。关于房捐,1845年《上海租地

---

① 《工部局董事会会议录》第2册,第594页。
② 《中外旧约章汇编》第1册,第65页。
③ 《中外旧约章汇编》第1册,第65页。

章程》中没有明确的规定,但是多次提到了修筑码头、道路的经费由居住在租界的外侨分摊,变相规定了按住房分摊此类费用,故房捐的法理来源也可以追溯到1845年《上海租地章程》。至于执照捐,则是在租界有了初步发展,娱乐场所、商业场所相继开设后才征收的捐税。

二、租地人会议时期税收状态

1869年以前称租地人会议时期(1870年以后称纳税人会议时期)的公共租界,其税收收入来源主要有三种:地税、房捐、码头捐,此外执照捐、照明捐也作为租界较为重要的收入来源,但后两者所占比重及历史地位与前三者不可同日而语。

(一)地税

地税是由租地人或土地的占有人按土地的估价或估值,每半年或一年交付的一种税。土地由专员进行估价,早期由道路码头委员会负责地产估价。1862年9月8日的租地人特别会议上批准成立了由托马斯·汉璧礼、B.达拉斯、C.索恩、W.H.范彻、J.罗森组成的西侨地产估价委员会,以进行地产估价,规定每3年重新对土地估价一次。[①]

地税作为租界最早、最重要的收入之一,在租界财政收入中占据重要地位。被征税土地主要有两种:一是有建筑物的土地,一是空地。土地估值一般参照与市中心的远近、交通状况、与相邻地块的平衡等。例如在1854年8月21日的董事会上便通过决议:外侨租用的土地按照距离黄浦江的远近,确定土地估价的一定比率。[②]

[①] 《工部局董事会会议录》第3册,第546页。
[②] 《工部局董事会会议录》第1册,第571页。

一般所估地价约为市场价的75%—80%。①

上海开埠后十余年就取代广州成为中国的对外贸易中心，外商竞相来沪租地，引起地价飞涨。开埠前上海土地每亩不超过20—30两，1844—1845年间，每亩押租约合40—80两②，到19世纪60年代高峰达到平均每亩约1318两，下表是1865年、1867年、1869年公共租界三次地产估值情况：

表1-4　1865—1869年公共租界土地估值表　（单位：两）

地　区	1865 年	1867 年	1869 年
英租界	4 905 118	4 957 902	4 707 584
虹　口	774 688	810 154	561 240
总　值	5 679 806	5 768 056	5 268 824

资料来源：地产委员会报告（1875），上海市档案馆藏档案，档案号：U1-1-1026。

表1-5　1865—1869年公共租界估值地产总面积

（单位：亩）

地　区	1865 年	1867 年	1869 年
英租界	2 910	2 914	2 808
虹　口	1 400	1 460	2 094
总面积	4 310	4 374	4 902
平均每亩价格（两）	1 317.82	1 318.71	1 074.83

资料来源：地产委员会报告（1875），上海市档案馆藏档案，档案号：U1-1-1026。

---

① 《上海租界志》，第553页。
② 《上海租界志》，第551页。

取上海刚开埠时押租的中位数每亩 60 两,到 1867 年估值为每亩 1 318.71 两,仅仅 20 年就增长了约 21 倍,增值速度可谓飞快。

因地税是根据土地估值按税率征缴,税率便在地税的征收中处于核心地位。1849 年的租地人会议授权道路码头委员会对界内西侨地产进行估价,同时规定未经租地人会议批准,每亩征税不得超过 5 元。由于档案数据所限,暂不能完整地整理出道路码头委员会时期地税收入情况。工部局继承道路码头委员会征收地税的权力,在其 1854 年成立后第一次董事会便要求"土地业主和租地人向总董呈报他们的地产的价值及其地上建筑物的年租";在第三次董事会上,把地税率定为 0.5%。① 后租界外侨提出减税要求,董事会也力推减税,1865 年租地人会议将地税率降为 0.25%,② 直到 1869 年租地人会议制度结束,税率未再变动。期间因租界人口大量外流导致租界内房地产估值大幅下降,造成租界财政困难,工部局财政、捐税及上诉委员会为解决财政困难,在 1867 年的报告中曾提议将税率提高到 0.5%,③ 但这一提议与租界的减税运动背道而驰,加之码头捐在此时收入迅速增长,弥补了地税收入的亏欠,这一提议最终没有实施。

地税是租界诸多收入项目中比较稳定的收入,在没有突发政策(譬如减税)改变税率的情况下,收入变化不大。

---

① 《工部局董事会会议录》第 1 册,第 569—570 页。
② 因资料所限,没有查到 1863 年 4 月 4 日的租地人会议记录,但是根据 1867 年 1 月 14 日工部局董事会会议记录记载地产估价委员会由 1862 年 9 月 8 日的租地人特别会议任命,制定的新的税率表在 1863 年 4 月 4 日的租地人大会上通过。因这一时段没有税率变化的证明,可以推断出 0.25% 的新税率应在此次租地人大会上通过。
③ 《工部局董事会会议录》第 3 册,第 570 页。根据 1867—1869 年工部局年报中地税收入报表所载,税率为 0.25%;故《上海租界志》第 322 页中称 1867—1869 年地税税率为 0.5% 应属于错误。

表 1-6 1865—1869 年上海公共租界地价估值表

(单位：两)

年 份	英 租 界		美 租 界		税率 0.25%
	估值总额	可征税额	估值总额	可征税额	可征税总额
1865	4 905 117.94	12 262.80	774 688.01	1 936.70	14 199.50
1867	4 957 902.50	12 394.76	757 065.50	1 892.66	14 287.42
1869	4 707 584.00	11 768.96	561 242.00	1 403.11	13 172.07

资料来源：1865 年数据来源于《工部局董事会会议录》第 3 册，第 613 页；1867 年和 1869 年数据来源于上海市档案馆藏档案：上海公共租界工部局地价表，档案号：U1-1-1023、U1-1-1024。

说明：工部局的地产估值每两年一次，分别于 1865 年、1867 年、1869 年造册。

从上表可以看到从 1865 年到 1869 年的 5 年间，公共租界的地价估值大体稳定。1865 年 8 月 7 日董事会财政、捐税及上诉委员会的报告中表示"土地新的估价比原来要低很多，以前估价过高的困难已经克服"[1]，我们可以推出 1865 年以前租界土地估值要比后来高，究其原因是自小刀会起义到太平天国忠王李秀成经营苏浙地区，多次进攻上海，难民纷纷涌入租界。相关资料显示 1860 年时租界人口增加到 30 万，1862 年达到 50 万，最高时竟达 70 万。[2] 一隅之地的租界涌入巨量的人口，产生了房少人多的矛盾，必然导致房价飙升、地价昂贵。1864 年太平天国运动失败后，避难人口返回原籍，大量房屋空置，房屋租价大幅下降，繁荣的市场骤然萧条，租界内出现抗捐、抗税现象，并不断要求降低土地估值、按新房租估值征收房捐，因而 1866 年按新估价征收地税，使得收入降低。

[1]《工部局董事会会议录》第 2 册，第 510 页。
[2]《上海租界志》，第 145 页。

需进一步考察的是地税收入在早期公共租界财政收入中所占比重。工部局早期报表显示，华人不征收地税，外侨的地税和房捐合在一起计算，直到1865年工部局年报报表才将外侨房捐和地税数字单列，然后合并计算，故没有详细的数字来论证早期地税比重如何，但1865—1869年的状况则有所反映（详见下表）：

表1-7 1865—1869年地税收入占税费收入比重统计表

（单位：两）

年 份	实征土地税	税费总收入①	实征土地税/税费总收入
1865	24 908.42	180 606.73	13.79%
1866	13 682.03	160 897.83	8.5%
1867	14 330	174 491	7.45%
1868	11 784.77	209 813.07	5.62%
1869	13 785.82	197 693.76	6.97%

资料来源：上海市档案馆藏档案：《上海公共租界工部局年报》（1865—1869），档案号：U1-1-878至882。

说明：① 总收入不包括历年财政结余和利息账户收入、发债收入等，只包括工部局地税、房捐、码头捐、执照捐等税费收入。

地税作为租界早期收入的主要来源，其比重在19世纪60年代有一个明显的下降过程，由13.79%下降到最低的5.62%。该年代地税比重的下降主要由两个原因造成：一是土地估值的下降，二是码头捐、房捐收入的增加使得总收入增加。但地税收入来源稳定，历史悠久，且关乎租地人会议选举资格，故租界当局和在沪租地西侨比较重视。

（二）房捐

房捐是根据房屋租价按税率征收的一种捐税，一般按季度征收，因早期华人不缴房捐，因此又称外侨房捐。

房捐与地税在很多方面相似，房捐也是道路码头委员会时期就征收的一种捐税,二者都是按估值比例征收,由租地人会议讨论确定合适的税率。房捐法理源流与地税同出一辙,属于1845年《上海租地章程》中关于租主分摊修筑道路、码头等费用的条款。早期外侨房捐率为房租的1%,但其何时确定的房捐率与房捐征收总额,因资料所限尚不能获悉。1854年8月10日工部局董事会上,宣布外侨房捐率为每年房租的3%。①

1853年9月小刀会攻占上海县城,涌入租界避难的华人增多。起初租界内外侨对此怨声载道,但避难而来的华民很多都是携金带银,看到财路的外侨纷纷搭建简易房屋出租给避难华民,到1854年7月,租界内中式房屋已达800余所,人口2万人。② 于是,1854年9月21日的第一届工部局董事会即建议对租赁外侨房屋和建筑物的华人每年按他们租金的5%缴纳房捐。因为华人不缴纳码头捐和土地税,后在修正案中提出将华人房捐率改为8%,理由是即便8%的税率仍远比外侨低。③ 华人房捐的征收对象为在租界内任何地基上新盖房屋,即便华人为该地基契主也要缴纳房捐。这一时期,房捐率的变动详见表1-8。

表1-8 上海租界房捐率变动表

年 份	税 率 外 侨	税 率 华 人	备 注
早期	1%		
1854	3%	8%	

① 《工部局董事会会议录》第1册,第570页。
② 《费唐法官研究上海公共租界情形报告书》第1卷,第58页。
③ 《工部局董事会会议录》第1册,第571页。

续 表

年 份	税率 外 侨	税率 华人	备 注
1860	3%	8%	
1861—1865	4%	8%	
1866	3月提高到5%，4月又降至4%	8%	
1867	10月提高到6%	8%	
1868	6%	6%	
1869	7%	9%	
1870	6%	8%	将房捐改为市政捐

资料来源：《上海租界志》，第323页。1869年数据来源于上海市档案馆藏档案：地产委员会报告（1875），档案号：U1-1-1026，其数据与《上海租界志》不符，此处采用档案报告。

观察表1-8，可见华人房捐率一直远远高于外侨，从1854年到1870年间一直稳定在8%，期间只有1868年一次下降到6%。外侨房捐前期也比较稳定，除了早期有1%的房捐率外，在1861年前一直稳定在3%，1861年到1862年工部局有一次比较大的地产估价行动，将房捐率提高到了4%。到了19世纪60年代后半期，外侨房捐率变动频繁，多次提高降低。探究其原因，为华人在战争结束后的大量返乡，导致了租界房屋大量空置，房租价格大幅下降，使得租界财政收入锐减，并在1865年到1866年出现严重的财政困难，工部局不得不依靠提高房捐率来弥补赤字。与此同时外侨因实际房租价格的跌落，不断要求降低房租估值。工部局作为外侨利益的执行机构，要不断满足租地外侨的要求，双方的博弈造成房捐税率多次调整。1868年到1869年外侨与华人房捐率降低则与租界财政状况大幅改善有关，主要得益于码头捐收入情况的好转，而码头捐收入则与此一时期中国国际贸易状况相联系，码头捐的收入情况将在后文进行专门论述。

据表1-3得知，工部局成立初始时财政状况不佳，道路码头委员会的十年管理没有留下丰厚的"家底"。与地税相比，房捐征收多寡更受人口波动的影响，因为被租赁房子的数量直接决定房捐额的高低。早期租界内房屋和空置房屋的数字不得而知，但空置房屋数量必然与租界人口成反比，因此租界人口数字变动与房屋情况相关联。

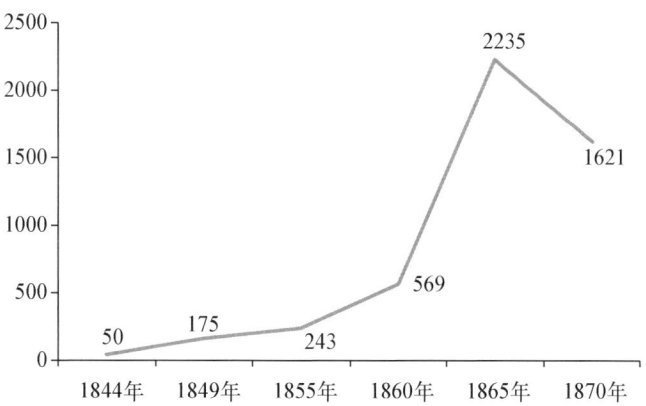

图1-7　1844—1870年租界外侨数量变化图（单位：人）

资料来源：据《费唐法官研究上海公共租界情形报告书》第1卷，第54—55页中数据作图。

工部局成立前租界严格华洋分居，也就无从征收华人房捐，租界内外侨的数量可大致反映租界内外侨房屋数量的变化趋势。从

1844年的50人到1865年的2 235人，20年里增加44倍多，房屋数量也必定大幅增长。必须看到，租界外侨人口增长主要在1860年到1865年这一时段内。

而租界内的华籍居民数量，初期因实行严格的华洋分居，在小刀会起义前只有500人左右，而小刀会起义与太平军攻占苏浙并进攻上海改变了这一局面，华人数量骤增，详见图1-8。

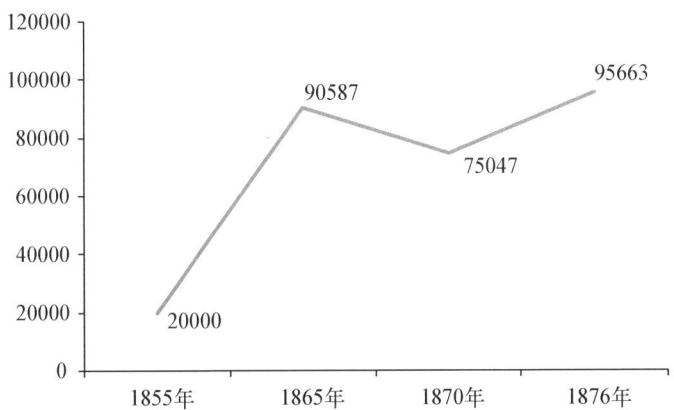

图1-8　1855—1876年公共租界华人数量变化图（单位：人）
资料来源：《费唐法官关于上海公共租界情形报告》第1卷，第99页。

因华人居民绝对数较大，华人居民数量占租界内人口构成的绝大部分，加之华人房捐率又高于外侨房捐率，因此从房捐贡献额来说，在租金估值接近的情况下，华人房捐贡献必然大于外侨房捐贡献。数据显示租界的土地财政收入中，前期华人房捐总额与外侨地税加房捐总额不相上下，后期则全面超越外侨地税加房捐的总额。下面是公共租界地产委员会统计的关于租界内房产租金估值与住房数量的统计表：

表1-9 1867—1875年公共租界房屋数量、估值总额与税率统计表

年份	外侨房屋数量（间）	租金估值总额（两）	税率（%）	华人房屋数量（间）	租金估值总额（两）	税率（%）
1867	357	417 000	6	12 336	356 000	8
1869	445	500 000	7	10 732	437 500	9
1873	465	608 000	6	12 777	637 000	8
1875	510	536 000	6	14 000	654 000	8

资料来源：地产委员会报告（1875），上海市档案馆藏档案，档案号：U1-1-1026。

表1-9仅仅是房屋总数与租金估值及税率的统计表，尽管地税与房捐存在许多相似的地方，但在实际征收中，房捐征收比地税更复杂，主要表现在3个方面：第一，房捐的征收对象是已经出租的房子，租界存在许多空置房；第二，在经济衰退时期同一地段毗邻房子的租主可能会相互竞价，导致房租不同；第三，许多房子建筑面积较大，仅部分出租。诸多情况考验着租界管理者的智慧，必须逐步完善征税制度，适应形势变化需要，这也是房地产估值每隔几年就要进行一次的原因。

租界早期有两次大规模的人口迁入，分别是小刀会起义和太平天国的进攻，特别是因太平天国而避难租界的人数最多，因此这一时期租界新盖许多房屋。在1864年太平天国运动失败后，避难人口迁回原籍，而且据统计数据显示，这时期外侨数量也在减少，因此从1864年开始租界就有大量房屋空置，当时英国领事温思达在致阿礼国的信中提道：公共租界1864年12月24日华人居住的住房计6 256幢，无人居住的计2 461幢，合计8 717幢。[①] 为更形象展示这

---

① 《上海租界志》，第556页。

一时段无人住房数量变动，特作图如下：

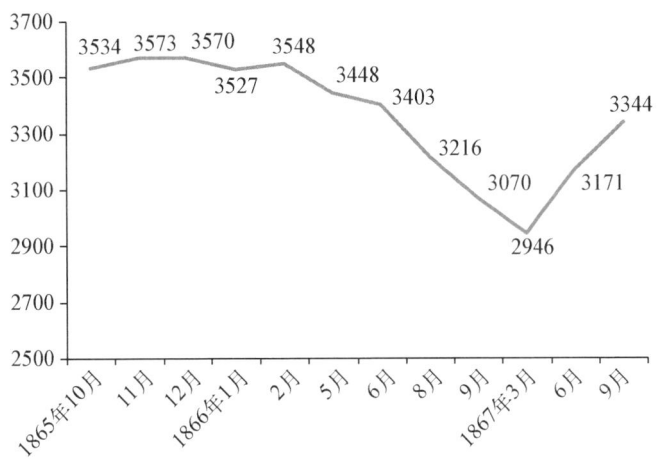

图1-9　1865—1867年公共租界空置房数量变化图（单位：幢）

资料来源：据《工部局董事会会议录》中第2册、第3册中有关房屋统计数量的报告编制。

通过对比英国领事温思达的数据与工部局董事会统计的数据，我们可以发现在1865年底人口迁出的现象止步，在1865年11月10日的工部局董事会财政、捐税及上诉委员会的报告中说道："尽管华人房捐征收远远低于估算数，这并不说明今年人口减少，而是说明华人居住房屋的租金严重减少，因此，本委员会不得不减少捐税估价。本委员会有理由认为，中国人已不再离开租界，而且事实上，人口又在回升。"①

租界的无人住房数量应能代表租界的人口流动状况，租界空置房数量在1865—1866年得到缓解之后，到了1867年又出现大幅度

---

① 《工部局董事会会议录》第2册，第521页。

的增加，其原因应与租界当局财政出现困难后，试图提高房捐特别是外侨房捐来弥补财政收入有关，高税率则导致人口外流，空置房数量加剧。

理清这一时段住房、人口、税率之间的相互关系后，下面要探讨房捐的构成。房捐作为租界财政的主要收入来源之一，分为华人房捐和外侨房捐。小刀会起义后，华人房捐的开征使刚刚成立的工部局迅速摆脱了财政紧张的状况。虽然具体数据不得而知，但1854年短短一年里就搭建了800多幢华人简易房屋，已经远远超过了外侨住房数量总和。在1864年8月18日的租地人大会上，金能亨就说："去年华人对租界财政收入贡献为92 000两，超过了西人的85 000两，他很乐意看到中国人贡献更多。"[①] 在1860年1—12月的统计资料中，外侨和华人房捐约占总收入的45%，其中华人房捐7 530两，比外侨地税和房捐收入4 215两总和还多。[②] 1863年下半年华人房捐共缴纳50 030.88两，外侨房捐和地税一共是20 533.03两；1864年华人房捐涨到惊人的113 534.56两，而外侨房捐和地税共缴纳35 558.28两，单房捐一项，华人的贡献就是外侨房捐地税总和的3.19倍，更占到当年租界财政总收入的一半以上。战争结束后租界人口下降，房屋空置，租金估值大幅下降，所占比重减少，通过工部局年报关于房捐的统计数字，可以很明显地看到房捐特别是华人房捐的下降：1865年华人房捐共征得57 829.53两，外侨房捐仅征得9 694.25两，比1864年显著下降。

[①] *MINUTES OF LAND RENTERS' MEETING* (1864)，上海市档案馆藏档案，上海公共租界西人纳税人会议报告，档案号：U1-1-1049。

[②]《上海租界志》，第323页。

租界人口停止外迁并逐渐回流，房捐征收额也止跌复涨。据1867年3月31日工部局年报中的数据显示，外侨房捐为22 950.42两，华人房捐33 424.79两，共计56 385.21两，而财政总收入189 405.92两①，房捐占比29.77%；1868年3月31日工部局年报中显示，外侨房捐为24 667.03两，华人房捐32 136.01两，共计56 803.04两，年度总收入（减去发行的公债60 000两、普通储蓄银行存款30 679.05两和1867年4月1日现金结存总账40 054.48两）209 813.07两②，房捐占比27.07%；1869年的预算外侨房捐收入为24 000两，华人房捐28 000两，共计52 000两，总收入185 785.96两③，房捐约占比27.99%。综合这三年的数据，房捐收入比重呈一种缓慢下降的趋势，在租界财政总收入的比重中由1860年约占一半下降到约1/3弱。房捐作为租界财政的支柱之一，在此时段内尤为重要，其征收额的多寡直接影响租界当局决策制定和工作开展，税率的确定也是多方面博弈的结果，因此尽管19世纪60年代后期比重下降，但其重要地位无可撼动。

（三）码头捐

码头捐的征收对象为在公共租界码头装卸的货物，类似一种货物税，在租界的诸多收入项目中，贡献份额成长最快，逐步成为租界最主要的财政收入。

征收码头捐的法理依据，可以追溯到1845年《上海租地章程》，详见前文。随后制定的1854年《上海英美法租界租地章程》第十条同样规定："起造、修整道路、码头、沟渠、桥梁，随时扫洗净洁，

---

① 《工部局董事会会议录》第3册，第580页。
② 《工部局董事会会议录》第3册，第637页。
③ 《工部局董事会会议录》第3册，第660页。

并点路灯，设派更夫各费，每年初间，三国领事官传集各租主会商，或按地输税，或由码头纳饷。"[1]

按照章程规定，1849年3月10日租地人大会上授权道路码头委员会对在租界码头装卸的货物征税，同年7月23日道路码头委员会发布公告，宣布开征码头捐。[2] 据前文道路码头委员会情况表所载，从1849年3月到1854年6月这5年里，共征得码头捐、地税41 480.55两，平均每年8 000多两。而工部局初成立时资产部分有码头捐结余14 600元，占当时总资产25 000元的58.4%[3]，1856年7月工部局董事会上预估的码头捐年收入达9 000元，接近预估总收入18 275元的一半[4]。可以说码头捐在早期即贡献租界财政收入的绝大部分。

码头捐的征收标准变化很大且变动频繁，几乎每年都调整。因资料所限不能将码头捐历次征收变动标准详细列出，但码头捐征收标准制定要满足三方面的要求，分别是：租地人会议批准、领事团认可和上海外商总会赞同。[5] 多方面制约必然使码头捐征收标准限定在较合理的范围内。根据工部局董事会会议记录的资料，将1863年9月4日总董建议通过的一个码头捐标准开列如下：

> 茶每担1分，丝每包5分，棉麻织物每捆2分，羊毛或羊毛混合制品每捆4分，油每担0.5分，金属每担0.5分，谷物、糖、日本海藻每50担3分，各类木材每50担3分，木板每50

---

[1] 《中外旧约章汇编》第1册，第81页。
[2] 《上海英租界道路码头委员会会议记录》，上海市档案馆藏档案，档案号：U1-1-1291。
[3] 《工部局董事会会议录》第1册，第572页。
[4] 《工部局董事会会议录》第1册，第589页。
[5] 《工部局董事会会议录》第3册，第545页。

块 0.5 分，栋木每根 4 分，纸张每 50 捆 3 分，煤每吨 3 分，船用帆布、索具等用具每捆 2 分，其他中国和日本不可数产品每捆 1 分。①

阅读上文可以大致了解码头捐的征收标准。码头捐征收范围非常广，几乎涵盖所有进出口货物。为便于征收码头捐，在 1854 年 11 月 9 日工部局董事会上，工部局接受各国领事的建议：通过海关来征收码头捐，对租界内使用公共码头装卸货的进口货物按照货价征收 0.1% 的码头捐。② 通过海关征收码头捐的意义非常重大，这规范了码头捐的征收程序，赋予其一定的行政色彩。但早期主要由货商自行申报其进口货物，码头捐征收往往不足额，严重影响工部局预算执行。1861 年 4 月 8 日的外侨公众大会上决议"由工部局董事会雇用一名办事员，从海关统计表中摘录必要的统计资料"③，从而准确判定各家商行应缴纳码头捐的确切数额。

码头捐属于外侨对建设公共码头的摊派费用，早期华商不享受公共设施所带来的便利，因此不对华商征收码头捐。后随着租界的建设及发展，进出口贸易增加，大量华人进入租界，华商及华人也享受到租界公共设施带来的便利，租界当局便企图向华商征收码头捐。在 1861 年工部局总董霍华德就亲自约见海关税务司费士来，商讨向华人征收码头捐的办法。④ 租界当局多次和道台交涉，迫使道台于 1857 年同意每年统一提供一笔补偿金给租界当局，1858 年为 2 000 元，1863 年增为 4 000 元，1864 年为 6 000 元，1865 年为

---

① 《工部局董事会会议录》第 1 册，第 691 页。
② 《工部局董事会会议录》第 1 册，第 574 页。
③ 《工部局董事会会议录》第 1 册，第 615 页。
④ 《工部局董事会会议录》第 1 册，第 614 页。

8 000元，1866年达到10 000元，1867年为14 000元。[1] 尽管每年都增加补偿费用，工部局的董事们仍然不满足，力图改变不对华商征收码头捐的现状，但没有取得进展，后来码头捐收入持续增加，租界财政好转，当局便暂时搁置这一计划。

下面对这一时段码头捐的收入变动因素进行考察。分析码头捐收入状况，除了要考虑税率征收标准外，还要结合贸易总量的变动。因早期码头捐征收额不得而知，具体征收标准数据也无，不能通过对海关统计的各项货物进口数量计算码头捐的征收额，只能通过对比码头捐征收额与同一时段上海进口贸易状况，计算二者相关系数，看其关联程度，进而分析经济贸易的变动与租界财政特别是码头捐一项变动趋势的关系。

由于码头捐征收对象只包含洋商进口货物，因此数据主要采用进口贸易部分。英国是早期中国对外贸易的最重要对象，美国的贸易比重位居第二位。在1845—1860年的15年间，英国对中国的出口由1 050万元上升到2 340万元，美国对中国的出口额由230万元上升到890万元。在1865—1869年的5年间，英美两国对华出口之和占中国进口的比重从92.3%上升到94.4%。其中美国的比重由0.7%增至2%，尽管增速很快，但所占比重不能与英国相比。[2] 因此，这一时期英国进口贸易总量数据对于研究租界码头捐收入与贸易的关联性问题上有较强的代表性。姚贤镐先生利用每年送交英国议会的统计摘要和巴罗兄弟公司出口月报中所载数据资料，对英国输华产品总值做过详细统计（详见表1-10）。本节以此统计分析码头捐收入与贸易关联性。

---

[1] 《上海租界志》，第324页。
[2] 严中平编：《中国近代经济史 1840—1894》，经济管理出版社2007年版，第265页。

表1-10　1840—1869年英国每年向中国输出的英国产品总值

(单位：镑)

年份	总值	年份	总值	年份	总值
1840	524 198	1850	1 574 145	1860	4 359 961
1841	862 570	1851	2 161 268	1861	4 420 407
1842	969 381	1852	2 503 599	1862	2 325 663
1843	1 456 180	1853	1 749 597	1863	2 969 745
1844	2 305 617	1854	1 000 716	1864	3 662 053
1845	2 394 827	1855	1 277 944	1865	4 624 316
1846	1 791 439	1856	2 216 123	1866	6 514 603
1847	1 503 969	1857	2 449 982	1867	6 111 446
1848	1 445 959	1858	2 876 447	1868	7 621 644
1849	1 537 109	1859	4 463 140	1869	8 000 000

资料来源：姚贤镐：《中国近代对外贸易史资料 1840—1895》第1册，中华书局1962年版，第637—638页。

通过表1-10可以很明显地看到19世纪50年代早中期贸易呈现一个明显的V字形发展，在1854年达到谷底1 000 716镑，之后迅速回升，到了1858年便突破往年贸易最高值，可见1854年小刀会起义影响之大，也体现出这一时段上海一埠进出口贸易形势变化已影响全国的进出口贸易值。而通过对比表1-8与表1-9，我们发现英国输华产品总值与同时期公共租界码头捐收入数据变动幅度基本一致，其中英国输华产品总值从1864年到1869年共增长约118%，码头捐增长幅度约为93%，扣除1865年工部局因征收市捐造成的码头捐收入的大幅减少（本节第三部分将有详细论述），取1864年、1867年、1868年和1869年4年的码头捐收入与英国输华产品值进行对比，得出二者相关系数为

0.983 4^①，可以说二者基本相关，也就证实码头捐的变动趋势应与英商进口货物的变动趋势基本一致，早期码头捐的变动趋势也就一目了然。下面就码头捐在租界财政收入中的比重进行分析。

前文已述码头捐贡献了工部局初成立时的绝大部分现金资产。后因战争避难租界的华人激增，华人房捐收入猛涨，房捐成为太平天国运动消亡前租界的最大项收入，1864 年工部局年报中显示，当年华人房捐征收 113 534.56 两，码头捐 42 523.64 两[②]。下表是 1864—1869 年码头捐收入概况：

表 1-11　1864—1869 年码头捐收入分析　（单位：两）

年　份	码头捐	财政收入[①]	比例（%）
1864	42 523.64	216 486.69	19.64
1865	30 738.70	180 606.73	17.01
1866[②]	35 535.60	160 897.83	22.09
1867	61 524.57	189 405.92	32.48
1868	73 823.73	209 813.07	35.19
1869	81 982.64	197 693.76	41.47

资料来源：1864—1870 年工部局年报，上海市档案馆藏档案，档案号：U1-1-877 至 882。

说明：① 财政收入不包括前年财政结余及银行存款。

② 1865 年租界当局因码头捐收入锐减，试图征收市捐以代替码头捐，导致 1865 年和 1866 年码头捐收入不同于往年的正常水平。

---

① 两组数据：X 为 (3 662 053, 6 111 446, 7 621 644, 8 000 000)，Y 为 (42 523.64, 61 524.57, 73 823.73, 81 982.64)，r 为相关系数，相关系数计算公式为

$$r_{XY} = \frac{\sum_{i=1}^{N}(X_i - \bar{X})(Y_i - \bar{Y})}{\sqrt{\sum_{i=1}^{N}(X_i - \bar{X})^2}\sqrt{\sum_{i=1}^{N}(Y_i - \bar{Y})^2}}$$

② 《上海公共租界工部局年报》(1864)，上海市档案馆藏档案，档案号：U1-1-877。

通过表 1-8、表 1-9、表 1-10 数据的对比，三组数据有关联性，又有延迟性。分析来看，贸易因素对码头捐造成的影响是在 19 世纪 60 年代初达到峰值然后开始下跌，直到 19 世纪 60 年代中期才重新开始回升；而码头捐比重则受两方面因素影响，一是房捐收入激增；二是私人码头大量使用，避捐造成损失。三者共同造成 19 世纪 60 年代初期码头捐比重下降，在租界当局征收"市捐"尝试失败之后，转而通过重新制定码头捐的征收政策来扭转租界不利的财政局面。在确定码头捐征收标准之后，收入的多寡就取决于上海一埠进出口贸易值的多寡了。随着贸易重新恢复增长，码头捐的收入随着贸易增长而快速增长。19 世纪 60 年代后半期，码头捐收入占比重越来越大，超过了 1/3 强的比重，成为工部局的财政命脉。

三、无果而终的"市捐"计划

1864 年太平天国运动失败，国内特别是江南地区混乱的局面重新安宁，原先避难租界的大量华人纷纷返回原籍，空置房增加，租界房地产估值骤降，房屋租金价格也跌落许多，对此前文已有论述。与此同时，租界原先大项收入——码头捐的征收也遇到了极大困难，使得原本就入不敷出的租界财政雪上加霜，工部局运转举步维艰。

在上文可见，码头捐在租界成立伊始便为财政命脉。1864 年后，种种因素叠加，码头捐征收遇到了极大的困难，租界乃试图改弦更张，征收市捐以代替码头捐。其持有理由，主要有以下几种：

第一，租界财政遇到了极大的困难，必须找到资金来源维持工部局运转。1865 年码头捐收入比估算收入减少 25 000 两，接近租界年度收入的 16%，再加上华人房捐锐减 55 000 多两，严重打乱工部

图 1-10 上海码头工人正在装卸货物（1927）

局全年财政计划。在 1865 年 11 月 10 日董事会上，董事就要求财政、捐税及上诉委员会致函缔约国领事，指出"如果因缺乏资金，工部局中止办公，对租界来说将是危险的"[①]，敦促领事积极协助，以尽快获准"市捐"征收。

第二，贸易前景暗淡，这种预判主要由于租界大批人口逃离，原先过度繁荣的房地产业的急剧衰落吞噬了在沪商行的很多利润，资金链的断裂传导到其他行业，造成了商业的萧条，并对前景看淡。事实上，上海港正规贸易不仅没有衰落，反而增长，1865 年上海港对英进口总值 37 868 439 两，比 1864 年 35 954 522 两共增加了

---

① 《工部局董事会会议录》第 2 册，第 523 页。

1 913 917 两。①

第三，大量私人码头使用，逃避捐税。因 19 世纪 60 年代初期贸易发展比较快，租界内的部分商行遂自行修筑码头，试图规避《土地章程》中对使用公共码头征收费用的规定。而大量私人码头的使用，使得工部局不仅无法直接征收码头捐，更不可能弄清个人和商号应缴纳的精确数目，进而危及租界"量入为出"财政政策，存在使工部局行政机器运转陷入瘫痪的风险。

第四，道台的援助杯水车薪。1865 年道台给予工部局 8 000 两补偿，而工部局的董事们则要求 15 000 两，二者相差甚远。不仅如此，工部局的董事们更认为道台的偿付是"给工部局的补偿款，因为工部局不向以华人自己的名义通过海关的产品征收码头捐，而且不作为华人进行全部港口贸易的一种补偿"②，洋行名下以华人名义通过海关的货物便可以逃避码头捐的征收。

第五，码头捐征收复杂，容易使工部局的财务陷入混乱。如前文所列码头捐征收标准所示，码头捐的征收十分复杂，按现行政策不仅要理清货物是否属于外侨，还要确定其征收标准等，对工部局的财政管理提出挑战。

第六，逃避码头捐使得税基不平等。在外侨名下却以华人名义通过海关的中国商品，免于缴纳码头捐却得到了相当多的利益，③使缴纳码头捐的商主陷入不公平竞争，显然违背西方宣扬的公平竞争原则，也让更多商行或商人有了拒缴码头捐的理由。每年因拒缴、

---

① 李必樟编译：《上海近代贸易经济发展概况》，上海社会科学院出版社 1993 年版，第 93 页。
② 《工部局董事会会议录》第 3 册，第 545—546 页。
③ *MINUTES OF LAND RENTERS' MEETING*（1867），上海市档案馆藏档案，上海公共租界西人纳税人会议报告，档案号：U1-1-1049。

走私而造成的码头捐亏空甚大。据 1865 年 11 月 10 日董事会记录载,半年内便比估算数目减少 25 000 两。①

第七,走私商品特别是鸦片不征收码头捐。19 世纪 60 年代鸦片仍是西方国家弥补对华贸易逆差的大宗商品,每年贸易量非常之大。工部局的财政、捐税及上诉委员会多次指出"鸦片的大宗交易仍然不向工部局缴纳任何捐税,但它却从岸上及船上的良好秩序中受益匪浅"②,要求对鸦片征收码头捐来缓解财政困难。

以"市捐"代理码头捐作为一项"权宜"之计而提出,目的在于缓解特殊时期租界严重的财政困难,无意中形成了外侨自认为的"最合理税收计划"。租界当局征收市捐代替码头捐必须经过以下几个步骤:

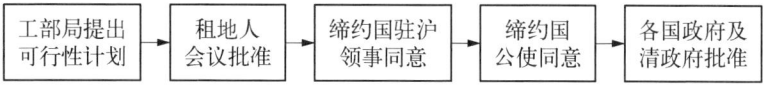

1865 年 6 月 7 日工部局董事会上,由董事赖德茂提议,普罗思德附议,决定请财政、捐税及上诉委员会调查用"市捐"代替"码头捐"的可能性。③

1865 年 6 月 29 日召开工部局董事会会议,财政、捐税及上诉委员会对征收市捐代替码头捐的可能性作报告,认为:"市捐将会被所有的人接受,这是一项对进口、出口和再出口等所有通过海关的货物征收的捐税,经工部局提出请求,由外国海关处以对他们最方便的方式征收,例如根据进口、出口和再出口的申请征税,这样就

---

① 《工部局董事会会议录》第 2 册,第 522 页。
② 《工部局董事会会议录》第 2 册,第 522 页。
③ 《工部局董事会会议录》第 2 册,第 504 页。

能够避免逃税现象，而且这种税收将只会随港口业务的多寡而浮动。所有人都将平等纳税。同时不应忘记，由于这是一项贸易税，不居住本埠但与本埠进行交易，且其财产和经营活动得到捕房和工部局保护的人将以这种市捐的方式作出贡献。"① 委员会的调查报告还显示，法租界公董局、道台皆同意这种征税方式，因此如果租地人大会做出决定，征收市捐是没有困难的。紧接着在1865年7月1日租地人大会上，批准对所有的进口、出口和再出口货物征收0.1%的税，并请工部局立即着手征收。②

但事情进展并不顺利，原先同意的道台又拒绝批准征收市捐，而且拒绝增加给予工部局的码头捐补偿金，除非租界当局允许其向界内中国居民征税。工部局的董事们不同意这种交易，转而求助于缔约国在沪领事，期望通过他们的批准来强制征收。租地人会议制度明确规定了工部局的一切工作要对租地人会议负责，工部局要完成租地人会议提出的计划、任务等，但遇到重大事项，租地人会议批准只完成制度上的步骤，还需要领事们给予支持，租界当局才能对抗清政府以强制执行，这一阶段各国领事仍是租界外侨和工部局的坚强后盾。

"市捐"在租界外侨社会获得支持，但递交上层领事与公使批准的程序中耽搁了时间，进展缓慢。在沪的英国领事和美国领事虽支持这一决定，但前期因美国总领事西华不在上海，在上海的领事们不能达成一致意见，于是搁置到1865年11月27日，驻沪领事团③

---

① 《工部局董事会会议录》第2册，第508页。
② 《上海公共租界工部局年报》(1866)，上海市档案馆藏档案，档案号：U1-1-878。
③ 分别是美国总领事F. 西华，法国总领事白罗尼，英国领事温思达，葡萄牙总领事典题，瑞典和挪威代理总领事格鲁，普鲁士代理总领事德登贲，丹麦领事者紫薇，意大利领事霍锦士、吕贝克，汉堡及不莱梅领事欣臣，荷兰副领事哥老司。

才在美国领事馆召开领事团特别会议,讨论市捐问题。

在会上,领事们就工部局董事提出的几点顾虑进行讨论:

第一,关于现行《上海英美法租界租地章程》中没有关于征收此项捐税的法律规定;

第二,道台认为在没有巡抚批准的情况下无权利用海关征收。

因此工部局董事会决定对1854年《上海英美法租界租地章程》的第十条拟定了附加修正条款,以使其对上海所有居民具有约束力,从而合法征收市捐,修正条款如下:①

> 由于私营码头激增,对外国人居住和贸易限定区的大量进出口货物已不再征收码头捐,然而,根据《土地章程》第十条,为了上海外国租界的安定、良好秩序及管理而设立了捕房及其他有关机构,这些货物和财产的交易确实从这些机构受益匪浅,为了适当维持这些机构,迫切需要筹集资金以实现上述第十条中所提到的几个目标,因此规定,由于市捐看来已成为必须而且已得到租地人会议的认可,故今后将按《土地章程》有关条款征收市捐,取代迄今为止根据上述第十条所征收的码头捐。《土地章程》规定,凡经由中国海关或上述限定范围内任何地点装卸或转运的一切货物,将由海关处或为此专门任命的委员会的官员征收市捐,而且,上述委员会或官员,或代行其职的海关官员,有权在缴纳应缴捐税前扣留上述所有装卸的货物,该委员会还有权向管辖此类货物的货主、发货人或收货人的领事法院或其他法院申请批准将上述扣留货物中足以支付所欠款项

---

① 《工部局董事会会议录》第2册,第537页。

部分出售的权利。

如按照拟定修正案条款的规定,工部局所属"市捐"征收机构不仅拥有合法征税权力,更获取了扣留货物以强制征缴"市捐"的强制力,这一条款遭到与会各国领事们的强烈反对,况且各国领事本就对扩大工部局的权力方面持有广泛异议。驻沪领事团在经过长时间讨论后,形成了新的修正案,主要对两点做出了修正:第一,对码头捐征收标准制定了上限,不得超过货物价值的1‰[1];第二,取消工部局扣留货物以抵偿欠款的权力,改以"有权向管辖此类货物的货主、发货人或收货人的领事法院或其他法院申请通过法律程序征收这种捐税"[2]。

新的修正案通过设定税率最高征收标准把"市捐"收入限定在合理范围之内,同时把扣留货物的权力改为有权对货主等采取法律途径征收捐税,防止工部局滥用权力,相比原先的条款可谓天壤之别。众所周知,先前租界有过成立自治市的计划,如按原先规定,将使租界当局拥有了不容置疑的强制征税权力,朝"自治"方向迈出了一大步。因此驻沪领事团通过的修正案将租界暗含的这一企图扼杀在摇篮之中。按照租界以往的惯例,征收"市捐"的全部程序已经走完大部分,只待各国公使将其提交给本国政府讨论通过,租界当局将可以正式征收"市捐"以代替码头捐,不需清政府通过,

---

[1] 在《工部局董事会会议录》第2册,第537页修正案中记载为"不超过货物价值的10%",这一税率明显不合理。比照上海市档案馆藏1866年工部局年报中 TOWN DUES(档案号:U1-1-879)的原文为 "shall not exceed one tenth per cent on the value of goods",应为不超过货物价值的千分之一,故《工部局董事会会议录》第2册关于码头捐税率的中文翻译有误。
[2] 《工部局董事会会议录》第2册,第547页。

到时将其提交清政府备案便可。征收市捐的前景似乎一片光明。

但是1866年2月租界当局接到北京英国公使的意见,英国政府认为应等到对《土地章程》修订总则作出决定后再说,而总则的批准要经过一年左右的时间。因此租界当局不得不重新考虑如何继续征收码头捐,同时扩大其他收入来源,采取的主要措施如下:

第一,制定新的码头捐收费标准,并与外侨商会商议征收标准,以强化码头捐征收对象的认同感;

第二,在租地人会议的授权下,继续追缴欠费;

第三,因鸦片走私造成损失的码头捐改为对鸦片馆收费;

第四,精简机构,节约开支。

在驻沪领事团的资助以及租界当局努力之下,工部局顺利渡过了1865年和1866年上半年这一极度财政困难的时刻,后因码头捐收入不断增加,同时房捐、地税等收入来源也逐渐恢复,新辟的鸦片馆执照费、照明捐两大项收入,租界财政逐渐走出了困难时期,以市捐代替码头捐的计划便不再提起。

小　　结

马克斯·韦伯认为经济体制和非经济性质的组织之间最直接的联系,就在于它们获得从事共同活动本身的手段时所采取的办法,财政就是为共同获得供给经济上稀缺的手段。[1] 政治实体的组织与行政方式同经济体制之间的相互关系有着根本的重要性,公共财政组织形式虽不能完全决定经济活动的取向,但获取财政的不同方式

---

[1]　[德]马克斯·韦伯,阎克文译:《经济与社会》第1卷,上海人民出版社2010年版,第301页。

则决定着经济活动开展的难易程度。

本章主要对租地人会议时期公共租界主要财政收入项目进行研究，并对其法理和历史沿革进行梳理，通过对纵向历史数据梳理，对横向各项目之间进行比较分析，得出影响租界财政的最重要收入项目——码头捐和房捐，进而解释这两项税收政策变动和造成的影响，以探究租界政治体制与财政组织的关系。通过对租地人会议时期影响房捐和码头捐收入进行研究分析，大致形成这一时期租界财政收入的框架，理清早期租界财政体系变革的部分内在动因。

租地人会议时期正处西方古典经济学派流行之时，基于"年度平衡预算政策"[①] 理念之下，工部局严格遵照"量入为出"理念，主导着这一时期租界的财政政策。但纵观整个租地人会议时期，工部局一直未走出财政拮据的窘境，即使偶尔年度财政结余也会因其"为公众利益服务"不断上马新的市政工程而消耗殆尽。工部局的行政特点，决定着租界的财政组织政策，即不遗余力地扩大收入来源以满足日益强大的工部局开展市政职能的需求，同时兼顾公众意愿。这包括随着房地产的变动而不断改变估值、增加新的捐税如照明捐、执照捐等，多次试图向华人征收码头捐等，并在19世纪60年代中期谋划征收"市捐"。

租界当局在19世纪60年代广开税源与这一时期的国内外大背景有关，即中外贸易仍未大规模开展，中国在国际贸易格局中尚处于贸易顺差地位。直到19世纪60年代末、70年代初，第二次工业革命在西方国家广泛展开，中西之间生产力水平才逐渐拉大，西方国家的工业产品竞争力逐渐超越中国，国内进口逐渐超过出口。在

---

① 《陌生的"守夜人"——上海公共租界工部局经济职能研究》，第85页。

此之前租界当局重要收入之一码头捐的征收状态起伏不定，使得工部局时刻面临入不敷出的窘境，不得不广泛开源，这也是租界当局在1865年改码头捐为"市捐"以及之后放弃的内在原因。

国内的政治形势也是深刻影响租界财政收入的重要因素，特别是小刀会起义与太平天国运动造成的难民潮，一方面使租界拥挤不堪，几无立锥之地；另一方面引起土地与房屋的供需紧张，估值的飞涨为租界提供了财源，特别是19世纪60年代初期租界华人房捐占财政总收入一半以上。财政实力的增加，使得租界当局政治野心扩大，谋求租界"自治"的主张出现，只不过因英国公使极力反对而作罢。太平天国运动结束后，租界人口大规模的外流，导致房地产市场暴跌，一度造成经济萧条。各行各业的萧条使租界当局无法获得足够的财政收入，而繁荣时期过度膨胀的市政开支则使工部局陷入停止运转的困境。19世纪60年代中期租界当局不得不收敛扩张的步伐，谋求改革：积极开辟新的税源，健全稳定经常收入项目中的两项最大收入——房捐与码头捐的来源。

工部局以前征收码头捐是作为对界内个人与洋行使用工部局修造的公共码头的费用补偿，但大量私人码头陆续建造使用，码头捐征收理由消失，但工部局此时已不能放弃码头捐这块收入，遂将码头捐的征收名义改为"货物税"[①]，减少征收码头捐的阻碍。19世纪60年代末，随着这一时期国内外政治环境的稳定，租界优越的公共设施、优美的居住环境和巨大的商业利益，不断吸引华人迁入公共租界，房捐收入恢复并持续增长。因房捐征收便利、来源稳定、贡献额度大等特点，租界当局便将市捐对象由先前不可靠的码头捐转

---

① *REPORT OF LAND RENTERS' MEETING*（1869），上海市档案馆藏档案，上海公共租界西人纳税人会议报告，档案号：U1-1-1049。

向房捐，遂于 1870 年 4 月将房捐改为市政捐。

从最初的道路委员会修路建桥经费的征收，到房捐与码头捐逐渐稳定，公共租界的税收基础改变，租界的财政制度改革条件成熟。接着税源逐步转到房捐、码头捐和地税三者之上，租界当局于 1869 年制定新的《上海洋泾浜北首租界章程》，赋予房捐缴纳者应有的政治地位，缴纳地税和房捐的纳税人作为一个共同群体出现，便有了 1870 年租地人会议变为纳税人会议的重大变革。

第二章　相伴成长：工部局财政收入与城市经济发展

1926年12月4日，《密勒氏评论报》刊发"建设大上海"专刊，其中写到上海开埠后80多年的发展变化：

> 80年以前的上海，并不比中国其他一百多个城市更重要。一般讲来，上海的重要性要比北京、广州低，因为北京是清帝国的首都，广州则是丝绸、茶叶和鸦片等商品对外出口的中心，在国外知名度更高。"上海"之名在美国较有名，但它并不象征着一个城市，在字典中这么定义："像吸毒的水手开船"（to ship as a sailor when drugged），原始定义来源于过去的船长驾驶快速帆船从波士顿、纽约或弗里斯科到中国。今天的上海，比远东其他城市更频繁的出现在世界的贸易、政治新闻中，它的贸易规模、船舶数量和货物吞吐量可与诸如纽约、汉堡、利物浦、马赛、圣佛朗西斯科和新加坡等世界性港口相比。引用中国海关最近的数据，上海去年的贸易总额为 1 200 000 000 两白银，大约是 1 000 000 000 美元或 200 000 000 英镑。超过三分之一的贸易额是外国进口，当中大约三分之一的是进口中国其他地方的商品，剩余的则是上海周边的产品。25年前，上海的贸易总额仅是 250 000 000 两白银，半个世纪以前仅是

100 000 000 两白银。半个世纪以来，上海的船舶吨数从 3 000 000 吨增长到今天的 30 000 000 吨。当 1843 年上海设立第一个外国租界，它仅是一个中国传统的有小城墙的县城，在中国有一点影响力，但没有任何国际影响力。今天，上海是全亚洲最具外国风情的城市，12 平方英里的面积有大约 250 英里的现代化道路。15 英里长码头可以容纳太平洋最大的船舶。本地一个主要的发电厂可以发电 150 000 匹。组成"大上海"的人口总量不确定，据估计人数在 2 500 000 至 4 000 000 之间。上海的现代建筑的价值据估算有 250 000 000 美元。[1]

《密勒氏评论报》介绍了上海在开埠后取得的巨大成就。就上海的发展与变迁看，其过程是一种多因素相互作用的系统性、结构性变迁，涉及近代上海的"一市三制"的政治制度、进出口贸易与关税、人口流入、各领事国之间的博弈关系、国内政局变动等多方面。制度经济学研究表明，制度变迁有"路径依赖"特点，一旦初始条件给定，制度演进会沿着初始条件所规定的发展可能性空间展开，并在这一展开的过程中不断强化这一路径的依赖倾向。工部局在租地人会议时期确定其基本的治理框架后，其后续发展呈现出明显的"路径依赖"特点。

获取持续、稳定增长的财政收入是一座城市自我更新、可持续发展的基础性要素。1933 年，工部局财务处处长福特说："稳定税收是公共财政的主要特点，而确保全市税收公平均等是至关重要的。"[2] 近代中国内外交困，而上海公共租界从荒芜之地，成长为国

---

[1] *The Building of "Greater Shanghai"*, China Weekly Review, 1926 年 12 月 4 日。
[2] 《工部局董事会会议录》第 26 册，第 386 页。

图 2-1　1927 年的上海外滩

际性大都会，工部局的生财、理财能力不可谓不高。1936 年，有时人称"当这国家内忧外患交逼之秋，租界地价的扶摇直上，界内人口之激增，固指日可期。因念内地的穷蹙，与租界的繁荣，互相掩映，令人兴无限之感慨"[①]。上海城市在近代持续发展与繁荣，是研究近代城市崛起的最佳范例之一，背后则是工部局财政制度所贡献的"看不见的力量"是必须分析研究的因素。根据笔者统计的工部局经常收入数据，对工部局的财政收入框架及其变迁历史进行分析研究，并根据"路径依赖"理论，论述工部局财政收入遇到瓶颈的根本原因。

熊彼特认为对经济课题进行所谓"经济分析"的技术，可以分

---

① 洪瑞坚：《上海公共租界的地价与地税》，《市政评论》1936 年第 10 期。

为三类：历史、统计和理论。① 吴承明认为"经济史分析中，首先感到计量分析的局限性。一个模型的变量有限，许多条件只能假定不变，这不符合历史。一切经济学理论都应视为方法；根据需要可以选用这种方法，也可选用那种方法，史无定法。经济兴衰不是线性必然，要窥结构良窳。"② 经济史不能就经济谈经济，制度、社会、思想都要研究。譬如上海公共租界在确立制度原则情形下，工部局秉承所谓的"公平原则"，称"任何收费标准，对华人和西人采取的应是公平的统一制度，公平是首要的原则"③。考察工部局管理公共租界的整个历史时期，虽然有各种抗税斗争，但大都集中于税率和估价方面，罕见对纳税项目的否定，是一种"多和少的问题"，而不是"有和无的问题"，二者有本质性区别。

捐税方面，公共租界的各种税目"系依照预算案内所表示，及纳税人所认可之市政需要征收"④。根据工部局财政制度中各项收入的比重和社会影响，可分为四个部分，也正如时任工部局财务处主任在1931年应四川路青年会市政研究会之邀讲演"上海公共租界财政问题"中提道："言工部局之收入，总举之共分四项：（1）土地捐，（2）房捐，（3）码头捐，（4）照会捐。"⑤ 财政收入项作为不断演进的社会建构，总会反映社会的关注。四大收入项目是工部局财政中收入账户的主要建构者，通过了解收入项目的演进变化，可以更好了解工部局财政制度变迁。

---

① ［美］约瑟夫·熊彼特著，朱泱、孙鸿敞等译：《经济分析史》第1卷，商务印书馆1996年版，第31页。
② 吴承明：《谈谈经济史研究方法问题》，《中国经济史研究》2005年第1期。
③ 《工部局董事会会议录》第4册，第822页。
④ 《费唐法官研究上海公共租界情形报告书》第1卷，第548页。
⑤ 《沪公共租界财政之现状》，《中行月刊》1931年第11期，第45—46页。

第一节 地　　税

地税是依税率按照土地的估价征收的一种税收，租地人会议时期地税及其政策在前文中已论述，本节主要研究纳税人会议时期工部局地税收入状况。

上海公共租界为外侨居留地，土地实行永租制，初始时每亩仅纳1500文年租，而到20世纪二三十年代的所谓"黄金时期"，时人评论上海高昂的地产价格印象：

> 到过上海的内地人，当他们初次步上码头，或者踏出车站以后，看见宽而且平的柏油马路，无数的车轮，在上面不停地滚转，马路两边，并列着高入云际的立体式的建筑，大公司商店百货齐备，无奇不有，娱乐方面，有金碧辉煌的电影院，满座春风的跳舞厅，凡是大都会所有的淫靡逸乐穷奢极欲的生活，上海市无不并而蓄兼备，如此繁华，如此上海，他们不由地要有一种感想，上海真是一个繁华的地方，这里的地价该是如何的高昂。因为他们很快知道地价要随繁华而增加，但是他们所不知道的，是上海的繁荣，已经到了什么的程度，也可以说上海的地价，已经高到什么一个阶级。[①]

地价的高昂由上海繁荣的经济而产生。按照《土地章程》规定，外国承租人在上海公共租界获得的是土地使用权，重点进行地籍管理，

---

① 洪瑞坚：《上海公共租界的地价与地税》，《市政评论》1936年第10期。

对土地进行登记和发证，对房屋仅作为土地的附着物，并不单独办理登记和发证，通过与上海道台共同办理土地契证——道契，从而在上海创立一种全新的土地运营模式，即在永租制下，土地"名为永租，实同买卖"①。故在公共租界买卖地产之人，根本没有按照法律规则的"租赁"之感。

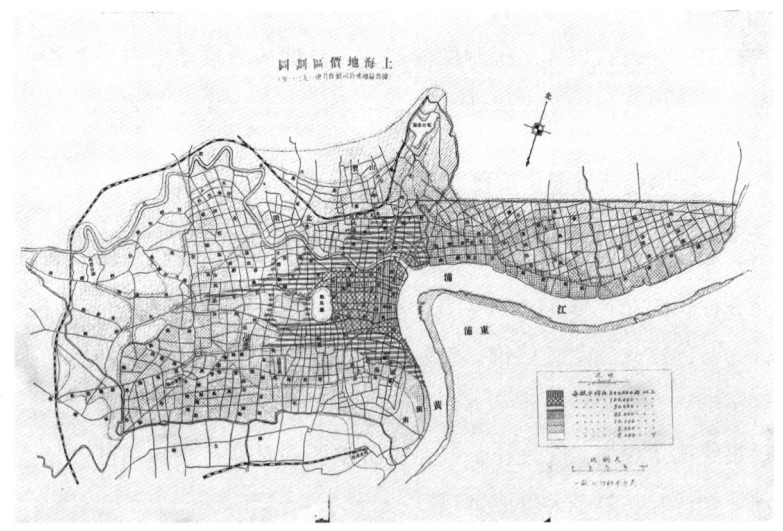

图 2-2　1931 年上海地价区划图

近代上海公共租界经济结构经历了转型发展，前期是以贸易驱动城市经济发展的"驱动模式"：作为城市化发展的初始动力以及持续动力，进出口贸易带动了上海各领域、各项产业的发展，促进了城市的发展、扩大，带动了城市化的进程。后期是以上海作为远东最大城市、中国的经济、贸易、工业中心等地位的确定，带动城市

---

① 《从传统到近代：江南城镇土地产权制度研究》，第 314 页。

工业经济、金融经济、服务经济共同发展的"带动模式",这一过程引发公共租界内土地利用方式的转变,即由农业用地、荒地转变为商贸、工业、住宅等城市用地,土地的城市化用途提高了土地利用效率,并引起土地预期收益的增加。土地价格也就成为未来各期收益的贴现值,因此随着土地利用效率的提高,公共租界土地价格不断升高,依靠地产而征收的地税则成为上海公共租界重要财政收入来源之一。公共租界地税制度的建立,也即成为推动上海公共租界地产的持续增值的制度保证。

一、地产估价制度的建立

地税乃根据土地估价委员会对界内的地产价值进行估值,并按照相应税率而征收的一种捐税。地税征收必须满足两项基本前提,一是必须首先确定其估价;二是确定税率。地税税率由工部局根据经济形势、财政状况等多方面因素向纳税人会议提议,由纳税人会议最终确定税率。在地税征收中,最重要的是地产估价制度,其经历一个漫长、复杂的形成过程。

1854年7月17日,工部局举行成立后的第一次董事会,会议决定要求土地业主和租地人向总董呈报他们地产的价值及其地上建筑物的年租。[①] 同年8月10日的董事会上,确定地产税率为每年0.5%。[②] 1856年3月31日,工部局董事会在地税和房捐减半的基础上,委派惠洛克先生编制外侨租地人在租界辖区内所拥有地皮房屋的详细清单,说明地皮编号、业主姓名、土地价值、房屋的占用

[①] 《工部局董事会会议录》第1册,第569页。
[②] 《工部局董事会会议录》第1册,第570页。

者以及年租金，并注明每幢房屋或每块地皮可征收的税款。① 这是工部局地税征收制度化的开端。1862年9月8日的租地人特别会议上批准成立由汉璧礼、达拉斯、索恩、范彻、罗森组成的外侨地产估价委员会，以进行地产估价，规定每3年重新对土地估价一次。② 至此，上海公共租界工部局的地产估价制度初步形成。

地产估价由地产估价委员会进行。在早期，工部局地产估价委员会不属于常设机构，只是在须对征税土地估价时，临时聘请熟悉租界地价情况的人员组成，完成估价报告并提交董事会确认通过后，便即行解散。早期地产估价委员会由6—12名成员组成，所有成员必须是纳税租地人。工部局董事会成员不得参加地产估价委员会，委员会有权调用总办和测量员。委员会每个月开会不得少于3次，每次开会出席人数必须超过一半。委员会成员有平等的表决权，决定权由会议主席掌握。地产估价委员会每次开会都有详细的会议记录，可以免费提供给每个租地人查阅，并接受工部局董事会的监管。地产估价委员会在完成估价单后，按规定在14天之内送工部局董事会接受检查，并存放在工部局档案室，随时供租地人免费查阅。工部局财务委员会出于征收地税的需要，有权对地产估价作出修正。

1898年修订的《增订上海洋泾浜北首租界章程：增订后附规例》正式成立常设的工部局地产委员会，使地产程序更加制度化，章程第六款规定："勘估地值之地产董事，须选立三员：一员即于西历每年一月十五日以前由公局会议派充；一员由册载每年纳税十两或十两以上各租主，于会议公局董事之日，公举租主二位，于会议七天

---

① 《工部局董事会会议录》第1册，第584页。
② 《工部局董事会会议录》第3册，第546页。

内，可在公局将保题姓名送请收存，至会选之日宣示，俾众周知，倘届时保题姓名只有一员，则此员定为地产董事，毋庸再行公举之例；一员由租界出捐人公举，出捐人于会议七天前，可将保题姓名送交公局接收，至会议之日，公局将保题姓名及会议情形宣示大众周知，倘届期并无报送姓名到局，则以照章合式之人，临时会议，定立为地产董事。此三员董事均于每年出捐人会议之次日莅任办公；一年满期，须将任内经手未完事件，料理清楚，方可交卸。"①

根据上文提及的章程规定，地产委员会任期一年，由3位委员组成，凡在工部局领取薪水之人，不得选派为地产委员。地产委员经费，由财政拨款，酬劳由工部局制定。

1935年以前，地产委员会全是外国人。随着20世纪二三十年代以纳税华人会为代表的抗争，地产委员会在1935年以后增添2名华人委员，委员会以下列方式组织：外籍3人，由工部局委任1人，外侨纳税会于每届年会时推举1人，租界内外侨地主多数票选1人；华人2人，1人由华人纳税会票选，1人由上海房产公会推选，共计5人。②

公共租界内的地价估价，首先按照上述的程序选举地产委员会的委员，并由工部局公告。具体的估价方法，"系先计算一地段若干区地面上所有建筑物每年之总收入，减去一切应行开支各费，以余数作为纯所得，然后以八厘利息还完，作为该地段的地价。但以八厘还原，计算过于麻烦，常以十三倍纯所得，作为地价，但是这种估价，往往比市场价格减低百分之二十五左右"③。

---

① 《中外旧约章汇编》第1册，第803—804页。
② 《上海公共租界的地价与地税》，《市政评论》1936年第10期。
③ 《上海公共租界的地价与地税》，《市政评论》1936年第10期。

地产估价委员会进行估价的土地分为两类：一是有建筑物的土地，二是空地。在对有建筑物的土地估价时，委员会将表格交由房屋所有者填写，由它们对土地价格作出初步判断，委员会在此基础上进行讨论并作出判定。对空地的估价，则将表格直接交由租地人填写，再由估价委员会作出判定。如果租地人对评估结果不满，可在14天内提出上诉。地产估价委员会在14天后举行听证会，听取上诉意见并进行讨论，然后在纳税人会议上宣布决定。如果双方意见仍不能统一，可由纳税人会议进行仲裁，作出最终判定。

工部局将地价列表公布以后，就以此为标准，按税率征收地税，规定每年分两次缴交，一次在一月一日至十四日，一次在七月一日至十四日。如逾期不纳，由工部局派员催收。倘再无理由不纳，即由工部局向该管法院控诉，判令罚款。

地产估价委员会除承担工部局交办的土地估价任务外，还定期对租界内不同地段的土地价值进行评估。评估土地价值一般较多考虑该土地与市中心区距离的远近、交通情况、建筑使用效果及与相邻地块的平衡比较等等。在此基础上提出一份估价比较表，再就各地情况，用增减百分比进行调整，使之尽可能符合市场价格。然后听取租地人意见进行修改，经刊印后送请租地人审定。一般地产估价委员会所估地价，约为市场价的75%—80%。自1920年开始，每次估价报告上列估价原则，亦即工部局对估价规定的参考因素是：土地位置、水路交通、临近公共道路及地产销路情况。地产委员会作为公共租界土地专职机构，不同于其他委员会，具有一定行政职权，其公断的土地争议，为最终结果，故公共租界的地产估价制度是工部局财政制度中的重要内容。

有一点需要特别注意，即执有华文地契的地产，虽然位于公共租界之内，但不征收地税。工部局所征地税的范围，仅为执有给予外侨租地人地契的地产，即以外侨名义，在外国领事馆注册而执有永租契者。在上海租界成立以前，原位于上海县城郊外的华人房屋，建筑于未经注册基地之上，倘若该地在划入租界时，该项房屋业已存在，不征收房捐。但房屋若为划入租界以后所建，则须纳房捐。据费唐统计，"公共租界内未经注册之地面，仍由华人业主，执有原来华文地契管业，并经豁免地税者，其总面积不下公共租界全部面积五分之一，坐落此项地面上而免纳房捐之华人房屋，其总数确系若干，无从查考，惟自工部局捐务处所得之消息考之，此项房屋总计有八千所之多"[①]。1931年10月28日，工部局总裁费信惇在工部局董事会上明确讲到，对于未经注册的土地，"根据《土地章程》工部局无权向这类土地征税，实际上是明确规定不准征税。最近华人土地业主曾对征收这种捐税提出抗议，虽然他们有时候也明确承诺缴税。由于征收这种未经注册的土地税是越出了《土地章程》的规定，而且所能收到的税款微不足道，因此总裁坚决认为，因在董事会和中国当局之间尚存在重大的悬而未决的问题，继续执行征税的方针，不符合董事会的最高利益。于是他建议取消这种惯例，并在所有土地业主提出抗议的地方停止在未经注册的土地上征税"[②]。他的意见得到董事会一致同意并通过。

工部局虽然对该类土地无权征税，但该类地产上的建筑物终归要整修或重建，而进行建筑工程，而此类工程则必须向工部局报批，否则不能进行。著名报人卡尔·克劳形容"工部局偶然发现了一个令人高兴的权宜之计，在上海的市政管理问题据以得到解决的诸多

---

① 《费唐法官研究上海公共租界情形报告书》第1卷，第262页。
② 《工部局董事会会议录》第25册，第486页。

方法中，这种权宜之计具有代表性。如果建造一幢新建筑，或者修缮一幢旧建筑，必须把建筑所在区域用篱笆围墙围起来。这不仅是为了保护行人，也是为了防止建筑材料被偷盗。在大多数情况下围墙建在属于市政当局的街道或者人行道上，所以建造围墙必须获得许可证"①。因此，虽然对此类房产没有征税权，但工部局通过对市政的管理，从而事实上拥有了租界所有房地产的管理权。

工部局一直试图将这部分土地也纳入征税范围。1933 年，在工部局财政收支遇到困难的情况下，工部局董事们提到"租界内有很大面积未经登记的土地没有纳税，以致工部局蒙受重大损失"②。工部局财务委员会强烈主张："既然这些业主与那些纳税的业主享受同样的条件，应当努力让没有交税的业主负担均等的纳税义务。该委员会的华籍委员已答应对该问题给予认真考虑。他请求工部局的华董们也从法律和道义权利方面帮助工部局对这些未登记的地区征收地税。"③ 这种所谓的"损失"并不是真的损失，对这些土地征税不仅会遭到华人的反对，而且要更改租界的根本大法——《土地章程》，叠加到20世纪二三十年代租界内发生此起彼伏的抗税运动，所以该项提议并未有进展。

公共租界华人名义上不纳地税，地税仅对外侨征收。但因"永租契四至明确，手续简易，及其他种种权力"，更因租界地产有巨大的投资收益，部分华人便以外侨名义在租界内购置领事馆注册地契，即：由代出面的外侨，签发一代管产业凭证给被代者，此项凭证，即为纳单。初次给证，要纳手续费银十五两，以后过户，又取费念

---

① ［美］卡尔·克劳著，夏伯铭译：《洋鬼子在中国》，复旦大学出版社 2011 年版，第 152 页。
② 《工部局董事会会议录》第 26 册，第 375 页。
③ 《工部局董事会会议录》第 26 册，第 375 页。

(应为：廿)五两至五十两不等，每年并且要纳年费二十两，不问亩数多寡。① 这种征收方法形成事实上的华人地税。由于工部局财务统计问题，加之刻意回避华人纳税的比重，关于华人地税数额，并无统计。但在1927年制定预算时，曾将当年中外居民所纳捐税，分为四项，刊载于工部局英文公报。当年预算中，华人地税为1 053 600两，外侨1 526 400两，总计2 580 000两，华人地税占40.84%比重。② 1931年4月1日，工部局华董刘鸿生在工部局董事会上指出："无数华人拥有的土地是向外国领事馆登记的。"③ 由此可见华人地税缴税额是非常庞大的。

还有一点是关于工厂地价的计算。因为工厂的繁盛为实业发达之象征。近代上海作为中外交通枢纽，又因为电力费用比较低廉，"工厂之发展，亦较内地为易且速"④。工厂的地价与普通的地价不同，因为其占地面积较大，且建筑较为粗简，与商业建筑、街道等不可等同计算地价。

工厂地价的估算，就原则言之，"大凡产业之价值，为地价与改良建设之和。工业区之地价，因一切设备简单，普通以面积为标准，常以每亩之单位价计算。此价可为全区之比例。其有较高或较小者，则视工厂所营之业务为转移"⑤。

此外，工厂的创设往往能带动一片区域地价的上升。因为工厂占地广大，创立之初，其地方大都属于荒郊野外，地价价值较为低廉。迨工厂发达之后，环境变迁，四周成为繁盛之市场，地价必然

---

① 洪瑞坚：《上海公共租界的地价与地税》，《市政评论》1936年第10期。
② 《费唐法官研究上海公共租界情形报告书》第1卷，第271页。
③ 《工部局董事会会议录》第25册，第451页。
④ 陈炎林：《上海地产大全》，上海地产研究所1933年版，第592页。
⑤ 《上海地产大全》，第592页。

会高涨。创立工业区高价之中心，则应征之地税，亦必加重，甚至占掉成本的很大比重，以至工厂产品成本大增。

二、地税收入的增长趋势

在工部局的存续历史上，地税是其最重要的四大收入（地税、房捐、码头捐、执照捐）之一，也是租界最早开征的税种。为征收地税而建立的地产估价制度，是工部局财政制度中的重要一环。前文已讲到租地人会议时期工部局的地税收入状况与地位分析。为了解工部局地税收入的全貌，还原地税的变迁历程，根据历年工部局年报中的财政数据整理出1870年以后的工部局地税额，详见下表：

表2-1　上海公共租界工部局地税收入统计表（1871—1937）

（单位：两/元）

年份	地税收入	税率（‰）	经常收入	地税占比（％）	地税收入同比增长（％）
1871	14 367	2.5	217 758	6.60	2.38
1872	12 962	2.5	247 695	5.23	-9.78
1873	13 004	2.5	284 247	4.57	0.32
1874	18 189	3	265 005	6.86	39.87
1875	22 125	3	252 781	8.75	21.64
1876	20 169	3	239 435	8.42	-8.84
1877	20 151	3	252 781	7.97	-0.09
1878	20 475	3	278 629	7.35	1.61
1879	20 140	3	263 413	7.65	-1.64
1880	26 862	4	249 342	10.77	33.38

续　表

年份	地税收入	税率（‰）	经常收入	地税占比（%）	地税收入同比增长（%）
1881	31 205	4	261 308	11.94	16.17
1882	31 239	4	330 115	9.46	0.11
1883	54 034	4	397 490	13.59	72.97
1884	54 311	4	318 127	17.07	0.51
1885	54 317	4	358 249	15.16	0.01
1886	54 157	4	387 296	13.98	−0.29
1887	54 119	4	412 943	13.11	−0.07
1888	54 007	4	505 801	10.68	−0.21
1889	54 383	4	432 692	12.57	0.70
1890	54 645	4	445 044	12.28	0.48
1891	67 543	4	449 279	15.03	23.60
1892	69 029	4	502 643	13.73	2.20
1893	67 716	4	517 791	13.08	−1.90
1894	67 761	4	562 504	12.05	0.07
1895	67 915	4	582 814	11.65	0.23
1896	68 418	4	734 741	9.31	0.74
1897	110 887	4	640 006	17.33	62.07
1898	140 291	5	753 270	18.62	26.52
1899	141 841	5	916 611	15.47	1.10
1900	214 775	5	1 045 177	20.55	51.42
1901	218 750	5	1 097 719	19.93	1.85

续　表

年份	地税收入	税率（‰）	经常收入	地税占比（％）	地税收入同比增长（％）
1902	218 148	5	1 209 175	18.04	-0.28
1903	277 096	5	1 341 570	20.65	27.02
1904	299 541	5	1 505 402	19.90	8.10
1905	399 786	5	1 780 414	22.45	33.47
1906	400 458	5	1 866 398	21.46	0.17
1907	456 330	5	1 983 431	23.01	13.95
1908	685 104	6	2 403 164	28.51	50.13
1909	688 026	6	2 521 600	27.29	0.43
1910	689 334	6	2 555 056	26.98	0.19
1911	691 000	6	2 589 628	26.68	0.24
1912	671 540	6	2 734 245	24.56	-2.82
1913	674 739	6	2 858 006	23.61	0.48
1914	678 067	6	2 934 382	23.11	0.49
1915	680 405	6	3 051 017	22.30	0.34
1916	682 177	6	3 333 151	20.47	0.26
1917	836 719	6	3 455 128	24.22	22.65
1918	881 461	6	3 864 576	22.81	5.35
1919	1 053 579	6&7	4 419 961	23.84	19.53
1920	1 056 641	7	4 823 483	21.91	0.29
1921	1 326 872	7	5 951 258	22.30	25.57
1922	1 328 091	7	6 391 200	20.78	0.09

续　表

年份	地税收入	税率（‰）	经常收入	地税占比（％）	地税收入同比增长（％）
1923	1 595 680	7	7 203 797	22.15	20.15
1924	1 594 679	7	8 028 824	19.86	−0.06
1925	2 177 069	7	9 152 409	23.79	36.52
1926	2 161 284	7	10 091 921	21.42	−0.73
1927	2 552 638	7	11 161 792	22.87	18.11
1928	2 934 031	7&8	12 691 714	23.12	14.94
1929	2 934 067	8	12 473 292	23.52	0.00
1930	2 749 249	8&7	12 679 208	21.68	−6.30
1931	3 877 847	7	14 795 038	26.21	41.05
1932	3 868 911	7	15 169 553	25.50	−0.23
1933	4 321 807	7	15 809 837	27.34	11.71
1934	6 914 750	7	23 917 379	28.91	14.40
1935	6 914 976	7	23 914 458	28.92	0.01
1936	6 914 537	7	23 651 711	29.23	−0.01
1937	6 979 441	7	21 699 541	32.16	0.94

资料来源：1871—1929年地税与经常收入数据，系根据英文工部局年报整理，上海市档案馆藏档案，档案号：U1-1-884至942；1930年以后数据系根据中文工部局年报整理，工部局华文处译。

说明：

① 因工部局财政制度变化，1875年以前工部局年度报告起止时间为前年度4月1日至当年度3月31日。1876年以后为年度数据。

② 1871—1933年，工部局年报用银两为计价单位，因国民政府废两改元，1934年以后年报采用元作为计价单位。换算标准为以银0.715两合银币1元。

③ &代表一年有两种税率，上半年税率为前数字，下半年税率为后数字。

为更形象地展示地税收入的增长,特制图如下:

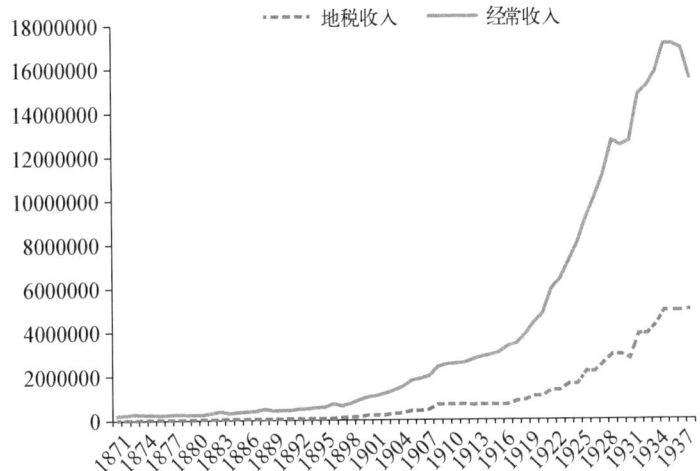

图 2-3　工部局地税收入与经常收入增长趋势图（1871—1937）（单位:两）
资料来源:据表 2-1 数据绘制而成。

观察表 2-1 的数据、图 2-3 的趋势曲线,可以看到地税收入保持相对稳定增长的趋势,鲜有下跌。此外,在本时段内,地税收入还可以归纳以下特征:

（1）地税税率不断提高,从 2‰ 增长到 7‰,并在 1928 年达到 8‰ 的峰值。

（2）地税收入的增长有明显的间断性特征,即伴随着每隔三年进行一次的地产估值而实现。

（3）地税收入占经常收入比重逐步提高,在 1900 年后占到 20% 以上的比重,20 世纪 30 年代达到 30% 左右的比重。

（4）在 20 世纪 30 年代后半期,地税并未伴随工部局财政收入的减少而减少,体现了此税种的坚挺。地税作为依据地产价值而征收的税种，具有逆周期性。

三、地税税率变动的背景

1871年5月6日，在共济会堂召开的纳税人年会通过地税征收税率，并要求租界内华人业主或租地人也须按照1870—1871年的土地估价缴税。① 但因新制定的《上海洋泾浜北首租界章程》未经中国政府批准，华人拒绝交纳地税。1871年4月1日至1872年3月31日，外侨缴纳地税12 962两，华人仅纳18两。1872年，工部局决定暂停向华人征收地税。但1873年5月12日、13日召开的纳税人会议上，其第十八号决议案提道：

> 在现在工部局市政界内对所有土地和外国房屋进行重新估价是有必要的。新任委员会被制定进行一次新的估价，这个估价必须尽快完成；工部局董事会被赋予监察的权力——中国人的地产名册和租赁款项这看起来十分必要；估价一旦完成，将会使每个租地人和每一栋房屋的租主对土地和房子的估价密切关注。②

该项决议案重申对华人征税决议。同时，在本次纳税人年会上由大多数纳税人同意的第八号决议案，将当年地税税率增为3‰，提高0.5个千分点。③ 当年地税收入为18 189两，占经常总收入的

---

① *Ratepayer's Meeting*（1871），上海市档案馆藏档案，上海公共租界工部局纳税人会议记录册（1871—1893），档案号U1-16-4813。
② *Ratepayer's Meeting*（1873），上海市档案馆藏档案，上海公共租界工部局纳税人会议记录册（1871—1893），档案号U1-16-4813。
③ *Ratepayer's Meeting*（1873），上海市档案馆藏档案，上海公共租界工部局纳税人会议记录册（1871—1893），档案号U1-16-4813。

6.86%，比重比 1873 年提高 2.29%，扭转了之前连续下降的趋势。

因工部局不能对位于公共租界外的鸦片进口商进行管理并征收码头捐，引起老沙逊洋行的不满，要求"工部局立即采取措施强制所有鸦片进口商缴纳货物税，不管他们是住在本租界境内还是界外，否则他们为了保护自己就不得不迁离租界，以避免缴纳他们鸦片的货物税，从而使他们自己和其他进口商处于同样的地位"[1]。1879 年 7 月 14 日，工部局董事会讨论此问题，并决定要求在当月 25 日举行纳税人特别会议，授权工部局对所有存放在接收船只上的鸦片征收货物税。[2] 随后纳税人会议获得授权，并向领事申请修改《土地章程》第 9 款的部分内容。但领事致函工部局董事会称"有关当局不同意将 7 月 25 日纳税人会议上通过的将鸦片驳船视为租界的一部分的决议，作为《土地章程》第 4 款的补充条款"[3]。此问题直接导致沙逊董事辞去工部局董事会董事之职，并将沙逊洋行迁往法租界。1879 年 11 月 8 日工部局董事会决议向 11 月 12 日召开的纳税人特别会议提交议案：

> 兹建议董事会在编制下年度预算时取消货物税一项，并通过提高土地税和房捐（华人与西人）及酌情提高牌照捐来弥补税收的不足数，条件是：
> 土地税始终不超过 0.4%
> 西人房捐始终不超过 8%
> 华人房捐始终不超过 10%[4]

---

[1] 《工部局董事会会议录》第 7 册，第 678 页。
[2] 《工部局董事会会议录》第 7 册，第 680 页。
[3] 《工部局董事会会议录》第 7 册，第 688 页。
[4] 《工部局董事会会议录》第 7 册，第 691 页。

该议案获得通过后，1880年，工部局暂停征收码头捐，地税税率增为0.4%，当年收税26 862两，比1879年多征6 722两。同时，房捐多征26 233两，加之码头捐中道台捐助16 703两，三项收入虽未完全填平码头捐停征带来的收入损失，但在一定程度上弥补了部分缺口。

1897年，在地税税率为0.4%不变的情况下，地税收入为110 887，首次超过10万两，占总收入17.33%，收入的增加主要基于地产的大幅增值。

1898年，工部局将地税税率提高为0.5%。① 当年，地税收入增为140 291两，占总收入18.62%，可推算1‰的税率增加，带来了近3万两的增收。

19世纪末20世纪初，因公共租界进行了拓界，工部局的管理区域大大拓展，工部局的经常开支大增，此外兴办大型市政工程、职员加薪等临时开支大增，如拓宽马路、修造码头和栈桥，增加巡捕等。1908年，工部局在制定预算时提议增加地税，将税率增为0.6%。虽然在当年3月20日召开的纳税人大会上获得通过，但纳税人会议对目前预算提出尖锐的批评。② 当年地税收入为685 104两，比1907年增长50.13%，占地税收入比重骤增为28.51%，为有史以来最高。

为实现财政平衡，偿还一战期间发行的公债，并为工部局的参战人员发放补偿金，1919年4月9日的纳税人年会，福勒先生提交的第五号决议案的修正案，决定自7月1日起将房捐增加2%，达

---

① *Land Tax and Municipal Rate for the Year 1866 to 1929*，上海市档案馆藏档案，档案号：U1-14-7162。
② 《工部局董事会会议录》第17册，第542页。

到 14%，地税增加 0.05%，地税附加 0.05%，地税达到 7%。[1] 当年地税收入突破 100 万两，达到 1 053 579 两。

第一次国共合作后，北伐胜利进军，国内政治形势发生巨变，1927 年开始波及上海租界。而工部局原先制定的 1927 年 7 月 1 日增加房捐非常不合时宜，恶化了租界内的政治生态，在华人政治团体带领下，租界出现强烈的抗捐斗争。1927 年下半年开始，抗捐斗争伴随着华人参政的政治要求，公共租界财政状态出现不稳。至 1928 年，工部局为平衡预算，将地税增至 0.8%。工部局在电气处出售后获得了 8 100 万两白银的收入，大大缓解了财政困难的局面。同时，在 1929 年的纳税人年会上，工部局总董安诺德声明"董事会将在下年度考虑减收捐税"[2]。工部局遂决定在 1930 年 4 月 16 日召开的纳税人会议上提出减税的决议案，并在纳税人年会上通过："自 1930 年 7 月 1 日起，地税及房捐两项，均减征如下：地税自 0.8% 减为 0.7%；普通房捐自 16% 减为 14%，特别房捐自 14% 减为 12%。"[3]

四、公共租界地税增长的动因分析

就表 2-1 观察，推动上海公共租界工部局地税收入增长的原因不外乎有二：一是地税税率的提高；二是地产总价值的增长。税率的高低与税基的宽窄，是影响地税增长的直接决定因素。

地税收入数字虽然反映出工部局地税收入的状态，然而仅通过

---

[1] *REPORT OF THE ANNUAL MEETING OF RATEPAYERS*（1919），上海市档案馆藏档案：上海公共租界西人纳税人年会与选举工部局董事及地产委员的材料（1919），档案号：U1-1-850。
[2] 《工部局董事会会议录》第 24 册，第 593 页。
[3] 《上海公共租界工部局年报》（1930），第 309 页。

数字的表象并不能完整呈现历史的真实原貌，通过历史分析与研究其中的时代背景、发展变迁，考镜源流，方能探究历史事实。分析工部局地税税率的提高原因有二：一是工部局财政支出过大，影响财政平衡；二是时局动荡（包括政治和经济），影响财政平衡。虽然两种原因的结果相同，都导致了工部局财政收支的不平衡，必须依靠增税来平衡财政。但增加税收的起因却不甚相同，一种是主动调控，即因工部局预算支出扩大，主动提高税率以便为工部局的某项市政管理或市政建设等筹集资金；另一种是被动应对，譬如因经济危机或政权更迭、抗捐斗争等，使得地价下跌，工部局地税征收困难。但因地税这一税种乃是向地产征收，且地税名义上的征收对象仅为外侨，在工部局的征税史中，地税受外部的影响最弱，这也是地税异于工部局其他收入项目的特征。在1871年至1937年的时段内，工部局地税税率发生变更共有7次，而仅有1873年1次为地税单独调整，其余的税率调整都与房捐税率调整共同发生。[①]

工部局地产总值的变化是影响工部局地税收入变化最重要原因。因为：

$$地税 = 纳税地产总值 \times 税率$$

故可得工部局年度纳税地产总值，[②] 此处代表概念上的工部局地产总值。根据表2-1数据特制工部局地税与纳税地产总值同比增长统计表如下：

---

① 系根据上海市档案馆藏档案 *Land Tax and Municipal Rate for the Year 1866 to 1929* 中数据计算，档案号：U1-14-7162。
② 因公共租界内存在抗税等现象，加之存在不纳税地产，故纳税地产总值并不等于公共租界地产总值，仅为统计学中推断数字。

表 2-2　工部局地税与纳税地产总值同比增长统计表

(单位：两/元)

年份	地税收入	税率（‰）	纳税地产总值	纳税地产值同比增长（%）	地税收入同比增长（%）
1871	14 367	2.5	5 746 800	2.39	2.38
1872	12 962	2.5	5 184 800	-9.78	-9.78
1873	13 004	2.5	5 201 600	0.32	0.32
1874	18 189	3	6 063 000	16.56	39.87
1875	22 125	3	7 374 837	21.64	21.64
1876	20 169	3	6 722 973	-8.84	-8.84
1877	20 151	3	6 717 000	-0.09	-0.09
1878	20 475	3	6 825 000	1.61	1.61
1879	20 140	3	6 713 333	-1.64	-1.64
1880	26 862	4	6 715 500	0.03	33.38
1881	31 205	4	7 801 250	16.17	16.17
1882	31 239	4	7 809 750	0.11	0.11
1883	54 034	4	13 508 500	72.97	72.97
1884	54 311	4	13 577 750	0.51	0.51
1885	54 317	4	13 579 250	0.01	0.01
1886	54 157	4	13 539 250	-0.30	-0.29
1887	54 119	4	13 529 750	-0.07	-0.07
1888	54 007	4	13 501 750	-0.21	-0.21
1889	54 383	4	13 595 750	0.70	0.70

续 表

年份	地税收入	税率（‰）	纳税地产总值	纳税地产值同比增长（%）	地税收入同比增长（%）
1890	54 645	4	13 661 250	0.48	0.48
1891	67 543	4	16 885 750	23.60	23.60
1892	69 029	4	17 257 250	2.20	2.20
1893	67 716	4	16 929 000	-1.90	-1.90
1894	67 761	4	16 940 250	0.07	0.07
1895	67 915	4	16 978 750	0.23	0.23
1896	68 418	4	17 104 500	0.74	0.74
1897	110 887	4	27 721 750	62.07	62.07
1898	140 291	5	28 058 200	1.21	26.52
1899	141 841	5	28 368 200	1.10	1.10
1900	214 775	5	42 955 000	51.42	51.42
1901	218 750	5	43 750 000	1.85	1.85
1902	218 148	5	43 629 600	-0.28	-0.28
1903	277 096	5	55 419 200	27.02	27.02
1904	299 541	5	59 908 200	8.10	8.10
1905	399 786	5	79 957 200	33.47	33.47
1906	400 458	5	80 091 600	0.17	0.17
1907	456 330	5	91 266 000	13.95	13.95
1908	685 104	6	114 184 000	25.11	50.13
1909	688 026	6	114 671 000	0.43	0.43

续　表

年份	地税收入	税率(‰)	纳税地产总值	纳税地产值同比增长（%）	地税收入同比增长（%）
1910	689 334	6	114 889 000	0.19	0.19
1911	691 000	6	115 166 667	0.24	0.24
1912	671 540	6	111 923 333	-2.82	-2.82
1913	674 739	6	112 456 500	0.48	0.48
1914	678 067	6	113 011 167	0.49	0.49
1915	680 405	6	113 400 833	0.34	0.34
1916	682 177	6	113 696 167	0.26	0.26
1917	836 719	6	139 453 167	22.65	22.65
1918	881 461	6	146 910 167	5.35	5.35
1919	1 053 579	6&7	150 511 286	2.45	19.53
1920	1 056 641	7	150 948 714	0.29	0.29
1921	1 326 872	7	189 553 143	25.58	25.57
1922	1 328 091	7	189 727 286	0.09	0.09
1923	1 595 680	7	227 954 286	20.15	20.15
1924	1 594 679	7	227 811 286	-0.06	-0.06
1925	2 177 069	7	311 009 857	36.52	36.52
1926	2 161 284	7	308 754 857	-0.73	-0.73
1927	2 552 638	7	364 662 571	18.11	18.11
1928	2 934 031	7&8	366 753 875	0.57	14.94
1929	2 934 067	7	419 152 429	14.29	0.00

续　表

年份	地税收入	税率(‰)	纳税地产总值	纳税地产值同比增长（%）	地税收入同比增长（%）
1930	2 749 249	8&7	392 749 857	-6.30	-6.30
1931	3 877 847	7	553 978 143	41.05	41.05
1932	3 868 911	7	552 701 571	-0.23	-0.23
1933	4 321 807	7	617 401 000	11.71	11.71
1934	6 914 750	7	987 821 429	14.40	60.00
1935	6 914 976	7	987 853 714	0.00	0.00
1936	6 914 537	7	987 791 000	-0.01	-0.01
1937	6 979 441	7	997 063 000	0.94	0.94

资料来源：1871—1929年地税与经常收入数据，系根据英文工部局年报整理，上海市档案馆藏档案，档案号：U1-1-884至942；1930年以后数据系根据中文工部局年报整理，工部局华文处译。

说明：

① 因工部局财政制度变化，1875年以前工部局年度报告起止时间为前年度4月1日至当年度3月31日。1876年以后为年度数据。

② 1871—1933年，工部局年报用银两为计价单位，因国民政府废两改元，1934年以后年报采用元作为计价单位。换算标准为以银0.715两合银币1元。

③ & 代表一年有两种税率，上半年税率为前数字，下半年税率为后数字。因无工部局半年度地税收入数据，为对比方便，当年度纳税地产总额以变更后的税率计算。

根据表2-2可以看到，在扣除税率影响后，统计1871—1937年间纳税地产总值数据，绝大多数时间内工部局地税收入同比增长等于纳税地产总值同比增长，仅在工部局地税税率发生变化的前提下，地税收入的同比增长大于纳税地产的同比增长。故可得出结论，即工部局地税收入增加的直接原因为租界纳税地产总值的增长。

而工部局地产总值的增长有两种原因，一是工部局纳税地产规模的扩大，也可以说是公共租界内注册地产的扩大；二是工部局地产价值的升值。纳税地产规模扩大，正如前文所述，主要由于土地由外侨购买后，将所购买之地，向外国领事馆注册，将华文地契变为领事馆署的道契，使华人地主，可以用外侨受托人名义，享受领事馆署注册的利益。此外，还有公共租界的扩张导致的纳税地产规模扩大。公共租界内的注册地产，1900年为11 427亩，1931年为22 131亩，增加几乎近一倍。[①]

伴随着公共租界纳税地产规模的扩大，界内地产的增值更可谓惊人。1843年上海开埠后，最早来沪的洋行与外侨在今外滩一带租地建屋。然而，当时来沪的外侨很少居住于租界，"惟是时荒芜未辟，西人多愿意就居于南市，至1849年始才逐渐移入租界"[②]。伴随着贸易的持续展开，加之工部局对公共租界不断建设和管理，租界地价开始逐步升值。据不连续的数据统计载：

表2-3 1865—1875年上海公共租界征收地税面积与估计地价统计表

土地估价（单位：两）					
	1865年	1867年	1869年	1873年	1875年
英租界	4 905 118	4 957 902	4 707 584	6 138 354	5 443 148
虹口	774 688	810 154	561 240	1 355 947	1 493 432
总值	5 679 806	5 768 056	5 268 824	7 494 301	6 936 580
估价面积（单位：亩）					
英租界	2 910	2 914	2 808	2 836	2 484
虹口	1 400	1 460	2 094	2 301	2 268
总面积	4 310	4 374	4 902	5 137	4 752

资料来源：上海市档案馆藏档案：地产委员会报告，档案号：U1-1-1026。

[①] 《费唐法官研究上海公共租界情形报告书》第1卷，第691页。
[②] 蒯世勋：《上海公共租界史稿》，上海人民出版社1984年版，第21页。

表 2-4　1900—1930 年上海公共租界征收地税面积与估计地价统计表

年　份	征收地税面积（亩）	估计地价（两）
1900	11 427 115	44 230 938
1903	13 126 102	60 423 773
1907	15 642 625	151 047 257
1911	17 093 908	141 550 946
1916	18 450 870	162 718 256
1920	19 460 174	203 865 634
1922	20 338 097	246 123 791
1924	20 755 938	336 712 494
1927	21 441 198	399 921 955
1930	22 131 379	597 243 161

资料来源：据《费唐法官研究上海公共租界情形报告书》第 1 卷，第 714—715 页中数据制成。

正如表 2-2 中的数据所示，1933 年地税收入增长巨大，其原因即在于当时租界的地价飞涨，同时 1933 年为地价重新估价之年，因此地税征收额增多。按规定本应在 1933 年 7 月 1 日起施行新估地价，因地主反对估价过高，故不得已暂免新估地价 20%。[①]

上海公共租界各区地价，据 20 世纪 30 年代工部局的报告：东区平均每亩值 1.5 万余两，西区每亩值 2 万余两，北区每亩值 4 万余两，而以中区地价为最高，平均每亩值 13 万余两。因中区居商业要冲，是公共租界最繁盛之点，也是地价最高的区块，时人有记载：

---

① 马吉甫：《上海公共租界之地税与房捐》，《中国经济》1934 年第 2 卷第 2 期。

这十几条纵横干路，以黄浦滩的地价为最高，每亩平均二十五万两，在南京路同黄浦滩的转角，这是全市最贵的地段，每亩价在三十六万两以上，南京路九江路之间的黄浦滩路，每亩地价在三十万两左右，其次是南京路，每亩平均在二十一万两以上，他最贵的一段，并不是先施永安等大公司的所在，而在外滩同四川路之间，每亩平均约二十七万余两。再次是四川路，这路的地价，平均每亩十九万两，以南京路至汉口路的一段为最贵，每亩当在二十五万两以上。此外九江路、河南路，每亩平均约十四万两，福州路爱多亚路，每亩平均约十三万两，汉口路福建路每亩平均约十二万两，天津路、广州路、浙江路，每亩平均十一万两，西藏路每亩平均地价只得九万两。然而这种估价，比市场价格，约低四分之一。照这样算起来，上海最贵的地皮，每亩要值五十万两。[①]

结合第一章中的工部局地价表，可见上海地价的增值是多么巨大。上海的地产模式既保证租界内土地拥有者的合法权益，又通过永租制让其流通没了后顾之忧。在城市发展、地价飞涨的巨大带动下，地税收入作为工部局长期的、最稳定的大项收入而存在。费唐认为："地产章程规定之地产权制度，为造成上海之财富与兴盛，而使为工商业中心之一种重要原素。地契在领事馆注册，既以确实证明地主所有法定权利，且如地产出售，便于转移。关于地税房捐以及公用征收之规定，其对于执有此项地契之权利，亦给以审慎尊重之保证。公共租界因有此种治制特色，乃使界内地价之增长，即不

---

① 洪瑞坚：《上海公共租界的地价与地税》，《市政评论》1936 年第 10 期。

时或比租界之发展为工商及居住区域之中心为速，亦与之齐驱并驾，且鼓励大宗投资，以从事于永久及牢固之建筑。"①

第二节 房 捐

房税是以房屋为对象进行征税，按照房屋的计税值或租金收入向产权人征收的一种税。我国在古代社会便已对房产开征税收，如《周礼》记载周代"掌敛廛布于泉府"，唐代"请税屋间架"，清朝初期地方上曾征收铺面行税、间架房税等。② 上海公共租界工部局征收的房捐，又称房税、市政总捐、市税和巡捕捐，"租界之抽房捐，自设工部局始。工部局者，专理租界道路事宜者也。道路常需整治，则有役料之费。道路常需弹压，则有探捕之费。推之昼有洒水之费，夜有燃灯之费。凡诸□作，倘无常款，何从取给，此工局之所以议抽捐也"③。

房捐收入是工部局最重要的收入之一，长期占总收入的最高比重。1870年以前，房捐税称为 House Tax。1870年5月9日、13日召开的公共租界纳税人会议通过决议，将房捐改称市政税（general municipal rate），取消照明捐。④ 通过提高房捐率，整合一般市政捐税统一归并到市政税中，体现了"执简御繁"的税制改革特征，为

---

① 《费唐法官研究上海公共租界情形报告书》第1卷，第654页。注：此处"地产章程"即指《土地章程》，后文同。
② 漆亮亮：《房产税的历史沿革》，《涉外税务》2002年第4期。
③ 《论租界房捐》，《字林沪报》1888年8月9日，第2版。
④ REPORT OF RATE-PAYERS MEETING（1870），上海市档案馆藏档案，档案号U1-1-882。许多文章、著作认为1870年4月，工部局开始征收市税，是与历史事实相悖。因为工部局只有在纳税人会议授权后，才有权征收本年度预算中的捐税。房捐为按季度征收，5月召开纳税人会议后，工部局方征收4月1日至6月30日这一季度的市政捐。

方便计，本文仍称市政税捐为房捐。

除正常缴纳市政捐外，工部局还征收"特别市政捐"。"特别市政捐"是对公共租界界外筑路地区房屋征收的房捐。因工部局所征捐税名目，皆在《土地章程》中有详细规定，凡章程规定外之新捐税，悉须冠以"特别"（special）二字。越界筑路区域不属于公共租界，《土地章程》不适用于这一区域。故征收沿界外马路建筑的房捐，"亦自为《土地章程》所未经规定，故亦须名为市政特捐"[①]。在1907年度工部局年报的财政报表中，将界外房捐与界内房捐分列，界内房捐为市政总捐，界外房捐称为市政特捐。另须注意一点，缴纳界外房捐的外侨居民亦无参加纳税人会议的权力。

房捐须按照房捐率，由居住者于每季度初向工部局预缴该季度房捐。缴税前，工部局将外侨每人所应纳数额公布，早期由其自己前往工部局自缴。后因华人房捐征收人数庞大，且无登记姓名，遂由工部局派收税员征收。界外马路区域的特别房捐，为工部局依靠自身权利强制征收，发生了许多冲突，后文将详细介绍。

房捐征收的法律依据，最早源于1869年《上海洋泾浜北首租界章程》第九款规定："亦准将地基价值、房屋租金自行估算，以凭收捐，但地捐须与房捐相准，地捐照所估时值地价抽取，房捐照所估每年应收租金收取，总之，地捐如系抽一两，则房捐所抽不得过二十两，余俱仿此类推。"[②] 1898年修订的《土地章程》未修改。

对于抗税行为，在1869年《上海洋泾浜北首租界章程》第十三款规定："倘有人不肯付捐（即照此章所抽之各项捐款）及不肯遵缴罚款（即后附规例内各犯例之罚款），即由公局或所委之经理人投该

[①] 马吉甫:《上海公共租界之地税与房捐》,《中国经济》1934年第2卷第2期。
[②] 《中外旧约章汇编》第1册，第294页。

管官署控追，俟奉准后，按律施行，以便将欠捐追回。若欠捐人系属货主，无从查寻，或系在该管官员所辖地界之外，或系查无领事管束之人，则公局俟奉地方官批准后，即将该货（即应完各捐之货有不付延迟等情）扣留备抵，或另行设法将欠捐追回；若查系房地业主，即酌取产业若干，以足抵欠捐之数为止。"① 时人曾形象地形容工部局的收租行为：

> 房租必须早交，拖延实难轻恕。
> 如敢借词延宕，钉门莫怪忽遽。
> 若然为数稍多，还要捕房里去。
> 区区言出令行，问汝可敢抗拒。②

但在工部局界外筑路地区所征收的特别捐，工部局并未享有绝对权力，并且时常与中国地方当局发生冲突。1933年，普益地产公司致函工部局董事会，提到"由于上海市政府的代表将该公司在大西路正在建造中的房屋门牌拆除，因而造成了困难"③。总裁称："该土地是在华人地契名下，它仅在工部局所属的道路上有进出口。由于所提到的房屋坐落在中国领土上，美国总领事曾提出，他不能替该公司采取任何措施。在他看来，工部局对建造在中国领土上的房屋，无权坚持挂上工部局的门牌。工部局以前从未要求享有这种权利，只是与住房者通过协议才采取这种行动，并由于考虑到对公用事业提供这种方便，它们可向工部局缴纳特别捐。"④ 董事会在认

---

① 《中外旧约章汇编》第1册，第295页。
② 《晚清现象》，王稼句整理点校，山东画报出版社2020年版，第64页。
③ 《工部局董事会会议录》第25册，第441页。
④ 《工部局董事会会议录》第25册，第441页。

真讨论后，决定：今后工部局的门牌不再装在这些房屋上。这是由于这些房屋所处地区的关系，否则将导致与中国当局重新发生冲突。① 但是，工部局往往通过其提供诸如自来水、供电等手段，获得额外的税收权力，卡尔·克劳记述到工部局在越界筑路地区的征税手段：

> 工部局也修建了穿越中国乡间的道路，外国人于是开始购买位于这些道路两侧的地皮并建造房屋。实际上，这些道路位于中国人的地区，工部局在那儿没有丝毫权力。可是，这些道路是用工部局的资金修建的，治安和防火也由工部局提供资金。公用事业的控制权使工部局控制了这些位于远处的房地产，这种控制甚至到了迫使房地产所有人提交建筑计划以求核准的程度。如果你不承认工部局的权威，你可能没有一盏电灯可用。我曾租用一处位于这些租界外的道路旁的房屋，在上海电力公司可能考虑用电申请之前，我必须签署一份包括税收问题的协议。近年来，整个中国人社会出现了几次抗税。一旦切断水、电和电话的措施失败，工部局就动用最后一招，封闭道路。②

工部局自身虽然知道在界外筑路地区征税行为不合法，但其并未停止进行征捐的行为，工部局以居住者享用工部局提供的基础设施便利为理由，进行强制征缴。工部局的越界修路行为，本已是损害中国主权的行为，工部局在法理上更没有征税的依据，这些行为从本质上证明工部局就是侵略强权的产物。

---

① 《工部局董事会会议录》第 25 册，第 441 页。
② 《洋鬼子在中国》，第 152—153 页。

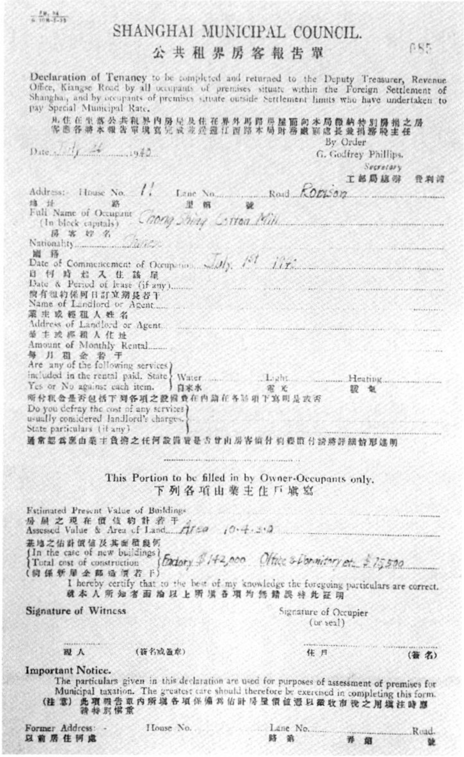

SHANGHAI MUNICIPAL COUNCIL.

公共租界房客報告單

Declaration of Tenancy to be completed and returned to the Deputy Treasurer, Revenue Office, Kiangse Road by all occupants of premises situate within the Foreign Settlement of Shanghai, and by occupants of premises situate outside Settlement limits who have undertaken to pay Special Municipal Rate.

By Order
G. Godfrey Phillips.
Secretary
工部局總辦 費利溥

Date July 24 1940

Address: House No. 11 Lane No. Road Robison
地址 路 里衖 號

Full Name of Occupant (In block capitals) Choong Shing Cotton Mill
房客姓名

Nationality Chinese
國籍

Date of Commencement of Occupation July 1st 1940
自何時起入住該屋

Date & Period of lease (if any)

Name of Landlord or Agent
業主或經租人姓名

Address of Landlord or Agent
業主或經租人住址

Amount of Monthly Rental
每月租金若干

Are any of the following services included in the rental paid. State Yes or No against each item. Water 自來水 Light 電光 Heating 暖氣

Do you defray the cost of any services usually considered landlord's charges. State particulars (if any)

This Portion to be filled in by Owner-Occupants only.
下列各項由業主住戶填寫

Estimated Present Value of Buildings
房屋之現在價值約計若干

Assessed Value & Area of Land Area 10.4.2.0

(In the case of new buildings) Total cost of construction Factory $142,000 Office & Dormitory etc. $15,500

I hereby certify that to the best of my knowledge the foregoing particulars are correct.

Signature of Witness

Signature of Occupier (or seal)

Important Notice.
The particulars given in this declaration are used for purposes of assessment of premises for Municipal taxation. The greatest care should therefore be exercised in completing this form.

Former Address: House No. Lane No. Road.
以前居住何處

图 2－4　1940 年公共租界房客报告单

一、以“房租估价制度”为核心的房捐定价机制

房捐作为工部局最重要的收入来源，其长期持续、稳定的高速增长，这得益于完善的房捐征收制度。在房捐征收的过程中，房租的估价制度是房捐征收制度中的最核心环节。

不同于地税的税率较轻，房捐税率较重，因此税基是否庞大，直接决定了房捐收入的多寡。房捐以房屋的租金为基数，按照房捐

税率征收，也即决定了房捐征收需要确定租金和税率。

工部局早期按照实际房租征收房捐。1854年7月17日，工部局第一次董事会要求"土地业主和租地人向总董呈报他们地产的价值及其地上建筑物的年租"，[①]并确定外侨房捐税率为3%。当年8月21日，在牧师麦都思的公寓举行工部局的财务会议上，便决议：雇佣一名华人抄写员及其助手，从事编制租界内华人住房的门牌号，并查明彼等房租情况，登记入册。[②]随后9月21日举行的第五次工部局董事会上，决定租赁外侨房屋和建筑物的华人，按照租金的8%缴纳房捐。[③]这样，在工部局成立后的两个月内，便确定了以租金为基础，按照房捐税率征收房捐的制度。

在工部局成立早期，租界内的外侨和华人对工部局征税权力合法性皆有不同意见或表示反对。若以向工部局申报的实付租金为凭据而征收房捐，租客和业主可以串通作弊，存在诸多程序漏洞，20世纪30年代《申报》曾大致概括为以下几点：

(1) 房主与房客之间，或因事业之连属，或因亲属之情谊，房金因而减收者。

(2) 房客原租房屋，租金尚属公允，但因房客事后自动增加永久性质之装修增筑，致该屋租价增加甚巨。

(3) 房客不付房金之全部，而照部分改作金钱上之贴补者，因此推实租金，即须以票面房租及每年金钱补偿之总数合计之。

(4) 除去经济原因之外，房主因房客系房主之雇佣，或间

[①]《工部局董事会会议录》第1册，第569页。
[②]《工部局董事会会议录》第1册，第571页。
[③]《工部局董事会会议录》第1册，第571页。

接为房主服役效劳，而免去其租金之一部分者。

(5) 房主房客，通同作弊，捏造伪房票，以图偷漏总捐者。①

上述5个原因使工部局认识到建立房产估价制度的必要性。1861年2月，公共租界租地人特别会议在讨论捐税问题时，便提到对华人住房进行估价，增幅达到20%。② 因为租界新建房屋的大量增加和租金的大幅上涨，同年10月25日，工部局董事会通过决议：为了对租界内所有外侨房产订定更完备更完整的摊派捐税，雇用一名有能力的人做这项服务工作，立即对外侨的房屋进行重新估价，同时由总办出面写一封有关这方面的通函给这类房产的各个业主。③ 这是工部局正式聘用专职估价人员的开端。1862年9月8日，在英国领事馆召开的租地人大会任命由汉壁礼、达拉斯、索恩、范彻、罗森诸组成估价委员会，负责房地产估价，制定了较为标准的估价表，并在1863年4月4日的租地人大会批准。④ 这是房租估价制度的初始，虽然房租估价委员会并不是常设机构，但它确立的房租估价原则却是房捐征收的基础。

房租估价制度的核心是确立估价的原则或标准，其确立过程也是不断探索、发展的。工部局财务委员会在1866年7月12日提交工部局董事会的报告中称：

> 即在同一条街道两边相对的同一等级的中式房屋，由于外国房主间的竞争，是以不同的租金租出。因此，对同一位置、

---

① 《公共租界估计房捐》，《申报》1935年12月6日，第9版。
② 《上海租界志》，第559页。
③ 《工部局董事会会议录》第1册，第627页。
④ 《工部局董事会会议录》第3册，第546页。

同一等级的房屋以不同税率征税显然是不公平的，因为这样一来，某一住户比另一住户在房捐上获得了好处，所以房捐"不是靠实付房租征收的，而是根据一个建立在公平原则上的估值的基础上征收的。"①

在1867年9月9日工部局董事会上财务委员会提交的报告中，写到征税流程：由工部局译员去住房，看了租约，然后估价实际出租的部分房屋（不是居住人的部分），接着提出批准部分出租房屋应征收的捐税数。② 由此可以看到，此时工部局已确立了以房租作为估价数字的参考这一原则。

而在1867年9月10日举行的租地人大会上第九号决议，通过了由房产估价委员会（Shanghai House Assessment Committee）提交的"房产估价明细表"（Standard valuation or Assessment on all Houses and Buildings upon which to collect Rates or Taxes in future, Foreign or Native），并作为今后收取外侨或华人房捐的估价标准。③ 时任工部局副总董小海斯认为工部局不得违反该估价标准。④ 第五号决议表明"估价将参照位置、建筑面积和特殊情形下财产价值的管理"⑤。

1871年，工部局财务委员会重新制定房屋估价统计表，对房屋的路名、门牌、住户、房屋用途说明、原估价和现估价作出具体细

---

① 《工部局董事会会议录》第2册，第565页。
② 《工部局董事会会议录》第3册，第617页。
③ *LAND RENTERS' MEETING*（1867），上海市档案馆藏档案，档案号：U1-1-1049。
④ 《工部局董事会会议录》第3册，第622页。
⑤ *LAND RENTERS' MEETING*（1867），上海市档案馆藏档案：上海公共租界工部局西人纳税人会议报告，档案号：U1-1-1049。

分和详细说明。1875年9月7日、9日在兰心大戏院召开纳税人特别会授权工部局董事会组织对租界内所有土地及房产进行一次估价，由3名纳税人组成房地产估价委员会。房地产估价委员会在他们认为必须检查，或认为是检查合适时间，有权要求并有权检查房地捐收据或租约，并规定：

> 在房地产估价结束之后，应把每一册地及房产的估价房地捐额通知每一租地人、房地产业主或其在沪代理人。
> 任何租地人，或房地产业主，或其代理人对估价表示不同意时，可在通知之日起14日内以求书面上诉。
> 一切上诉案件暂由工部局下属的财政、捐税及上诉委员会组成的法庭审理之。其判决为终审判决。
> 租地人、房地产业主或其代理人，若在规定的14日内不进行上诉，则所估定之房地产价值即作为今后一切征税之依据。①

1881年，公共租界再次设立房屋估价委员会，对租界内建筑物进行估价。由于对每幢建筑或房屋单独估价的数据不容易进行，委员会根据工部局预算中所列房产租金的估计数，以11年租金可买下房产来计算其价值，从而对土地和建筑物的总价值进行估算。同时，因为1881年地产增值幅度较大，新建筑亦添置许多，委员会遂以工部局发表的第三季度的租金估计数作为基数。

在1906年以前，工部局对房屋的估价，仍以估价租金或实际租金为标准征收房捐。1906年，纳税人会议授权工部局按照房产估价

---

① 《工部局董事会会议录》第6册，第697页。

租金征收房捐，房产估价的重要性大大提高。1908年3月20日在市政厅举行的纳税人年会上，第五号决议"授权工部局每年安排对任何未被估价的建筑进行估价，或者对已被估价的建筑估价进行修订，不论该估价的建筑是否在租，规定估价的条款通常与土地估价相同，若有不满，可以向财务委员会提起上诉"①。工部局董事会根据纳税人会议的决定：房产估价每年修正一次，修正日期为6月30日。② 1931年4月16日，工部局房租估价上诉委员会任命水田进、黄延芳、那塞尔、卢漪素和高美利5人为委员，黄延芳为上海房产公会推举代表，房租估价上诉委员会专事裁决对房产估价产生争执的申请。③ 1931年5月7日，工部局董事会批准了房租估价委员会的声明，并要求在中西文报纸和《工部局公报》发布。④ 声明如下：

上海公共租界工部局对于房租估价之宣言

近来外间对于本局因征收房捐，而将房租估价之举，曾发生误会，见诸报载。本局因此欲为纳税人确告，本局所采用之房租估价标准，与六十年来所采用者同，本局不特未尝采纳任何变更，抑亦未曾考虑任何变更地产章程规定。本局得估计地基之价值及房屋之租金以为征税标准，并得征收此项房捐及地税，为使各级居民平均担负捐税起见，地产章程又规定"地税不得逾地价二千分之一，房捐不得逾每年房租百分之一"。地产

---

① *REPORT OF THE ANNUAL RATEPAYER'S MEETING*（1908），上海市档案馆藏档案：上海公共租界西人纳税人年会与特别会议与选举工部局董事及地产委员的材料（1908），档案号：U1-1-837。
② 《上海租界志》，第561页。
③ 《工部局董事会会议录》第25册，第454页。
④ 《工部局董事会会议录》第25册，第457页。

估价系定期举行，而房屋之租赁与住居情形各有不同，故房租之估价，须逐一考虑。本局常依照一种原则施行，此原则为何，即房租显然代表房产之应纳捐税价值，然所谓房租，亦有非准确表示此项价值者。自一八六七年以来，此种论点曾于各不相同之时期，请由各不相同之法院加以审核，并经一透彻之判决如左："正反方面之辩论，经熟加考虑后，法院彻底确信，不论各被告所有房屋之实在价值若干，工部局有将此项房屋估价，以凭征税之权。"实付之房租显然代表可以出租之价值，此为本局所大都承认者，其间虽有不承认之例外，但为数较少。惟房租虽足为房产估价之标准，然执管房屋之方法更仆难数，业主与租户之关系，亦多悬殊，而不仅以所付租金之数目为限，熟悉个中情形者，当能有见及此。关于房捐估价发生之困难，略举如左：

（1）多数业主即为住户；

（2）因戚谊或友谊关系，常收取名义上之租金，此项租金比可租之价值为少，倘以此低减或名义上之房租为征税之标准殊不合理；

（3）业主与租户常相商洽，将决定房屋所有应纳捐税价值之原则变更，业主对于租户入屋之时收受一宗巨款，而使其后每周每月或每年所付之租金，本可显然为征税标准者，比实在可以征收之租金为少。

业主将其房屋出租时，可以订立一种条件，即租户除付房租外，尚须担任主要之修理费，及其他各项费用寻常为业主所担负者。关于租户之自行设备，或地役权等项，业主又可获得其他某项利益，而使所收租值因而加增，不幸尚有若干故意商洽伪造租金收据之案，此则为刑事问题。捐税应尽量使全部居民平均负担,此为任何政府任何治制所应遵守之主要原则之一,换言之,即捐税应平等,故不能任由业主与租户特别商洽,或让步以减低征税之标准,而使一般纳税人之负担,因此有不平等之增加,是固绝无疑异者。公共租界内大多数纳税人之缴纳房捐,虽系以每年所付租金为标准,然亦有应加查核,庶几所纳之捐,适为其所应纳之数,而不致独见优待,使其余居民担负较重。本年一月以来,有少数房捐案件经加考核,缘其所付房租,经本局认为比在寻常状况之下各该房屋可期望出租之价额为低,本局对于此项案件,曾依照合乎情理之价值估计房租,且经规定,倘该纳捐人有不满意之处,得在三十日内,向房租估价上诉委员会上诉,该委员会对于规定估价时所据为标准之原则毫无关系,其职务在于考虑用为征收房捐标准所估之租额是否适当。本局之办法自本局有史以来,始终如一。此项办法与各国所采用之原则与习惯,均属相符,即在公共租界以内,亦经法院认为适当,除有特别情形外,实付之租额,经认为显然代表房产之应纳捐税价值,纳捐人亦有多种保障,即可以上诉,而上诉之经过情形,亦为公布是也。①

上述声明可谓将房捐征收过程中各方关系道明。对于估价不满意的纳税人,可以在收到估价通知书后 30 日内向房租估价委员会提出抗议,委员会对于原估房租,根据抗议理由,酌情减轻。对于该委员会考量后之决定,仍不满意,可再向财政、捐税及上诉委员会(财务委员会)提出上诉。规定期限过后,所估租金即为定数。②

---

① 《工部局对于房租估价宣言》,《申报》1931 年 5 月 9 日,第 13 版。
② 《上海公共租界工部局年报》(1931),第 376—377 页。

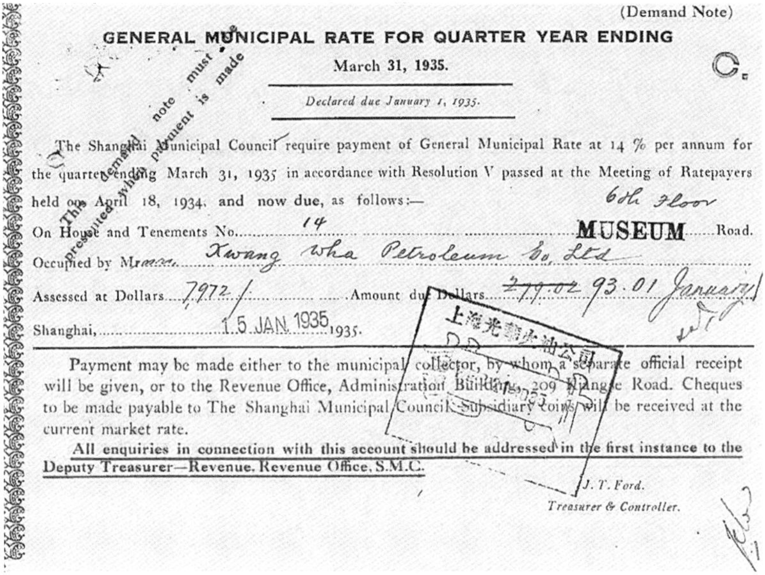
(Demand Note)

GENERAL MUNICIPAL RATE FOR QUARTER YEAR ENDING

March 31, 1935.

Declared due January 1, 1935.

This demand note must be presented when payment is made

The Shanghai Municipal Council require payment of General Municipal Rate at 14 % per annum for the quarter ending March 31, 1935 in accordance with Resolution V passed at the Meeting of Ratepayers held on April 18, 1934, and now due, as follows:—

On House and Tenements No. 14 (6th Floor) MUSEUM Road.

Occupied by Mr. Kwang Wha Petroleum Co. Ltd

Assessed at Dollars 7972 / Amount due Dollars ~~279.02~~ 93.01 January

Shanghai, 15 JAN 1935 1935.

Payment may be made either to the municipal collector, by whom a separate official receipt will be given, or to the Revenue Office, Administration Building, 209 Kiangse Road. Cheques to be made payable to The Shanghai Municipal Council. Subsidiary coins will be received at the current market rate.

All enquiries in connection with this account should be addressed in the first instance to the Deputy Treasurer—Revenue. Revenue Office, S.M.C.

J. T. Ford.
Treasurer & Controller.

图 2－5　1935 年工部局市政捐税票

房租估价委员会调查不确定房屋租金的方法有两种，一是比较法，即为避免有亲属关系而伪造租单或串通等情形，由房租估价委员会，调查附近地段房屋质量、设备大致相同等建筑，以高、宽、长相乘，求房屋的容积，以立方尺为单位，求其单位价。二是招标证明法，即由房租估价委员会索阅房租不确定建筑的承标合同，藉以查核其建筑之费用。如以所承价格过低，或认双方有串通、蒙蔽、欺骗的嫌疑，可将附近各建筑之承认合同，共同查阅，俾得酌中决定。若房主不同意，可按照申诉程序，进行申诉。房租估价委员会的计算方法，可简单叙述如下：

即土地价值的百分之七作为地价应有之利息收入，房屋建筑费百分之七（一般利率），再加建筑费百分之三，作为建筑修补费，此两项合为百分之十，作为建筑总费应有之收入，此两项地价及建筑费所应由收入之和，及作为该建筑每年租金之总额。例如，某建筑地价为二万两，百分之七即一千四百两为该地价所一般应有之利息收入；建筑总费为四万两，其百分之十应为四千两，视为该建筑总费所应有之利息收入；此两项收入合为五千四百两，即为该建筑每年的租金。设想，如果租金不足此数，该房主何不将这笔六万两的银款存于银行，亦可得上述利息收入，为何平添经营烦恼。有时业主特别供给房客以额外之便利，其租金总额中，自应减去此项服务之代价，盖此数本非租金之本身也，盖将减租表列如下：

表2-5 业主服务之租金减低表

房屋类别	服务名目	减低减金比率（%）
店铺	水与暖气一并供给	毛租5
店铺	仅供给水	毛租3
办公室	供给电梯水与暖气	毛租5
办公室	仅供给水	毛租3
住宅	仅供给水	毛租5
公寓	供给冷水、暖气（无电梯及家用热水）	不详
公寓	供给冷热水及暖气（无电梯）	毛租15
公寓	供给冷热水暖气及电梯	毛租20

资料来源：据马吉甫《上海公共租界之地税与房捐》中数据制表，《中国经济》1934年第2卷第2期。

房租之估价，不像地价那样 3 年或 5 年进行一次。受政治环境、经济形势、社会运动等多方面影响，房价和房租的变动非常大，价值涨跌亦巨。因此每年年末，工部局向租界内及在界外马路房屋，向工部局缴纳房捐的房客，发出一封房客报告单，询问何时入居该屋，租约之订立及其日期，每月租金数目、租金中是否包含自来水、电光、暖气等设备，以及通常认为应由业主负担之任何设备费，是否曾有由房客偿付的情形。对于住居自己房屋的业主，则询问其房屋现在之价值，基地的面积及估价，以及倘系新屋全部造价若干等项。以上皆为估价时有所依据，征收市税有所参考，也为了防止串通等事。若存在故意降价填写的情形，须负法律责任。

房捐按季度分别于每年 1 月 1 日、4 月 1 日、7 月 1 日、10 月 1 日开征，"工局抽捐之法，分西历一年为四季，按季取"[①]。早先由于中外所行历法不同，华人社会所用的"农历"历法，在闰年会出现闰月，与西侨社会每年固定 12 个月不同。倘若按照农历历法出租房屋，则会出现闰年交 13 个月房租的情形。1871 年 1 月 30 日，工部局总办约翰斯顿向工部局董事会报告：汉壁礼先生的房产租金是按中国农历月份而不是按西历月份征收的。按常规每隔 3 年就有一个闰月，或者称第十三个月。捐税是根据实际租金征收的。租金按月给付，这样我在 1 月 1 日得知，如一幢房屋每月租金 12 元，月租金乘以 12 为 144 元，而房产业主实际收入租金为 156 元。假定所有的华人房产主都像汉壁礼先生这样做，按现在的预算数字计算，每隔 3 年工部局银库将损失白银 2 500 两。约翰斯顿认为，既然捐税是按实际租金征收的，那么就应按付给房产业主的数额征收捐税。工

---

① 《论租界房捐》，《字林沪报》1888 年 8 月 9 日，第 2 版。

部局董事会经相当长时期研究后,批准并通过约翰斯顿先生之备忘录,完全承认他们有权根据房产业主每年收取的实际房租征收其捐税,并建议将此问题交他们的继任者研究和采取行动。①

因为华人流动性大,且不断有新的人口涌入上海。面对变化着的人群,工部局基于房租的估价制度使得部分华人居民容易望文生义,进而产生逃税、避税等问题。1930年工部局年报记载:

> 华人住民常有一种误解,以为任何房租收据,藉以证明房产价值,以定房捐标准者,本局均应接受。过去一年中,伪造租金收据,藉图减纳房捐之案件颇多。就常例言,本局所定捐率,固以房客所付租金为标准。但为某某数种原因,房客所付租金之数,每不足以代表该屋之准确市价,盖有业主即为所赁商店之股东,情愿将房租减低者,有房屋失修、房客愿长期租赁,自行修葺而少纳租金为条件者,有业主以房客为知交,特允减收租金以示友谊者,亦有因房客已付巨额之"开门费"而将月租减少者,此种欺诈情形,业已数见不鲜,欲加矫正,费时滋多。近曾察觉,有样式大厦一座,专供业主自住而建造者,以言赁金,每月至少五百两。乃竟据报称以每月二百两租出,并将租金收据呈验。嗣经查明,此项收据,为该屋主友人所出,丝毫不知此项房产之情形者也。②

为了更明确地对房屋租金进行估价,从1937年开始,工部局将编造居住房屋统计之方法变更。前此所谓有人居住及无人居住之屋,

---

① 《工部局董事会会议录》第4册,第768页。
② 《上海公共租界工部局年报》(1930),第309—310页。

系以整所为单位。但照此办法，一所大厦内之有多起分组住宅，或多起办公室者，虽仅数起租出，全所大厦即须列入有人居住之一类，不免易致误会。以后"均以一所房屋之每一分起出租之屋。如每起分组住宅，每起办公室，或每所商店等，各自成一单位，分别估算"①。

图2-6　1938年工部局市政捐税单（正面）

但工部局的房捐估价制度经常遭到华人反对。从工部局自身利益角度考量，工部局不希望房屋估价下跌，故在经济不景气时房租事实性下降时，一是有可能工部局不承认房租下跌；二是工部局的

---

① 《上海公共租界工部局年报》(1937)，房捐收入项。

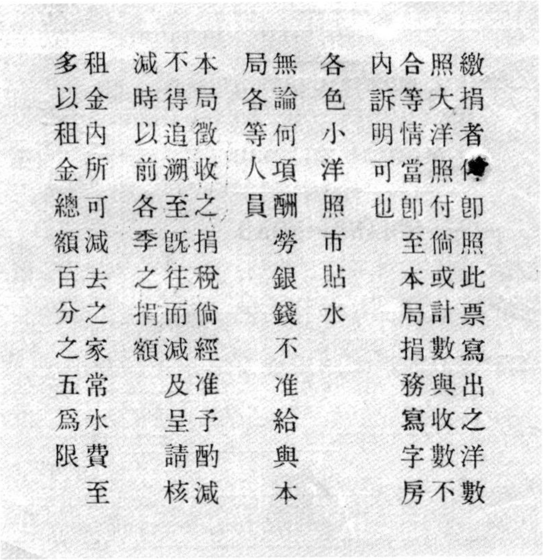

> 繳捐者即照此票寫出之洋數
> 合大洋照付倘或計數與收洋數不
> 內訴等情明可也即至本局捐務寫字房
> 各色小洋照市貼水
> 局無論何等人員酬勞銀錢不准給與本
> 不得以前各季之捐額及呈請酌核減
> 減時以所溯至既往之捐而減
> 多租以租金內可減去家常水費至
> 租金總額百分之五為限

图 2-7　1938 年工部局市政捐税单（反面）

估价不能实时反映租金下跌，存在滞后效应。而且在一段时期内，工部局在实行估租征捐时，因估价在租价之下，存在"收捐人员常得上下其手，牺牲公家收入，以肥其私囊"的现象。[1] 随着这种黑幕逐渐明晰，为增加收入，华人界强烈要求收捐员对新住户收捐，须提供房租收捐，并"对于出租房屋之总捐，以实在房租为凭"。房屋估价制度还存在一个程序漏洞，虽然工部局提高税率必须经纳税人会议同意，否则不得实行，但工部局凭借房租估价委员会"可高估其数，工部局随时可任意增加捐收，不必取得纳税人同意，则纳税人对于工部局之控制权完全丧失，而公共租界市政之精神基础根本动摇"[2]。

---

[1]　《纳税华人会发表估租收捐意见》，《申报》1935 年 10 月 30 日，第 9 版。
[2]　《纳税华人会发表估租收捐意见》，《申报》1935 年 10 月 30 日，第 9 版。

二、房捐收入发展趋势

众所周知,房捐是工部局税收收入中的重中之重,在20世纪30年代几乎占到工部局经常总收入的半壁江山。房捐的长期存续与收入的不断增长,形成所谓的结构,正如年鉴学派认为的结构会深刻地影响到社会制度的变化。工部局的房捐收入的发展过程,其数据背后有深刻的时代背景,也有社会结构问题。1869年,纳税人会议将房捐升为市税以后,工部局逐步建立了一种稳定、可拓展的税源,即只要城市持续建设、发展,人口不断流入,该税种的税基便不会缩减,也即房捐收入能持续稳定地供应公共租界的运转。为反映工部局房捐收入与工部局财政收入的关系,特将房捐收入数据与工部局经常总收入的数据统计如下:

表2-6 工部局房捐收入统计(1871—1937)(单位:两)

年 份	房捐收入	同比增长(%)	经常总收入	占比(%)
1871	58 848	39.7	217 758	27.0
1872	63 604	8.1	247 695	25.7
1873	73 472	15.5	284 247	25.8
1874	76 386	4.0	265 005	28.8
1875	77 827	1.9	252 781	30.8
1876	76 152	-2.2	239 435	31.8
1877	78 683	3.3	252 781	31.1
1878	77 215	-1.9	278 629	27.7
1879	78 874	2.1	263 413	29.9

续　表

年　份	房捐收入	同比增长（%）	经常总收入	占比（%）
1880	105 107	33.3	249 342	42.2
1881	112 797	7.3	261 308	43.2
1882	122 435	8.5	330 115	37.1
1883	129 425	5.7	397 490	32.6
1884	124 410	-3.9	318 127	39.1
1885	120 644	-3.0	358 249	33.7
1886	126 150	4.6	387 296	32.6
1887	131 650	4.4	412 943	31.9
1888	139 034	5.6	505 801	27.5
1889	146 989	5.7	432 692	34.0
1890	149 216	1.5	445 044	33.5
1891	153 762	3.0	449 279	34.2
1892	159 554	3.8	502 643	31.7
1893	168 609	5.7	517 791	32.6
1894	181 307	7.5	562 504	32.2
1895	192 739	6.3	582 814	33.1
1896	225 232	16.9	734 741	30.7
1897	273 568	21.5	640 006	42.7
1898	330 807	20.9	753 270	43.9
1899	365 397	10.5	916 611	39.9

续　表

年　份	房捐收入	同比增长（%）	经常总收入	占比（%）
1900	419 186	14.7	1 045 177	40.1
1901	444 613	6.1	1 097 719	40.5
1902	496 981	11.8	1 209 175	41.1
1903	574 144	15.5	1 341 570	42.8
1904	569 206	-0.9	1 505 402	37.8
1905	762 563	34.0	1 780 414	42.8
1906	629 940	-17.4	1 866 398	33.8
1907	906 110	43.8	1 983 431	45.7
1908	1 110 380	22.5	2 403 164	46.2
1909	1 162 420	4.7	2 521 600	46.1
1910	1 171 309	0.8	2 555 056	45.8
1911	1 187 968	1.4	2 589 628	45.9
1912	1 258 697	6.0	2 734 245	46.0
1913	1 297 672	3.1	2 858 006	45.4
1914	1 336 967	3.0	2 934 382	45.6
1915	1 417 300	6.0	3 051 017	46.5
1916	1 521 841	7.4	3 333 151	45.7
1917	1 584 277	4.1	3 455 128	45.9
1918	1 646 414	3.9	3 864 576	42.6
1919	2 036 394	23.7	4 419 961	46.1

续　表

年　份	房捐收入	同比增长（％）	经常总收入	占比（％）
1920	2 190 173	7.6	4 823 483	45.4
1921	2 500 930	14.2	5 951 258	42.0
1922	2 816 991	12.6	6 391 200	44.1
1923	3 148 046	11.8	7 203 797	43.7
1924	3 558 937	13.1	8 028 824	44.3
1925	3 992 197	12.2	9 152 409	43.6
1926	4 263 151	6.8	10 091 921	42.2
1927	4 910 842	15.2	11 161 792	44.0
1928	5 483 436	11.7	12 691 714	43.2
1929	5 887 737	7.4	12 473 292	47.2
1930	5 954 545	1.1	12 679 208	47.0
1931	6 223 527	4.5	14 795 038	42.1
1932	6 773 550	8.8	15 169 553	44.7
1933	7 301 066	7.8	15 809 837	46.2
1934	7 862 542	7.7	17 100 926	46.0
1935	7 916 417	0.7	17 098 838	46.3
1936	7 392 868	－6.6	16 910 973	43.7
1937	6 678 835	－9.7	15 515 172	43.0

资料来源：1871—1929年房捐（外侨房捐、华人房捐与特别房捐）与经常收入数据，系根据英文工部局年报整理，上海市档案馆藏档案，档案号：U1-1-884至942；1930年及以后数据系根据中文工部局年报整理，工部局华文处译。

说明：因工部局财政制度变化，1875年以前工部局年度报告起止时间为前年度4月1日至当年度3月31日。1876年以后为年度数据。

根据上表，可以看到工部局房捐收入的总趋势，从 1871 年 58 848 两上升至 6 678 835 两，增长幅度达 11 249%，年平均增长率为 7.4%。[①] 在这一时段内，房捐收入占工部局经常总收入的比重，最低为 1872 年的 25.7%，最高为 1929 年的 47.2%。

单就房捐收入的趋势进行分析，可归纳出以下特征：

（1）房捐收入增长呈现阶梯形增长特征。在保持整体稳定增长的趋势下，每逢房捐税率调整（主要是提高），会立刻出现收入激增。

（2）19 世纪末 20 世纪初，是房捐收入增长的爆发时期。在 1896—1908 年的 13 年里，有 7 年房捐收入同比增长超过 15%。1907 年，房捐收入同比增长幅度出现峰值，达到 43.8%，共征得 906 110 两房捐。1908 年，工部局房捐收入首次突破 100 万两，达到 1 110 380 两。此时期为甲午战争以后，民族工业勃兴，上海作为国内金融中心、工业中心的地位开始崛起，不单单作为最大的对外贸易口岸而存在。

（3）1919—1929 年是工部局房捐收入增长速度另一较快的时期。这时期的增速虽不如 19 世纪末 20 世纪初的增速，但基本保持 10% 的年平均增长率。这一时期正值北洋军阀统治和大革命时期，国内社会、政治均有剧烈变动，租界较为稳定、安全。

（4）在本时间段末尾，即 1935—1937 年，工部局房捐收入增速出现负增长。以往工部局在财政收入遇到困难时，可以通过提高税率来弥补收入的降低。而本时间段内，华人为工部局提供绝大部分捐税收入，但长期无政治发言权。伴随着华人政治力量的崛起，公

---

① 平均增长率系根据 Excel 中 Power（Q, M）函数计算，Q = 期末数额/期初数额，M = 1/（1937—1871）。

共租界的抗捐斗争成功迫使工部局延期提高捐税。后文将详细介绍此次抗捐斗争。通过此事可见,房捐收入的变动与公共租界各政治力量相互斗争密切相关。

(5) 房捐收入与工部局财政收入增长密切相关。下图为工部局房捐收入和经常总收入增长趋势图:

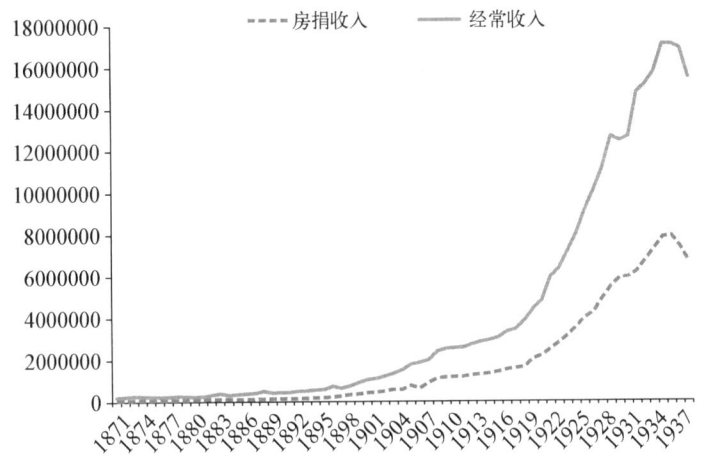

图 2-8　工部局房捐收入和经常总收入增长趋势图(1871—1937)(单位:两)
资料来源:据表 2-6 中相关数据制图。

图 2-8 反映出房捐收入和工部局经常总收入基本呈现同趋势变动。结合前面有关房捐占财政收入比重的数据,可得工部局财政收入增长的主要驱动力来源于房捐收入的增长。

三、房捐税率变动原因分析

租地人会议时期的房捐收入状况及其变动,详见前述章节。在公共租界的发展历程中,地税与房捐税率的变动大都同时发生,本章第一节已讲述地税税率的历史变动情况。此处主要论述房捐税率的变动及其原因。

正如第一章中所述,在1869年新通过的《上海洋泾浜北首租界条约》中,赋予房捐缴纳者应有的政治地位,公共租界的最高权力机构也由租地人会议扩展为纳税人会议。在征收制度改变的情况下,1870年5月9日、13日召开公共租界纳税人会议通过决议,将房捐(House Rate)改称市政税(General Municipal Rate),税率为华人房捐为房租的8%,外侨为房租的6%。① 新税制和提高的税率使得房捐收入激增,当年(即1870年4月1日至1871年3月30日)共征得华洋房捐58 848两,同比增长39.7%。②

1880年工部局取消码头捐,工部局骤然减少七万两左右的码头捐收入,仅剩上海道台每年补助的一万两左右的华人货物补偿款。③ 为平衡财政收支,纳税人会议授权工部局将房捐增加2%,华人房捐率增为10%,外侨房捐率增为8%。④ 当年房捐收入达到105 107两,首次突破10万两关口,同比增长33.3%,占经常收入比重首次达到40%以上。⑤

由于长期实行华洋房捐不同税率所带来的不公平引起华人社会不满,加之租用华人缴纳外侨房捐的现象日趋庞大,1898年在纳税人会议年会、特别会上,第六号决议案:工部局增加地税千分之一,外侨房捐增加2%,与华人房捐率相同。工部局董事安徒生(Anderson)说"我们的结论是经过仔细考虑,我们需要从富裕的

---

① *REPORT OF RATE-PAYERS MEETING*(1870),上海市档案馆藏档案,档案号U1-1-883。
② 《上海公共租界工部局年报》(1871),上海市档案馆藏档案,档案号:U1-1-884。
③ 《上海公共租界工部局年报》(1880),上海市档案馆藏档案,档案号:U1-1-893。
④ *Land Tax and Municipal Rate for the Year 1866 to 1929*,上海市档案馆藏档案,档案号:U1-14-7162。
⑤ 《上海公共租界工部局年报》(1880),上海市档案馆藏档案,档案号:U1-1-893。

当地人间接征税，而不是对所有阶层加税"①，他还说道：

> 上海的繁荣，一部分有赖于华人。工部局的税收，大部分为华人所输纳，而华人对于本局之行政并无发言之权，亦不得参加工部局的管理。因此我们的目的，应尽能力之所及，使在行政方面不受偏袒不公之责备。②

当年房捐收入达到330 807两，首次突破30万两关口。③

甲午战后，在列强掀起的瓜分中国狂潮影响下，工部局也不安分，先后进行扩展租界、越界筑路等。1903年6月，工部局对越界筑路区域的居民，按房租的10%缴纳特别房捐，当年共征收房捐576两。1906年，工部局与英商自来水公司订约，将水管接到界外修筑马路地区，为居民供水。据此工部局征收特别市政捐，也即特别房捐，捐率定为普通房捐的一半，为5%。从1906年开始，工部局财务报表开始单列特别房捐一项。④

但须注意一点，自始至终，工部局征收特别房捐一事从未有任何法律条约确认，工部局不能依靠合法手段在越界筑路地区征收捐税，因为《土地章程》不适用于租界以外地区，而华人的法院，对这些事例并不具有管辖权。人们一直有这样的理解：在界外马路收取的捐税是为了支付工部局提供的生活福利设施的费用。

故在工部局界外筑路区域时常发生抗捐斗争，工部局总裁费信

---

① *Annual Meeting and Special Meeting*（1898），上海市档案馆藏档案，档案号：U1-1-821。
② *Annual Meeting and Special Meeting*（1898），上海市档案馆藏档案，档案号：U1-1-821。
③ 《上海公共租界工部局年报》（1898），上海市档案馆藏档案，档案号：U1-1-911。
④ 《上海公共租界工部局年报》（1906），上海市档案馆藏档案，档案号：U1-1-919。

悖说:"关于在西区越界筑路地区收取捐税的问题一个时期变得日益困难。欠款数越来越大,同时拖欠历次捐税的人也越来越多。此外,在越界筑路地区存在着煽动和有组织的抗缴任何捐税的行动。"[①] 由于没有正常的合法途径可循,工部局对付这一局面的唯一手段是采用制裁措施,即对那些不愿缴捐的人们不给他们享受某些生活福利设施。工部局为强制交捐,曾采取断电、断水、封路等措施。工部局在领事公堂上受到了控告,但最终工部局获得了胜诉。

1908年,纳税人会议任命了新的房租估价委员会,同时提高普通房捐税率至12%,特别房捐税率也增к6%。当年房捐收入突破100万两大关,达到1 110 380两,占经常收入比重亦达到46.2%。

为了实现财政平衡,偿还一战期间发行的公债,并为工部局的参战人员发放补偿金,1919年4月9日的纳税人年会,福勒先生提交的第五号决议案的修正案,决定自7月1日起提高普通房捐税率至14%,特别房捐税率为7%,征收房捐附加费1%。[②]

1921年,工部局在纳税人年会上要求增加地产税和房捐,以使工部局在对俸给委员会的建议进一步研究之后,为之提供款项。[③] 该项议案未在纳税人会议上通过。工部局董事会以辞职相逼,最后通过了特别房捐的增收案,凡租界外房屋,使用工部局道路、自来水等公共设施者,均须按房租12%缴纳特别房捐。[④]

因1927年中国国内政治形势发生巨变,特别是上海工人三次武

[①] 《工部局董事会会议录》第27册,第520页。
[②] REPORT OF THE ANNUAL MEETING OF RATEPAYERS (1919),上海市档案馆藏档案,上海公共租界西人纳税人年会与选举工部局董事及地产委员的材料(1919),档案号:U1-1-850。
[③] 《工部局董事会会议录》第21册,第648页。
[④] 《上海租界志》,第323页。

装起义,影响到上海租界的稳定。而工部局在 1927 年制定的 7 月 1 日增加房捐政策非常不合时宜,引起华人政治团体带领的广泛的抗捐斗争,斗争十分激烈,而工部局则派出武装华、英巡捕强迫收捐,"在四马路岭南楼西式菜馆、虹口粤商酒楼、四川路桥十号丰泰钱庄、(英捕代为装上牌门)新闸路振康酱园、德涵酱园、松盛酱园、同福永酒行、东西华德路华通恒酱园、庄源大酱园、华记路口裕盛酱园、爱尔近路朱和康酱园、克能海路张日新酱园、盆汤弄万隆酱园,无不派全体武装巡捕把守前后门,阻止买客进内"[1]。

从 1927 年下半年开始,抗捐斗争伴随着华人参政的政治要求,使得公共租界的财政出现了不稳定状态。至 1928 年,工部局为平衡预算,将地税增至 0.8%。但随后工部局出售电气处后获得了 8 100 万两白银的收入,大大缓解了财政困难的局面。同时,在 1929 年的纳税人年会上,工部局总董安诺德声明"董事会将在下年度考虑减收捐税"[2]。工部局遂决定在 1930 年 4 月 16 日召开的纳税人会议上提出减税的决议案,并在纳税人年会上通过:"自 1930 年 7 月 1 日起,地税及房捐两项,均减征如下:地税自 0.8%减为 0.7%;普通房捐自 16%减为 14%,特别房捐自 14%减为 12%。"[3]

由于工部局 1935 年房捐收入,比预算减少 703 576 元,其短少之原因,系由于大局尚未好转,以致空屋颇多,其租出者,则又大都租金减低,而使捐额亦低。[4] 1936 年房捐比预算减少 366 589 元,比上年减少 651 022 元。凭以收捐之房屋价值,因房租之减低,全年继续见减,共计不下 2 530 000 元,等于每年损失房捐 354 000 元。

---

[1] 《工部局昨日收捐之形势》,《申报》1927 年 7 月 23 日,第 13 版。
[2] 《工部局董事会会议录》第 24 册,第 593 页。
[3] 《上海公共租界工部局年报》(1930),房捐项。
[4] 《上海公共租界工部局年报》(1935),第 309 页。

无人居住房屋之数目，目前日见增加，实于税收大有影响。[①] 于是在1937年3月24日的工部局董事会上通过最终增税方案，并定为：房捐从14%提高到16%，特别捐从12%提高到14%。[②] 但随后因抗日战争爆发，日军占领除租界以外的上海，公共租界随后进入了孤岛时期。

四、华、洋房捐解析

上海公共租界地为外侨居留地，本不应允许华人居住。太平天国运动席卷江南大地，大批避难华人涌入租界。在利益的驱使下，在沪外侨大量修建临时性房屋，并将其租与华人，而纳税外侨控制下的工部局秉承纳税人会议的旨意，也允许华人住居租界内，形成华洋杂居的局面。为加强租界的管理，公共租界亦对华人征收房捐，形成了华、洋房捐分别征收的制度。

由于华人不曾直接缴纳地税，部分华人所住之屋，"系坐落未经注册故无须缴纳地税之基地之上，其租金又大都远比外侨所住者为廉。故设使若辈所纳房捐，与外侨所纳者同一标准，则华人输纳市税之额，殊欠相当"[③]。故公共租界内华人房捐税率高于外侨房捐税率，在1870年以后，外侨房捐税率比外侨房捐税率高2%。直至1898年在纳税人会议年会和特别会上，第六号决议案通过：工部局增加地税千分之一，外侨房捐增加2%，与华人房捐率相同。从此以后，华洋房捐以同一税率征收。

在工部局的年度财政报表中，房捐项下分华人房捐与外侨房捐，

---

① 《上海公共租界工部局年报》(1936)，第309页。
② 《工部局董事会会议录》第27册，第523页。
③ 《费唐法官研究上海公共租界情形报告书》第1卷，第263页。

1932年以后改为华式房屋捐和西式房屋捐。这种区分源于《土地章程》订立时的大环境。在租界早期，华人多居于华式房屋，外侨居于西式房屋。因华人无选举工部局董事和参加纳税人会议的权力，外侨则依靠财产资格或纳捐数额来确定是否有权。故外侨房捐，须记载纳税人姓名、国籍，而华人则不需要记载，因此需分别登记入簿册。下表是工部局房捐收入：

表2-7 工部局外侨房捐与华人房捐收入统计表

（单位：两）

年　份	外侨房捐	占比（%）	华人房捐	占比（%）
1869	25 818	40.70	37 622	59.30
1870	17 986	43.00	23 840	57.00
1871	26 874	45.94	31 628	54.06
1872	28 612	44.98	34 992	55.02
1873	29 808	40.57	43 664	59.43
1874	31 305	40.89	45 249	59.11
1875	32 008	41.13	45 819	58.87
1876	27 267	35.81	48 885	64.19
1877	27 077	34.41	51 606	65.59
1878	26 363	34.14	50 852	65.86
1879	25 865	32.79	53 009	67.21
1880	34 537	32.86	70 569	67.14
1881	35 698	31.65	77 099	68.35

续　表

年　份	外侨房捐	占比（%）	华人房捐	占比（%）
1882	37 590	30.85	84 245	69.15
1883	39 705	30.68	89 720	69.32
1884	40 425	32.49	83 986	67.51
1885	41 452	34.36	79 193	65.64
1886	42 643	33.80	83 507	66.20
1887	43 360	32.94	88 290	67.06
1888	43 782	31.49	95 253	68.51
1889	44 951	30.58	102 037	69.42
1890	44 477	29.80	104 790	70.20
1891	46 836	30.46	106 926	69.54
1892	47 580	29.82	111 974	70.18
1893	47 572	28.21	121 037	71.79
1894	48 798	26.91	132 508	73.09
1895	51 675	26.81	141 064	73.19
1896	56 925	25.27	168 307	74.73
1897	67 247	24.58	206 321	75.42
1898	94 072	28.18	239 735	71.82
1899	109 085	29.85	256 313	70.15
1900	146 558	34.96	272 628	65.04
1901	162 230	36.49	282 383	63.51

续　表

年　份	外侨房捐	占比（%）	华人房捐	占比（%）
1902	177 253	35.67	319 728	64.33
1903	204 375	35.60	369 769	64.40
1904	241 542	36.09	427 663	63.91
1905	285 892	37.49	476 671	62.51
1906	325 513	39.22	504 428	60.78
1907	356 028	39.29	550 082	60.71
1908	464 112	41.80	646 259	58.20

资料来源：房捐收入数据，系根据英文工部局年报整理，上海市档案馆藏档案，档案号：U1-1-883 至 921。

说明：因工部局财政制度变化，1875 年以前工部局年度报告起止时间为前年度 4 月 1 日至当年度 3 月 31 日。1876 年以后为年度数据。

通过表 2-7 可以看到，在 19 世纪 60 年代，华人房捐收入已经超过外侨房捐收入，而且两者区间越拉越大，在 1897 年，华人房捐占房捐收入比重达到 75.42%。如果仅通过工部局财务报表观察，则会发现在 1898 年以后，华人房捐占比出现了下降的趋势，华人缴纳房捐的数额越来越少。但这与事实明显不符。

根据规定，公共租界内华人房屋免捐有以下条件：我国人所有原来之郊外房屋，于未经在领事馆注册基地之上者，倘在划入该地之租界时，该项房屋业已存在，一向免纳房捐。然坐落未经注册基地上之房屋，倘系该地划入租界以后所建筑者，则须课以房捐。可见华房免捐之条件，须（1）坐落于未经注册之基地；（2）该项房屋，须为租界划入前所已有之建筑。倘虽为原有建筑而坐落已经注册之基地，或虽坐落于未经注册之基地，而系该地划入租界后之新建筑，则不能免房捐。①

自租界建立以后，由于时代的进步和城市建设的发展，许多富有华人已居住于洋房，而且旧时的华式房屋也大都经过翻新改造为新式房屋，也缴纳外侨房捐。工部局对于租界的失修房屋，有强制维修的规定，如1869年《上海洋泾浜北首租界章程后附规例》第二十条规定："凡租界内房屋墙壁如有失修倾侧、倒塌，致与行路及临近居人等有违碍情形，一经公局勘工人（即打样人）勘明，即函知该管领事，由领事官饬知该业主或现住租户将此等房屋墙壁迅行拆卸、翻造修理，酌定限期，照勘工人所指妥为缮治。如不遵饬办理，或该业主及租户无从寻觅，即由公局立将此等房屋墙壁拆修、翻造，或全办，或酌办，随时核定；所需工费，仍由该业户、租主照缴。"②

在公共租界内，新建、改造和整修建筑等行为须工部局工务处颁发许可，且完成后，皆作为新建筑而照比例征房捐。公共租界虽历经多次扩充，但先前租界内原有华人房屋因年代久远、建筑质量等问题，不可能久存。而且在租界地产和房产大幅升值的背景下，原有地基必求利用最大化，从而必有新建筑建造，故公共租界内绝大多数房屋皆纳房捐，"华房免税之数目，必已微渺无几矣"③。1931年，工部局华董刘鸿生在董事会上指出"无数华人拥有的土地是向外国领事馆登记的"④。由于华人住西式房屋者为数颇多，则缴纳外侨房捐。故无法区分外侨房捐或华人房捐究由何人缴纳。但根据公共租界华洋人口统计趋势可见，数据如下表：

---

① 马吉甫：《上海公共租界之地税与房捐》，《中国经济》1934年第2卷第2期。
② 《中外旧约章汇编》第1册，第303页。
③ 马吉甫：《上海公共租界之地税与房捐》，《中国经济》1934年第2卷第2期。
④ 《工部局董事会会议录》第25册，第451页。

表 2-8 上海公共租界人口统计表　　（单位：人）

年　份	外侨人数	华人人数	总　　计
1870	1 666	75 047	76 713
1876	1 673	95 662	97 335
1880	2 197	107 812	110 009
1885	3 673	125 665	129 338
1890	3 821	168 129	171 950
1895	4 684	240 995	245 679
1900	6 774	345 276	352 050
1905	11 497	452 716	464 213
1910	13 536	488 005	501 541
1915	18 519	620 401	638 920
1920	23 307	759 839	783 146
1925	29 947	810 279	840 226
1930	36 471	971 397	1 007 868

资料来源：据《费唐法官上海公共租界情形报告书》中有关人口数据统计制表。
说明：外侨人数包括公共租界内和工部局管辖界外马路区域外侨人口。

华人增长幅度明显大于外侨，房屋需求量增长趋势比重亦大于外侨。故外侨房捐中亦有大部分为华人缴纳，具体比例虽不得而知，但应不低于一半。而且单就华人房捐，已超过地税与外侨房捐之总和。所以，就华人在租界的比重事实而言，最迟在19世纪末期，华人缴纳外侨房捐已有相当比例，故表2-7中华人占比应比事实情况偏低。

进入20世纪30年代，由于分别统计华、洋房捐在事实上已无任何意义，同时为回避财务报表中工部局华人纳税额占比日趋庞大的问题，工部局在公布年报时采用了技术处理，以统计西式房屋和华式房屋代替外侨房捐与华人房捐。1932年，工部局年报中首次以西式房屋捐和华式房屋捐作为房捐统计的项目。

表2-9　1932—1937年工部局西式房屋、华式房屋捐额统计表

年份	西式房屋捐	华式房屋捐	特区西式房屋捐	特区华式房屋捐
1932	3 203 876	3 197 062	336 534	36 078
1933	3 547 468	3 301 925	411 513	40 160
1934	5 519 890	4 735 235	678 156	63 281
1935	5 736 290	4 548 134	715 667	71 821
1936	5 545 507	4 087 895	672 978	33 296
1937	5 256 719	3 460 345	597 315	26 650

资料来源：根据1932—1937年中文工部局年报中相关数据制成。
说明：1932、1933年计价单位为两，1934—1937年计价单位为元。

表2-10　1929—1937年上海公共租界房屋、房捐收入统计

年份	华式				
^	有人居住之屋（所）	无人居住之屋（所）	总计（所）	估计每年租金（两）	房捐收入（两）
1929	72 694	1 307	74 001	28 330 018	3 029 795
1930	72 686	1 509	74 195	29 838 376	3 016 745

续　表

年份	华式				
	有人居住之屋（所）	无人居住之屋（所）	总计（所）	估计每年租金（两）	房捐收入（两）
1931	75 097	1 775	76 872	32 572 986	3 008 630
1932	75 956	3 212	79 168	34 521 370	3 197 062
1933	76 456	4 039	80 495	36 361 954	3 301 925
1934	77 102	4 946	82 048	37 906 582 元	4 735 235 元
1935	74 952	6 967	81 919	36 838 314 元	4 548 134 元
1936	73 163	8 960	82 123	35 531 164 元	4 087 895 元
1937	73 163	8 960	82 123	35 531 164 元	4 087 895 元
西式					
1929	5 151	436	5 587	17 852 617	2 510 884
1930	5 805	638	6 443	20 379 468	2 612 188
1931	6 358	739	7 097	23 027 250	2 867 964
1932	7 108	892	8 000	28 476 696	3 203 876
1933	7 462	1 050	8 512	32 068 013	3 547 468
1934	7 742	1 271	9 013	49 387 988 元	5 519 890 元
1935	7 880	1 681	9 561	50 719 640 元	5 736 290 元
1936	8 010	1 664	9 674	50 585 970 元	5 545 507 元
1937	11 440	3 277	14 717	50 585 970 元	5 535 507 元

资料来源：据1930—1937年工部局年报内房捐报告中相关数据制成。

通过表 2-9、表 2-10 可见，西式房屋捐额明显高于华式房屋捐额。其理由有二，一是华式房屋捐租金低，拉低华式房屋捐额；二是公共租界大量新建房屋大都是西式（实际指新建住宅）或中西式结合，这是城市住房水平提高的标志，也是城市现代化的特征之一。

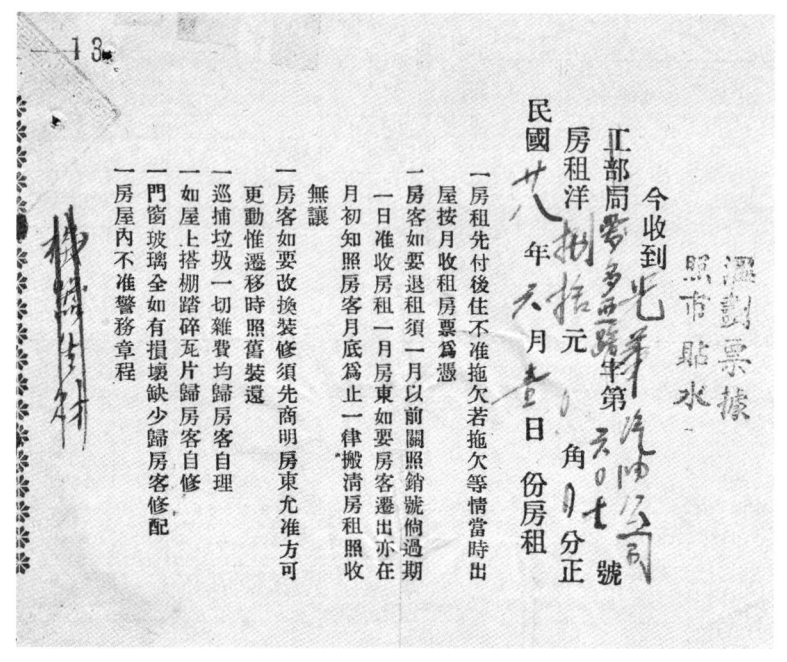

图 2-9　1928 年上海公共租界工部局房租单

上海公共租界最重要、最大项的收入是房捐，这种对房客征收的、以其支付的租金为基础的税收制度鼓励土地主人开发房产，从而促进了上海的发展。因为土地所有人知道，只要房产是空置的，自己不必承担重税，所以能够放心地建造商店或住宅，"工局章程不收空房之捐，纵有十百广厦坐落租界中，倘无人住无，无需房东解囊包缴"①。与此同时,这种制度使居住于公寓内的住户成为纳税人,因此使每个人都与政府所制定的税率密切相关。在纳税人会议上,或在选举工部局董事会董事时,投票特权仅限于那些交纳一定数额税收的外国人。这不是一种财产先决条件,因为绝大多数纳税人没有固定财产,住在租赁房屋内。取得投票人资格所必需的纳税数额从未高得足以使投票特权局限于富人,也从未低得足以使领取低薪的外国人也获得投票特权。从理论上说,投票特权被交给那些在租界里具有真正利害关系的人。上海公共租界的这一房地产及纳税制度正是上海公共租界制度原则的真实反映,正如著名的报人卡尔·克劳认为:"从来没有人妄称,这是一种民主制度,也从来没有人认为,其他任何制度能在上海这样的社会起作用。"②

第三节 码 头 捐

码头捐本为补偿工部局在黄浦江边修造、维修码头的费用,后因租界的进出口贸易和国内的转口贸易增长迅速,利用界内码头设施装卸货数量日益增多,由工部局征收码头捐逐步成为定例,该项收入也成为工部局一项重要税收收入之一。在租界早期,码头捐收入是工部局最大项收入,超过地税与房捐的总和,是工部局成立初期资金最主要的来源,也是上海贸易地位逐步提高的见证。

码头捐又称货物税,在租界创设之初便已开征,1845 年,苏松太道宫慕久以告示方式公布的《上海租地章程》第二十条规定:

---

① 《论租界房捐》,《字林沪报》1888 年 8 月 9 日,第 2 版。
② 《洋鬼子在中国》,第 148—149 页。

图 2-10　20 世纪初期上海黄浦江景

图片来源：*Twentieth Century Impressions of Hongkong Shanghai and Other Treaty Ports of China*

　　道路、码头及修建闸门原价及其后修理费用应由先来及附近居住租主分担。后来陆续前来者以及目前尚未分担之租主亦应一律按数分担，以补缺款，使能公同使用，杜免争论；分担者应请领事官选派正直商人三名，商定应派款数。倘仍有缺款，分担者亦可公同决定征收卸货、上货一部税款，以资弥补。一切均应报明领事官，听候决定遵办。款项之收据、保管、支出及账目等事均由分担者一体监督。①

　　1854 年《上海英法美租界租地章程》第十条规定：起造、修整道路、码头、沟渠、桥梁，随时扫洗净洁，并点路灯，设派更夫各费，每年初间，三国领事官传集各租主会商，或按地输税，或由码头纳饷，选派三名或多名经收，即用为以上各项支销。② 此时码头捐征收及其征收税率由租地人大会决定。而对码头捐税率作出不超"千分之一"的规定，则来源于 1869 年《上海洋泾浜北首租界章程》

---

①　《中外旧约章汇编》第 1 册，第 69 页。
②　《中外旧约章汇编》第 1 册，第 81—82 页。

第九款规定："准抽收货捐，租界内之人，将货物过海关，或在码头上起卸货物，下船转运，均可抽捐，捐数多少，照货之价值而定，但货价每一百两，捐不得逾一钱。"[①] 早期码头捐的征收状况，可见前述章节中的论述。此处对码头捐制度变迁情况，进行论述。

一、码头捐征收制度的变迁

码头捐系对使用公共租界码头装卸货物的商人所征收的一种间接税。为便于征收码头捐，在1854年11月9日工部局董事会上，工部局接受各国领事的建议：通过海关来征收码头捐，对租界内使用公共码头装卸货的进口货物按照货价征收0.1%的码头捐。[②] 通过海关的渠道来征收码头捐，意义非常重大，这不仅规范了码头捐的征收程序，也赋予其一定的行政色彩。11月10日，租界内召开的租地人会议通过议案称："工部局在未得到租地人会议批准前，对侨民及本埠国际贸易所征捐税，不得超过6 000元。"[③] 但早期主要由货商自行申报其进口货物，码头捐征收往往不足额，严重影响工部局预算执行。1861年4月8日的外侨公众大会上决议"由工部局董事会雇用一名办事员，从海关统计表中摘录必要的统计资料"[④]，从而准确判定各家商行应缴纳码头捐的确切数额。

工部局成立后，迁居租界内的华人日渐增多，在租界内装卸货物的华人亦增多，若不征收则会使得码头捐征收体系崩溃。工部局商定华商每年每人付洋五十元，以代码头捐。但因"局中办事不力，

---

① 《中外旧约章汇编》第1册，第294页。
② 《工部局董事会会议录》第1册，第574页。
③ 《上海租界志》，第324页。
④ 《工部局董事会会议录》第1册，第615页。

英领事始请中国官厅代征,俟年终汇集整数,交与工部局"①。而道台亦称"代征收该项税收,敝署实非应尽之责,所以代征者,不过应英领事罗卜森(Robertson)数次之请求,略尽情谊而已"②。租界当局多次和道台交涉,迫使道台于 1857 年同意每年统一提供一笔补偿金给租界当局,1858 年为 2 000 元,1863 年增为 4 000 元,1864 年为 6 000 元,1865 年为 8 000 元,1866 年达到 10 000 元,1867 年为 14 000 元。③

但这一变通措施,并未解决工部局试图向华人征收码头捐的本质问题,在 1861 年工部局总董霍华德就亲自约见海关税务司费士来,商讨向华人征收码头捐的办法。④ 工部局的董事们更认为道台偿付的是"给工部局的补偿款,因为工部局不向以华人自己的名义通过海关的产品征收码头捐,而且不作为华人进行全部港口贸易的一种补偿"⑤,这样许多洋行名下以华人名义通过海关的货物便逃避码头捐的征收。于是工部局在 19 世纪 60 年代提出改码头捐为市税的计划,但北京公使团未批准。详见第一章第二节。

因码头捐始终没有指定明确的章程,码头捐逃税现象较为严重。1870 年,工部局根据 1869 年新修订的《土地章程》,重申租界之人均须缴纳码头捐。1871 年,因詹姆斯和长美洋行在呈报码头捐单时签有"为中国政府卸货""请道台付款"等字样,总办要求董事会对如下几点给予指示:根据《土地章程》第九款,他认为,货物通过海关使用何人的名字,该人就有付码头捐的责任。董事会同意这一

---

① 陈俊德:《上海码头捐之由来及其概况》,《上海财政》1931 年第 2 期。
② 陈俊德:《上海码头捐之由来及其概况》,《上海财政》1931 年第 2 期。
③ 《上海租界志》,第 324 页。
④ 《工部局董事会会议录》第 1 册,第 614 页。
⑤ 《工部局董事会会议录》第 3 册,第 545—546 页。

意见并指示总办要求对方付款，若超过合理期限而不付款，则将采取措施强制执行。[1] 1871年1月30日工部局总办约翰斯顿在董事会上说："码头税是财政收入的来源之一，而且在所有财源中最具有伸缩性，需要关注和细心照料，为此理由，我认为应尽最大努力最谨慎地记好账册。我极愿能够随时非常详细规定码头税务账册的细则，这就能准确地与港口贸易报告书相对照。"[2]

1871年5月6日召开公共租界纳税人会议，第十二号议案通过："码头捐征收对象是所有经过海关的货物，无论是由租界内的居民运至或转运，只要在以上所述范围内——每月按照在行的关税表或者之后修订的关税表，税率无论任何情况下都不应超过货价的千分之一。以入关的货物的价值为基础。"[3]

因为货物价格涨跌不一，1871年5月22日，财政、捐税及上诉委员会在工部局董事会上作报告，"委员会以过去某些货物的平均价格为修改基础，着手修改现有税率，并允许对某些价格过高或过低的货物，作为特殊情况处理"。此次主要降低了对布匹与呢绒的收税标准，并提高了丝、烟土、珠宝、葡萄酒和烈性酒的税金。[4]

为解决华商纳税问题，1875年8月9日，在工部局董事会上，讨论货物税问题，并按照以下条件解决：

第一，工部局将对从外国港口进口来的，或向外国港口出口的货物征收货物税；

第二，应申报缴纳道台代偿金的仅包括从本国港口进口的，或向本国港口出口之本国货物，而从本国港口进口再要出口往外国港

---

[1] 《工部局董事会会议录》第4册，第761页。
[2] 《工部局董事会会议录》第4册，第770页。
[3] *RATE-PAYERS' MEETING*（1871），上海市档案馆藏档案，档案号：U1-1-884。
[4] 《工部局董事会会议录》第4册，第802页。

口的货物不在其内；

第三，董事并不愿意放弃代偿金而自行向华人征收进出本国港口的货物税。

董事会的目标是想要防止当事人以货物在进口时业已申报缴纳代偿金，而声称该批货物之出口应予纳税。①

1875年8月20日，英领事麦华陀（W. H. Medhurst）、美领事西华（G. F. Seward）代表领事团及工部局向道台抗议，称："华商既不直接纳码头捐，而西商货物出入均在船上悬挂华商或用华商名义，藉避码头捐之交付，致使工部局损失无穷"②，并向道台建议：

"1. 工部局得征收进出口洋货码头捐之全部；

2. 道台代征之数，可暂行停止，惟需征收下列货物码头捐：

本国货物之来自本国各埠者；

本国货物之运至其他本国商埠者；

本国货物之另行运出至本国其他商埠者。

倘华人经营海外贸易，工部局得援例向之征收码头捐。如外侨经营华货在本国贸易者，工部局亦得照例征捐，但可载入道台应得之账内。"③ 经领事与道台数次接洽，双方默认上述建议。工部局还规定：从1877年1月1日起，凡土产或捐务处帮办确信进口商单纯是为了转口的其他货物，一律不课进口税。等这些土产或货物由外国人再出口时再课以出口税。④

1877年4月，因为马立师洋行和元亨洋行拒付卸于公共租界境内的码头捐，工部局向两家洋行提出起诉。元亨洋行拒绝承认工部

---

① 《工部局董事会会议录》第6册，第692页。
② 陈俊德：《译著：上海码头捐之由来及其概况》，《上海财政》1931年第2期。
③ 陈俊德：《译著：上海码头捐之由来及其概况》，《上海财政》1931年第2期。
④ 《工部局董事会会议录》第7册，第582页。

局的征税权力，认为其在法租界公董局保护之下，只有法公董局才有向他们征税的权力。① 9月26日，工部局控告元亨洋行在公共租界境内卸货而未付码头捐一案在德国领事官开庭，德国领事驳回了工部局的诉状，并由工部局支付诉讼费，德国领事认为：

>　　工部局无权对向被告那样居住在征收地区以外的商人提出追缴所欠码头捐的要求。假如码头捐是对货物课征的，不问货主是谁，那么留置权也只能对在课征地区以内的货物行使，而不能对居住在课征区之外的个人行使……换句话说，工部局的征税权力显然只限于租界内的个人及货物有效，不能扩大到租界境外的个人与货物。②

此次败诉，工部局不仅在账簿上注销了两家洋行的欠税，而且影响工部局对转运货物的征税权认可。鉴于码头捐中的转运货物征收麻烦，数额小（年约1 000两），法租界亦不征收转运货物的码头捐，于1877年11月1日起取消转运货物码头捐。③

工部局取消转运货物码头捐后，鸦片逃税现象日趋严重。1879年6月26日，工部局董事会收到老沙逊洋行来信，称：

>　　除非工部局立即采取措施强制所有鸦片进口商缴纳货物税，不管他们是住在本租界境内还是界外，否则他们为了保护自己就不得不迁离租界，以避免缴纳他们鸦片的货物税，从而使他

---

① 《工部局董事会会议录》第7册，第596页。
② 《工部局董事会会议录》第7册，第616页。
③ 《工部局董事会会议录》第7册，第618页。

们自己和其他进口商处于同样的地位。他们建议，工部局应立刻起草某种规章提交纳税人特别会议讨论，根据该规章，所有存放在船只上的鸦片均有义务缴纳货物税。①

1879年7月14日，工部局董事会讨论此问题，并决议要求在当月25日举行纳税人特别会议上，要求纳税人会议授权工部局对所有存放在接收船只上的鸦片征收货物税。工部局总董立德禄称，只要在《土地章程》第九款上加上下列字句，他们就有权这样办："为了征收货物税，应把那些永远停泊在洋泾浜北首租界前面的接收船只看作是位于租界界线之内。"②随后纳税人会议获得授权，并向领事申请修改《土地章程》第九款的部分内容。

在纳税人会议同意修改《土地章程》后，还须领事提交北京公使同意。但随后领事致函工部局董事会，称"有关当局不同意将7月25日纳税人会议上通过的将鸦片驳船视为租界的一部分的决议，作为《土地章程》第4款的补充条款"③。此事产生了连锁反应，为实现权利平等，将会迫使一系列洋行迁离公共租界，从而影响公共租界的房捐、地税、执照捐等一系列收入。10月1日，公共租界大鸦片商老沙逊洋行迁至法租界，同时几家丝行也准备迁出。

为应对严峻的局面，工部局董事会会议决定致函领事团，请他们于11月12日下午2时30分召开一次纳税人会议特别会议，以审议"货物税"今后应否取消，以及是否可以某种其他形式征收附加税去取得税收。④但领事团对此事并不上心，并告知工部局总董，

---

① 《工部局董事会会议录》第7册，第678页。
② 《工部局董事会会议录》第7册，第680页。
③ 《工部局董事会会议录》第7册，第688页。
④ 《工部局董事会会议录》第7册，第690页。

领事团的意见是：审议"货物税应否取消"的会议应由纳税人自己去召集。① 工部局董事会遂决定就召开纳税人会议一事征集 25 位选民的签名，以便召开纳税人特别会。在 12 日举行的特别会上，通过了决议，并在 1880 年纳税人年会上追认。

于是自 1880 年 1 月 1 日起，工部局暂停征收码头捐。此事充分暴露工部局虽然自诩"自治政府"，但根本不具备一个真正政府所应有的独立性及自主决策权，工部局最终的行政处理必须依靠多方政治力量的相互博弈。工部局虽然取消码头捐征收，但上海道台的年捐仍照例捐助，1880 年收到道台捐助 16 703 两，占工部局经常总收入的 6.7%②。1881 年为 10 302.25 两，1882 年为 10 244.5 两，1883 年为 10 185 两，1884 年为 10 244.5 两。③

1884 年，工部局财政运行出现赤字，当年经常总收入 318 127 两，经常总支出 346 322 两，赤字 28 195 两。1884 年 12 月 8 日工部局董事会讨论制订的 1885 年度预算时，发现将继续赤字，估计支出超过收入 32 000 两。④ 总董认为只有重征码头捐才能增加经常收入，以应付开支的增加，条件是法公董局亦开征码头捐。但由于法公董局告知工部局总董"在对码头捐问题发表意见以前，法公董局必须召开会议，而此次会议在本月 22 日前是不可能召开的。在此期间，如果总董能写信告诉他公共租界工部局需要什么的话，则他将很高兴。法公董局并不迫切需要款项，但在作出决定以前，法公董局希

---

① 《工部局董事会会议录》第 7 册，第 691 页。
② 《上海公共租界工部局年报》(1880)，上海市档案馆藏档案，档案号：U1-1-893。
③ 根据 1881 年、1882 年、1883 年、1884 年英文工部局年报财务报表中 The Taotai towards the Expenses of the Settlement 项中数据，上海市档案馆藏档案，档案号：U1-1-894 至 897。
④ 《工部局董事会会议录》第 8 册，第 598 页。

望知道英租界纳税人在码头捐方面的观点"①。因若工部局单独征收码头捐存在程序漏洞,工部局董事会一致认为除非法租界采取同样做法,否则在公共租界征收码头捐将是无用之举,故暂时将征收码头捐一事从预算中取消,而以其他方法增加收入。

但在1885年2月13日召开的公共租界纳税人会议却通过决议,指示董事会重新征收码头捐,自3月1日起实行。② 因为逃税的缺口尚在,除非税率让各洋行满意,否则逃税现象将愈演愈烈,故在2月24日、27日工部局召开的董事会上连续讨论货物税率,决定:鸦片的特定税额为每箱白银1钱5厘,珍宝每1 000两收白银2钱,其他进出口商品,其税率为千分之二。③ 同时,海关税务司通知工部局,在海关大楼中用作工部局捐务股的房捐,仍可由工部局使用,捐务股人员在整理捐款账目时,可准许他们查阅各种文件资料。④ 1885年当年码头捐收入46 912.42两。⑤

由于1897年和1898年码头捐收入连续减少,工部局认为码头捐的征收和分配程序存在诸多弊端,加之逃税现象严重,上海道台所捐赠部分也与华商应缴纳的份额严重不符。故于1897年12月22日工部局董事会讨论码头捐征收方案,按照计划,捐税的征收将同天津一样,由海关执行;把从对外贸易征收的税款总数连同国内贸易税款的一半交给工部局,而把国内贸易的另一半税款作为征税的代价交给道台。⑥ 但是工部局董事普遍认为以国内贸易税款的一半

---

① 《工部局董事会会议录》第8册,第599页。
② 《工部局董事会会议录》第8册,第608页。
③ 《工部局董事会会议录》第8册,第610页。
④ 《工部局董事会会议录》第8册,第610页。
⑤ 《上海公共租界工部局年报》(1885),上海市档案馆藏档案,档案号:U1-1-898。
⑥ 《工部局董事会会议录》第13册,第552页。

作为征税的代价太高，指示总办向税务司提出这一问题。但海关税务司表示"应该给道台一些经济上的好处，不满足他这个条件，他是不大可能对此事采取行动的"①。1898 年 1 月 5 日，工部局董事会同意将华人码头捐的半数作为托收费付给道台，并由代理领袖领事与道台洽谈。② 道台表示，要在法租界统一采取同样的办法。但法国总领事未表示同意，工部局认为法公董局"似乎想要讨好他们那里的居民，让他们在一个相当长的时期内不交码头捐"③。

上海道台蔡钧看到方案不仅不必再向工部局捐助，每年还有一半的华人码头捐收入，便于 1898 年 7 月 19 日复函领袖领事，表示同意工部局方案，但要求每年征收费 5 000 两由工部局和上海道台均摊。1898 年 8 月 3 日，领袖领事在给工部局的信函中称，"新方案已由道台和海关当局批准，他们请法公董局对此进行合作"，工部局董事会并决定由财务委员会作代表，与法国人的代表及海关税务司就所得税款的最佳分配方案进行商谈。④ 随后，法公董局同意新方案，并称将对租界内的码头上岸的所有货物征收码头捐，而不问其原居留地如何。⑤

1898 年 12 月 23 日，工部局代表与法公董局代表商洽，拟由海关代征的码头捐总数内，扣除征收费及上海道台所得税款外，其余数之 25% 归法公董局。⑥ 1899 年公共租界纳税人会议授权工部局与海关订立合同，征收码头捐。

---

① 《工部局董事会会议录》第 13 册，第 553 页。
② 《工部局董事会会议录》第 13 册，第 554 页。
③ 《工部局董事会会议录》第 13 册，第 571 页。
④ 《工部局董事会会议录》第 13 册，第 591 页。
⑤ 《工部局董事会会议录》第 13 册，第 599 页。
⑥ 陈俊德：《上海码头捐之由来及其概况》，《上海财政》1931 年第 2 期。

与此同时，工部局、公董局与海关洽谈征捐的捐率。1899年1月25日，工部局董事会批准了海关税务司的建议，以对各种货物征收2%的固定税率征收码头捐。2月，法公董局同意征捐修正案。①3月1日工部局董事会按照外商总会的建议，将贵重货物码头捐拟定税率由1 000两4钱减为1 000两3钱。②1899年4月1日起，各种货物新税率表开始实施，鸦片、蚕丝、茶叶、珠宝等按照以下规定：生鸦片每箱征2钱8分，白色生丝每担征1钱6分，红茶、绿茶每担征1分5厘，珠宝价值每1 000两征3钱，其他一切向海关纳税的货物，按所征关税的2%征收；所有海关宣布为免税的货物，按价值征0.1%的税。1899年当年码头捐征135 763两，比1898年增长94.22%。③自此，码头捐的征收制度、分配制度稳定下来。

1919年，工部局为增加收入和简化码头捐征收办法，提出将丝、茶、珠宝、贵重金属、矿石等货物的码头捐统一改为按申报关税金额2%征收，法租界公董局对此同意。但外侨商业团体，如上海外人汇兑银行公会、外人丝业公会、中国茶叶公会，对于增加丝茶码头捐，甚为反对，并缮具意见，书交上海总商会转达。上海外人汇兑银行公会称"码头捐税率增加，金银入口税加重，国内兑换市价亦必增高，钱币必受影响"④，所以公会各会员，均反对码头捐税率的增加。

江海关亦称："货物进口与出口之数量无定，故每年收入，难以预测，设增加该货等征收税率，未必即有多量之收入。但为征收简

---

① 《工部局董事会会议录》第14册，第471页。
② 《工部局董事会会议录》第14册，第475页。
③ 《上海公共租界工部局年报》(1899)，上海市档案馆藏档案，档案号：U1-1-912。
④ 陈俊德：《上海码头捐之由来及其概况》，《上海财政》1931年第2期。

便起见，对于增加该种货物税率，亦表示同意。"①

1920年1月22日，工部局财务委员会提议对丝绸、茶叶、本地和进口餐用矿质水征收关税的3%作为码头捐，并对金块每1 000元征税4角5分，但工部局董事史密斯反对工部局对《土地章程》第九款码头捐不超货价0.1%的修订。其声称："上海早已被一些输出港口视作费用昂贵的转口港，因此对码头捐做任何实质性的提高，无疑将鼓励直接装运，从而使上海贸易遭致严重损失。所建议的修改不可避免地必将遭到某些商会的强烈抵制，也必然为纳税人强烈反对。再者，他宁愿看到工部局对未发展土地征收特别税和重税以补税源不足。"② 此次提高税率并修改《土地章程》的企图，因中外反对，未能成功。

1929年，海关税务司致函工部局，宣称"为征收码头捐所支付的每季度3 590香港银两的报酬是不够的，建议从今年1月1日起把该项报酬增加到占总征收额的5%"。海关税务司表示，从今年2月1日起实施的海关增税，使海关当局有必要完整记录下单独的税额，这完全是为了核算这类码头捐，这个方法占用了工作人员相当一部分从事正常海关工作的时间。如果工部局愿意，他们可以从事码头捐的征收工作。但工部局董事会在与捐务处长商讨这个问题后，认为所需支付额外工作人员的费用不一定能使事情完成。因此，经过全面讨论后，工部局董事会认为只有同意海关当局提出的增加报酬的要求。③

南京国民政府成立以后，力推大上海计划。在浦东建设的码头

---

① 陈俊德：《上海码头捐之由来及其概况》，《上海财政》1931年第2期。
② 《工部局董事会会议录》第21册，第545页。
③ 《工部局董事会会议录》第24册，第542页。

影响到工部局码头捐的收入。1930年，工部局与中国当局讨论码头捐的收取和分配，以及有关改进黄浦江浦西一边货物装卸设施的建议，其认为工部局"原来征收码头捐的设想是为码头设施提供资金"[①]。1931年，上海市政府在与工部局交涉后，规定今后码头捐的征收，在公共租界内由工部局征收，在法租界由公董局征收，在华界由上海市政府征收。

通过工部局码头捐收入制度的变迁分析，可看到码头捐的征收历程相对曲折，工部局自始至终未能建立起独立的码头捐征收制度，必须依靠领事团、中国地方政府、海关和法公董局等多方在沪政治力量的协作，方能征收码头捐。但由于上海作为中国的进出口贸易中心、远东第一港口，每年的巨额进出口贸易量使工部局牢牢盯住码头捐，"咬定青山不放松"，在工部局的历史中，从未放弃将码头捐收入扩大为工部局最主要的收入。但工部局屡遭失败，更旁证了工部局只是一个市政管理机构，从未是合法的"市政府"这一事实。

二、码头捐收入分析

前文已述码头捐征收的历史变迁。作为工部局财政收入中重要组成部分，地税、房捐和码头捐贡献了工部局最主要的收入部分，三大收入项目可谓相互支撑，因房捐与地税是按照工部局不动产征收的直接税，而码头捐则是依靠货物价值或数量而征收的一种间接税，构成了工部局税收收入的不同类型。税收收入来源不同，受影响的因素亦不相同，故房捐、地税和码头捐的发展趋势并不完全相同。为维持工部局收入总量的稳定与可持续，当某项收入发生变动

---

① 《工部局董事会会议录》第24册，第593页。

时，往往导致另一项收入政策的变动。在收入结构保持稳定下进行政策微调，这便是工部局财政制度追求的最优效果。

根据码头捐收入与工部局经常收入相比较，汇总制成下表：

表 2-11　码头捐收入统计表　　　　（单位：两）

年　份	码头捐收入	经常收入	占比（%）
1871	112 736	217 758	51.77
1872	135 116	247 695	54.55
1873	105 833	284 247	37.23
1874	107 188	265 005	40.45
1875	107 331	252 781	42.46
1876	97 128	239 435	40.57
1877	90 958	252 781	35.98
1878	83 451	278 629	29.95
1879	87 197	263 413	33.10
1880	16 703	249 342	6.70
1881	不征	261 308	
1882	不征	330 115	
1883	不征	397 490	
1884	不征	318 127	
1885	46 912	358 249	13.09
1886	63 276	387 296	16.34
1887	62 295	412 943	15.09

续　表

年　份	码头捐收入	经　常　收　入	占比（%）
1888	67 830	505 801	13.41
1889	65 549	432 692	15.15
1890	64 322	445 044	14.45
1891	71 760	449 279	15.97
1892	69 460	502 643	13.82
1893	62 988	517 791	12.16
1894	77 096	562 504	13.71
1895	77 995	582 814	13.38
1896	76 727	734 741	10.44
1897	70 379	640 006	11.00
1898	69 901	753 270	9.28
1899	135 763	916 611	14.81
1900	118 300	1 045 177	11.32
1901	140 170	1 097 719	12.77
1902	177 225	1 209 175	14.66
1903	162 509	1 341 570	12.11
1904	180 159	1 505 402	11.97
1905	224 213	1 780 414	12.59
1906	203 742	1 866 398	10.92
1907	179 358	1 983 431	9.04

续　表

年　份	码头捐收入	经常收入	占比（％）
1908	157 957	2 403 164	6.57
1909	177 636	2 521 600	7.04
1910	173 394	2 555 056	6.79
1911	180 778	2 589 628	6.98
1912	204 782	2 734 245	7.49
1913	215 245	2 858 006	7.53
1914	189 362	2 934 382	6.45
1915	183 289	3 051 017	6.01
1916	207 001	3 333 151	6.21
1917	203 394	3 455 128	5.89
1918	196 311	3 864 576	5.08
1919	268 836	4 419 961	6.08
1920	365 297	4 823 483	7.57
1921	374 785	5 951 258	6.30
1922	379 744	6 391 200	5.94
1923	427 364	7 203 797	5.93
1924	489 622	8 028 824	6.10
1925	464 627	9 152 409	5.08
1926	616 633	10 091 921	6.11
1927	499 300	11 161 792	4.47

续　表

年　份	码头捐收入	经常收入	占比（%）
1928	602 787	12 691 714	4.75
1929	664 963	12 473 292	5.33
1930	748 336	12 679 208	5.90
1931	645 488	14 795 038	4.36
1932	261 112	15 169 553	1.72
1933	345 508	15 809 837	2.19
1934	351 610	17 100 926	2.06
1935	336 205	17 098 838	1.97
1936	396 912	16 910 973	2.35
1937	390 726	15 515 172	2.52

资料来源：1871—1929年地税与经常收入数据，系根据英文工部局年报整理，上海市档案馆藏档案，档案号：U1-1-884至942；1930年以后数据系根据中文工部局年报整理，工部局华文处译。

说明：因工部局财政制度变化，1875年以前工部局年度报告起止时间为前年度4月1日至当年度3月31日。1876年以后为年度数据。

观察表2-11中的码头捐收入的相关数据，可以从三方面归纳码头捐收入的历史发展趋势：

（1）从码头捐收入额看，码头捐呈现U形变化的趋势。

（2）从码头捐占工部局经常总收入的比重看，码头捐呈现单边下降的趋势。

（3）码头捐收入基础并不稳固。

根据上述趋势，分析如下：

第一，工部局码头捐收入在工部局早期收入占重要地位。1876

年以前可称为工部局早期，这一时期公共租界尚未有20世纪早期的城市规模，公共租界的房、地价格亦未涨至20世纪早期时的高价。相比于后期房捐和地税带来的巨额收入，此时房捐地税所占比重尚未达到最高，具体数据可见前文。自上海开埠后，进出口贸易快速增长，上海迅速取代广州，成为中国最重要的对外贸易港口。因巨大的贸易量使得关税收入激增，而码头捐则与关税共生，于是工部局牢牢盯住码头捐，并在19世纪60年代提出了以码头捐作为"市税"的计划。计划虽然失败，但码头捐收入仍占工部局经常总收入的40%以上。在工部局税收历史上，码头捐是唯一占经常总收入比重超过50%以上的税种。围绕码头捐征收政策的变动，是分析工部局早期发展历程的重要线索。

第二，码头捐收入的不稳固是近代上海城市多种政治实力角逐的写照。码头捐首先由海关税务司按照税率标准征收，扣去征收费用，减去道台份额，工部局再与公董局按比例分配。早期还需要道台每年捐助。根据上文码头捐收入制度的演变，可见码头捐不仅征收程序烦琐，尚需取得租界所有商业团体、大小商人的一致同意，反映了近代上海政治的乱象。

第三，工部局码头捐收入的演变是上海城市经济多维化发展的重要标志。码头捐作为一种货物税，虽然税额保持了整体增长的趋势，但占工部局经常总收入的比重却呈现逐渐下降的趋势，从侧面见证了房捐、地税的收入增长高于码头捐。由于码头捐的数额多寡依托上海的进出口及转口贸易额，码头捐地位的下降，也是上海在中国港口贸易地位的下降，中国诸如青岛等新兴通商口岸崛起，分走了上海在全国贸易总额中的部分份额。表2-12是上海进出口贸易占全国对外贸易的比重统计：

表 2-12 1870—1930 年上海对外贸易总额占比

(单位：%)

年　　份	进　　口	出　　口	对外贸易总额
1870—1880	65	59	62
1880—1890	58	48	53
1890—1900	56	52	54
1900—1910	54	48	51
1910—1920	51	45	48
1920—1930	50	40	45

资料来源：根据《中国旧海关史料（1859—1948）》中海关十年报告数据统计而成，京华出版社 2001 年版。

但因工部局税收收入整体增长的趋势并未改变，从背后可以推理出，即以房捐、地税为代表的不动产税为城市发展贡献的力量越来越大，也即上海由单一的贸易中心发展成为重要的金融中心、工业中心、商业中心。码头捐比重的降低，是上海城市综合实力上升的重要标志。

此外，码头捐是工部局侵犯中国主权的重要证据。近代中国，关税受条约规定"值百抽五"，协定关税，不能自主调整、增减。早期码头捐为摊派租界外侨修筑码头及其相关设施的费用而征收，仅面向外侨，且为外侨共同同意。但后期逐步演变成一种附加关税，且面向上海全体居民，不分中外。工部局并屡次试图修改《土地章程》，妄图使自身获取这种制定普遍性税率的行政权力。在近代中国，中国政府自身尚没有修改关税税率之权，倘若工部局这一外侨自治机关获取此种权力，则在迈向真正的"自治政府"的道路上前进了一大步。纵观工部局整个历史全程,其并未获得这一真正政府的权力,也即工部局并不能称为真正意义的"自治政府"。

第四节 执 照 捐

执照捐是工部局为公共租界进行市政管理而征收的一种捐费。工部局通过注册审批、发放执照等管理手段,对租界内娱乐场所、酒店、茶馆、鸦片馆等场所和各种社会经营活动,进行数量控制、消防安全管控、卫生安全防护等,规范了公共租界的社会秩序。此外,通过对公共交通工具发放执照,也有力地促进了租界交通秩序的规范。可以说,执照捐制度,是工部局用经济手段和行政手段管理租界的重要措施,不仅为工部局带来了一笔不菲的收入,而且促进了城市秩序的良性发展。但工部局在某些时间段内对某些项目所征收的执照捐,激化了华洋矛盾。

一、执照捐征收法理依据解析

在租界创立之初,并无征收执照捐的章程规定。至 1854 年《上海英法美租界租地章程》第十二条规定:界内无论中外之人,未经领事官给牌,不准卖酒,并开公店;请牌开设者,应具保店内不滋事端,如系华人,须再由道台给发牌照。[①] 此时规定的是通过执照捐进行管理的初步架构,明确了对酒店等场所发放执照来进行管理的理念。

执照制度以明确的形式出现是在 1869 年《上海洋泾浜北首租界章程·后附规则》第三十四条,规定:

---

① 《中外旧约章汇编》第 1 册,第 82 页。

> 租界以内，如有人开设众所游玩之处，如唱戏曲、戏馆、马戏场、各打球场、弹琴所、酒店、令人沉醉之药、食肉各铺、宰牛所、马房等，或出卖各酒令人醉药肉食等物，出租船车、马车各具，在公局码头装货、卸货（自置、出租）之船各等项生意，均捐取公局所给执照，方可开设。此项执照倘系给予西国人，须由领事官书押。公局可任便定立执照条例，向捐执照人索取各式保单，亦有时酌量情形，无须执照保单者。所有各执照捐银之数，按年会议定而行。倘犯此例，每一次所罚不得过一百元。①

在1869年《土地章程》中，不仅明确规定了工部局需要对哪些场所发放执照，还扩展到交通领域，并明确执照制度的管理程序、执照捐的征收方式等。其规定工部局"可任便定立执照条例"，这里举例公共租界关于"货车"的执照章程：

> 一、所领执照，不许别人顶替执用。
> 二、所有违犯照上各章程，工部局可将执照吊销，并可将领照之人送廨惩办。
> 三、货车应常在路之左面行走，如欲越过前面之车，应从前车右面越过。
> 四、货车须结实干净完好，铁轴加足油料。
> 五、每车最少须有二人管理。
> 六、自日入至日出之时，车上须有点明之灯，灯上载明该

---

① 《中外旧约章汇编》第1册，第306页。

车号数。

七、车夫须身力强壮，衣服干净。

八、货车所载货物，不许过多，致使蔽车夫之眼，不能照顾四面。并不许装载粗苯之货物，致使为阻塞而生危机。

九、载有货物之车，自上午八点钟至下午八点钟，不准在大马路直行。如欲在大马路装卸货物，应在最近之横马路进出。

十、如车夫疏忽，致有损害，惟领照之人是问。

保银　无

捐费　用马拖者，每月预缴捐洋二元五角，用人拖者，每月预缴捐洋二元，并自购洋铁牌。

人推小货车，每月预缴捐钱六百文，并自购洋铁牌。

附录一九二一年（即民国十年）五月二十七日工部局第二八六七号布告，为塌车事，照得塌车主人，须知轮盘狭小载货过重之塌车，实于公共道路颇有损害。本局为免除困难起见，规定凡塌车轮盘三英寸者，每月只需缴纳捐费银一两五钱。其旧式塌车轮胎阔不满三英寸者，每月仍须照常缴纳银二两。各塌车主须受用本局此次减收照费特殊利益，如不及早换用轮盘较阔足数之新式塌车，本局日后发给旧式塌车时，更从严取缔。凡塌车轮盘破坏，或不完全，或装重过量，致该车在路上势将忽拖此边忽拖彼边而行者，其附近巡捕房得将该车扣留诉究。为此警告塌车主任用户等一体知悉。

特此布告。①

---

① 林震编纂：《上海指南》卷二"捐税章程"，商务印书馆1930年版。

工部局由此被赋予以"执照捐制度"管理社会的行政权,对工部局更好地进行城市管理,有促进作用。

在1898年《增订上海洋泾浜北首租界章程:增订后附规例》中,并未对执照捐制度作出较大修改,仅对几处新兴场所开征执照捐,并创设了递进型的惩罚制度,具体内容如下:

> 租界内,凡开设公众游玩处所:唱曲场、小菜场、戏馆、马戏场、打球场、弹琴所、跳戏所、妓院、酒店、令人沉醉之药铺、各种彩票店、牛乳房、宰牛所、马房、肉食各物、出租船、车、马各具或养犬,均须捐取公局所给执照,方准开设。此等执照如给与西人,并由本管领事书押。公局可任便设立规例,向捐取执照人酌量情形取具各式保单。各项执照捐银之数,按每年会议所定抽采。违章者,第一次,罚银不得过一百元,二次以下,每二十四点钟罚银不得过二十五元。①

二、执照捐制度下的工部局征税权获得

在1869年《上海洋泾浜北首租界章程》正式确立以前,工部局并未获得明确的收取执照捐的权力。在1854年工部局成立至1869年的这段时间内,围绕着公共租界的管理、建设,工部局一步步探索出通过执照捐制度进行社会管理的经验,并在此制度下,工部局逐步确立了执照捐的征税权,从税制角度定位了工部局城市管理者的地位。

执照捐制度的确立经历了一个逐步摸索的过程。由于太平天国

---

① 《中外旧约章汇编》第1册,第818页。

运动席卷江南，大量人口的涌入带来了租界的管理难题。1860年3月16日，工部局总董就征收执照捐问题向英国领事密迪乐提交《工部局为改善租界的管理状况而拟定的计划》，主要内容如下：

> 禁止所有赌场，所有公开的妓院和妨害治安的场所，一切公共娱乐场所（茶室、饮食店、苦力宿舍），其业主必须到捕房督察员办公室登记一人或多人的姓名或房屋内居住人的姓名，无论何时他们应对场所具有良好的秩序向捕房督察员负责，这种场所的经营人可按照表上目前的估算数支付不超过5钱的税款，或者支付房捐估值额的25%，领取可逐月更换的执照。
>
> 按照经营场所的大小，经营人须向工部局支付一笔5至200元的押金作为保证金，如果经营人胡作非为，这笔保证金就要被全部没收或部分没收，但在当地交还执照时，就可不必付费，或者用其他原因扣除应付费用后，退还保证金。
>
> 凡在公共租界范围内，对销售鸦片负有责任的个人或者共同地或各自地负有责任的几个人，必须领取执照，付费不少于400先令等值的银块，逐月预付，鸦片馆的数目总共不得超过20家，所有这些店馆都必须及时向捕房督察员报告每家店的店主姓名，订约人或订约方应拿出不少于按纹银折算的1 000先令作为个人担保或实物担保。①

按照1854年《上海英美法租界租地章程》最后一款的规定"此章后有改易之处，则须三国领事官会同道台商酌，详明三国钦差及

---

① 《工部局董事会会议录》第1册，第600页。

两广总督允准,方可改办也"①。因此租界当局征收执照捐,即违反原有章程条款规定,须取得法国领事、美国领事、英国领事和清道台的同意才能执行,但英国公使和法国公使反对,此事随即搁置。

1861年,工部局总办就推行执照捐制度问题亲自与英国领事沟通。英领事告诉他,除美国领事外,所有缔约国领事都已寄来复函表示认可。总董就此问题声称他打算亲自与美国领事士觅威良联系。②

工部局作为公共租界市政管理机构,租界内外侨若要开设公共娱乐场所,须由工部局向诸领事推荐,这是起始步骤。1861年7月,外侨安达姆向董事会提交一份申请书,拟在美租界重新开设一家公共娱乐场所,请求工部局向英国领事推荐。董事会要求他在他们提出这件事的动议之前,出示资格证明。③

1862年,由于太平军的进攻,租界防卫形势严峻,工部局在许多事情面前,事急从权。11月12日,工部局董事会命令总办致函英国领事,说明"在依靠他的帮助取得中国官厅的允诺,放弃他们在这种事情上造成垄断权力的同时,工部局迫于事态的紧急性,不得不立即实施发放执照制度,以改善各方面的管理"④。同时,西班牙领事已经运用其权力,帮助工部局在虹口地区向出售烈性酒的人发放执照。工部局要求领事"遵循各缔约国领事正式通过的安全习惯法和其他注意事项,敦促其于申请日来本局介绍他们对这种特许权力所应具备的一般合适条件"⑤。

---

① 《中外旧约章汇编》第1册,第82页。
② 《工部局董事会会议录》第1册,第621页。
③ 《工部局董事会会议录》第1册,第621页。
④ 《工部局董事会会议录》第1册,第660页。
⑤ 《工部局董事会会议录》第1册,第660页。

工部局意图将上海公共租界商业活动、娱乐活动都归于执照制度的管辖之下。至1863年4月，领取执照的中外酒店、旅店在英租界有13所，虹口地区17所。① 1863年7月15日工部局董事会决议：华籍店主由于出售已发酵的或者易醉人的酒，应该缴纳普通的酒店营业执照费。② 但在对妓院、赌场和鸦片馆等娱乐场所征收捐税问题上，道台强烈反对，1864年7月英国领事致函工部局董事会，说："道台宁愿放弃其8%房捐的捐款，也不愿马上支持对娱乐场所收税。"③ 但由于工部局计划执行减税计划，必须新开辟收入弥补这项收入的减少。工部局提议：或者在工部局直接监督下发放执照，或者按最高标准确定各种本地税。④ 工部局董事会经过讨论，制定了如下发放执照条例：

发放执照条例⑤

为了对租界内的赌场、妓院和鸦片馆实行最为有效的监督，各种场所的数目和执照税率分别为：

73家赌场分为2个等级：

　　1等　每天每桌6元

　　2等　每天每桌4元

200家鸦片馆分为3个等级

　　1等　每月每间7元

　　2等　每月每间5元

---

① 《上海租界志》，第327页。
② 《工部局董事会会议录》第1册，第686页。
③ 《工部局董事会会议录》第2册，第482页。
④ 《工部局董事会会议录》第2册，第483页。
⑤ 《工部局董事会会议录》第2册，第484页。

3等　每月每间3元

270家妓院分为3个等级

1等　每月每间3元

2等　每月每间2元

3等　每月每间1元

工部局逐月发放执照，各场馆要严格遵守规章正规经营，并建立监督机制。工部局责成捕房各巡官通过经常调查和亲自检查，确实弄清在他们区内可能领取执照的上述娱乐场所严格遵守本条例和捕房规定的情况。每月换发执照时，要求他们到场，以证明每处这种场所所属的性质。巡逻路线上所有领照场所一览表应发放给每个值班巡捕，如发现不轨行为，巡捕下班时应报告巡官。

工部局将租界划分为11个区，其中每个区将增派2名探员，一切不轨行为将会由探员立即报给工部局，本地监督的主要职责为：（1）查清无执照场馆；（2）注意每一家持照场馆与执照上的说明是否相符。[①]

工部局有序推行执照费的征收，一开始每周预收一次，后每两周预收一次，最终每月预收一次。所发执照将登记如下内容：

　　妓院（赌场或鸦片馆）执照：

　　执照编号：

　　区：

　　门牌号：

---

① 《工部局董事会会议录》第2册，第484页。

房间数或桌子数

每间房间或每张桌子的税率

总金额

业主姓名

186×年×月执照[①]

工部局要求各巡官要及时提醒获准的领照人，如违反这些条件，执照将被吊销，其业主将受到惩处。若经营场所给邻居造成麻烦，工部局译员将与租界内华人居民中的头面人物联系，不管何人提出指控，都将及时报告董事会。如申请执照的场馆被认为给他人造成麻烦，便不向他发放或更新执照。当地娱乐场馆被置于执照制度管理下，违反规定或无照经营场馆皆受约束，净化社会风气。

1864年10月，英国领事再次致函工部局董事会，告知"道台已同意拟议中的向鸦片馆征税一事，但是他不能承认妓院的存在，因为中国成文土地法宣布这种场所是非法的"[②]。但工部局要向娱乐场所征收税捐，则必须得到道台支持。因此工部局只得通过限制发放执照来控制这类"伤风败俗"的娱乐场所的数量。

公共租界的旅馆、饭店按划分的不同等级收费，各等级收费情况见表2-13：

在公共租界开设弹子房和保龄球房，每季度收费10元，贩卖外侨酒水、饮料的华人店铺每店每季度收费30元。[③] 鸦片馆起先因道台反对只能对其征收房捐，1864年10月道台同意对鸦片馆征税以

[①] 《工部局董事会会议录》第2册，第484—485页。
[②] 《工部局董事会会议录》第2册，第489页。
[③] 《工部局董事会会议录》第2册，第573页。

后，于1865年7月开始按照每个鸦片馆颁发的不同等级执照收费。① 鸦片馆共分为3个等级：1等每月每间7元，2等每月每间5元，3等每月每间3元。②

表2-13 1866年9月30日前在公共租界获得执照的旅馆、饭店统计表

（单位：家）

租界名称	1级每季度收费50元	2级每季度收费45元	3级每季度收费40元	4级每季度收费35元	5级每季度收费30元	总计
英租界	5			2	1	8
美租界	5			1	17	23
总　计	10			3	18	31

资料来源：《工部局董事会会议录》第2册，第573页。

因为在租地人会议上已批准对小客栈征收执照捐税，1865年8月7日董事会，经董事霍锦士动议，董事汉璧礼附议，决定：租地人在会议上批准了小客栈捐税，财政、捐税及上诉委员会不容许有例外，如果有人拒绝交税，可采取必要措施强行收税。③

但由于未有法律明确规定工部局的征收权力，对工部局征税权的质疑一直存在，抗税也时常发生。1867年5月2日，工部局财务委员会做报告时，称："客栈捐税以及对经营酒类的西人店主课税，由于明显的原因，不得不放弃。本委员会建议这类税或类似的捐税，今后不该再设法征收，因为本委员会不仅的确不公平地催逼，而且在和我们有关的人看来，我们是最令人讨厌的，而工部局为了征收

---

① 《工部局董事会会议录》第2册，第509页。
② 《工部局董事会会议录》第2册，第484页。
③ 《工部局董事会会议录》第2册，第510页。

这项捐税所需的费用几乎接近税款的收入。"① 但对外侨餐馆、售洋酒华商、舢板船、鸦片烟馆、当铺的执照费像以前一样照常征收。

纳税人会议通过 1869 年《土地章程》后，以附则形式明确规定工部局收取执照费的权力。1870 年 6 月 13 日，工部局董事会讨论工部局强制征收执照捐权力问题，工部局法律顾问伦尼认为，若纳税人会议对各类执照未附加特殊的规定，工部局有强征课税的权力，称：

> 除非首先领得工部局颁发的执照，否则不论是西人或华人，均不准出售烈性或软性饮料，或任何种类或规格的毒品；不准开设公共娱乐厅、店铺、商店、音乐厅、戏院、马戏团、弹子房、保龄球场或跳舞厅；不准在这些范围内或兜售、出租、使用或租用任何船只、马匹或公共车辆。除非这些外国人或中国人遵守工部局在执照内所规定的条件，否则很明显就不能发给执照。如触犯附律，将被起诉。
>
> 如果工部局认为适当的话，有权将这些条件附加在各类执照上。②

自此，工部局不仅获得了法律许可，而且在内部统一了思想，工部局执照捐制度由此确立。

三、执照捐收入变迁分析

根据 1871 年工部局年报中财务报表执照捐收入项下，共有

---

① 《工部局董事会会议录》第 3 册，第 570 页。
② 《工部局董事会会议录》第 4 册，第 712 页。

Foreign Wine and Spirit Retailers（洋酒、烈酒零售商）、Billiard and Bowling Saloon（桌球）、Native Sellers of Foreign Wines and Spirits（华人卖洋酒和烈酒）、Sampan Registration（舢板船）、Circus（马戏团）、Theatre（戏剧院）、Opium House（鸦片馆）、Pawn Shop（当铺）、Wheelbarrow（独轮小推车），其中收入最多项为鸦片馆执照捐，共收入 10 473.97 两，超过执照捐收入一半以上。其他较大项收入中，洋酒、烈酒零售商为 2 225.61 两，华人卖洋酒和烈酒执照捐为 1 757.4 两，当铺为 1 766.31 两。①

伴随工部局职能的拓展与职权的延伸，以及租界内新兴交通工具、娱乐场所的出现，工部局的执照捐税目登记表在保持整体稳定的情形下，发生了许多次变动，整合、增减了多个项目。至 1930 年，工部局所收执照捐共有下列项目：

> 旅社、洋酒业、中国酒店、弹子房、华人总会、外人寄宿舍、华人寄宿舍、啤酒及麦酒业、茶楼、菜馆、洋菜馆、水果店及摊、食品叫卖担、外国戏院及电影院、华人戏院、其他娱乐场、当铺、兑换店、烟店、货船、渡船、小汽船、帆船、舢板、私人车马、马车行、汽车及汽车行、自行车、塌车、私人黄包车、公用黄包车、手车、火器、狗、书场、杂项。②

其中较有影响力的有以下几项：

1872 年，增加了 Foreign and Native Lively Stable-Keepers（外侨和华人的马车、牛车驾驶执照），当年仅收入 294.37 两，但成长

---

① 《上海公共租界工部局年报》(1871)，上海市档案馆藏档案，档案号：U1-1-884。
② 《上海公共租界工部局年报》(1930)，第 314—316 页。

较快,截至 1898 年达到 22 034.83 两,占当年执照捐收入的 11%。①

1875 年,增加了 Jinricksha Foreign and Native(黄包车),当年收入 1 205.58 两,截至 1898 年达到 57 410.17 两,占当年执照捐收入的 28.6%。②

在工部局执照捐收入中,长期保持稳定、贡献收入最多的当属鸦片馆执照捐,下图是鸦片馆执照捐收入增长图:

图 2-11 1871—1898 年工部局鸦片馆执照捐收入增长图(单位:两)
资料来源:根据 1871—1898 年工部局年报中数据制图,上海市档案馆藏档案,档案号:U1-1-884 至 911。

---

① 根据 1872 年、1898 年工部局年报数据整理,上海市档案馆藏档案,档案号:U-1-885,U1-1-911。
② 根据 1875 年、1898 年工部局年报数据整理,上海市档案馆藏档案,档案号:U-1-888,U1-1-911。

上图显示了鸦片馆执照捐收入占执照捐总收入比重的变动趋势。1871年鸦片馆执照捐收入10 473.97两，占工部局执照捐总收入一半以上，而至1898年，鸦片馆执照捐收入50 324.78两，已不如黄包车执照捐收入高。

将执照捐放到工部局的整个财政收入体系中，执照捐虽是财政收入中的四大项之一，但因其占比重较低，在财政收入体系中主要发挥弥补作用，下表是工部局执照捐收入的数据统计：

表2-14 工部局执照捐收入统计表（1871—1937）

（单位：两）

年 份	执照捐收入	同比增长（%）	经常收入	占比（%）
1871	19 751	4.42	217 758	9.07
1872	21 290	7.80	247 695	8.60
1873	22 013	3.40	284 247	7.74
1874	23 046	4.69	265 005	8.70
1875	28 103	21.94	252 781	11.12
1876	34 612	23.16	239 435	14.46
1877	39 290	13.52	252 781	15.54
1878	38 859	-1.10	278 629	13.95
1879	46 016	18.42	263 413	17.47
1880	58 214	26.51	249 342	23.35
1881	62 570	7.48	261 308	23.94
1882	72 114	15.25	330 115	21.85
1883	82 824	14.85	397 490	20.84

续 表

年 份	执照捐收入	同比增长（％）	经常收入	占比（％）
1884	77 293	－6.68	318 127	24.30
1885	81 711	5.72	358 249	22.81
1886	91 255	11.68	387 296	23.56
1887	96 495	5.74	412 943	23.37
1888	101 864	5.56	505 801	20.14
1889	109 269	7.27	432 692	25.25
1890	109 558	0.26	445 044	24.62
1891	111 694	1.95	449 279	24.86
1892	118 443	6.04	502 643	23.56
1893	121 005	2.16	517 791	23.37
1894	129 198	6.77	562 504	22.97
1895	138 136	6.92	582 814	23.70
1896	148 961	7.84	734 741	20.27
1897	175 365	17.73	640 006	27.40
1898	200 157	14.14	753 270	26.57
1899	216 934	8.38	916 611	23.67
1900	264 358	21.86	1 045 177	25.29
1901	263 087	－0.48	1 097 719	23.97
1902	284 645	8.19	1 209 175	23.54
1903	327 821	15.17	1 341 570	24.44

续　表

年　份	执照捐收入	同比增长（%）	经常收入	占比（%）
1904	356 497	8.75	1 505 402	23.68
1905	365 487	2.52	1 780 414	20.53
1906	398 477	9.03	1 866 398	21.35
1907	394 705	-0.95	1 983 431	19.90
1908	391 357	-0.85	2 403 164	16.29
1909	426 822	9.06	2 521 600	16.93
1910	446 152	4.53	2 555 056	17.46
1911	445 451	-0.16	2 589 628	17.20
1912	494 608	11.04	2 734 245	18.09
1913	535 097	8.19	2 858 006	18.72
1914	582 058	8.78	2 934 382	19.84
1915	598 292	2.79	3 051 017	19.61
1916	651 570	8.91	3 333 151	19.55
1917	554 662	-14.87	3 455 128	16.05
1918	522 451	-5.81	3 864 576	13.52
1919	559 244	7.04	4 419 961	12.65
1920	627 567	12.22	4 823 483	13.01
1921	721 022	14.89	5 951 258	12.12
1922	821 253	13.90	6 391 200	12.85
1923	920 024	12.03	7 203 797	12.77

续 表

年 份	执照捐收入	同比增长（%）	经常收入	占比（%）
1924	1 063 219	15.56	8 028 824	13.24
1925	1 131 189	6.39	9 152 409	12.36
1926	1 274 965	12.71	10 091 921	12.63
1927	1 387 940	8.86	11 161 792	12.43
1928	1 523 648	9.78	12 691 714	12.01
1929	1 626 120	6.73	12 473 292	13.04
1930	1 744 178	7.26	12 679 208	13.76
1931	1 872 977	7.38	14 795 038	12.66
1932	1 951 467	4.19	15 169 553	12.86
1933	2 087 252	6.96	15 809 837	13.20
1934	2 209 841	5.87	17 100 926	12.92
1935	2 195 084	-0.67	17 098 838	12.84
1936	2 103 014	-4.19	16 910 973	12.44
1937	2 004 083	-4.70	15 515 172	12.92

资料来源：1871—1929 年执照捐与经常收入数据，系根据英文工部局年报整理，上海市档案馆藏档案，档案号：U1-1-884 至 942；1930 年以后数据系根据中文工部局年报整理，工部局华文处译。

说明：因工部局财政制度变化，1875 年以前工部局年度报告起止时间为前年度 4 月 1 日至当年度 3 月 31 日。1876 年以后为年度数据。

图 2-12 可以更形象地反映执照捐收入与经常收入变动趋势的比较：

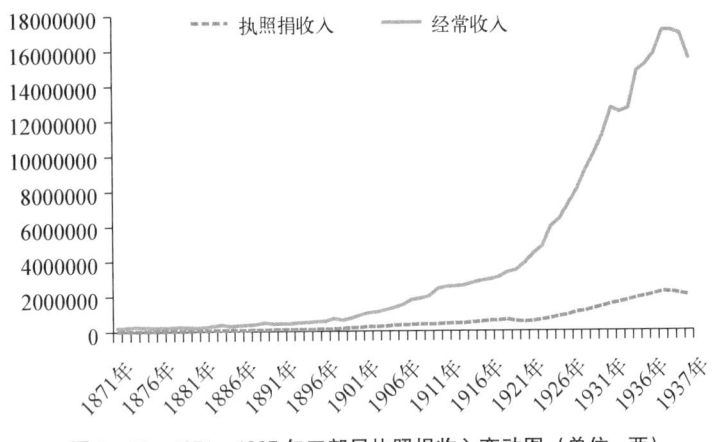

图 2-12 1871—1937 年工部局执照捐收入变动图（单位：两）

资料来源：1871—1929 年执照捐与经常收入数据，系根据英文工部局年报整理，上海市档案馆藏档案，档案号：U1-1-884 至 942；1930 年以后数据系根据中文工部局年报整理，工部局华文处译。

说明：因工部局财政制度变化，1875 年以前工部局年度报告起止时间为前年度 4 月 1 日至当年度 3 月 31 日。1876 年以后为年度数据。

结合表 2-14 和图 2-12 的数据及曲线，可看到执照捐收入保持了相对平稳的增长，而工部局经常收入则在进入 20 世纪后快速增长，双方增速差距拉大，使得执照捐收入占比递减。执照捐占经常收入比重最高的时间段为 1880 年至 1906 年，此时段内占比超过 20%，也即工部局码头捐收入锐减，而房捐、地税此时尚未爆发的时间段，执照捐的收入增长正好填补了这一时段的空缺，而且此时段亦是公共租界城市公共建设大发展的时间段。

因为工部局享有执照捐征收权和管理权，通过执照捐制度工部局便可管理公共租界内各种场所，以此加强对社会的管控，从而大大增强了工部局管理能力，提高了工部局行政管理属性。1894 年 2 月 13 日，工部局董事会上总董就说："他建议无论如何也要纳税人授权对马车征收名义上的执照捐,大约每年1元,这可迫使那些车行业主们遵守工部局的规章制度。"① 再比如用不发给执照的办法,让建筑师在进行戏院的设计时,完善防火措施。1910年7月,工部局工务处工程师的报告提到建立在福州路和湖北路转弯处的华人戏院,内部楼梯缺乏防火结构。工部局董事会决定"通知新瑞和的建筑师,除非在这一方面符合捕房的要求,否则不发给这家戏院执照,这样就给了他们应有的警告,因此待那一建筑竣工后可避免该业主的额外费用"②。

纵观执照捐收入制度变迁与历史发展趋势,执照捐从数额和增长速度看,固然是工部局某些时段内重要的财政收入来源,但其属性更侧重于为城市管理而征收的捐税。执照捐的收入来源于租界的商业和服务业,与城市经济的繁荣与否密切相关,一荣俱荣,一损俱损,只有依托近代上海城市的不断发展,工部局执照捐制度才有施行的必要性和可行性。

小　　结

财政收入结构,反映的是一种稳定的经济模式。由地税、房捐、码头捐、执照捐所代表的上海公共租界工部局财政收入项目,不仅体现了工部局财政收入的重要结构,其出现、发展历程也是近代上海城市发展变迁的历程,在不同时段不同捐税所处的不同地位,更是近代上海经济转型的重要见证。围绕工部局收入结构而进行的各种政治博弈、决策过程,是对公共租界政治演变进行研究的重要依

---

① 《工部局董事会会议录》第17册,第677页。
② 《工部局董事会会议录》第17册,第677页。

据，也是近代上海城市政治博弈的分析线索之一。总览工部局财政收入项目的全貌，展现的是上海城市历史演变的全方位图景。

综合分析工部局四大捐税收入，其发展历程可以代表工部局财政收入的演变进程。各项捐税，各有使命，促进工部局财政收入的结构演变：码头捐依托上海贸易港口地位，为工部局早期的城市建设提供了巨大资金力量。但依托海关征收的码头捐，还需要依靠道台的捐助、领事的裁判，使得工部局始终未能真正掌握码头捐。同时也因为工部局不具有"政府"的合法性，没有事实上的政治地位，所以码头捐不能演变为真正的货物税，只是一种捐费。

执照捐制度，实际上是工部局对公共租界实行社会管理的一种重要制度，工部局不仅依靠执照捐完全掌握公共租界各种场所、机构的营业状况，而且拓展了收入来源，使得城市商业建立在一种可控的制度管理之下，促进了社会的稳定。此外，工部局掌控下的执照捐制度可以实现社会的转移支付，按照工部局的城市管理理念对相关行业进行扶持或控制，从而达到净化社会风气的作用。

房捐与地税在工部局整个历史进程中，不仅是工部局整个财政收入结构的核心，而且是上海公共租界经济制度的重要组成部分，其贡献主要有二：

第一，为工部局提供了源源不断的收入，使得工部局有实力进行城市规划、建设，并进行高效的市政管理，促进了公共租界城市和经济的发展，奠定了上海远东第一城市的地位。

第二，工部局房捐、地税制度是工部局城市发展的最重要的基础性因素。公共租界的地产的永租制保证了土地产权的不被侵扰，道契又为公共租界土地流转加盖了黄金信誉，促进了地产的买卖。公共租界的房捐制度，因不对空置房屋征收房捐，从而使得房地产商可以在没有后顾之忧的情况下投资房地产建设，大量的房地产建设带来了流动资金，房地产的保值、增值又不断吸引外来资本的涌入，吸引了人口的流入，带动城市经济的活力，促进近代上海城市的不断更新，终于成为世界性大城市。工部局在众多历史机缘巧合之下，可谓阴差阳错地建立起一种最为高效的财源模式。

工部局财政收入中的地税、房捐、码头捐、执照捐这四大收入项目，通过提高税率或拓展税基，从而增加工部局收入，形成了相对稳定的发展路径，即便在1869年、1898年修改《土地章程》，也只是不断强化这一路径，未有所突破，工部局也出现了典型的"路径依赖"的特征。固然，工部局不敢突破《土地章程》的限制是出现"路径依赖"的一个原因，但工部局缺乏正式"政府职能"的合法性，这是其自身"先天不足"，使其在国内和国际的政治形势、经济形势和社会形势发生变化的情况下，无法进行根本性的改革，导致其在后期不能适时正视华人政治、经济力量的崛起，这是工部局在20世纪二三十年代出现治理危机的重要原因。

第三章　权责不等：20世纪30年代工部局的财政困境

财政制度是有关"收"和"支"的制度，在"收"与"支"的过程中，如何兼顾"效率"与"公平"，是财政制度进行设计的重要指导理念。财政制度深刻作用于其存在的社会结构之中，影响着社会发展进程的方方面面。布坎南认为"必须把财政宪法的变化视为半永久性的和长期的社会结构特征"[①]，其所说的财政宪法实际上是财政制度的重要架构，规定了财政运转体系中的收入来源、税收结构以及如何限制公权和防范对公权的滥用。

可以说，财政的收支状况很好地反映城市社会经济运行状况，对工部局的财政收支进行历史数据的比较分析，可以分析出工部局的城市财政发展内在理路。本章主要从以下几点对上海公共租界的财政问题进行分析探讨：一是上海公共租界工部局财政收支时段划分，理清工部局不同时段财政收支的背景与特点；二是在时段划分的基础之上，分析第三个时段出现的财政问题的表象与内在原因；三是分析工部局20世纪30年代加税个案的前因后果，其内在理路，即基于公共权力与纳税义务的纳税人的历史性转移，这是工部局在

---

① [澳]布伦南、[美]布坎南著，冯克利、秋风等译：《宪政经济学》，中国社会科学出版社2012年版，编校序，第3页。

20世纪30年代发展变化的重要因素。

第一节　工部局财政收支发展阶段分析

上海公共租界实行商人自治,在租界开辟初期,为建设道路、码头等公共设施,根据1845年《上海租地章程》第十二条、第二十条分别规定:

> 洋泾浜北首界址内租地租房洋商应会商修建木石桥梁,保持道路清洁,竖立路灯,设立灭火机,植树护路,挖沟排水,雇用更夫。领事官经各租主请求,召集会议,公同商议,摊派以上各项所需经费。①

> 道路、码头及修建闸门原价及其后修理费用应由先来及附近居住租主分担。后来陆续前来者以及目前尚未分担之租主亦应一律按数分担,以补缺款,使能公同使用,杜免争论;分担者应请领事官选派正直商人三名,商定应派款数。倘仍有缺款,分担者亦可公同决定征收卸货、上货一部税款,以资弥补。②

根据此条款,确定了租界征收地税、房捐和码头捐等捐税项目的法理依据,初期由在沪外侨摊派,后因演化成纳税人会议制度,具有一定财产或缴纳一定捐税的纳税人方可参加纳税人会议,参与租界管理。

通过整理1870—1942年的工部局财政收支数据,发现不同时段

---

① 《中外旧约章汇编》第1册,第68页。
② 《中外旧约章汇编》第1册,第69页。

196　城市发展的"财"与"政"——近代上海工部局财政制度研究

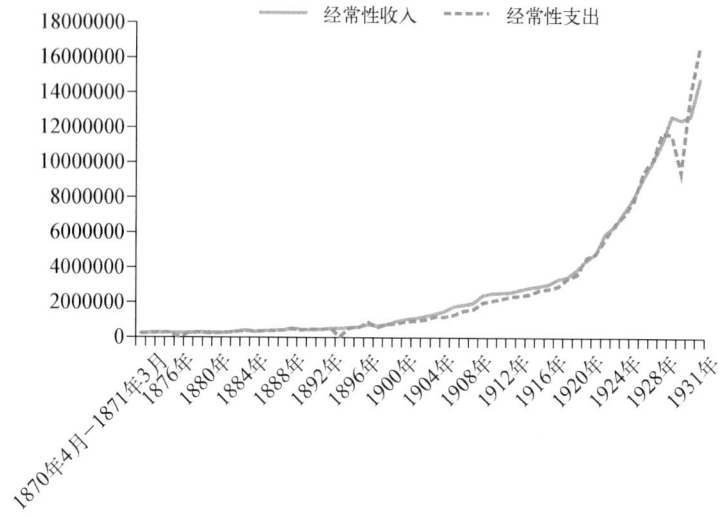

图 3-1　1870—1931 年工部局经常性收入、支出统计图（单位：两）

资料来源：1871—1929 年数据，系根据英文工部局年报整理，上海市档案馆藏档案，档案号：U1-1-884 至 942。1930 年及以后数据，系根据上海社会科学院图书馆藏中文《上海公共租界工部局年报》整理。

工部局财政收支呈现不同的特点，仅就财政收支盈余的角度来看，可分为三个时期，财政均衡时期、发展时期、困境时期。

一、均衡时期（1870—1898）

均衡时期，从 1870 年至 1898 年：

表 3-1　1870—1898 年工部局经常性财政收支统计表

（单位：两）

年　份	经常总收入	经常总支出	财政盈亏
1870.4—1871.3	217 758	233 261	-15 503
1871.4—1872.3	247 695	239 076	8 619

续　表

年　份	经常总收入	经常总支出	财政盈亏
1873.4—1874.3	265 005	264 844	161
1874.4—1875.3	254 547	254 468	79
1876	239 435	22 948	216 487
1877	252 781	240 969	11 812
1878	278 629	278 589	40
1879	263 413	244 119	19 294
1880	249 342	245 382	3 960
1881	261 308	272 863	-11 555
1882	330 115	318 795	11 320
1883	397 490	385 071	12 419
1884	318 127	346 322	-28 195
1885	358 249	362 464	-4 215
1886	387 296	363 964	23 332
1887	412 943	404 321	8 622
1888	505 801	492 980	12 821
1889	432 692	425 988	6 704
1890	445 044	462 222	-17 178
1891	449 279	442 575	6 704

续 表

年　　份	经常总收入	经常总支出	财政盈亏
1892	502 643	525 982	-23 339
1893	517 791	50 434	467 357
1894	562 504	551 593	10 911
1895	582 814	581 990	824
1896	734 741	853 497	-118 756
1897	640 006	592 900	47 106
1898	753 270	753 098	172

资料来源：据1870年至1898年工部局年报中的有关数据统计而成，上海市档案馆藏档案，档案号：U1-1-884至911。

说明：财政盈亏仅是工部局经常收入与经常支出的对比，不包括工部局其他收入。

从财政规模增长的角度看，财政收入从1870年的217 758两，增长到1898年的753 270两，财政支出亦水涨船高，从233 261两，增长到753 098两，增长幅度在250%左右，支出增长幅度大致相同。

从财政盈亏角度看，在29年里，公共租界收入大于支出的年份有20年，有9年出现收不抵支。这一时期工部局在"量入为出"的财政思想下，大约每3年出现一次收支不平衡，这种情况已经属于高频次。

二、盈余时期（1899—1918）

第二时期可称为盈余时期，从1899年至1918年，工部局财政

收支保持了 20 年的盈余,相关统计如下:

表 3-2　1899—1918 年工部局经常性财政收支统计表

(单位:两)

年　份	经常总收入	经常总支出	财政盈亏
1899	916 611.00	797 464.00	119 147.00
1900	1 045 177.00	916 885.00	128 292.00
1901	1 097 719.00	938 661.00	159 058.00
1902	1 209 175.00	1 016 843.00	192 332.00
1903	1 341 570.00	1 194 020.00	147 550.00
1904	1 505 402.00	1 185 475.00	319 927.00
1905	1 780 414.00	1 295 885.00	484 529.00
1906	1 866 398.00	1 526 844.00	339 554.00
1907	1 983 431.00	1 611 038.00	372 393.00
1908	2 403 164.00	1 987 651.56	415 512.44
1909	2 521 600.00	2 101 010.12	420 589.88
1910	2 555 056.00	2 200 153.46	354 902.54
1911	2 589 628.00	2 347 690.11	241 937.89
1912	2 734 245.00	2 372 765.71	361 479.29
1913	2 858 006.00	2 484 282.59	373 723.41
1914	2 934 382.00	2 700 218.93	234 163.07
1915	3 051 017.00	2 781 752.20	269 264.80
1916	3 333 151.00	2 925 572.51	407 578.49

续　表

年　　份	经常总收入	经常总支出	财 政 盈 亏
1917	3 455 128.00	3 379 440.43	75 687.57
1918	3 864 576.00	3 596 795.91	267 780.09

资料来源：据工部局年报中数据整理而出。数据采用原文数据，未进行四舍五入。

从财政规模增长的角度看，此一时期，是工部局财政状况最好的时段，经常性财政收入不仅继续快速增长，年平均增长率在7.9%左右，20年中增长了4.2倍。经常性财政支出规模略小于收入，故工部局每年有几十万两的经常性盈余。

本时期工部局经常进行现金理财，在1909年10月6日工部局董事会上宣读的会计师报表中就提道："从会计师的一份报表看，信托基金中的未投资余额约达140 000两银子。经讨论后，会议决定根据经纪人的报价投资28 000两银子买进单价为103的自来水公司的6%债券，以23 000两银子买进单价为102.5的煤气公司债券。"[1] 在1910年4月20日的工部局董事会上，财务处长简函告知董事会，"目前在汇丰银行的现款余额大约为30万两，他建议把其中的三分之一存入德华银行6个月，利率为4%。会上表示希望工部局的各银行经营人能同意这一利率，总之会议决定只要能获得最优惠的利率，就把钱存在这些银行里。"[2] 在1910年底，工部局决定"根据财务处长的建议，会议同意购买业广公司的6%债券20 500两，入信托基金投资账；临时债券期为1900年至1902年，购价为102"[3]。

---

[1]　《工部局董事会会议录》第17册，第630页。
[2]　《工部局董事会会议录》第17册，第660页。
[3]　《工部局董事会会议录》第17册，第704页。

同时，会议同意再次抛出 16 000 两的 1896 年工部局公债，以偿还 1911 年债券账，价格为 95 两银子。[①] 财政收支的长期盈余使得工部局有实力和财力进行市政建设，另一方面，工部局雇员工资薪水涨幅较快，成为后期产生对工部局经费开支进行批判、不满的根源所在。

从财政收支盈亏的角度看，工部局摆脱了上一时段中偶发的财政赤字，实现了长达 20 年的财政盈余。工部局在不断扩大财政支出的情形下，尚能保证财政盈余。

随着财政规模日趋庞大，工部局原有的财政体制已渐不能应对复杂、庞大的财政问题。从体制上讲，早期由总办负责工部局的财政事项，1865 年之后，工部局负责财政问题的机构有两个部门，一是财政、捐税及上诉委员会，简称财务委员会，其成立于 1865 年 5 月，主要职责为"财务方面的一切事务，均属于财政、捐税及上诉委员会的职责范围，例如批准开支和贷款，审理和裁决上诉案件，确定房地产税额，监督会计账册股的工作，以及向外侨和华人征收所有各种捐税，工部书信馆的收入和管理，租用房屋以及批准所有进行最后签订之前的合同和协议等，掌管代表工部局签署的所有合同债券、保险单等，负责工部局大楼、办事处和其他房产有关的事务，并照管工部局所有的工厂、仓库等单位"[②]。二是财务处，成立于 1909 年 11 月 1 日，首任处长为古德尔。财务处组建的缘于在 1909 年召开的纳税人年会上，工部局总办处会计股承担的财务工作被纳税人会议广受批评，实际上就是工部局的奢靡浪费现象已引起纳税人不满，遂要求改革财务工作，组建财务处，并将总办会计股

---

① 《工部局董事会会议录》第 17 册，第 704 页。
② 《工部局董事会会议录》第 3 册，第 672 页。

合并于财务处下,并首先开始完善财务管理和内部控制,第一个措施就是改"支付书"为"请购书",时任工部局总董兰代尔讲到"所作出的主要改进是,各委员会将通过'请购书'的签署来批准进行某项工作或采购某些物品,而不像现在那样通过'支付书'的签署来确认既成事实"。

这一举措变更了工部局财务报销原则,使得财务处掌握各委员会物品的采购权和货币支付权,不再是简单各部门开支花费后简单的确认,可以部分避免在物品采购过程中和劳务支出中的贪腐行为,同时有利于将财政权力集中到财务处。

三、困境时期(1919—1937)

第三时期可称为财政困境时期。此时段内工部局一方面收入激增,另一方面工部局的各项开支大幅超出预算,为各界所诟病。另外,工部局财政账簿发生变更,1933年国民政府废两改元,工部局亦发布公告,变更记账本币:

关于废除银两之报告[①]

中国政府,自本年 4 月 6 日起,实行废除银两,而以标准银元,为全国通行之货币。本局经立即商定暂行办法,使所有自本年 4 月 1 日起本以银两计算之捐税,以及其他等费,概照以银 0.715 两合银币一元之固定兑价缴纳。各公用事业公司,亦依照同样之固定兑价,向用户收费。本局财政经渐次调整,俾编制 1934 年度预算案时,得按照银币计算。

---

① 《上海公共租界工部局年报》(1933),第 12—13 页。

本时期数据分为两部分,具体数据如下:

表3-3　1919—1931年工部局经常性财政收支统计表

(单位:两)

年　份	经常总收入	经常总支出	财 政 盈 亏
1919	4 419 961.00	4 568 907.45	-148 946.45
1920	4 823 483.00	4 829 895.41	-6 412.41
1921	5 951 258.00	5 651 239.89	300 018.11
1922	6 391 200.00	6 474 580.17	-83 380.17
1923	7 203 797.00	7 027 737.96	176 059.04
1924	8 028 824.00	7 863 324.68	165 499.32
1925	9 152 409.00	9 488 482.92	-336 073.92
1926	10 091 921.00	10 150 648.00	-58 727.00
1927	11 161 792.00	11 713 011.00	-551 219.00
1928	12 691 714.00	11 620 593.00	1 071 121.00
1929	12 473 292.00	9 440 066.00	3 033 226.00
1930	12 679 208.00	13 942 470.00	-1 263 262.00
1931	14 795 038.00	16 715 099.00	-1 920 061.00

资料来源:根据工部局年报中数据整理制表。

表3-4　1932—1942年工部局经常性财政收支统计表

(单位:元)

年　份	经常总收入	经常总支出	财 政 盈 亏
1932	21 216 158.00	22 949 578.36	-1 733 420.36
1933	22 111 660.00	24 107 357.00	-1 995 697.00

续　表

年　份	经常总收入	经常总支出	财政盈亏
1934	23 917 379.00	25 243 934.81	－1 326 555.81
1935	23 914 458.00	25 545 567.57	－1 631 109.57
1936	23 651 711.00	26 660 180.57	－3 008 469.57
1937	21 699 541.00	24 985 582.74	－3 286 041.74
1938	24 691 687.00	26 551 931.42	－1 860 244.42
1939	30 492 395.00	35 877 239.70	－5 384 844.70
1940	46 371 845.00	54 112 253.96	－7 740 408.96
1941	89 071 695.00	89 644 312.53	－572 617.53
1942	166 237 514.00	166 142 111.83	95 402.17

资料来源：据上海社会科学院图书馆藏 1932—1942 年《上海公共租界工部局年报》中的相关数据统计制表。

此时段的财政分析必须考虑两个因素，一是废两改元，使得前后数据不统一，必须分段分析或对货币进行换算；二是 1937 年是淞沪抗战爆发与上海沦陷，公共租界的财政运行进入特殊时期，呈现异常状态。

观察表 3-3、表 3-4，首先从财政规模增长的角度看，以 1931 年为界，从 1919 年到 1931 年，工部局的经常性财政收入从 4 419 961 两增长到 14 975 038 两，约增加 2.39 倍，年平均增长率为 10.7%；从 1932 年到 1936 年，经常收入从 21 216 158 元增长到 23 651 711 元，约增加 11.1%，年平均增长率为 2.75%。

从财政盈亏的角度看，从 1919 年到 1936 年间，只有 1919 年、

1921年、1923年、1924年、1928年、1929年实现财政盈余，而财政支出规模则并未缩减，故本时段公共租界财政状况陷入困境。1927年，因工部局的"局用浩繁，财政支绌"问题突出，工部局董事会要求组织节用委员会，"以纯料顾问资格，调查财政，策划节流方法，条陈董事会采择施行"①。

特别是进入20世纪30年代后，工部局的财政状况异常困难，社会批评声此起彼伏，工部局不得不认真思考改革措施，以应对日益艰难的局面。与财政捉襟见肘相对应的则是上海城市社会经济的持续发展，这更证明了公共租界复杂的政治、经济生态。

第二节 公共租界外侨群体的抗税斗争

托克维尔认为："所有这些将人和阶级加以区别的措施中，捐税不平等危害最大，最易在不平等之外再制造孤立。"② 在上海公共租界的发展历程中，此起彼伏的抗税斗争是发生在租界内的一种特殊历史现象，成为对租界财政制度展开研究必须考察论述的领域。上海公共租界最初作为在沪外侨居留地而成立，早期租界采取摊派捐税的形式收集修筑道路、码头的费用，并将地税、房捐、码头捐、执照捐等税费种类发展成为正式的、固定的税种，成为事实上的"财政收入"。工部局作为一个执行行政职能的市政机构，其权力被限定在以条约为根据之组织法框架内。

工部局自1854年成立伊始，便在租界内征收税捐，"捐税方面，公共租界之市税，系依照预算案内所表示，及纳税人所认可之市政

---

① 《公共工部局节用委员会报告》，《申报》1929年2月13日，第15版。
② 《托克维尔文集》第3卷，第129页。

需要征收。征收之时为一律，毫无歧视。表示支出之各种账目，经依法提交纳税人审核"①。"公共租界所能征收之捐税，仅以业经纳税人所表决者为限，其所征收者，又仅以业经核准之年度为限。"②此后，工部局为保证其获得的"自治地位"，逐步清除了道台对租界行政管理的援助费。英领事温思达1866年10月20日给工部局总办的信中写道："不是由于个别人认为不可经常要求中国当局为了帮助市政经费作出经常或专门的捐助，而是因为我认为我们市政方面的安排所依靠的主要基金是自给的，而依靠其他来源的基金可以说白费力气，而且最后招致体制的瓦解。"③对租界居民进行管理所需的经费，"要在租界对中国居民的征税权中去筹集"④。按照此种思路，中国政府当局对租界征税权的染指企图被排除在外。

工部局在上海公共租界中行使行政职能，并充当公共租界"市政府"角色，为社会各界所默认，但其却从未有正式合法的"政府"地位，特别是其在成立初期，对其地位判定为一系列抗税、抗捐斗争的出现提供了缺口。罗兹·墨菲认为："在1843年到1937年的整个时期内，上海外国人迫使中国当局同意扩大他们的行政权力和两个租界的面积。在这样的行动中，他们连续不断地提醒上海方面过分热忱的外侨，要他们懂得他们所坚持的抽收捐税、房屋和行政独立等权力的法律上立场是没有充分根据的和可疑的。现代上海的错综复杂的政治经济结构，主要是建立在上海方面过分自信的外国侨民采用吓唬、政治花招、外交史不可抗拒的胁迫力量等手段的结果

---

① 《费唐法官研究上海公共租界情形报告书》第1卷，第548页。
② 《费唐法官研究上海公共租界情形报告书》第1卷，第549页。
③ 《工部局董事会会议录》第2册，第595页。
④ 《工部局董事会会议录》第2册，第595页。

而取得的先例上的。"① 在对抗税、抗捐现象的分析中，要明显区分不同抗捐、抗税斗争的不同诉求，特别是外侨的抗争运动，与华人争取民族主权的性质有着明显的不同。

一、工部局的征税权分析

上海公共租界的组织管理仿照英国"地方自治"制度构建，在取得"全体同意"的情况下，自治政府可以获得征税权。在工部局成立初期，时任英国驻华公使阿礼国在给驻沪领事温思达先生的信件中明确提道："工部局的主要目的，即为东方最大、最重要之都市居留地之一。"② 为此，租界当局必须首先取得全体同意，继而获取征税权：

> 取得全体同意才是走向"工部局治制"实际可行计划的第一步，通过全体统一，一个"行政机构"或"执行委员会"才可得到在一定界限范围内行使所授的权力。此种授权应授予征税权，并通过向主管当局办理法律手续，授予强制全体居民不论何国国籍，毫无例外的纳税的权力，这是第二步。③

这里所讲的"全体同意"概念，实际上是上海公共租界纳税人会议的同意。1872 年 2 月，工部局法律顾问伦尼就认为，"强征税款时工部局必定要遇到一些困难。……在拟定《土地章程》第九款时已含有这样一种意图：将一切征税权利授予纳税人会议，藉以防止任

---

① 《上海——现代中国的钥匙》，第 28 页。
② 《工部局董事会会议录》第 3 册，第 547 页。
③ 《工部局董事会会议录》第 3 册，第 547 页。

何不合理的征税行为"①。市民代表机构的全体同意,是一个系统的问题,涉及租界的法律框架、政治习惯及财政理念等。而且,不同于英国本土的"地方自治",上海公共租界的人群来自世界各国,虽然英国人数最多,居于主导地位,但各国制度文化的不同,也给租界的征税权确立带来诸多问题。

作为外侨居留地的上海公共租界,其征税的目的为城市建设筹集资金。1845年11月29日,苏松太道宫慕久以告示方式公布了与英国驻沪领事巴富尔达成的辟设租界协议,即《上海租地章程》。章程第三条规定:"业已出租之路而其价早经洋商偿付者,如有损坏,应由附近地基租主修复;领事官今后公开召集租主,公同商议,公平分摊。"第十二条规定:"洋泾浜北首界址内租地租房洋商应会商修建木石桥梁,保持道路清洁,竖立路灯,设立灭火机,植树护路,挖沟排水,雇用更夫。领事官经各租主请求,召集会议,公同商议,摊派以上各项所需经费。"② 这些条款要求由领事召集租地人开会,共同商议对费用进行分摊。

1846年12月22日,由英领事巴富尔召集在租界租赁土地的英国商人,在黄浦江畔的礼查饭店召开了第一次租地人会议,主要目的是商讨1845年《上海租地章程》要求的"分担者应请领事官选派正直商人三名,商定应派款数"③。这次会议决定成立道路码头委员会,推选出3人作为委员,负责码头、道路的维修和护理等。会议同时确定租地人会议召开的日期为每年1月,会议的职责为审议过去一年经费收支报告,听取道路码头委员会的市政建设报告,选举

---

① 《工部局董事会会议录》第5册,第535—536页。
② 《中外旧约章汇编》第1册,第65页。
③ 《中外旧约章汇编》第1册,第69页。

新一届的道路码头委员会并讨论与地产有关的其他租界事项。如有特殊情况或紧急事务亟待办理，则可召开特别会议，特别会议次数没有限制，视具体情形而定。

1854年7月，由英、法、美三国领事会商，制定了新的《土地章程》，并在同月举行的租地人大会上通过，即《上海英美法租界土地章程》，其第十条规定：起造、修整道路、码头、沟渠、桥梁，随时扫洗净洁，并点路灯，设派更夫各费，每年初间，三国领事官传集各租主会商，或按地输税，或由码头纳饷，选派三名或多名经收，即用为以上各项支销……其进出银项，随时登簿，每年一次，与各租主阅准。凡有田地之事，领事官于先十天将缘由预行传知各租主届期会商，但须租主五人签名，始能传集，视众论如何，仍须三国领事官允准，方可办理。① 新的《土地章程》用明确的条款说明租地人会议每年初由领事负责召集，共同商议输税、纳饷，以用于租界道路、码头、桥梁等的修建、维护等事情，并由租界的租地人监督核准每年的收支状况。

是否纳税，还代表着是否享有政治权力。纳税权与选举权的结合，是近代西方选举制度的一大特点。1870年3月3日，工部局董事会一致通过决议如下：命令总办公布一通告，要求对工部局欠债的那些人注意修正后的《土地章程》第十九款第二十三条，该条规定：凡未付清所有税款的选举人均无资格参加下一届选举。②

而工部局的纳税人同时是工部局权力的来源，没有纳税人的支持，工部局的权力无从保障。前文讲到在1920年上海公共租界纳税人年会上爱资拉所说"向来凡有侵及工部局权力范围之局董，工部

---

① 《中外旧约章汇编》第1册，第80页。
② 《工部局董事会会议录》第4册，第692页。

局辄抗拒之，而纳捐人亦辄为工部局之后援"①，道明了工部局与纳税外侨双方不可分割的关系。

二、外侨与洋行的抗争

租界获取财政收入的法理源于在沪外侨摊派修筑码头、道路等产生的费用。在 1845 年的《上海租地章程》中并未有强制收取税费的条款。1854 年的《上海英美法租界租地章程》比旧章程前进了一步，有"不肯纳税者，即禀明领事饬追。倘该人无领事官，即由三国领事官转移道台追缴，给经收人具领"② 的条款，但初期的工部局仍无属于"国家权力"属性的强制力，强制征收捐税。只能采取各种形式追缴欠费、欠捐。

早期在沪外侨的欠费、欠捐，可归纳为三种群体，一是在沪外侨的私人行为；二是在沪经商的洋行商行的行为；三是在沪外侨官方团体的抗争行为。

上海自开埠以后，五方杂处，异常繁乱，有来自各个国家的冒险家、水手、传教士，更多的是来沪贸易的商人，这些群体拖欠税费的行为异常之多。

工部局作为租界行政机关，其有权征税并不意味着其具有征税权。1856 年，一名叫威尔斯的英国人拒不支付其所欠税款，工部局董事只好写信给英国领事要求他采取措施收回欠款，才获成功。③ 1879 年 5 月 15 日，工部局董事会议收到了 J. J. 恒德森先生的来信，其认为："工部局从法律上来说是没有权力征收此税的，但他准备缴

---

① 《公共租界纳捐人年会续纪》，《申报》1920 年 4 月 9 日，第 10 版。
② 《中外旧约章汇编》第 1 册，第 80 页。
③ 《工部局董事会会议录》第 1 册，第 592—593 页。

纳向他征收的数额，但这只是作为对租界境内维持治安和安装路灯的一种志愿捐献。"①

工部局在征收捐税问题上比较务实，在保证收到款的问题上，并不纠缠于法律条款的具体细节。当天的董事会议决定："房捐交了就收，不纠缠于法律方面的权力问题。"② 这一态度的背景是工部局对开展征税行为的法律权力问题，自身尚无清晰的定位。

在沪的外侨对租界推出新的市政项目而开征新的捐税，往往出于本能反对。譬如在19世纪60年代临时征收的照明捐，源自工部局用煤气照明街道的计划。由于用煤气照明街道需进行大规模基础设施建设，包括管道铺设、灯架安装和煤气消耗开支等，所耗甚大，因此工部局不得不对此项开支进行费用征收，以弥补损耗。但工部局工务委员会于1865年8月5日英租界进行了一份200人的调查中，仅有51人完全赞成"工部局获取街道煤气照明资金估价方案"③，其他人都持有各式各样的反对意见。为了推广燃气照明的好处与优点，上海煤气公司主动提出免费在南京路上竖立十根公用灯柱及托架。工务委员会决定，将为车流量较大的外滩至河南路这段最狭窄的部分提供照明路灯。煤气公司的举动无疑打消了那些享受到照明改善所带来便利的反对者的顾虑。1866年5月8日，工部局董事会批准了工务委员会关于在英租界使用煤气路灯的合同草案。到了1868年，美租界大多数道路也都装上煤气路灯。④ 在完成该项计划后，工部局也适时取消了照明捐。

当然，在沪外侨不仅是通过抗争来抵抗缴纳捐税，也采取实际

---

① 《工部局董事会会议录》第7册，第673—674页。
② 《工部局董事会会议录》第7册，第674页。
③ 《工部局董事会会议录》第2册，第511—512页。
④ 《工部局董事会会议录》第3册，第626页。

行动进行逃税。1864年4月30日,工部局总办在董事会上说:"斯特本道夫先生尚未付清88.43两银子的捐税,他最近已离开上海,他曾经一再向收税员作付清税款的保证,收税员最近设法寻找斯特本道夫及他委托的代理人,但未找到。"① 工部局只能将这件事呈报普鲁士副领事,请他来帮助处理。

在1869年制订新《土地章程》后,工部局对抗捐事项的应对日益专业,工部局的征税权逐渐被外侨广泛接受,1876年11月13日,工部局董事会决议向欠税户发出通知:若三日内不缴清欠税,即向他们发出传票。② 欠税人员名单见表3-5:

表3-5 1876年下半年房捐拖欠人员名单　　(单位:两)

姓　名	类　别	季　度	金　额
尼尔斯·莫勒	房捐	秋季	2.40
A.昂加尔多索	房捐	冬季	3.75
C.M.德森纳	房捐	冬季	2.25
J.哈特菲尔德	房捐	冬季	3.00
H.B.米勒	房捐	冬季	1.50
C.E.科弗塔	房捐	冬季	9.00
彼得斯上尉	房捐	冬季	4.50
F.里德	房捐	冬季	2.16
H.S.比德韦尔	房捐	冬季	30.00
斯蒂尔道夫夫人	房捐	秋季	3.60

资料来源:《工部局董事会会议录》第6册,第765—766页。

① 《工部局董事会会议录》第2册,第476页。
② 《工部局董事会会议录》第6册,第765页。

一般情况下，工部局采取与领事交涉的方法，让各国驻沪领事对该国公民施加影响，解决欠税问题，此外工部局可以在领事处采取诉讼方式追缴欠款。在 1865 年 10 月 10 日，工部局财务委员会向工部局董事会的报告中写道："拖欠捐税者账本上仍有一些拖欠捐税者，但在适当时候将按照董事会的授权对他们进行起诉。"① 财务委员会指示迈伯勒先生立即向大英按察使署对已故查尔斯·韦尔斯的产业托管人进行起诉，其称"该产业已欠缴工部局捐税 2 851.27 两银子，而在上海很可能没有任何一家产业从工部局管理中比其收益更多"②。

1865 年 11 月 15 日，对已故查尔斯·韦尔斯地产遗嘱执行提出的欠税起诉，大英按察使署作出了有利于董事会的判决，这一判决开创了一个重要的先例，给了工部局为市政所需而征税的毋庸置疑的权力。工部局认为：此案判决将长期裨益于公众，这一判决促使大多数欠税者缴税，虽然有些人直到本委员会请工部局法律顾问对他们进行起诉后才缴。③ 财务委员会建议今后下发的税单，应该附上一份书面通知：如自申请日 14 天内不缴税，就向大英按察使署提出起诉，收取到期税款。④

地税和房捐中有相当一部分属于个人缴纳。由于地产价格和房屋租金受经济形势影响，涨跌不定。在房租和地价普降的情况下，若工部局不适时变化，则会引起部分外侨的反对。1867 年，因为太平天国运动失败，原先在租界内躲避战乱的大量华人返乡，叠加当时棉花投机风潮导致的金融危机，使得租界经济形势大受影响。工

---

① 《工部局董事会会议录》第 2 册，第 516 页。
② 《工部局董事会会议录》第 2 册，第 516—517 页。
③ 《工部局董事会会议录》第 2 册，第 527 页。
④ 《工部局董事会会议录》第 2 册，第 527 页。

部局收到不少要求进一步降低外侨房屋税率估价定额的申请书，外侨的根据是房地产跌价，另外是因为房租减少。由于事关重大，工部局又无权修改在1863年4月4日租地人大会通过的房地产估价表，只能建议及早召开一次租地人特别会议，任命一个总估价委员会，并按照董事会的意见，决定要进行重新估价的基准。①

对于欠款人，工部局在沟通无效后，只能采取诉讼方式。1870年，财务委员会与费迪南德·迪尔斯就纳税问题相互通信，在收到其明确拒绝支付所欠税款的信件后，便停止与其协商，将其欠款的详细情况转交给法律顾问伦尼，并请他着手办理诉讼程序，以期收回对工部局的欠款。②

日常生活中，工部局也要处理一些外侨对在租界内出现的一些杂项收费的投诉。1870年，A.昂加尔麦索写信给财务委员会控诉"当他坐在一辆中国手推车打算通过苏州河桥时被人拦阻，他被迫每过桥一次支付15文"③。工部局将A.昂加尔麦索的控诉提交给苏州河桥梁建筑公司的代理人处理，并向A.昂加尔麦索作口头说明，承认"这件事是完全错误的，昂加尔麦索先生可以向收费人提出申请要求退款"④。此外，尚有对工部局提供服务不满而拒绝缴纳捐税的。1864年2月3日，和记洋行来函退还虹口房地产税的付税通知单，拒付的理由是：他们目前均未从征税项目中得到不论是直接或间接的好处，例如已征收的马路、排水系统或巡捕保护税等，并称，一旦他们从工部局在该区活动中获益，他们将非常乐于缴纳税款。

---

① 《工部局董事会会议录》第3册，第546页。
② 《工部局董事会会议录》第4册，第698页。
③ 《工部局董事会会议录》第4册，第699页。
④ 《工部局董事会会议录》第4册，第699页。

会议指示总办予以回答。① 这些抗税行为对工部局不断完善其职能有促进作用。

在沪经营进出口贸易的大洋行、商行等的抗捐行为，可以称为"企业行为"，抗捐种类一般为码头捐、执照捐等商业捐税。而外侨个人行为则不同，主要拖欠的是房捐、水费等生活捐税。

1863年12月31日，工部局董事会获悉，克拉伦多酒店与阿盖尔阿姆斯两家店拖欠执照捐，虽经再三要求，但仍未支付12月21日截止的季度执照税。因而工部局董事会决定指示总办，"在必要时，就此事致函领事"②。

1867年，大英火轮船公司坚持拒不承认工部局有权征收码头捐，从而拒绝缴纳相关税费。财务委员会亦不清晰工部局是否能对转运货物完全征收码头捐。由于效仿效应的存在，在私人商行的眼中，大英火轮船公司豁免了进出口税，故普遍对转载船运货物收取的码头捐日益不满。大英火轮船公司的拒绝引起了非常严重的问题，因为"如果一旦作了让步，从码头捐得到的收入将减少成为有名无实的税捐收入，而不成为工部局的一项税源，这项税源有可能扩大成为工部局主要收入之一"③。

1869年12月17日，工部局总办向工部局董事会提请注意，惇欲洋行自2月份以来从未付过任何码头捐，账目如下：

2月：76.71银两；3月：144.59银两；4月：62.65银两；5月：76.96银两；6月：120.84银两；7月：119.70银两；8

---

① 《工部局董事会会议录》第2册，第468页。
② 《工部局董事会会议录》第1册，第700页。
③ 《工部局董事会会议录》第3册，第615页。

月：85.16 银两；9 月：216.70 银两；10 月：130.24 银两；11 月：129.66 银两；总计：1 163.21 银两。①

工部局董事会经过讨论，决议此事暂搁置，总办可于 2 月底去惇欲洋行，要求该行付清截止写信日的码头捐。此外，对于无从追缴的洋行、商行的欠款，工部局只能勾销，譬如当时的隆广洋行根本拒付任何码头捐，但由于这家洋行已停止营业，可以将拖欠的 37.86 两予以勾销。②

一般来讲，政府获得征税权征收到捐税，必须为社会公众、社会团体或机构提供对等的公共服务。但在租界中确有这样一个群体，1866 年 10 月 12 日，工部局董事会就提到五个俄国洋行，既不纳税，却强制要求捕房和其他机构给予保护和方便，名单如下：

拖欠税收是对工部局行政权的一种挑战，若不认真应对，及早解决，则工部局的管理体制和纳税人会议集体决策的合法性就会丧失，严重的可以导致租界管理的失序。1865 年 8 月，由于拖欠税费现象使得工部局预算出现亏空，财务委员会估算由于外国人不缴税而很可能造成亏空 16 000 两。③ 1870 年，在上海公共租界里的外侨中，除英国人外，其他最重要的外侨是美国人、德国人。④ 这些群体也存在未缴纳码头捐等情况。财务委员会认为："欠税人名单可表明这种欠税给确实纳了税的那些人造成的不公平是多么严重；该名单还表明多么迫切地需要立即采取行动，即强制欠税者缴税，又可

---

① 《工部局董事会会议录》第 3 册，第 746 页。
② 《工部局董事会会议录》第 4 册，第 699 页。
③ 《工部局董事会会议录》第 2 册，第 513 页。
④ Charles M. Dyce, *Personal Reminiscences of Thirty Years' Residence in the Model Settlement: Shanghai*, 1870 - 1900, London: CHAPMAN&HALL, Ltd, 1906, p. 32.

表 3-6 要求俄国领事馆提供保护但拖欠工部局捐税统计表

(单位：两)

	房 捐			特别捐	码 头 捐					总 计
	1865年	1866年 3月31日	到1866年 6月30日	到1866年 9月30日	1866年 9月30日	1866年 第一季度	1866年 4—5月	1866年 6月	1866年 7月	1866年 8月	
克劳森洋行	37.5	18.75	15	15	30	52.27	16.12	3.5	12.77	50.83	251.73（编者注：为251.74）
古柏斯乔洋行		37.5	32	30		79.19	25.14				231.69（编者注：为203.83）
奥柏特洋行	55	27.5	22	22	60						186.5
雷诺夫·维尔洋行	45	15	12	12	24			2.26	0.87	0.3	111.43
泰来洋行	50	25	20	20		178.36	23.82	1.35	53.02	27.43	398.98
											1 180.33（编者注：为1 152.48）

资料来源：《工部局董事会议录》第2册，第586页。

免除这个社会的其余人如此不公正地承担着的负担。"[1] 此外，财务委员会已从欠税者各自的领事那里确认，如果经大英按察使署审理裁定的《土地章程》完全有约束力，领事准备强制他们缴税。工部局全体董事认为，如果他们不授权财务委员会向大英按察使署起诉欠税人，工部局这部机器会陷于停顿还是会在适当的基础上继续运转？租地人会议批准了目前的支出规模并且授权和责成由本届董事会征收捐税，倘若不去正当地向所有纳税人征收这些捐税，那么就会使整个租地人会议失效。[2]

小客栈捐税是一种临时税收，在1865年的租地人会议上被批准征收，但征收工作遇到了很大麻烦。财务委员会认为不容许有例外，如果有人拒绝交税，可采取必要措施强行收税。但是对于经营酒类的外侨店主课征的小客栈捐税，却不得不放弃。1867年5月2日，财务委员会在提交工部局董事会的工作报告中建议今后不该再设法征收这类税或类似的捐税，因为"本委员会不仅的确不公平地催逼，而且在和我们有关的人看来，我们是最令人讨厌的，而工部局为了征收这项捐税所需的费用几乎接近税款的收入"[3]。

工部局作为公共租界里唯一的行政机构，依托纳税人会议赋予的权力，行使经济职能，其必须要根据市场的变化和实际的需求对税率进行调节。在征税权一直"存疑"的情形下，工部局对货物征收的税率若不适当，必然引起广泛的逃税现象。1885年，由于许多外侨和洋行反映货物税率杂乱问题，工部局董事会决议："通过决议如下：鸦片的特定税额定为每箱白银1钱5厘，珍宝每1千两收白

---

[1] 《工部局董事会会议录》第2册，第513页。
[2] 《工部局董事会会议录》第2册，第514页。
[3] 《工部局董事会会议录》第3册，第570页。

银2钱,对其他进出口商品,其税率应定为千分之二。"① 通过对特定商品按照特定税率进行征收,一般商品按照普通税率征收,最大程度对税率进行调适。

工部局在经历了初期的财政制度构建后,建立了比较固定的征税制度,对于处理与洋行之间的征税争端,并非完全处于弱势地位,工部局征税在坚持原则的情况下,也秉持特事特办的处理问题的方法。1885年,公平洋行给工部局致函,认为该行在福州路上的某些房屋所缴的捐税比坐落在它们后面相同等级的房屋为高,因此要求将15幢每月缴税4元的房屋减为3元。工部局捐税监督向工部局董事会报告称,除2幢房屋外,其他所有缴税4元的,其房租每年360元,而应缴税3元者仅付房租约216元,其认为所有捐税并不高。因此,工部局董事会决定:"除N380、381每年租金为216元的两幢房屋外,其他不予降低捐税。"②

在一个大众社会,必然有服务于社会大众的公共服务机构。在公共租界的许多公共服务机构,譬如医院、学院等,很多由社会团体或私人所建,但工部局对此类房地产,在起初并不免税,因此此类机构的经营者对工部局的征税行为比较抗拒。

1868年6月,工部局收到仁济医院托管人的一份申请书,要求免除该院所有捐税。财务委员会拒绝了他们的要求,并称:"租地人大会未授权免除任何房地产的捐税,所征收的房地产捐税极轻,所以本委员会甚至认为对目前征收的捐税进行任何数额的减少都是没有道理的。"③ 此外,英人治下的中国海关"江海关大厦"管理委员

---

① 《工部局董事会会议录》第8册,第610页。
② 《工部局董事会会议录》第8册,第610页。
③ 《工部局董事会会议录》第3册,第671页。

会来信要求减少其捐税，理由是该机构属公共性质。财务委员会以"理由不充分，不能按照其要求行事"①，拒绝了其申请。从整个19世纪的执行情况看，工部局在对公共性质的建筑的免税问题上，并未有太多让步空间，管控的程度仍然十分严谨。

由于20世纪后出现了工部局越界筑路问题，对于租界范围以外地区，工部局因进行了修路、供水等一系列公共基础设施建设，故征收特别房捐，但这一征税行为曾引起外侨较多的抗税现象。1908年5月27日，工部局董事会会议宣读了莫德霍斯特先生的来信，内容是关于缴纳租界界外工部局捐税的问题。根据来信内容看，他仍不愿意服从工部局就他的义务问题所作出的裁决。财务委员会确信，工部局的判例是有充分依据的。会议决定发出通知：如果争议中的款额不在6月15日以前缴讫，则工部局将采取必要的措施中断他的供水。②

在沪日侨群体独立于华人、外侨社会，在日本帝国主义侵华过程中逐步壮大。在1937年七七事变爆发前，日本侨民群体整体上在上海公共租界的治内仍算安分，但亦有对工部局征税不满事情发生。1928年，工部局在公共租界北区征收特别房捐中遇到困难，其中有相当多的日本人一直拒不交税，其理由是在戒严期间他们的房子是在铁丝网防区之外。电气处和自来水厂在各自的报告中分别强调了用断电和断水的办法向租户施加压力从而逼迫其缴税。华董表示，"最好不要用停止供电供水的办法，而应设法尽快解除更大的政治问题，即工部局对越界筑路的管理问题和工部局对界外房产的课税权

---

① 《工部局董事会会议录》第3册，第671页。
② 《工部局董事会会议录》第17册，第553页。

问题。房客联合会即类似的团体提出不交税的意见正是因为这个问题"①。总董提出一方面应争取有关当局之间进行谈判,但个人不能以这种方式向工部局施加压力。现在拖欠税的情况很严重,尽管董事会可能没有强迫交税的直接办法,但实际上已经和该地区房东达成了协议。根据协议规定,如果拒绝交税,工部局就有权停止供电供水并撤销安全保护。由于采取断水、断电等强制征收手段事关征税权的谈判进程,经过讨论后,董事会决定:由总董负责会见各有关领事,以弄清就有关政治问题进行的各项谈判已进展到什么程度,以及如果董事会为强迫交税而采取某种行动,这对谈判的进程会不会有不利影响。②

对于拖欠者,工部局一般首先采取说服工作,用书面形式或上门告知的方式。1865 年 7 月 8 日财务委员会提交董事会的报告中讲到"上个月,收税工作进行得令人满意,对于若干欠税人,已以个人名义和书面方式向他们发出紧急呼吁,总的看来效果很好,收到了税款。而对于那些依然受惠于捕房治安保护和工部局市政管理却又不缴纳自己那份费用的少数人,本委员会只能期望不久将能说服它们相信这样做对于纳税的邻居是不公正的,对于为他们的利益而工作的董事会董事也是不公平的"③。1865 年 9 月 5 日,董事会工部局决定财务委员会印发要求缴税的通告,并通知那些仍然拒绝缴纳税的人,将采取合法行动强行征收索赔款。④ 此举收到了十分有效的效果。

---

① 《工部局董事会会议录》第 24 册,第 510 页。
② 《工部局董事会会议录》第 24 册,第 510 页。
③ 《工部局董事会会议录》第 2 册,第 509 页。
④ 《工部局董事会会议录》第 2 册,第 514 页。

在大多数情况下，工部局不采用过激的方法征收欠税。如1876年9月11日工部局董事会讨论F.里德所欠扬子路1号部分房屋的秋季房捐2.16两，J.O.富勒所欠扬子路1号部分房屋的秋季房捐2.88两。总办报告说，他曾经试图说服里德先生相信"他作为租界上一所房屋或部分房屋的居住者，就有缴纳房捐的义务"。但这位先生断然拒绝交税，除非他本国的领事强迫他交纳。富勒先生持同样立场。两人声称，缴纳此项捐税乃是房东的责任。但纳税人会议的决议明白授权工部局向房屋的居住者征收此项捐税。在董事会的要求之下，决议"在可能情况下尽量设法使工部局不必求助于极端措施而收到捐税"①。

三、对抗与合作的驻沪领事团体

工部局没有外事权，凡涉及上海地方当局的事项，均须各国驻沪领事负责与清地方政府就有关问题进行交涉，租界重大问题的处理需向各国公使征询意见。在公共租界成立初期，若没有领事管理各国在沪侨民，工部局征税制度的建立，则无从谈起。1854年的《上海英美法租界租地章程》比旧章程前进了一步，有"不肯纳税者，即禀明领事饬追。倘该人无领事官，即由三国领事官转移道台追缴，给经收人具领"②的条款，即明确了领事负责帮助工部局追缴欠税的言责。但是，并不是各国领事皆赞同工部局的征税行为。

对于工部局征税权力的认同问题，上海的外侨社会一直存有争议，拒不缴税事件屡见不鲜，特别是19世纪60年代新兴起来的资本主义强国普鲁士，不仅商人拒不纳税，其领事也认定工部局没有

---

① 《工部局董事会会议录》第6册，第755页。
② 《中外旧约章汇编》第1册，第80页。

征税权力，反对工部局的征税行为。1866 年 10 月 16 日，时任普鲁士驻沪领事德登贲给工部局总董写信，反对强征新增的地税和房捐。

> 阁下：
> 两家德国商行即瑞诺夫·维尔洋行和元亨洋行告诉我说，在他们拒付新增收的 5% 的房捐之后，他们于本月 13 日收到了工部局总办寄来的一封信，我有幸在此附上该信副本。
> 我无权评论您公函的形式和您愿意使用的措词，诸如 "一些模棱两可的理由" 等等。我不准备去研究诸如只要不交房捐就扣留许可证的威胁性措词是否与工部局的尊严相称，但我有义务照会您，我认为工部局打算采取的步骤明显是非法的，超越了该机构的权限。我认为工部局的每位董事都应对此明显的非法行为和越权行为负责。
> 毋庸赘言，也许我最遗憾的是：根据旧《土地章程》，我不能直接向房屋租用人强行征收土地和房屋捐税，但我乐于看到新的《土地章程》在尽可能短的时间内在上海生效；不过与此同时我要求阁下，您，作为工部局的代表取消这些措施，因为那些措施很难得到公众舆论的赞同，而且会使本来有希望解决的矛盾激化起来。①

此一时期是工部局成立的初期，对工部局征税权力的认定存在较大的争端，公共租界纳税人和工部局正在推动修改《土地章程》力图解决此问题，对于普鲁士领事的作为，工部局只能尽量抗争。下文

---

① 《工部局董事会会议录》第 2 册，第 594 页。

是时任工部局总董郝富理回信[①]：

> 普鲁士领事
> 　　德登贲阁下：
> 　　我有幸收到您本月16日的来信，内附本局总办寄给两家德国商行瑞诺夫·维尔洋行和元亨洋行的信件，该信通知它们说，除非在指定日期交纳工部局那些捐税，否则他们将被剥夺本局所给予的全部特权。在答复您的来信时，我首先得为发出通知的工部局办事人员所使用的可能已引起您的不满的措辞表示歉意。
> 　　我想尽早地把您的公函提交给董事会，但是由于他们全体通过的决议是经过充分研究的，这就使我无法希望他们会不实施他们作出的决议。
> 　　尽管我完全抱有您本人的那种愿望，即新《土地章程》可能会改变本租界一些德国商行所采取的态度，同时本局这一临时性措施不会妨碍这一所希望的结果，但我深表遗憾的是：您竟然认为您的责任就是庇护他们免受该轮到他们头上的惩罚，试图让他们享受由别人付出代价的权益。由于他们拒绝缴纳捐税，工部局认为他们不能提出要求。
> 　　我倒希望我现在的说明能促使您发挥您所拥有的作用，敦促那几位德国商行采取一项我认为您必定会统一的更为体面的方针。
> 　　　　　　　　　　　　　　　　　　　　　　总董　郝富理
> 　　　　　　　　　　　　　　　　　　　　　　1866年10月17日

---

① 《工部局董事会会议录》第2册，第594—595页。

普鲁士领事的做法使得在沪的德国商行声称:"有德国国旗的保护,企图避免支付正式征收的税款,作为借口提出他们的领事将不执行《土地章程》关于征税的规定。"① 最终,工部局以"拒绝让他们享受邮政服务的利益,寄给他们的所有信件都将退还给发信人"②为手段,逼迫其接受交纳捐税。

伴随着1869年《土地章程》的制定,工部局的财税征收体制逐步完善,原先的租地人会议升级为纳税人会议,囊括更多纳税人的租界纳税外侨群体的征税合法性的解释逐步被在沪的广大外侨所接受,普鲁士领事的态度亦发生了转变,不再强硬地与工部局对抗。

1874年,工部局董事地纳先生询问财务委员会,估价委员会为何将朱尔金斯先生占用的估价为1 200两的四川路15号房屋,征收一半的房捐。他提到,纳税人会议在本年5月份的大会上曾指示工部局:对外侨占用的房屋,按照当时的估价(1873年的估价)每年征收6%的房捐。因此他不认为工部局有权力违反纳税人会议的指示,因为这将造成一个非常危险的后果。如果一个房屋持有人或土地租赁人认为他本人在他的财产估价方面受到了侵害,应该将此事向纳税人会议提出。他认为"纳税人会议是具有法定资格而能处理这一问题的唯一权力机构"③,若外侨认为纳税过高,董事会可以支持一项减低估价的动议。

勒末真先生代表财务委员会声称他们一直丝毫不差地严格遵照5月份纳税人会议通过的决议。朱尔金斯先生所占用的房屋经估价为租金1 200两,所以房捐就是按照这一估价数要求缴纳的,但该

---

① 《工部局董事会会议录》第3册,第633页。
② 《洋鬼子在中国》,第148页。
③ 《工部局董事会会议录》第6册,第645—646页。

租户每年仅支付租金 600 两。因此朱尔金斯先生要求根据此数缴纳房捐，声称"他付不起根据该项高的估价数来计算的房捐（一年 72 两），并且如果他的领事强迫他这样做的话，他将被迫搬家"①。德国领事安讷克表示愿意执行工部局的章程，但对这一事例，他指出朱尔金斯的处境十分为难，所以希望工部局在立场不致遭受损害的情况下，不要迫使朱尔金斯先生接受上述缴税的要求。财务委员会讨论了此事，并决定收取一半的捐税，其欠款，在将此事提交纳税人大会之前，全部予以保留，但该所房屋的估价并未改变。②

工部局与英国驻沪领事的关系是"合作中有对抗"，英国驻沪领事是工部局与清政府交流最为倚仗的力量和最主要的渠道，但在涉及租界利益的一些问题中，却又经常与其产生矛盾。③ 关于英国驻沪领事馆和大英按察使司衙门应缴纳的捐税在 1873 年产生了纠纷，其"大英按察使司衙门和领事馆，坐落在不可分割的一个整幢房屋内，而这两个机构的租金为前者 1 500 两，后者 3 000 两"④。对英国领事官估算的 3 000 两租金是由工部局董事会同领事温思达共同商定的，并于 1866 年经英国驻华公使（拉瑟福德·阿礼国）批准。工部局认为这是一个有名无实、微不足道的房租，因为"在当时出租这种房屋公道的市场价格应是 6 000 两或 7 000 两"⑤，当时已经充分考虑英国公使的意见"应该把作为长期风险有益于社会公众而使用的房屋同私人所分享及持有的房产有所区分"⑥，而降低了对其估

---

① 《工部局董事会会议录》第 6 册，第 646 页。
② 《工部局董事会会议录》第 6 册，第 646 页。
③ 李东鹏：《利益博弈：略论上海公共租界纳税人会议与各方关系》，《泰山学院学报》2015 年第 4 期。
④ 《工部局董事会会议录》第 5 册，第 641 页。
⑤ 《工部局董事会会议录》第 5 册，第 641 页。
⑥ 《工部局董事会会议录》第 5 册，第 641 页。

价。工部局认为,若英领事馆的解决方式通过,将使得其他领使馆不满,认为"唯独英国领使馆从事公众事业",这将造成极坏的影响。而且大英按察使司衙门在1873年以前一直按照上诉估算的租金支付税款,只在本年提出异议。工部局法律顾问伦尼认为"他不同意英领事麦华陀先生和何爵士所表达的观点,工部局是应该同那些绅士们妥协还是坚持收足税款,这事得完全由董事会来作出决定"。基于工部局此时自身实力仍较弱,追缴税款仍须英领事和大英按察使帮助的大背景,工部局董事会最后集体认为,从政策上讲"不要为了一年90两的税款同英国政府进行争辩,这样做是明智的"①。董事会命令总办通知估价委员会将英领事馆、大英按察使司衙门以及各办事处所在的房屋作为一幢大楼进行"虚有其名的估价,譬如说,假定为白银3 000两,包括全部大楼估价"②。

德国领事亦对工部局对其领事馆征收的捐税表示过不满。1887年4月25日,工部局董事会会议上宣读了德国总领事馆佛客博士的来信,称:"他本国政府尚未授权予他按工部局所估房租缴纳总领事馆房屋房捐,但他将再次请示柏林外交部。"③ 实际上,佛客即在委婉地对工部局施加外交压力。正如上文所讲工部局在估价问题上对英国领事馆妥协的政策一样,工部局总董与佛客博士就德国总领事馆房价问题进行了会晤,并在董事会上建议将其房产估价为3 000两,而不是原定的3 500两。9位董事表决结果中,5位赞同降低房地产估价,4位反对。总董于是写信给佛客博士,告知其"董事会已经同意房产估价为3 000两"。佛客复信称他"将十分愉快地向柏

---

① 《工部局董事会会议录》第5册,第641页。
② 《工部局董事会会议录》第5册,第641页。
③ 《工部局董事会会议录》第9册,第575页。

林外交部建议接受董事会所提出的每年3 000两的房产估价"①。

关于工部局与各国驻沪领事团的关系，英国的《泰晤士报》认为：在上海，正如我们所注意到的，选举出来的理事会代表了商人社团，在其中，英国的元素虽占据主导地位，但它的背后却非但没有英国政府，而且常被置于一个与清政府对立的立场，有时候则更是与其他列强国家在当地的代表势力对立的立场。② 著名的报人卡尔·克劳也总结道：

> 税收问题尤其棘手。税率总是在年度纳税人会议上得到确定，所有交纳一定数额税收的纳税人作为代保出席会议，并拥有投票权。可是，尽管存在这个事实，经常有一些人出于某种原因拒绝纳税。工部局的唯一法律手段就是提出起诉。可是，由于每个外国人都享有治外法权权利，他只能在本国领事面前被起诉，而且，拒绝纳税的往往是领事本人！③

譬如，工部局为改善市内公共交通状况而需要筑路，要规避房地产主的漫天要价，从而需要具有一定的"措施"来对抗这种行为，但执行这些"措施"权力的解释权取决于领事团成员。而一些领事团成员本身就是商人和土地所有人。因此，一位领事不可避免地迟早会被要求决定，市政当局是否有权为了修路的目的拿走他的土地。对领事来说，面对这样一个问题可能左右为难，但经验证明，他们

---

① 《工部局董事会会议录》第9册，第587页。
② 《泰晤士报》著，方激编译：《帝国的回忆：〈泰晤士报〉晚清改革观察记》，重庆出版社2014年版，第61页。
③ 《洋鬼子在中国》，第147页。

总是从有利于他们自己的角度决定问题。①

四、在沪外侨群体抗税原因分析

上海公共租界实行商人自治,其财政制度经历了由公共摊派成长转为现代预决算制度。预决算制度要求完整、准确、真实地反映工部局的财政收支情况,并向社会公布其预决算执行情况,以便接受监督和审查。租界筹集资金的目的,在初期是为了租界的公共设施建设筹集费用,但因之后发生的一系列历史事件,改变了原本的进程,但由纳税人会议管控工部局的原则未变。正如当时一位英国按察使所讲"根据《土地章程》,本公局的租地人和纳税人具有向他们自己征税的特权。这句话的含意是,在本公局产生一个机构,这种捐税就能由该机构在他们当中按比例进行分派"。

在上海公共租界,纳税人无疑处于核心地位,特别是在公共租界成立初期,华人尚未崛起以前,外侨贡献了绝大部分税收,主导着租界的发展,演绎了"向自己征税,并对征税的财产的估算、上诉的方式、听取这种上诉的机构以及对之所可能作出的最后决定"②的"财政话剧"中的每一幕戏。

上海公共租界实行商人自治,由纳税人会议获得征税权乃是行使自治权的结果,一切共同自治的自然结果就是把权力和权力的实施交于多数人。一个代议制政府的本质就是,一个社会的代表们就是该社会每一个成员的行动,不论他属多数派或少数派。把征税之权或决定应征税财产价值之权转移给一个法院或某个别的人,那就

---

① 《洋鬼子在中国》,第152页。
② 《工部局董事会会议录》第6册,第606页。

等于放弃了如此多的自治权,而且还要损失如此多的代议制的特征,而代议制乃是这类政府的一项原则。公众同意就土地和房屋的价值规定一种税率来向他们自己征税之后,又建立一个机构来确定这类资产的应征税的价值,并且还建立了一个机关来受理上诉的案件,公众已同意,这个机关作出的决定是结论性的,对所有的人都具有约束力的;而所有这些决定都是在委托给他们的有限权力范围之内;其他任何机构均不能受理上诉的案件。故上海公共租界工部局对外侨的征税合法性,从外侨自身的角度来讲,是毋庸置疑的。

19世纪后半期,就对丽如银行的估价,关于工部局的上诉委员会作出的决定是否具有约束力的问题,大英按察使何爵士在给工部局的一封信中论述了工部局征税的权利:

> 我对这个问题的意见是肯定的,其理由如下:根据《土地章程》,本公局的租地人和纳税人具有向他们自己征税的特权。这句话的含意是,在本公局产生一个机构,这种捐税就能由该机构在他们当中按比例进行分派。
>
> ············
>
> 这个财政剧的每一幕戏都是由纳税人来演出的,即:向他们自己征税的决定、对要征税的财产的估算、上诉的方式、听取这种上诉的机构以及对之所可能作出的最后决定。估算的工作是交给工部局来办的,因之而引起的上诉则委托给纳税人的一个机构。因此,无论是从各自的或是集体的角度来看,只要是在授与工部局的委托管理权限之内,则工部局的行动就是纳税人的行动。同样,上诉法庭的决定就是纳税人的决定;并且由于他们已经宣布:这种决定对他们自己是有约束力的,因而

事情也就如此决定了。同时，由于他们并未建立任何权威或授予任何权力来加以修改，所以丽如银行财产的估价就是丽如银行自己的估价，因此是决定性的、结论性的估价。①

在沪外侨对工部局征税抗争，在不同时段有不同的诉求，在前期主要聚焦征收合法性角度。进入20世纪后，则主要聚焦在工部局财政税收体制本身，特别对于工部局自身一些财政浪费现象进行严厉的批评，与前期发生了明显的不同。

1921年，《字林西报》刊载了三份外国人反对工部局增收捐税的函件。他们呼吁在本年度纳税人年会上，否决本年度增税案。

第一封信函从商业状况和自身作为纳税人的角度看增税问题：

第一函：
寻常纳捐人对于市政，漠不关心，此可就途人之常言而愈了然者。彼等意见以为市政管理权操于高出一筹者之手中，孰敢发一言以抗议之。但以投函人所知，上海真正舆论，不过潜蓄而不明露，但须待如议增捐税之激刺物以鼓起之，使成有用且有势力之舆论耳，工部局预算案，增给各科职员薪水，设在平时，此固未尝不可，然在目前商业凋敝之时，则不可行也。以上海现在情形，正宜减轻支出，奈何反议增税，此议必不能成立。盖纳捐人大会时，必有舆情之表示也，适当办法，似须要求组织特别委员会，以期切实减少工部局之费用。而在委员会报告未发表以前，预算案不得超过上年旧额，想工部局当不

---

① 《工部局董事会会议录》第6册，第605—606页。

致拒绝以各界纳捐人代表共同组成之委员会也。①

第二封信函则从工部局职员工资分配的角度看增税问题：

第二函：

吾辈依人作嫁，出其囊金以增工部局职员之薪水者，并未见自己薪水之加增，且亦无加增薪水之希望。如工部局下级职员所得无多，则何不稍削上级与中级职员之厚禄以补之。投函者寄人篱下，不能有躬为领袖反对增税之能力，其有能力较大者出而为之乎。②

第三封信函则从工部局奢靡浪费的角度看增税问题：

第三函：

工部局职员，既无付税之义务，又有个人与家属医药之津贴，且多有不付房租煤费与电灯费者，待遇诚优惠矣。捐税加增，则一般居民担负之重，远甚于工部局职员者，将愈觉生活不易，故多数舆情咸以今非通过加薪主张致增捐税之时。当此各业清淡之际，商行大班咸抱行员加薪不成问题之态度，吾人多亦认此态度理由充足。吾人能执役于殷实商家，保全目前饭碗，而抱一二年后略加薪水之希望，已称侥幸不已。吾人所与之表同情者，不为禄位稳固，既有例假，复有恩俸之工部局职

---

① 《各西报反对增税之纪载》，《申报》1921年4月14日，第10版。
② 《各西报反对增税之纪载》，《申报》1921年4月14日，第10版。

员,但为非因品格不良,或办事不勤,但因商业岑寂,势必减费,致被辞歇之失业人耳。工部局职员,无失业之虑,扰其灵魂,亦无伸手索欠之房主扰其清梦,更不见催征吏造其门。每日午餐时,吾人常见工部局职员乘汽车或马车,驰驱于途,其次者亦乘马达自由车狂骋于路矣。若吾人则拥挤于电车,或挤不上电车而雇人力车以代步耳。吾人觉此时未便赞助加税之议,而使吾友人之役于工部局者,更增其舒适也。①

此次征税案被否决后,工部局以今工部局董事以"下级人员薪水不丰,而生活程度加高,致难支持,各科辞职者已不乏人。凡精明强干者,又因工部局给薪无多,不愿受工部局之罗致,长此不已,恐与局务之进行大有妨碍。且恐在职诸员,因所入不敷所出,或有违法舞弊情事。故取数月前薪水委员会所缮拟之条陈,而修改之。各科主任,概不加薪,惟薪水在三百两以上者,共加六万七千五百两;薪水在三四百两之间者,共加五千五百两;薪水在四百两以上者,共加二千三百两,统共一年加多经费七万五千三百两"②。工部局为避免走纳税人会议通过的程序,改为直接通过,并声明如纳捐外侨欲开特别会议,讨论此事,则在七月二十六日以前,须有纳捐外侨 50 人以上请开特会之公函,工部局即召集纳捐人特会,否则工部局即拟实行其所拟之加薪办法,工部局要进行加薪的态度可见坚决。

对于这种争端,上海《泰晤士报》发表社评,曰:地主近年因人多屋少,大获其利,而所纳之税,则在比较上并未恰如其分。故

---

① 《各西报反对增税之纪载》,《申报》1921 年 4 月 14 日,第 10 版。
② 《工部局人员将实行加薪》,《申报》1921 年 7 月 14 日,第 14 版。

图 3-2　1936 年工部局董事会合影

因工部局职员加薪而起之经费，似宜取偿于地主。若谓造料昂贵，则房租之异常腾贵，已不仅偿还其造价矣，综之续加之税，不宜加诸无力担负者之肩。[①]《文汇报》亦发表社评，曰：在上海经济现状之下议增捐税，诚非人所乐闻。房捐之增至百分十六，起于工部局职员加薪之议，加薪问题，由上届纳捐外侨所派之特别委员会，审慎考虑，其所拟之加薪表，尚称公允。惜报告发表太迟，工部局未及在预算案中早为支配，苟重行配置，则房捐当可不致加增，但在今日为之，尚非太晚，故望在大会时别有办法，而免房捐百分十六

---

① 《各西报反对增税之纪载》，《申报》1921 年 4 月 14 日，第 10 版。

之实施。① 通过这些报道评论，可以看到社会各界对工部局加税行为的不满。

第三节　工部局电气处的出售与财政问题的出现

随着租界人口的不断增加，特别是越来越多的华人涌入，工部局税源不断扩大，财力得到了极大的充实。1937年《密勒氏评论报》记载：1937年初，上海公共租界、法租界和华界的全部人口已经达到3 808 764人，外国人有67 814人，其中18 899人住在法租界，38 915人住在公共租界，是世界六大城市之一。② 根据前文数据，20世纪30年代后工部局收入猛增，每年有千万两之巨。据1930年工部局年报载：1930年度之本局经常收入，共计银12 679 208两，各项收入具体如下表：

表3-7　工部局1930年度收入统计表　　（单位：两）

年度 项别	1929年实收	1930年 预算收入	1930年 实收
地税	2 934 067	2 752 500	2 749 249
普通房捐（外侨）	2 510 884	2 540 000	2 612 188
普通房捐（华民）	3 029 795	2 950 000	3 016 745
特别房捐（外侨）	295 333	285 000	294 550
特别房捐（华民）	32 157	32 500	31 062

---

① 《各西报反对增税之纪载》，《申报》1921年4月14日，第10版。
② *Shanghai Population Increases by 264309 to 3808764*, THE CHINA WEEKLY REVIEW, January 23, 1937.

续　表

年度 项别	1929年实收	1930年 预算收入	1930年 实收
特别广告捐	19 568	20 000	16 724
码头捐	664 963	675 000	748 336
执照捐	1 626 120	1 739 300	1 744 178
局产租金	238 872	236 000	256 232
公共事业收入	1 042 725	1 153 560	1 145 414
杂项	78 808	80 000	64 530
统计	12 473 292	12 463 860	12 679 208

资料来源：上海公共租界工部局年报（1930），上海社会科学院图书馆藏。

工部局将大量的财政收入投入公共租界的建设事业当中，不断完善上海公共租界城市治理体系，社会秩序良好，公共设施齐全，还引进众多世界最新科技成果，如电灯、电影、电车等。但工部局所征收的捐税并不完全用在市政建设，存有很多浪费的嫌疑。20世纪20年代有人翻译《密勒氏评论报》的一篇报道，称：

巡捕房的浪费从1926年的工部局年报中，我们晓得去年全部的收入，是10 232 300多两，这里面有五分之一，是花费在巡捕房方面的。这五分之一中，一半是用在外国巡捕身上，三分之一是日本巡捕，五分之一是中国人，其余是用在印捕。巡捕房的总巡，每年的薪金是二万银子，副总巡是一万五千银子；光是巡捕房职员的薪俸，已经二十三万八千银子了！一个外国巡官，每月就有一百六十五两，中国的巡捕呢，只有十七块钱一个月。就是美国一邦中的省长，瞧着上海巡捕官总巡的薪水，实在也有些羡慕而自愧不及咧！①

一方面工部局外籍职员普遍高薪，但工部局却屡次提出对华人的增捐案，特别是进入 20 世纪以后频率明显增加，这些提案都获得纳税人会议通过，但被征税的群体——公共租界华人，不仅没有合法抗争的权力和手段，也没有获得纳税人应有的选举与被选举权，这使得华人抗捐、抗税运动此起彼伏地发生。

20 世纪 20 年代，工部局持续的财政赤字状况引起社会各界的警觉。1927 年汉口和九江的英租界先后被收回后，工部局认为上海租界的地位不稳，担心电力工业落入中国人之手将会损害外商的利益，便再次开始考虑出售电气处。英美财团听到此消息后纷纷来沪准备购买这一优质资产。1929 年 3 月 6 日，工部局董事会决定组成委员会承办此事，并开始对外招标。3 月 19 日，美国依巴斯公司所属的美国和国外电力公司投标，最高报收价为 8 100 万两。3 月 26 日，工部局董事会通过出售电气处决议。4 月 17 日，纳税人召开年会，通过工部局董事会的决议，工部局电气处被出售。

工部局电气处的出售给工部局带来了巨额收入。合同规定 8 100 万两的价款分两部分偿付，一是偿付电气处自 1909—1928 年间发行的债券，其本金到 1933 年 12 月 31 日止，约 3 635 万两（后实付 4 367 余万两），二是自 1929—1933 年，每年付工部局 700—1 000 万两不等的款项和 5% 的年息（至 1933 年底两者合计共支付 9 530 余万两）。② 事情总是对立统一，工部局突然获得一笔巨款，使得其进

---

① 吴圳义：《上海租界问题》，正中书局 1981 年版，第 151 页。
② 《上海租界志》，第 395 页。

入了一段充裕的可支配财政境况,但一种隐忧正在悄然增长。

图 3-3　20 世纪 30 年代的上海电力公司

一、工部局内华、洋董事关于加税案的争论

工部局得此巨款后,一方面加强了城市治理和基础设施建设,另外则主要补贴工部局雇员,并加大福利支出等,一定程度促进了上海公共租界社会的稳定。

但在出售电气处的款项及所收取的利息用光之后,工部局赤字问题日益严重。关于工部局出售电气处后的财政状况,在 1936 年 4 月 1 日工部局董事会会议上,财政处长说:

在 1931 年至 1933 年之间，情况有点不正常，那几年由于出售了工部局电气处，利息收入十分可观，利息账户上有一大笔存款。1934 年在出售电气处的款价最终用掉以后，利息当然就没有了。目前情况已趋正常，利息，还有贷款，已成为预算的全部应付项目，不需上面所提到的外来的职员。预算总额约达 200 万元，因此和 1931 年相比较，1935 年开支的增加是很明显的。①

而工部局的备用基金状况，工部局代理财务处长在工部局董事会答复山本先生提问时提及"备用基金目前能为普通预算提供的款额已低到很危险的境地，大约为 200 万元"②。工部局此时已经必须正视财政赤字，而关于工部局的财政状况，工部局总董安诺德借当时外侨界的报刊《字林西报》一篇概况论述当前工部局财务状况的文章，发言称：

多年来工部局一直未能平衡预算，每次都不能不靠提取备用基金（这笔基金大部分是 1929 年出售电气处企业而建立的）。目前备用基金差不多耗尽了，鉴于有可能需要支付应急开支，把这一收入来源耗尽是不明智的。因此他要求全体董事让其本国国民们做好思想准备，明年可能要增加捐税……总董又说，上海居民所缴纳的捐税是世界上任何大城市中最低的。他提醒董事们说，1930 年出售电气处企业时捐税下降，当时未作出任

---

① 《工部局董事会会议录》第 27 册，第 472 页。
② 《工部局董事会会议录》第 27 册，第 493 页。

何保证或按时降低捐税将无限期地持续多少年。①

根据安诺德论述，我们看到，在此次工部局董事会上，工部局总董已直接提议明年增加捐税，其理由有三：

(1) 备用金不能耗尽；

(2) 上海居民的税务负担全球最低；

(3) 先前降低捐税，现在应该恢复。

转眼到 1936 年 9 月 16 日工部局董事会，工部局总董安诺德继续为增税寻找理由，称："维持工部局编制不变而削减工部局的服务项目是不足以平衡预算的。近几年来所增加的大部分开支是由于警务工作和教育工作的扩大，这两个项目都是必不可少的，这两项华人社会特别关心，估计他们会反对削减。"②

而华人社会并不赞同其观点，并认为工部局的浪费是最主要原因，平衡财政预算的措施首先应是节约而不是加税。时任工部局华董奚玉书明确表示：平衡预算有两种办法，即通过提高捐税增加收入和削减开支，他喜欢第二种办法。③

随着时间的推移，工部局财政赤字情况越来越严重，解决财政赤字问题已迫在眉睫。1936 年 11 月 25 日，工部局召开董事会特别会议，专门讨论财政问题。会上，徐新六代表 5 位华董发言，对职员经济委员会的报告阐述华董们的反对意见：

> 首先也是主要一点来自汇兑津贴问题。他说，这份报告谈

---

① 《工部局董事会会议录》第 27 册，第 493 页。
② 《工部局董事会会议录》第 27 册，第 493 页。
③ 《工部局董事会会议录》第 27 册，第 493 页。

到了取消汇兑津贴,但实际上它通过把汇兑津贴并入基本薪俸而予以继续保留。华董们不同意这样做,认为应完全删去。徐新六先生说,汇兑津贴是在7年前采用的,是为了抵消汇率大起大落的影响,他认为即使在当时这也是一个错误。不管怎么说,由于中国货币现已稳定,给予津贴的理由已不复存在。他还指出,通过把汇兑津贴并入基本薪俸,工部局在退职储金方面的开支实际上是增加了。

第二点意见是反对安家薪俸按汇兑的涨落给予津贴。这是规定给"甲"类外籍职员的,数额为新拟基本薪俸的七分之一。华董们认为,这是不公平的待遇,它有利于高薪职员。

第三,他指出,关于"L"级的职员和三丁级以下办事员级别的人,均不得享受长假服务加薪的好处,除非是三庚级的。他认为这是低薪职员遭受不公正待遇的另一个例子。

关于职员缴纳房捐问题,他说,某些高薪职员由工部局提供住所,除非从他们的薪俸中扣除房捐(要不然的话,他们是要付房捐的),否则又是一个不公平的待遇。

最后,他想请大家研究一下准备对低薪职员增加薪俸的款额问题。他说,几乎每一事例所加的薪俸都少于现行薪俸的最低加薪额。他不能支持这样的建议,即对起薪、加薪和最高薪俸额都要同时减少,就像其中许多例子那样。①

此次会议各方进行了激烈的争论,无法形成统一观点,没有达成决议案。到了临近制定1937年预算之时,总董安诺德在董事会上

---

① 《工部局董事会会议录》第27册,第503—504页。

说："当前预计税收低于预算支出达 300 万以上，这一缺口除了增税外无法弥补。但事实上，其中 185 万打算取自准备金。在过去几年内工部局的开支实行了最严格的节约。而对本局事业经费的进一步削减，势将导致效率降低，这样，其影响无论如何和 300 万元以上的赤字是没有什么差别的。"① 虽然华董们反对，但在 1937 年 3 月 24 日的工部局董事会上，最终增税方案通过，并定为：房捐从 14%提高到 16%，特别捐从 12%提高到 14%。②

在增加捐税方案无法阻止的形势下，工部局华董们改变策略，遂提议推迟至 1938 年，再按新税率开征。徐新六称：他在财务委员会会议上曾建议，房捐增至 16%一事应推迟一年实行，他仍持这一观点……商业在长时期衰退后刚刚开始恢复，他担心此刻提高房捐，将遭到整个租界华人的强烈反对。③ 江一平支持推迟一年提高税捐，他认为，尽管工部局处境困难，但不应不看到老百姓的困难。④

总董答称："如果 1937 年是工部局面临赤字的第一年，华董们的看法是有说服力的，但事实是连续几年来，不动用储备，就不可能平衡预算。前几年由于出售了电气企业，有足够的储备可以支取。这些储备很快即将支尽，如果不同意在 1937 年提高房捐 2%，那么 1938 年就可能需要提高 4%。"⑤ 总董还指出，打算提高的数额将只在半年里实施，所以实际上 1937 年只计划提高 1%。⑥ 工部局若长期赤字，必定会使资金链断裂，继而使得统治崩溃。

---

① 《工部局董事会会议录》第 27 册，第 522 页。
② 《工部局董事会会议录》第 27 册，第 523 页。
③ 《工部局董事会会议录》第 27 册，第 522 页。
④ 《工部局董事会会议录》第 27 册，第 522 页。
⑤ 《工部局董事会会议录》第 27 册，第 522 页。
⑥ 《工部局董事会会议录》第 27 册，第 522 页。

最后，总董直接在董事会上道明："工部局不能容许本身的财务状况因害怕受到社会上一部分人的胁迫而处于亏空的境地。"① 于是加税案便确定下来。

二、来自《密勒氏评论报》的声音

《密勒氏评论报》向来以"无所顾忌地发表言论"而著称，虽为外文报纸，在工部局加税一事中，却能不偏不倚地报道详情，弥补了研究此案的很多资料不足。

关于工部局增税问题，《密勒氏评论报》于1936年12月5日首先发表了 So-called Economy Measures Opposed by Chinese Members of Council（《工部局华董反对所谓的经济措施》）的报道，文中写道：

> 工部局5位华董反对工部局明年开支节约1 060 000美元的议案。议案根据职员经济委员会的报告，确定工部局外籍职员减薪估计数额为667 000美元，华人职员为156 000美元，日籍职员为50 000美元，印籍警察26 000美元，万国商团俄国队7 000美元；免税80 000美元；长假补贴和汇兑补贴34 000美元，医疗保险25 000美元，退休金和利息15 000美元。华董特别反对汇兑津贴，这项支出每年花费大约180万美元的经费，但根据惯例，一般额外给予职员大约薪水的16.4%额度的汇兑补贴。工部局的新经济措施取消了这项汇兑津贴，以给职员增薪16.4%代替。但加薪的提案最终通过，6个月后生效。②

---

① 《工部局董事会会议录》第27册，第522页。
② So-called Economy Measures Opposed by Chinese Members of Council, THE CHINA WEEKLY REVIEW, December 5, 1936.

透过此篇报道，我们可以看到，工部局仅象征性削减部分职员薪水，但又以等额加薪代替取消的汇兑津贴，实际上对弥补财政赤字是于事无补。但时隔不久，《密勒氏评论报》将视线转移至加税一案中发挥决定作用的工部局总董安诺德。

1936 年 12 月 12 日，《密勒氏评论报》发表文章 Does the Foreign Settlement Face Increased Taxation?（《公共租界面临着加税吗?》）

文中首先调侃工部局总董对当前薪水不满，写道：

> 鉴于事实上工部局总董安诺德收到的薪水不能使他在工部局总董的职位上愉悦地工作，我们应该舒缓我们的脾气，毕竟他作了很多艰苦的工作，而这些无疑是造福社会的。如果他能以他的工作获得相应的回报，这无疑是最直接的方式。①

关于上海公共租界提高税率以增加税收收入一事，作者表示中立，但很明显，作者并不认同工部局的做法。文中写道："我们并不赞成继续借更多钱，尽管这应该可行。我们建议应采取的措施是降低工部局在管理体系的开销。继续辩论中国人同意或不同意支付大部分税收，没有意义。事实上现在的情形是如果增税计划失败，中国人才愿意纳税。"②

最后，报道将矛头指向安诺德，质疑安诺德领导能力和动机，文中说道：

---

① Does the Foreign Settlement Face Increased Taxation? THE CHINA WEEKLY REVIEW, December 12, 1936.
② Does the Foreign Settlement Face Increased Taxation? THE CHINA WEEKLY REVIEW, December 12, 1936.

如果我们对安诺德的建议缺乏信心，这是因为他没有足够的理由说服我们。当上海船坞公司和瑞熔船厂合并时，他是主席，建议原公司的优先股股东放弃首先获益的权利。相对于普通股股东（他的公司是主要持有人），优先股的股东就像绵羊一样听话并照做，直到他的全部主张被证明是一个大的谬论。即使在失败得难以启齿的时候，他仍告诉聚集在一起的优先股股东们，最终不会被给予像他先前形容的那么美好。优先股的股东据说卖掉了两倍于普通股的股票。从瑞熔船厂事件起到现在，我们对于安诺德总董关于财政问题的洞察力的信心明显减低。①

1937年4月3日，《密勒氏评论报》对于上海公共租界工部局财政问题又有新的报道，"*Shanghai Settlement's Budget for Next Year Is Based on an Increased Tax Rate*"（《下一年度上海租界的预算基于增长的税率》）。文中称1937年上海公共租界的预算已经于3月22日递交给财务委员会。财务处长说在扣除1936年运行的赤字738 720美元后，估计的正常收入总计为24 371 080美元，比1936年减少410 660美元。在这24 371 080美元中，各项条款包括从7月1日起恢复16%的市政捐，财务处长认为这是必须的。增加的财税收入有1 258 000美元，但它本身不能平衡预算，因此从一般准备金中更大的拨款将是必须的。从地税、市政捐、特别捐、租金收入和码头捐，预期的收入分别是494 000美元、700 000美元、95 000美元、5 000美元和100 000美元，同比全部增长。所增的收入一定程

---

① *Does the Foreign Settlement Face Increased Taxation? THE CHINA WEEKLY REVIEW*, December 12, 1936.

度上补偿了预期降低的执照捐 97 200 美元，公共市政收入 27 360 美元，杂项 671 640 美元。① 所编制预算收支平衡，解释了工部局如何从 1935—1936 年度的盈余走到 1936—1937 年度的赤字。

三、华人抗争致形势逆转

1937 年 3 月 24 日增税案通过后，引起华人的强烈反对，上海第一特区市民联合会在 3 月 27 日夜举行会议，声称对增税表示强烈反对，决定向纳税华人会和西人纳税人会议递交请愿信，请求其禁止工部局的决议。②

1937 年 4 月 12 日纳税华人会年会，驳回了工部局加税案。全会 74 名代表，决定要求工部局将加税的决定延期至明年。为平衡财政预算，会议进一步建议工部局应该执行严格的节约措施，并征收欠款。会议还同时决定，要求工部局从今以后，公平一致地对待华人职员和外籍职员。③

华人界的反对，特别是纳税华人会的禁令，使得工部局增税的意图破灭。于是工部局董事们在当天召开特别会议，总董声称，这次会议的召开是为了进一步讨论提高房捐、土地税租特别捐的建议。他接着讲道：所有的董事都感到遗憾的是，董事会被迫在没有取得全体董事支持的情况下通过了提高捐税的建议。他现在提议，董事会应让大家知道，为了全面考虑华人社会的意见，会议决定修订预

---

① *Shanghai Settlement's Budget for Next Year Is Based on an Increased Tax Rate*, THE CHINA WEEKLY REVIEW, April 3, 1937.
② *Chinese Citizens' Federation Opposes Increased Tax Rate — Chinese Community Threatens Boycott*, THE CHINA WEEKLY REVIEW, April 3, 1937.
③ *Chinese Ratepayers Reject Increase in Municipal Rates*, THE CHINA WEEKLY REVIEW, April 17, 1937.

图3-4　1928年4月上海公共租界纳税华人会选举
工部局董事委员代表大会

算，由此而推迟至1938年1月1日起实施提高房捐（从14%提高到16%）。他补充说，华董认识到平衡预算的必要性，所以准备支持在上述那一天实施提高房捐2%的建议。要是董事会接受这项建议，他提议作出安排，由董事会的个别董事对预算提出一项修正案。他声称，到时还得声明，如果在这一年，工部局的捐税增收很多，以致没有必要提高房捐时，新的董事会在实施提高捐税之前，应对情况重新研究。①

安诺德的最新发言，明显感受到了华人反对的压力，不仅提议推迟提高房捐，而且提议若工部局赤字问题缓解，就取消提高房捐。在总董的影响下，董事们一致同意总董的提议，会议作出如下决议："会议要求 W. S. 金先生在纳税人会议上提出修改预算的动议，将房捐的提高（由 14% 提高至 16%）推迟至 1938 年 1 月 1 日起实施。如果这一年工部局税收获得足够的增加，从而没有必要提高房捐，则董事会在实施提高捐税之前，应对情况重新研究。"②

紧接着，1937 年 4 月 14 日召开的纳税人会议，处理的主要事务就是将加税时间延至 1938 年 1 月 1 日起征收，这一提议由一位即将履任的新一届工部局董事会董事提出。《密勒氏评论报》的报道中就明确指出，这是因为华人社会强烈的反对而出现的结果。③ 这样便从法律程序上确定了推迟提高房捐的议案。

第四节　由局内人的评论所想

1937 年 4 月 24 日，《密勒氏评论报》发表署名为 P. Y. CHIEN 的前工部局雇员的文章 *Something About Municipal Finances — By a Former Employee of the Council*（《关于工部局财政的一些事——来自一位工部局的前雇员》），文章以一个局内人的视角对工部局面临的财政问题进行了深入的剖析，为更方便进行研究，现将全文翻译如下：

---

① 《工部局董事会会议录》第 27 册，第 525 页。
② 《工部局董事会会议录》第 27 册，第 525 页。
③ *Shanghai Ratepayers Postpone Tax Increase Until January 1*, THE CHINA WEEKLY REVIEW, April 17, 1937.

关于工部局为了追求更多的财税收入，而向纳税人寻求支持，我们不应该谴责其不诚实或有意图欺骗公众。在这个大都市里，每一位正直的市民都应该赞扬工部局的"节流"努力和对工部局职员工资的全面削减。然而，不管实际情况如何，对基层员工特别是华人职员，降低他们的薪酬会使其生活变得很困难。但我们认为，从长远的经济效率来看，单纯降薪并没有发展空间，改变的方向应该是对工部局各个级别职员进行更有效率、更平等的分配。例如，对中国职员和警员薪水削减8%会严重影响他们的生计，而对高薪的外籍职员相同的薪水削减，本质上对他们的影响的只是银行账户数字的不同而已。

尽管我们都不愿意怀疑"城市长老们"的真实的意图，我们也偶尔听到，已经实现的全面裁员意味着已影响公众的心理，即：如果市民继续捂紧钱袋，一个巨大的灾难将要降临在这个国际性大都市。例如，因为谣言传来传去，对救火队的裁员已在业主之间引起了火患的恐慌；废除工部局人力车委员会的目的在于告诉公众工部局不再努力提供更多的人道主义帮助；在信息出版管理处废除后，尽管外国人报纸和华人报纸之间争吵不断，但公众内心坚信工部局对经济运行是切实有益的。

我们对这些指控虽不能全部相信，但工部局在向公众成功要到更多钱之前，必须努力赢回公众的信心。然而公众并不认可工部局的这些处理措施，工部局必须认识到三心二意的工作不会有成效，甚至任何事情都不会成功。

有些人认为，增加一般税和土地税延期到半年后征收，这归于中国人在市政管理中不断增长的影响力，但是笔者自认为了解工部局的账目与工部局之间深层的联系，更愿意将原因归于"心灵的刺痛",正如在上次纳税人年会上,麦克唐纳先生宣称工部局在电气处出售后几年中的"狂浪费"。当工部局总董安诺德接受解决加税问题的最终修正案,他一定已经认识到,如果出售电气处的8100万美元不能再用,大约相同额度收入要从当地征税,这笔款项分摊在华人社会的份额一定不容小觑。

至于自身的"狂浪费",工部局必须切实做某些事改善自身形象,尽管笔者认为工部局暴富后已经养成大手大脚的习惯。只有万一出现财政赤字,才能再次允许工部局冒险强制增加市税。否则,我们十分怀疑华人社会是否会同意工部局对明年增税的提案。

我们的第一个建议就是废除工部局的乐队。

万国商团是因太平天国起义而成立于20世纪50年代。我们必须认识到,时代和大环境的改变已经使这个组织没有用处。当然,除了为每年行军检阅,外国显要人物来沪偶尔视察所带来的荣誉,关于这方面安诺德总是非常兴奋,经常要求报纸印刷相关图片。所以安诺德在上一届纳税人年会上向纳税人保证工部局没有任何解散万国商团的意图,我们从中可以了解他个人对万国商团的看法。事实上,每一届工部局的总董都不愿意牺牲万国商团,特别是俄罗斯团,不仅仅是虚荣心、荣誉和偶然事件所需要的排场。

当然,我们的注意力也时不时地聚焦到工部局的上层岗位——总办。因为有了工部局总办,我们的意见,例如偶然的会谈等可以很畅通地向上层转达。为了公平对待总办职位,我们也建议废除工部局负责华人事务的职位。笔者无意质疑著名的法学家吴经熊博士,他的建议工部局应该利用到最大程度。但是一个让有才华的思想家、作家和管理者有名无实的虚职,比取消这个职位更糟糕。

工部局已经作出努力,减少所谓的离职回国补助、长假补贴和汇兑补贴,但是节省的总数仅仅是大约3万—4万美元,而每年仍继续支出大约175万美元。

我们姑且不说全部的工部局职员相对于他们的服务都是超薪的,但至少有相当大的一部分高薪职员承受得起进一步降薪。例如,总办薪水为每年42 000美元,而且不包其他补助、福利,他的收入超过了美国任何一个州的州长的收入。工部局的警长、财务处处长的薪水都高于美国的副总统、国务卿或众议院议长,或英国内阁的很多部长。

至于华人职员,一个21岁的年轻人加入工部局仅为第三等级的员工,只有工作超过50年才能达到顶级的职位。这是一个事实,即有良好才能的外国大学毕业生往往要比英国一般的公立学校的毕业生待遇要差。

读罢此文,我们可以清晰地认识到,工部局确实在缩小华洋职员待遇差别、减少行政开支等问题上做了一些努力,但杯水车薪,于事无补。存在了近一个世纪的工部局此时可谓百弊丛生,奢侈浪费、待遇差别问题、内部员工上升机制不畅通等,众多问题亟须解决,譬如财政赤字已不能靠拆东墙补西墙或用短期借款偿还长期借款等措施解决问题,必须依靠系统的、全方位的体制性改革才能从困境中逆袭,避免陷入恶性循环,正如上文所说:"单纯降薪并没有发展空间,改变的方向应该是对工部局各个级别职员进行更有效率、更平等的分配。"①

虽然在20世纪20年代公共租界内的许多有识之士已认识到工部局作为租界的"市政府",存在诸多弊端,遂邀请费唐大法官来沪调查研究并提出改革方案,但改革并未进行,改变也未出现,工部局也并未从逆境中破围,反而因出售电气处暂时缓解了困难局面,矛盾被掩盖但并未消失,这正是"高楼背后有阴影"的真实写照。随着七七事变的爆发,国内外形势突变,公共租界又步入了另一发展轨道。

经济学上用"高效"来指社会达到和谐有序的最佳境界。一个高效率的财政制度既要符合大多数人的意愿,又要有对应机制来保证规则的有序流转,符合大多数人利益,在规范性理论的指引下建设财政制度。上海公共租界工部局创立之初,是由在沪外侨公共摊派修筑道路、码头等公共设施和进行防卫的公共机构。在上海公共租界的治理体系中,工部局作为类似"市政府"的地位而发挥职能,租界的财政制度构建在工部局顺利运转的基础之上,"年度平衡预算政策"②思想主导了创建初期公共租界的财政政策,执行严格的"量入为出"财政政策,这一政策伴随了工部局前两个时段的发展历程,在第三个时间段,明显地由"量入为出"向"量出为入"转变。

任何一个经济体都不可能一如既往地长期保持繁荣,发展到一定阶段后,由于各种不可预见的内部因素和外部约束条件的变动,更由于经济体日益国际化所导致的不确定性的增加,使得结构性的不合理会通过停滞或危机释放出来。近代上海公共租界的城市发展

---

① *Something About Municipal Finances — By a Former Employee of the Council*, THE CHINA WEEKLY REVIEW, April 24, 1937.
② 《陌生的"守夜人"——上海公共租界工部局经济职能研究》,第85页。

是在工部局的主导下进行的,工部局的一系列政策直接作用于公共租界的社会结构。公共租界是一独特的商人自治社会,选举出来的董事会代表了商人社团,其中英国的元素占据主导地位。在公共租界的财政制度框架中,工部局董事会具体制定的财政政策,纳税人会议负责审议工部局的预决算。但是,由于工部局董事们在纳税人会议中的强势地位,他们占据了纳税人会议的绝大多数票数,公共租界显贵纳税人群体陷入了"自己管理、审查自己"的局面。[①] 租界洋商富豪掌控的商人自治社会,以发展商业利益为最根本出发点,公共租界的一切政策制定皆围绕于此,而工部局行政体系运转的内控机制则处于被忽视的地位。

小　　结

在工部局近90年的历程中,工部局保持了高速的财政收入增长,促进了公共租界的城市发展。同时工部局的雇员也采用了世界较高的工资待遇,特别是工部局高级职员的工资待遇,如总办薪水为每年42 000美元,而且不包括其他补助、福利,他的收入超过了美国任何一个州的州长的收入。工部局的警长、财务处处长的薪水都高于美国的副总统、国务卿或众议院议长,或英国内阁的很多部长。[②] 这一点在财政收支紧张的情形下,为社会各界所诟病。

工部局的财政收支变迁亦反映了公共租界的社会变迁。工部局收入的主要来源是税收,而税收的来源,从本质上可分为华人纳税

[①] 李东鹏:《上海公共租界纳税人会议代表性研究》,《史林》2015年第5期。
[②] *Something About Municipal Finances — By a Former Employee of the Council*, THE CHINA WEEKLY REVIEW, April 24, 1937.

与外侨纳税。租界建立之初，全部收入来源于外侨，公共租界内外侨"权力与义务"[①]是统一的。随着华人不断涌入，华人缴纳房捐、执照捐等捐税数量快速增长。在19世纪后半期，华人对租界财政收入贡献的份额已经超越外侨，成为工部局的"衣食父母"，但却没有享受到应有的权力。确保每一位公民不会受到政府的伤害或损害，同时确保政府对所有公民也如此一视同仁，做到这一点的一个必要条件是，全部政治决策都是按照一致同意的规则做出。只有通过普遍同意，才能揭示公民的偏好。[②] 这种"权力与义务"的不统一，在进入20世纪后发生了质变，以纳税华人会和工部局华董的出现为标志，华人政治力量的崛起开始直接作用到工部局财政收支政策。而更深层次的，以华人政治力量崛起为标志的公共租界财政权力，亦出现向华人转移的趋势，这更彰显了公共租界财政发展的理路实际上是基于公共权力的转移，这是认识近代上海公共租界工部局财政发展理路的重要线索。

[①] 这里权力主要是指参加纳税人会议和选举工部局董事的权力；义务则是指按照规定缴纳捐税。
[②] 《宪政经济学》，第7页。

第四章　持筹握算：工部局的财政支出与职能发挥

"衔挂司空饰美称，度支心计擅才能。

众擎易举浑闲事，散罢金钱百废兴。"①

1876年，已寓居上海15年的葛元煦，感叹上海公共租界"繁华景象日盛一日"，马路、路灯、下水道等公共设施齐备，作诗描述工部局。其中"散罢金钱百废兴"一句，道明了公共租界工部局财政资金支出对公共租界各项公共事业的影响。

近代中国面临"数千年未有之大变局"，社会发生巨变，而西方列强控制下的上海租界提供了一个相对安全的环境，是资本"在那里开始集中的关键时刻经济发展的一个重要促进因素"②。因此，在分析租界对中国的政治、经济、教育、科学、文化等方面产生的影响时，要具体问题具体分析。近代上海圣约翰大学教师，专攻中国经济问题的著名学者雷麦（Charles Frederick Remer）教授，他认为早期政治上（因此也是经济上）的安全保障，对促进资本和商业在上海的集中，有其重要性。③ 而工部局所进行的市政基础设施建

---

① 葛元煦撰，郑祖安标点：《沪游杂记》，上海书店出版社2006年版，第215页。
② 《上海——现代中国的钥匙》，第103页。
③ 《上海——现代中国的钥匙》，第101、103页。

设，则为资本的集聚提供了助推力，为上海公共租界的成长夯实了基础。趋势的力量是无法阻挡的，一旦最初的原动力获得，除非具有不可逆转的外部力量施加，一座具有先天优势的城市迅速崛起、成长便不可阻挡。

图 4-1　20 世纪 20 年代的南京路
图片来源：据 1927 年纪录片《上海纪事》截图

近代上海城市发展的经济因素由一维的贸易驱动向多维的工业、商业、金融等领域的驱动，实现了成功转型。进入 20 世纪，工部局所掌握的财政收入与开埠初期，已经不可同日而语。依靠房捐、地税、码头捐、执照捐等项目收入，工部局获得了巨额财政资金。与此同时，如何安排好资金的支配使用是考验工部局财务运作能力和城市管理理念的重要方面。城市的管理与治理是指一种由共同目标支持的活动,有着为达成目的而坚持的价值观。城市管理、治理极其复杂,涉及方方面面,既需要对所涉及的方面进行系统深入的探索,也需要广度上进行不断拓展。因本书仅探讨财政因素在城市管理、治理中的关系及其发挥的相互作用,必须坚持这一研究观点。

诺斯认为:"制度的演化会创造一种合宜的环境,以有助于通过合作的方式来完成复杂的交换,从而促成经济成长。"① 因此,每个城市的成长都会有共性和个性,共性总结成一般原理,个性则是城市发展的特色,而人类历史的核心疑难问题在于如何理解历史变迁路径中的巨大差异,也即个性问题。制度设计是一个存在相互依赖关系下利益相关者多次重复博弈的过程。工部局的财政支出结构与财政制度经历了复杂、漫长的博弈过程,在历史的惯性与中外居民习俗的结合下,形成了独特的工部局财政制度。

但也不能否认,上海的成长有自身原动力,是中外因素合力作用的结果。进入20世纪二三十年代,《密勒氏评论报》1926年发行的《大上海》专号:如果过去从来不曾有外国侨民住在上海,它也会成为一座大城市。即使外国侨民从他们的现代化房屋搬走,回到家乡,它将依旧是一座大城市。②

第一节 由简至繁:工部局财政支出结构变迁

财政如何支出主要体现在财政支出结构,财政支出结构是指各类支出占总支出的比重,也可称为财政支出构成。③ 从社会资源配

---

① [美]道格拉斯·C. 诺斯著,杭行译:《制度、制度变迁与经济绩效》,格致出版社、上海三联书店、上海人民出版社,2014年版,前言第1页。
② *The Building of "Greater Shanghai"*, *THE CHINA WEEKLY REVIEW*, December 4, 1926. p. 15.
③ 《财政学》,第171页。

置的角度，财政支出结构关系到政府对社会资源的调配，从而对市场经济体的顺利运行产生作用力，比单纯的财政支出规模更有影响。此外，财政支出结构的变化，也可以体现行政当局正在履行的重点职能以及变化趋势。

工部局拥有财政能力，是为了执行公共租界纳税人全体同意形成的"社会契约"。公共财政的原则之一，便是财政收支应该满足纳税人的公共服务需要和偏好。如果工部局与满足纳税人对公共服务需要和偏好的目标相背道而驰，那么工部局财政能力越强，财政收支越庞大，对纳税人损害也越大。因此，工部局的财政经过发展演化，实行预算制度，这成为公共租界财政体系实现法治原则的重要表现。任何财政决议须转化为立法，方具有法律效力。上海公共租界的纳税人会议制度，为租界纳税人管控工部局财政支出提供了较为有效的监督机制。工部局支出结构的把控主要通过制定预算实现。一个没有预算的"政府"是"看不见的政府"，而一个"看不见的政府"不可能是一个负责的"政府"。工部局实行预算制度确定支出结构和支出规模，社会公众及纳税人会议可以对工部局预算的支出结构和支出状况进行建议、监督。建立预算制度，实际上建立了对政府的追责制度，政府财政的管理问题可以产生于指导行为的法律准则框架之中。预算平衡是公共财政战略的起点，当重新筹措的收入不能与重新安排的支出相匹配时，便出现了结构性的预算失衡。预算规模变得越大，预算的关注点就转向开支方面。预算越来越强调政府要对财政资金在什么方面使用，以及如何有效地管理其总体财政承担责任。因此，分析预算中的支出构成，是分析工部局财政支出结构与财政思想的关键部分，是工部局进而开展城市治理效率的有效体现。

一、工部局财政支出的制度依据

商人治下的公共租界,"扩张市政,便利租界之纳税者"[1] 是工部局存在的根本目的。工部局前身为道路码头委员会,成立于1846年12月22日。根据现存有关道路码头委员会最早的史料,在1849年3月10日举行的租地人大会上第一项决议,要求委员会对租界内地产估价,以确定税款金额,使其能有效地维修道路、桥梁所需的金额。[2] 租界早期筹集资金的主要目的,便是为了方便开展贸易、提高生活条件而进行修筑道路、码头和桥梁、清扫街道等活动的开支。

1845年《上海租地章程》第十二款规定:"洋泾浜北首界址内租地租房洋商应会商修建木石桥梁,保持道路清洁,竖立路灯,设立灭火机,植树护路,挖沟排水,雇用更夫。"[3] 此时,工部局尚未成立,负责租界内市政职能的是工部局的前身道路码头委员会,仅有修路、植树、打扫卫生等权力,对一个行政机构至为重要的警察权、征税权等,在此时尚未获得。

1854年修订的《上海英法美租界租地章程》增加了对华人建造房屋的管理规定,由此并衍生出工部局的市政管理权,其第九款规定:"禁止华人用篷、竹、木及一切易燃之物起造房屋,并不许存储硝磺、火药、私货、易于著火之物,及多存火酒,违者初次罚银二十五元,如不改移,按每日加罚二十五元,再犯随事加倍。如运硝磺、火药等物来沪,必需由官酌定,在何处储存,应隔远他人房屋,

---

[1] 《字林西报纪工部局财政困难增加巡捕捐显难再延》,《申报》1936年9月13日,第13版。
[2] 《上海英租界道路码头委员会史料》,《上海档案工作》1992年第5期。
[3] 《中外旧约章汇编》第1册,第68页。

免致贻害。起造房屋，札里木架及砖瓦、木料货物，皆不得阻碍道路，并不准房檐过伸各项，妨碍行人。如犯以上各条，饬知后不改，每日罚银五元。禁止堆积秽物，任沟洫满流，放枪炮，放辔骑马赶车，并往来遛马，肆意喧嚷、滋闹，一切惹厌之事，违者每次罚银十元。所有罚项，该领事官追缴，其无领事官者，即著华官著追。"①

在1854年新修订的《土地章程》中，并未明确工部局的法律地位，但随着租界的城市化进程不断发展，工部局不断拓展其自身职能，新成立的市政机构——工部局，由于法理依据并未明确，因此其在进行城市管理之时受到各种阻挠，于是上海租界的外侨们立刻着手继续修订《土地章程》。1869年，新的《上海洋泾浜北首租界章程》终于获得了北京公使团的同意，《章程》其第九款规定：

> 租界地方必当预筹治理，以资妥善：一、设立办事公局；一、与造租界以内各项应办工程及常年修理之事；一、租界全境应行妥当整治洁净，设立路灯、储水洒地，以免尘污，开通沟渠；一、设立巡查街道巡捕；一、筹备公局所需公用基地、房屋，或租或买事宜；一、筹措公局应行延请雇用之办公上下各项人役，月支公费。因举办以上所开各事，需用银两，或应行借支，或另行措办，有约各国领事官（或其中已有大半位数）于西历每年之正、二月初旬，择定日期（必于两礼拜之前宣示于众），按照后开章程，选举办事公局之董事；各国领事官又于正、二月内宣示，限二十一天，齐集众人，会同筹议举办上开

---

① 《中外旧约章汇编》第1册，第81页。

各项事宜之经费银两;并准此会内齐集之人(执业租主有阁者离境给据代办之人亦在此内)将抽收捐款及发给执照等事(按后开规例各条办理),议定施行(凡议行之事,或大众全允,或大半已允者均可从而行之);亦准将地基价值、房屋租金自行估算,以凭收捐,但地捐须与房捐相准,地捐照所估时值地价抽取,房捐照所估每年应收租金收取,总之,地捐如系抽一两,则房捐所抽不得过二十两,余俱仿此类推;并准抽收货捐,租界内之人,将货物过海关,或在码头上起卸货物,下船转运,均可抽捐,捐数多少,照货之价值而定,但货价每一百两,捐不得逾一钱;又准其随时酌量情形,抽取各项之捐,以备举办上项各事宜需用经费。①

此次《土地章程》承认了工部局存在的合法地位,而且明确工部局的市政权、警察权、行政权等,并明文规定工部局可为市政行为而征收捐税。此外,本次《土地章程》附有《后附规例》42条,涉及租界内马路、房屋、沟渠、路灯等市政建设的具体规范,自此形成了比较完整的工部局城市管理框架。

但历次《土地章程》与附则并未规定工部局可以兴办医院、组建万国商团、建造监狱等行为,正如费唐所讲:"工部局或可依据地产章程第十一款之规定,而订立附则,以取得关于各机关与团体之特权。惟因订立新附则之有各种困难……故对于万国商团、火政处、医院、学校、菜场及监狱等之一般设施,负责内均未尝有普通使用之规定。"② 这些设施与机构的创设,具有历史的偶然性,但工部局

---

① 《中外旧约章汇编》第1册,第294页。
② 《费唐法官研究上海公共租界情形报告书》第1卷,第298页。

积极拓展自身职能则是主要原因。

二、不同时段下的工部局财政支出结构比较

根据历年工部局财务报表显示，工部局最大财政支出项目为：警务处、卫生处、工务处和购置。但从支出的目的看，可以归纳为工资支出、建设支出、公共事业支出和办公经费。工部局的财政支出，与工部局的行政效率密切相关。工部局总办约翰斯顿在1871年1月30日的工部局董事会会议上讲道："我认为我8年工作经验就是：工部局的工作越加整顿，工作效率就越高，对公众来说，节余也就越多。"① 持续有效地的整顿工部局财政结构，使结构的调适与不断变化的社会现实相适应，这是工部局行政效率持续提高的原因之一。

工部局前身道路码头委员会，顾名思义，其职责主要是修路、修建码头等公共设施。1854年工部局成立后，工部局的主要任务之一，仍是进行基础设施建设。据1854年9月工部局的资产负债备忘录显示，工部局共需支出项目如下：

巡捕28名和督察2名	15 000元
道路和码头修理	3 000元
路灯（按照目前）	200元
新建码头（太古及怡和之间）	1 200元
煤、木柴、蜡烛和油（或许过多）	1 600元
营房租金	1 500元

---

① 《工部局董事会会议录》第4册，第770—771页。

附加费用和杂费、巡捕所需服装等，包括

医疗、护理和药物   2 500 元

总计   25 000 元①

据以上支出可见，除工务支出外，成立初期的工部局 2/3 的收入用于巡捕支出。这与工部局成立之时江南地区的太平天国运动导致的动荡形势密切相关，工部局当时面临的突出问题便是要加强租界的治安与防卫。1853 年小刀会起义占领了上海县城，此时外侨认为中国地方政府不能保护租界免受战乱危险，而华民又大量迁入租界之时，外侨社会认为有两种需要："一为有组织之社会，以抗御外来之危险；二为改良之统治机关，以办理内部之行政。然在能切实适应此两种需要以前，必须以所有侨民能接受之组织方法，先行联合，而成立一种团体。"② 于是，在 1854 年 7 月，由英、美、法三国领事会商制订了新的《土地章程》，并在同月 11 日举行的租地人大会上通过。

而 1867 年 4 月 1 日至 1868 年 3 月 31 日工部局支出项目，见表 4-1：

表 4-1   1867 年 4 月 1 日至 1868 年 3 月 31 日工部局支出项目

支 出 项 目	金额（两）	所占比重（%）
捕房	63 557.17	28.86
工务处	66 184.45	30.06
工部书信馆	4 180.70	1.90

① 《工部局董事会会议录》第 1 册，第 572 页。
② 《费唐法官研究上海公共租界情形报告书》第 1 卷，第 65 页。

续　表

支出项目	金额（两）	所占比重（%）
工部验看公所	110.63	0.05
利息	11 982.27	5.44
贷款	27 000.00	12.26
总办公室	27 155.62	12.33
火政处	5 930.51	2.70
房租及保险	5 390.48	2.45
印刷、文具、登广告	3 993.56	1.81
审计账目、法律开支、邮费意外	1 648.37	0.75
总估价委员会	1 092.15	0.50
苏州河桥	1 971.00	0.89
总计	220 196.91	100

资料来源：《工部局董事会会议录》第3册，第657—658页。

观察表4-1，工部局捕房和工务处的支出占工部局总支出60%左右。工部局总办公室的支出亦占到12.33%，其中薪金12 505.09两，津贴4 853.22两，征收税款9 797.31两，总办主要负责工部局的所有行政工作，是工部局行政体系中的枢纽。利息主要偿还工部局借款，该项借款主要用于工部局开展大型市政工程建设。贷款项为工部局将日常现金盈余存入相关银行，相当于现金理财，又保持了相当数额的流动资金，充分体现了工部局的财政灵活性。

进入20世纪后，工部局支出方向逐步向公共卫生、教育等社会福利倾斜。表4-2是1927年至1931年工部局经常支出的占比统计。

表 4-2　上海公共租界工部局经常支出百分比统计表（1927—1931）

（单位：%）

项　目	1927 年	1928 年	1929 年	1930 年	1931 年
商团	1.6	1.4	3.4	2.6	2.7
火政处	3.8	4.0	5.3	4.5	4.3
警务处	25.8	28.3	42.3	41.6	41.2
卫生处	7.5	7.4	8.9	7.2	7.9
工务处	22.9	20.9	34.1	29.8	24.8
音乐队	1.2	1.1	1.5	1.2	1.2
公共图书馆	0.1	0.1	0.1	0.1	0.1
学务处	4.7	4.8	6.2	5.3	6.3
财务处	2.3	2.4	2.7	2.1	2.1
秘书处	4.3	4.5	5.7	4.5	4.7
总办处	0.3	0.4	0.4	0.3	0.3
法律处	—	—	—	—	0.4
华文处	—	—	—	0.2	0.3
情报处	—	—	—	—	0.1
普通费用	7.2	5.5	6.8	7.6	7.1
利息等	15.1	16.0	*17.4	*7.0	*3.5
偿债	3.2	3.2	—	—	—
总计	100.0	100.0	100.0	100.0	100.0

注：* 因系存款，故计算总计时需减去。
资料来源：《上海市统计（1933）》，上海市地方协会 1933 年编，财政，第 7 页。

对比19世纪时工部局的支出结构。可以看到有几处变化：一是工部局的支出结构日趋规范、固定；二是卫生处的支出比重增加，已占到工部局总支出的7%至8%，卫生支出的增多，是生活质量提高的一个重要标志；三是工部局新增了文化、教育方面的支出，而文化具有超稳定器作用，有助于社会的良性循环。通过以上三者，可以看到工部局不再是单纯地作为城市的建设管理者，而已经更进一步，从社会长治久安与持续发展的角度，对城市进行治理。

三、20世纪30年代工部局财政支出分析

进入20世纪后，上海经济多维化发展的成果逐渐显现，上海逐步成为近代中国的金融中心、商业中心、工业中心，租界人口高速增长，随着租界面积的拓展，工部局掌控的财力亦增加甚巨。时人评论道："上海商业日形发达，户口频频膨胀，故工部局之收入因以年见增高，乃得逐步扩张市政，以便利租界之纳税者。"[1] 1929年出售电气处后，工部局更加注重"增厚保护居民所急需之警队，而并不增收巡捕捐。同时并能实行扩大的教育程序，而以便利界内华人子弟为主旨。此外卫生处与公共工程处亦大其规模焉"[2]。以下是根据1930年工部局年报刊载的1931年工部局支出预算：

商团	440 850 两
火政处	693 630 两
警务处	6 708 790 两

---

[1] 《字林西报纪工部局财政困难增加巡捕捐显难再延》，《申报》1936年9月13日，第13版。
[2] 《字林西报纪工部局财政困难增加巡捕捐显难再延》，《申报》1936年9月13日，第13版。

卫生处	1 075 570 两
工务处	4 438 790 两
音乐队	182 930 两
公共图书馆	8 020 两
学务处	544 750 两
华童学校	375 160 两
财务处	325 380 两
总办处	746 370 两
总裁办公室	50 020 两
法律处	72 720 两
华文处	50 310 两
普通费用	849 630 两
购置	1 560 880 两
总计	18 078 800 两[①]

预算是工部局年度支出的基本指向，秉承着工部局的施政目标，代表了工部局的财政支出结构。根据1931年的预算支出，工部局此时大项支出从高到低依次为警务处、工务处、卫生处、总办处、火政处、学务处，基本代表了工部局的主要职能。由于费信惇担任总裁后，逐步将总办的绝大部分行政权力归于其手下，在20世纪30年代总办处的支出逐步降低。故根据工部局的主要支出项目，特整理1920—1937年工部局经常支出项目统计表如下：

---

① 《上海公共租界工部局年报》(1930)，第323—330页。

表 4-3　1920—1937 年工部局经常财政支出项目统计表

（单位：两）

年份	商团	火政处	警务处	卫生处	工务处	教育	总支出
1920	53 058	167 420	1 566 935	394 206	1 286 007	330 823	4 829 895
1921	214 074	235 291	1 644 742	436 724	1 359 734	377 797	5 651 240
1922	201 178	256 942	1 709 477	506 888	1 831 093	403 474	6 474 580
1923	154 436	296 818	1 864 332	530 821	1 920 489	408 365	7 027 738
1924	128 466	384 064	2 042 104	676 815	2 080 931	444 672	7 863 325
1925	139 035	421 900	2 372 857	711 469	2 388 640	505 947	9 488 483
1926	128 154	414 131	2 582 159	787 696	2 657 916	503 797	10 250 648
1927	151 408	451 729	3 017 994	880 168	2 685 153	546 301	11 713 011
1928	165 457	462 254	3 294 832	856 079	2 424 281	564 437	11 620 593
1929	323 880	500 349	3 993 898	844 528	3 219 059	583 377	9 440 066①

① 本年支出降低系因收到出售电电气处所得 1 646 296 两利息收入，记入贷方项，故出现支出大幅减少的现象。

续 表

年份	商 团	火政处	警务处	卫生处	工务处	教 育	总支出
1930	366 670	634 857	5 800 748	997 562	4 152 537	745 103	13 942 470
1931	451 891	728 604	6 885 170	1 328 720	4 150 409	1 048 779	16 715 099
1932	400 123	746 792	6 512 390	1 399 331	3 854 111	1 384 090	16 408 949
1933	480 956	790 301	6 824 279	1 358 407	3 888 538	1 624 920	17 236 760
1934	532 499	820 074	6 926 140	1 352 558	3 850 449	1 584 236	18 049 413
1935	548 709	820 065	6 869 665	1 405 083	3 819 404	1 546 328	18 265 081
1936	453 465	748 368	7 086 400	1 476 324	3 562 378	1 650 354	19 062 029
1937	448 335	657 077	6 830 210	1 532 889	2 937 914	1 551 680	17 864 692

资料来源：《上海公共租界工部局年报》(1920—1937)，上海市档案馆藏档案，档案号：U1－1－934 至 950。

观察表4-3，可见工部局的主要支出项目呈现快速增长的趋势，且各项支出结构保持相对稳定，这是此时段工部局财政支出的基本态势。

而根据上文，我们得知工部局的财政收入在20世纪二三十年代大幅增长，而工部局的支出结构则保持相对稳定。按照常理推算，工部局应该在此时段内保持较高的财政盈余水平，但相反，工部局此时不仅未能保持前期的财政盈余，赤字规模反而越来越大，进入20世纪30年代后半段，已濒临不加税则破产的境地。因此，下文将探讨工部局的支出日益增大且收不抵支出现的原因。

第二节　财政支出与管理职能发挥

外侨在上海公共租界的发展历程中发挥了重要作用。为了贸易，来自世界各国的商人来到上海，生活、经商，逐步定居在租界，形成了住宅区、商业区、工业区等不同城市区位，以公共租界为主体的各功能区构成的近代上海都市圈。

纵览上海公共租界整个发展史，在沪的纳税外侨通过纳税人会议，牢牢地掌控着上海公共租界的最高权力，工部局受纳税人会议监督、领导的机制始终未变。由于公共租界始终由其居住在公共租界的居民来进行管理，生活在上海的中外市民实现了"从暂居到久居"[1]的转变，"上海正在成为寓居该地的大多数外国居民的永久性居住地"[2]。这种中外侨民在上海的久居状态的出现，使得上海市民

---

[1]《上海租界与近代中国》，第55页。
[2]　徐雪筠、陈曾年、许维雍等译编：《上海近代社会经济发展概况（1882—1931）：〈海关十年报告〉译编》，上海社会科学院出版社1985年版，第74页。

意识逐步形成，正如卡尔·克劳认为：上海在各国国民杂处的条件下，已经形成一种真正的市民精神。①

在这种市民意识下，工部局的管理者们以一种城市治理的信念，来对上海公共租界进行管理运作，不断引入当时世界最先进的城市管理制度、人文思想理念，工部局在世界范围内招聘所需的专业人才，实现了近代上海的百年发展。但这些举措都依托于工部局拥有强大的财政收入能力，工部局一方面不遗余力地进行道路修筑、卫生防疫、安全防卫等市政建设，对这些行为社会各界并无异议；但另一方面工部局为招揽优秀人才，提供了相对优越的薪资待遇，其中良莠不齐，为上海各界特别是华人界所诟病。

一、工部局主要市政支出

依据1898年《土地章程》第九款规定："为使本界秩序进步与治制完善起见（It being expedient and necessary for the better order and good government of the Settlement）"②，工部局可以为治理租界设立相应的行政机关部门，只要经纳税人会议同意，且纳税人批准为所开办的机构支付经费预算，工部局便可设立相应的机关或委员会。工部局的财政支出项目分为固定职能支出和拓展职能支出。在属于市政支出的项目中，警务处、卫生处、工务处属于固定职能支出，万国商团、火政处、学务处等支出项目皆属于拓展职能支出。

（一）工务处

工务处的支出去向主要是市政工程的建造等，包括道路桥梁的

---

① 《洋鬼子在中国》，第148页。
② 引自《费唐法官研究上海公共租界情形报告书》，第298页，其译文来自工部局华文处翻译；根据《中外旧约章汇编》，其译为"租界地方必当预筹治理，以资妥善"。英文章程来自商务印书馆1926年发行的《中英合载上海洋泾浜北首租界章程后附规例》。

修筑、维修,捕房、监狱、医院、菜场的建筑和维护,公园和绿化等公共租界所有的工程,这些费用都列在工务支出项下。从1916年开始,工部局开始大规模越界筑路,并每年拨款用于越界筑路购买地皮和修筑马路。1924年,工务处支出突破200万两,达到2 080 931.32两,占总支出26.46%。1930年,工务处支出突破400万两,达到4 152 537.00两,占总支出29.78%。

工部局对界内大型基础设施的规划着眼长远。1862年4月7日,工部局董事会在规划租界排水管道系统时,便通过决议:"采纳的永久性排水管道系统为防卫委员会推荐的那种系统,它的估计成

图4-2 工部局工务处华籍职员

本为白银 132 000 两。拟定计划，以 10% 利息和 10% 偿债基金发行公债，逐年付还，每年偿还 10%，需要筹集的金额，视工程进展情况而定。一旦可取得砖块后，将先在锡克路和苏州路开始建造主要排水沟，然后因秋季气候凉爽允许道路开放再继续向东建造。为了执行这项工程，由米契先生动议，科克先生附议，向海军上将提出申请，请求他协助动用一艘炮舰，保护工部局租用的船只把砖块运至上海。同意照办。指令道路检查员立即设法取得建造锡克路排水沟的预算，并着手进行这项工程。"[1]

工务处在开始公共工程建造前，会做充分的调研，以便所撰写的报告在董事会上获得认可。1928 年，工部局计划向静安寺住持购买静安寺巡捕房所在土地，工务处长认为："整个这片土地最终可使工部局得到好处，如果决定买下，那么租出一部分供开店是很容易的。他提出一个把土地分割利用的计划，东北部分和西北部分的土地可出租开店，两者中间的一块地可用来开辟一个菜场，其余与巡捕房毗邻的土地可用于拟议中的扩建计划，并可用来为已婚巡捕造两幢宿舍楼。目前工部局每年支付捕房人员宿舍房租达 8 万两左右，而若投入 50 万两左右的基本建设费用，便可提供一切必须的膳宿，这样，每年的实际开支便可减为 5 万两。另一种办法是，可以留下目前需要的土地，将剩余的土地转卖掉，尽管这样做对今后扩大捕房和建造宿舍不利。"[2] 讨论中董事们认为，尽管有财务方面的困难，但是如果静安寺住持的开价仍然有效，则拒绝该开价将是个大错误，董事会可以出售其中一部分地产以得到部分补偿，至少可出售爱文义路（即将竣工）和极司菲尔路交叉处那块之前的土地，因

---

[1] 《工部局董事会会议录》第 1 册，第 635—636 页。
[2] 《工部局董事会会议录》第 24 册，第 513—514 页。

此授权工务处长就购买捕房地产今后的所有权以及临近的土地和地面建筑物之事，继续与静安寺住持进行谈判。① 这充分体现了工部局在市场行为中的企业特征。

由于工务处直接对接工程建设，涉及资金量较大，工部局很早就对工务处的支出进行管控。1867 年通过的工部局董事会会议定章第二十条规定："工务委员会在签订任何价值超过 2 500 两以上的合同以前，应在定期召开的会议上向董事会提出申请。"②

（二）警务处

警务处主要为租界防卫而设，最初租界的防卫力量包括万国商团和巡捕房（后改为警察）。前文已述万国商团的成立原因。1870 年 7 月 2 日，万国商团开会通过决议，决定商团由工部局直接管辖。③ 工部局亦于当日召开特别会议讨论工部局对万国商团的管理问题。7 月 4 日，工部局董事会同意按照万国商团提出条件管理上海万国商团。据表 4－3 数据显示，1920 年万国商团支出 53 058.34 两，占总支出 1.1%；1930 年万国商团支出 366 670 两，占总支出 2.6%。工部局成立后即设巡捕，并邀请香港巡捕房高级警员克莱夫顿担任捕房督察员。1854 年 12 月 6 日，工部局董事会制定了捕房督察员的职责 17 条，确定了工部局董事会管理捕房的绝对权力和捕房的基本行为准则规范。④ 警务处的支出与工务处的支出一直是工部局的最大项支出。根据表 4－3 的数据，1924 年，警务处支出突破 200 万两，达到 2 042 104.42 两，占总支出 25.97%。1931 年，警务

---

① 《工部局董事会会议录》第 24 册，第 514 页。
② 《工部局董事会会议录》第 3 册，第 609 页。
③ 《工部局董事会会议录》第 4 册，第 718 页。
④ 《工部局董事会会议录》第 1 册，第 576 页。

处支出突破 600 万两，达到 6 885 170.00 两，占总支出达到 41.19%。

图 4-3　位于福州路的工部局中央巡捕房（20 世纪 30 年代）

工部局警务投入巨大，警务设备先进。警务的处理与迅速获得讯息有重要关联。1931 年，警务处增加重要设备，即设置无线电站 1 座，巡逻汽车 12 辆，每辆可坐警员 10 人，其中均装有无线电接收器，此外又装设捕房与街道直接相通之电话，一俟完成，各捕房可与在租界内或临近租界之各地点通电者，共有 149 处。[①]

警务处所代表的警察权是工部局城市治理最为依靠的手段。

---

① 《上海公共租界工部局年报》(1931)，第 42 页。

图 4-4 工部局警务处的巡逻汽车

工部局总裁费信惇认为：工部局的权力是来自《土地章程》，似乎在某些时候给人一种印象，即工部局通过谋求并确保纳税人批准对《附律》的修改，便能获得超越《土地章程》所规定的权力。虽然取得纳税人批准将医院列入应受执照管理的房屋和职业一类那一事也许并无困难，但工部局有责任考虑一下，根据《土地章程》是否可以实施这种执照制度，《土地章程》授给工部局明文规定的权力而且工部局可以凭借通常所称的警察权干很多工作。①

警务处是工部局实现强制力的重要手段，故警务处权力很大，

---

① 《工部局董事会会议录》第 26 册，第 387 页。

存在权力寻租空间。1912年，沪军都督陈其美欲向工部局警务处督察长捐赠金盾一座。工部局董事会对此问题展开讨论，爱士拉和菲奇先生认为不必反对接受该引退的都督所表示的敬意。总董引述了1909年的事例，当时麦克道尔捕头在捕房任职，董事会没有准许他接受赠予他的银杯。他认为：由于督察长过去以及今后可能在租界内所负的职责，决不能接受赠给他的此项礼品，为了上述及其他原因，会议决定举手表决，为维持迄今存在的惯例，凡仍在工部局供职的雇员，不准接受任何形式的礼物。[①]

此外，警务处人员也有非法行为，并非如外侨自诩的"清正廉明"。1912年，工部局警务处副探长罗奇和某些华探被发现犯有严重的受贿及盗窃罪行。警务处督察长将证据直接交给了法律顾问，工部局董事会要求此案的处理进行严格保密，"否则与此有关之人将会预先得知有受到起诉的可能性，而设法逃避受审"[②]。

警务处的庞大开支一直为人所诟病，1937年《申报》发表评论：

> 在民国元年的时候，工部局警务费每年不过一百余万。到民国十八年，增加到五百五十八万元，已经骇人听闻。到今年增至九百九十万元，已近千万元。倘使真正能够安全，也可得到我市民的安慰。可是事实告诉我市民，南京路交通银行，在上午十一点多钟，遭到抢劫，迄今盗匪尚未缉获。公共汽车上也要遭到抢劫。对于侵害他人产权的拆草棚，对于侵害他人交通权的置障碍，对于侵害他人营业权的捉小贩，对于侵害他人

---

① 《工部局董事会会议录》第18册，第619页。
② 《工部局董事会会议录》第18册，第636页。

自由权的捉乞丐，捉生存线下的一切人等，都迅速得了不得。红色警车、机器脚踏车、全班武装中西探捕，应有尽有，如照经济原理"以较小的费用获最大效果"，我们市民想想合不合呢？该不该？①

（三）火政处

火政处主要办理租界的消防事务。1865 年工部局设立义务救火队，早期经费主要由各保险公司、商业机构和上海道台捐助，工部局每年亦"输助若干设备费用"②。1899 年租界拓界后，特别是大量中式建筑的建造，工部局开始雇佣消防队员，火政处经费逐步增长，当年支出 14 537 两，占总支出的 1.8%。③ 进入 20 世纪，火政处的开支占比基本保持在 3%—4%左右。

1910 年 7 月，工程师向董事会提交的报告提到，准备建立在福州路和湖北路转弯处的华人戏院，内部楼梯缺乏防火结构。会议决定通知新瑞和的建筑师："除非在这一方面符合捕房的要求，否则不发给这家戏院执照，这样就给了他们应有的警告，因此待那一建筑竣工后可避免该业主的额外费用。"④ 为防范租界火灾，在建立系统消防体系之时，工部局注重房屋本身火灾防控，对人口密集的石库门里弄住宅的防火尤其重视，1917 年工部局特别修订了《上海公共租界中式房屋建筑章程》，其中第十五条、十六条特别规定了房屋必

---

① 《告市民书》，《申报》1937 年 3 月 28 日，第 9 版。
② 《费唐法官研究上海公共租界情形报告书》第 1 卷，第 306 页。
③ 《上海公共租界工部局年报》(1899)，上海市档案馆藏档案，档案号：U1-1-912。
④ 《工部局董事会会议录》第 17 册，第 677 页。

图 4-5 工部局杨树浦救火站

须修建防火墙和火警龙头。① 通过表 4-4，我们可以观察租界对房屋火警建设的具体要求：

表 4-4 1930 年已完工房屋火警设备一览表

房屋类别	火警设备类别							
	火警设备龙头及其他用具	龙头	龙头及抽水用器	固定救火抽水机及龙头	户外灌药器	户内灌药器	洒泼器	火警掩护帷
分租住宅	15	1	14	2				
银行及交易所	47	15	32	9				

---

① 《上海公共租界房屋建筑章程（上海公共租界工部局订）：中式房屋建筑规则》，《中国建筑》1934 年第 8 期，第 58—59 页。

续　表

房屋类别	火警设备类别							
	火警设备龙头及其他用具	龙头	龙头及抽水用器	固定救火抽水机及龙头	户外灌药器	户内灌药器	洒泼器	火警掩护帷
浴室	10	9	1					
整批华人房屋	159	7	152					
教堂	13	9	4					
俱乐部	20	6	14	3	1			
冷藏所	10	1	9	1	1		1	
领事馆	2	2						
纱厂及职员住所	67	18	49	5			30	
工厂（普通）	130	36	94	1			5	
面粉厂	5	1	4	4	1		2	
铸造及修理工厂	33	17	16					
汽车行	109	102	7				4	
栈房码头	62	17	45	5	4		4	
医院	11	2	9					
旅馆	36	15	21	3			1	
寄宿舍（华人）	24	23	1					
杂项房屋	2		2					
办公室（整批）	75	14	61	20	4		2	

续 表

房屋类别	火警设备类别							
	火警设备龙头及其他用具	龙头	龙头及抽水用器	固定救火抽水机及龙头	户外灌药器	户内灌药器	洒泼器	火警掩护帷
印刷所	21	6	15				1	
私人住宅	6	3	3					
餐馆（外侨）	13	12	1					
餐馆（华人）	14	14						
零售店	24	12	12	3			6	
学校	23	11	12					
缫丝厂	12	10	2					
戏院及游戏场	38	10	28	2		6	3	6
工部局总办公处	1		1					
工部局警务处	16	9	7					
工部局学校	7		7					
工部局卫生处	6	4	2					
工部局工务处	2	1	1					
工部局商团	1	1						
工部局火政处	7	2	5					
总计	1 021	388	633	58	11	6	59	6
比1929年增加	288	104	184	16	2	2	14	1

资料来源：《上海公共租界工部局年报》(1930)，第35页。

通过表4-4，可见公共租界内的各类型建筑基本都已安装防火或救火设备。

图4-6　工部局救火队的消防云梯

(四) 卫生处

卫生处主要负责租界内卫生事宜，包括传染病的防疫、污秽物

图 4-7 工部局救火队的消防车

的清理、工部局办医院费用。1861 年，工部局任命专职卫生稽查员。1870 年，工部局任命卫生官，管理有关医药、菜场和污秽物等事。1898 年，工部局卫生处正式成立，并先后创办了伯氏疗养院、华人隔离医院、外侨隔离医院等。1905 年，卫生处设置外侨卫生视察员，对容易产生传染病的屠宰场、菜场和租界的环境卫生情况等进行检查。1920 年，卫生处支出 394 205.75 两，占总支出 8.2%。1930 年，卫生处正式名单上共有医师 214 名，其中美国人 20 名，德国人 12 名，亚美尼亚人 1 名，匈牙利人 2 名，奥国人 5 名，意大利人 1 名，比利时人 1 名，日本人 55 名，英国人 35 名，韩人 1 名，华人 29 名，挪威人 1 名，捷克人 1 名，波兰人 3 名，芬兰人 1 名，葡萄牙人 1 名，法国人 13 名，俄国人 32 名。[1] 当年支出 997 562

---

[1] 《上海公共租界工部局年报》(1930)，第 119 页。

两,占总支出 7.15%。

图 4-8 工部局正在进行路面清扫 (1920)

工部局卫生处执法甚严,下表是 1930 年度违反食品安全的公诉案件一览表。

表 4-5 1930 年度关于有碍卫生食品公诉案之件数及罚金一览表

案　别	件　数	罚　金	
		最少数	最多数
违背市场规则者	142	2 元	50 元
违背私设菜场执照条例者	72	2 元	10 元
违背面包店执照条例者	2	2 元	200 元
违背牛乳业执照条例者	27	5 元	100 元

续　表

案　别	件　数	罚　金 最少数	罚　金 最多数
违背洋菜馆执照条例者	3	2元	10元
违背华人菜馆执照条例者	100	2元	50元
违背水果店执照条例者	46	2元	30元
违背旅馆执照条例者	2	10元	20元
违背餐馆执照条例者	1	3元	
违背附则第三十四条无执照售卖食物者	1 239	3角	300元
违背其他条例者	10	5角	70元
总计	1 644		

资料来源：《上海公共租界工部局年报》(1930)，第181页。

可见工部局卫生处对食品安全的要求十分严格。

二、学务和其他支出

自1869年以后，随着越来越多的外侨在沪定居、生活，外侨自身的文化需求以及外侨孩童的教育需求日趋强烈，文化、教育方面的支出逐步在工部局的支出中占有一席之地。

早期公共租界内学校为私人兴办或者教会兴办，工部局未承担办学费用，但会适时对经营困难的学校提供补助金。1883年，外侨学校欧亚书院因经营困难，希望工部局接手或捐款支持。工部局董事会表示"希望该书院继续开办，他们将提供必要的捐款支持该书院，每月捐助100两以维持之"①。1890年，共济会创办的上海西童

---

① 《工部局董事会会议录》第8册，第499页。

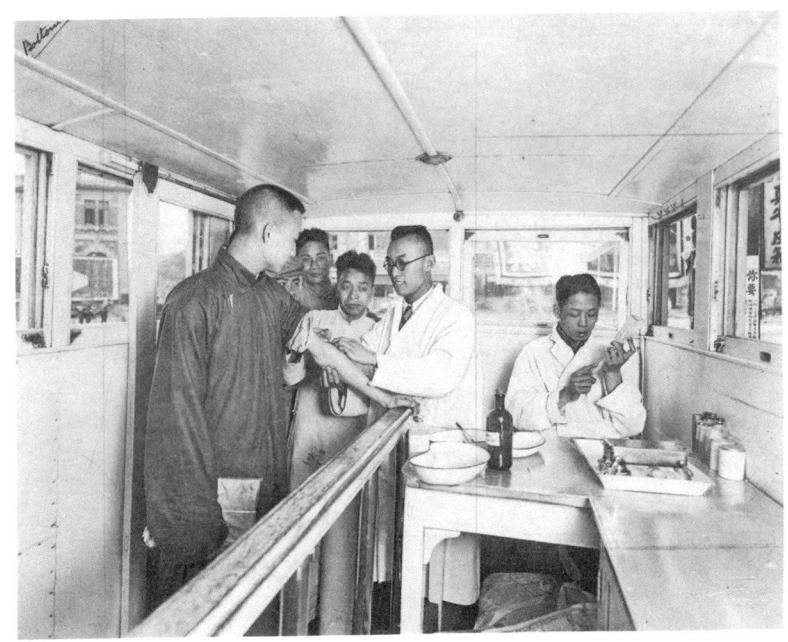

图 4-9　工部局卫生处为市民注射预防传染病疫苗

公学请求纳税人拨款 1 000 两,以便让其有更加安全的基础,该项提议获得纳税人的一致同意,第二年又拨款一次。① 1893 年,共济会学基金与工部局签订协议,上海西童公学成为工部局的资产。

从 19 世纪 80 年代开始,工部局的教育拨款开始增加,1888 年,工部局分别拨款给法国孤儿院 1 000 两,欧亚混血儿学校 873 两,共 1 873 两;1889 年分别拨款给汉璧礼养蒙学堂 1 500 两,法国孤儿院 1 000 两,圣方济学堂 1 500 两,上海西童公学 4 000 两,设备特别拨款 3 500 两,共计 11 500 两。②

---

① 《上海史》第二卷,第 325 页。
② 《上海史》第二卷,第 327—328 页。

1900年3月13日，纳税人会议授权工部局拨款补助华童学校，每年不超过5 000两。

由于在沪中外居民对教育越发重视，工部局逐步承担起教育的责任成为界内纳税人的共识。1930年初，工部局董事会决议："任命政务员一人，以监督及管理本局所办各学校，学务处遂成为一独立之行政机关。"① 1930年6月18日，工部局成立学务委员会，以代替原先的华人教育委员会和外人教育委员会，工部局总董麦克诺克致辞中说："本局所负教育之新责任，随时增加，且恐将来为责更重，职是之故，本局乃决定委任有相当资格之教育家多人，成一团体，以其专门之学识，与连续之服务，当能保证现行制度之功能，及新办事业之成效。"②

大会确定了教育委员会的职责，其为"工部局之顾问机关"，具体职务有三：即管理工部局所设之学校，决定各该校之课程，实行核准之教育政策。该委员会（1）须回顾各校之历史及其发展，并研究其组织。（2）审查现时所定课程之性质及其范围。（3）调查全国社会、宗教团体、慈善机构及其他公众或私人所设种种教育便利之范围。（4）调查社会之教育需要，包括各级及各国人民之教育需要在内。（5）决定由工部局拨款供给或协助之教育限度。③

由于学务支出增长很快，"为使中外纳税人得明了公众教育之费用起见，本局曾经决定，将学务预算划出，作为本局账目之特别部分"④。自1931年始，工部局年报中单列1932年学务预算中，由经常预算收入项下拨教育费银1 384 090两；自临时收入项下所拨教育

---

① 《上海公共租界工部局年报》(1931)，第274页。
② 《上海公共租界工部局年报》(1930)，第248页。
③ 《上海公共租界工部局年报》(1930)，第248—249页。
④ 《上海公共租界工部局年报》(1932)，第344页。

经费为银 539 430 两。[①]

工部局支持职员开展丰富的业余生活。1932 年 12 月，工部局华员总会为其所设立的一个俱乐部向董事会申请一份补助金。董事会讨论后认为"如果所组织的俱乐部是为了体力和智力的发展，而且其成员是对所有工部局华人雇员都开放的话，董事会便考虑接受其申请帮助"[②]。最后同意自 1934 年 3 月 1 日起，向该会每年发放 3 600 元的一笔津贴，并且其房产免付房捐，以及批准 3 000 元的贷款，每年须还 600 元。[③]

此外，工部局还对博物馆、图书馆、乐队及慈善事业机关拨款或提供经费。工部局还通过免征房捐等作为提供经费支持的补充手段。1876 年纳税人会议通过决议对公济医院拨款 5 000 两，工部局于是照办。[④] 1883 年，格致书院致信工部局表示由于工部局的最新估价，该院将支付沉重的土地税问题。工部局董事会讨论后决定免除该书院校舍所占的 2 亩 5 分的土地税，但对其余的在上面建造了商店和行号的 7 亩 9 分 0 厘 5 毫土地仍应按新估价征收土地税。[⑤] 1932 年工部局年报记载："本局之拨款补助办理慈善事业机关，业已多年，并曾豁免中外人士所办学校校舍应纳房捐之一部分，藉资补助。"[⑥] 1931 年，得到工部局补助的机关有 5 处，工部局以现款补助 9 500 两；有学校 48 所，共减纳市税 43 000 两。[⑦]

工部局各行政机构有大量雇员，这些为数众多的雇员辛苦的工

[①] 《上海公共租界工部局年报》（1932），第 344—345 页。
[②] 《工部局董事会会议录》第 26 册，第 439 页。
[③] 《工部局董事会会议录》第 26 册，第 439 页。
[④] 《工部局董事会会议录》第 6 册，第 734 页。
[⑤] 《工部局董事会会议录》第 8 册，第 506 页。
[⑥] 《上海公共租界工部局年报》（1932），第 345 页。
[⑦] 《上海公共租界工部局年报》（1932），第 345 页。

图 4-10　工部局交响乐团演出剧照

作,来保证公共租界城市治制的高效运转。1882 年《工部局市政章程及附则》第七款规定：工部局可以任命一名总办和其他需要的职员,他们有权利随时对其任命的政府职员或参与市政服务的机构制定管理条例或规章。[①] 工部局董事及其职员的工作标准,必须遵照以下原则：一是尊重公众利益,二是遵守法律。

表 4-6 是 1930 年工部局各处室中外职员统计表：

表 4-6　1930 年工部局各处室中外职员统计表

处室名称	职员人数	
	外　籍	华　员
总裁办公室	2	2

---

① Proposed Municipal Regulations And By-Laws,上海市档案馆藏档案《上海公共租界工部局市政法规及附则》,档案号：U1-1-1058。英文原文如下：The Municipal Council shall appoint a Secretary and such other officers as may be necessary and they shall have power from time to time to make Rules for the government of any persons they may appoint or engage for the service of the Municipal Body or the carrying out of these Regulations or any of them。

续　表

处室名称	职员人数	
	外　籍	华　员
总办处	20	38
华文处	3	64
音乐队	45	5
图书馆	1	5
律师办事处	3	16
财务处	18	112
捐务处	47	174
万国商团	255	74
警务处	1 402	3 477
监狱	279	76
火政处	77	562
卫生处	140	586
工务处	135	2 160
学务处	123	294

资料来源：据《费唐法官研究上海公共租界情形报告书》第1卷，第304页内容整理而成。

据表4-6可见，工部局各处室的职员规模相当庞大，特别是警务处、工务处、卫生处、火政处为首的四大职能部门，雇员数量相当庞大，是工部局城市管理具体的实践者。

三、以管代办的城市公用事业

随着在上海定居的外侨越来越多，西方侨民的生活习俗及其对生活设施的要求，使得工部局逐步将煤气、自来水、电气等先进技术引入公共租界。学界对于公共租界工部局卫生、供水、供电管理研究的成果很多，[①] 此处着重介绍工部局对公用事业的管理策略。

在整个租界发展历程中，除了筹建电气处，工部局自身未直接负责办理任何公用事业，电气处亦在1929年作价8 100万两白银出售。公共租界内的自来水、煤气、电气、电话以及公共交通等事业，大都由工部局制定章程，然后给予相应公司市场"准入权"，在公共租界及越界筑路地区经营、办理。譬如1880年，工部局与一家自来水公司达成协议，要求其收取的水费不超过房租的5%。但越来越多的用户向工部局投诉自来水公司收取房租10%的费用。工部局坚持认为，按照契约的规定来征收，劝告其缴纳房租的5%的费用。拒绝缴纳更多，如果遭到公司自来水公司起诉，工部局予以辩护，成功让自来水公司屈服。[②]

工部局与各公司所订立合同的条款，规定了各公司所用街区以办理其事业，订立关于服务效率和收费标准及其条件，并且规定工部局有权审查各公司账簿。对于自来水、电气、电话与电车等事业，工部局保留届满后要价收回的权力。部分公用事业，工部局可以在其营业收入中按比例抽成。在电话公司及自来水公司，工部局可以

---

① 马长林、黎霞、石磊等著《上海公共租界城市管理研究》比较系统论述了工部局在公共卫生、城市交通等领域的管理政策及发展脉络。樊果《陌生的"守夜人"——上海公共租界工部局经济职能研究》以供水、供电为例分析了工部局在城市管理中的配置职能。此外，还有对公共租界的电话事业、公共交通等各个领域的研究成果。
② 《上海史》第二卷，第304页。

委派代表，加入其公司董事会。① 譬如工部局与煤气公司曾达成协议，自 1916 年 1 月 1 日起开始实行煤气公司每年付一笔特许权使用费 1 000 两白银，作为工部局在公共照明费用上能有一个 25% 折扣的替代。②

图 4-11　外滩行驶的有轨电车（20 世纪 10 年代）
图片来源：据上海音像资料馆藏影像 *A Trip Through China* 截图

工部局实行将各种公共事业任由私人办理的政策。财政负担是工部局最初不自己主办的主要原因。工部局在初期其自身的财源极为有限，而界内居民，又不愿对于自身之公用事宜直接负责，以承

---

① 《费唐法官研究上海公共租界情形报告书》第 1 卷，第 302 页。
② 《工部局董事会会议录》第 26 册，第 439 页。

担重大债务。工部局采取竞价合同制的目的，在于授予各公司特权，使其在市场垄断的情况下，能按照吸引私人资本之条件进行其事业，而为公众获得一种取价低廉且有效率的服务，前提是遵守工部局的管理，以此保障社会公众的切身利益。

工部局唯一亲自大力兴办的一项大型公用事业，即电气处。1882年，英国人立德禄筹资5万两，在上海创办电气公司。上海电气公司破产后，公司董事长魏特摩等一部分股东另招股4万两，于1888年11月1日在原址成立新申电气公司。由于工部局对路旁架线限制极严，新申电气公司又缺乏资金购置价格昂贵的地下电缆，业务难以发展。在1893年6月7日公共租界纳税人特别会议通过提案，计划发行债券8万两，购买上海新申电气公司，并授权工部局今后为租界内及附近公司用户提供电灯服务。同年8月31日，工部局以6.61万两的价格收购了新申电气公司产期，9月1日工部局成立电气处，由工部局总董麦克雷戈负责管理，并且不增加工部局任何现有职员的编制。[①] 之后工部局逐步投资建设、发展上海电气公司，成为远东最大的电力发电厂。1928年底，电气处有中外职员3445人，资产总额达4299.7万两，设备先进，管理科学，在上海地区电力公司中成本最低，电价低廉，与同时期英国5家最大的电厂相比，发电成本最为低廉。[②]

当时公共租界内及其附近各工厂、商户，大都由工部局电气处供给电力。因为政治原因，工部局决定出售电气处，在其组织的电气特别委员会的报告中，曾就电气处的重要性，陈述意见如下：上海之繁荣，与电气处之办理得法，关系密切。该处过去发展之迅速，

[①] 《工部局董事会会议录》第11册，第571页。
[②] 《上海租界志》，第390页。

以及能以低廉价格供给电气，皆为当地工业能有非常进展之大部分原因。① 工部局电气处是公共租界近代化的支柱产业，工部局每年拨款几百万两用于电气处的运营，影响工部局的支出结构。1929年，工部局因政治前景预判等原因，出售电气处，但订立了两个条件：一为保护；一为有效能的经营。② 工部局通过约定的规章条款，继续保持工部局对电气事业运营的话语权。

图 4‑12　工部局为居民提供厨房用电

工部局的对外采购一般采用招标形式，但在特殊情况下，工部

---

① 《费唐法官研究上海公共租界情形报告书》第 1 卷，第 302—303 页。
② 《昨日纳税西人年会通过出售电气处案》，《申报》1929 年 4 月 18 日，第 13 版。

局董事会也会便利行事。1915年12月8日，电气工程师报告建议进行320吨钢筋的招标，这批钢材的价格约5万两白银，明年可交付。但由于钢价每天都在上涨，电气委员会认为这是一件紧急的事情，因此强烈反对现在附于招标的烦琐手续。会议于是决定由工程师处理，根据可能得到的最佳条件立即订购。①

交通管理也是公共事业管理的重要部分。交通拥挤不仅在现代社会是城市通病，在过去也是一个值得关注的重要社会现象。公共租界的交通拥挤问题是在进入20世纪后出现的新问题，由于汽车、摩托车及人力车等交通工具的增多导致。1922年，在纳税人会议上纳税人提出第十二条议案："上海交通日见拥挤，实堪惊骇，市民极深忧虑。应责令工部局立即设法，以图救济，俾应今日与将来之需要，并为此事起见，准令工部局与公共租界接壤之工部局与地方当局各派代表互相商榷此事。"② 与会纳税人提道"今闻工程委员于报告中提议十年之内提出五百万两，以救济交通之拥挤，至为欣慰。但鉴于去年工部局仍以经济问题而使已通过之计划备受阻难，故有另行提案之必要，窃恐十年之后，上海人口将增加其半，则省费及便利之交通，实为切要之图。是以吾人急需宽广平坦之大道，两旁有真正步行之边路，以期适合日增无已之交通事业"③。纳税人对于工部局的工作并不满意，迫切要求工部局实行大刀阔斧的交通改建计划。

对于上述问题工部局总董回应，说道：

观前数年之工部局公报及年报，已可见工部局对于交通问

---

① 《工部局董事会会议录》第19册，第636页。
② 《纳税外人之特别会与常会纪》，《申报》1922年4月20日，第13版。
③ 《纳税外人之特别会与常会纪》，《申报》1922年4月20日，第13版。

题之尽力。今年工部局并有建筑桥梁之大计划,其他如黄浦滩静安寺路等,业已加宽。南京路中不禁汽车穿越,巡捕房中设有交通科拥挤之马路中,皆建筑待车处,以及允准推广无轨电车路,准行运货汽车等,皆所以求解决此交通问题者。至所谓与租界邻境当道派员会商合作一节,法租界当局固可望最圆满之合作,且亦早已实行。惟"大上海"之交通问题,非仅赖与法租界当局之同意,必赖两租界外中国当局之同意,而于此则常受阻碍,莫不异口同声,谓将妨碍中国主权,故非待本埠华官具有新精神,此层决难办到,故余以为无庸与中国当道会商。[①]

解决交通问题需系统规划,从工部局的努力方向,可见其已在能力范围内做了努力。但由于上海一市三制的行政体制特征,各行政区域相互割裂,若要规划设计较为系统的交通体系,非通力合作不可。

下水道工程向来是城市的动脉血管,其规划建造必须立足百年。1923年,工部局建造了第一个下水道中心系统。到1934年止,这个中心系统包括4家污水处理厂和2座家庭垃圾焚化炉。在同一期间,下水道中心系统范围以外的界内大多数房屋,都挖掘了化粪池。

费唐认为:"泛言之,工部局对于建设富于效率之公用事业,颇见成功,服务既属充分,取费又较低廉,各项事业之大规模进展,最显著者为供给水料电气电力事业,以及各该项事业之能一般维持其高等效能,此于居民之福利,与公共租界内之工业繁荣,裨助

---

① 《纳税外人之特别会与常会纪》,《申报》1922年4月20日,第13版。

甚巨。"①

公用事业的管理权也是工部局对抗捐、抗税现象的有效反制措施。1933年，8家华人旅馆的业主对于提高他们房屋的估价提出争辩。因为估价提高后他们将与一些开办旅馆的租用房屋价格相一致，这些租用他人房屋的旅馆的估价是以所付租金为依据的。工部局曾要他们向工部局提出申诉，但他们既不提出申诉也不按新的估价支付所要求的增加额。工部局认为新的估价与那些租用的华人旅馆的估价相比，条件十分有利。

总办说："有些已经过重新估价的华人旅馆已按新的价格支付捐税，其他几家若不是被旅馆业公会胁迫，显然也会这么做。他们曾辩护说，营业不佳，因而要求估价应随业主的支付能力而变化。工部局当然可以安排用分期付款的办法收取捐税，并提出这样的建议，如果现在就付增加税款的一半，那么其他的一半可以在12个月或14个月的一段时期内分摊。征收捐税显得越来越困难，而且任何行政机关都不能接受由业务状况来决定的流动税率原则。根据审议中的几起案件，有证据证明存在着一种要隐瞒财产真正租赁价值的企图。"②

总董建议切断这几家旅馆的电话线，向这几家旅馆业主施加压力。最后董事会通过决议：再向8家华人旅馆业主发一个为期一星期的通知，除非他们支付应付的房屋增加捐税，或者正式对作为这种捐税依据的重新估价提出申诉，否则执照将被收回。③最终，8家华人旅馆按照工部局的规定交付应纳税额。

---

① 《费唐法官研究上海公共租界情形报告书》第1卷，第302页。
② 《工部局董事会会议录》第26册，第472页。
③ 《工部局董事会会议录》第26册，第472页。

噪声污染也属于工部局城市治理的一部分。1877年，W. H. 卡特先生代表他本人及第八十号册地业务威廉·布鲁厄尔先生向工部局董事会致信：中和洋行大楼对面的工厂铁锤敲打铁毡声经日不绝，使中和洋行楼内的人不堪忍受。他要求工部局帮助他排除此种干扰。他曾向会审公堂提起诉讼，但问题未见缓和。董事会在讨论后认为：本租界乃是根据条约专供外国人居住之地，工部局应竭尽一切防止外国人受到那些获准在租界居住并营生的中国人的干扰，因此工部局应尽量排除这种袭扰。董事会责成警备委员会按照董事会表达的意见处理此事。① 而下面的事例则印证的是工部局对于外侨与外侨之间的噪声纷争态度。1877年8月，凯格斯致信工部局要求工部局采取措施，制止缪勒锯木厂每日上午9时至下午5时开工时所造成的噪声。② 但根据工部局卫生官调查认为，机器发出的噪声构成了噪声公害，但对附近居民健康并无损害，工部局董事会遂认为凯格斯所申诉的噪声在性质上不属于工部局干预之例。③ 但是，工部局对华人产业所产生的噪声则持零容忍的态度。同年9月，福州路6号、7号附近若干居民要求工部局采取措施制止这两户住所发出的嘈杂声。应这些居民的请求，会议命令捕房督察长警告7号居民（在收到请愿书之后，6号已经关闭），今后若再引起他人不满的话，就将以开设妓院的罪名，对其提出起诉。④ 噪声治理事例更力证了工部局在城市管理中秉持的双重标准。

工部局的城市治理成果在租界内和界外筑路地区得到了较为显著的成效。著名的出版家张元济曾迁居到公共租界西部越界筑路地

---

① 《工部局董事会会议录》第7册，第602页。
② 《工部局董事会会议录》第7册，第608页。
③ 《工部局董事会会议录》第7册，第610页。
④ 《工部局董事会会议录》第7册，第612页。

区，其子张树年曾回忆在这一区域的生活感受：

> 自从迁到新居之后，觉得环境幽静清洁，究其原因应归功于工部局和巡捕房的一套严格管理办法。在治安方面，巡捕房每天派出巡逻队多次，直至深夜，有英国巡捕的马队、印度巡捕的步行队。在卫生清洁方面，黎明前粪车为家家户户倒马桶；穿红背心的清道夫扫街，还经常在路旁铲除野草，夏季洒水车冲洗街道，近午一次，下午二三次（先用马车，后用汽车），寒冬下雪清道夫扫雪。此外还派捉狗车捉狗，以防狂犬病的发生。对行人道树木亦极重视，每到冬季，派人修剪枯枝，补种枯死的树木。①

费唐在总结工部局治理成就时认为有两个主要结果，一是安全，二是一般生活情形之改进。为公共租界内提供安全，一为公共租界之警政设施，足以维持秩序，并保障生活财产，遇有紧急事件，则由商团协助，最后又有各国军队为后援；二为公共租界内负有司法责任之法院。一般生活情形之改进，系为公众服务之设备及其管理之结果。最显著者为公共工程之建造与维持，公共卫生之保障，教育及运动等便利之供应，以及取价低廉之给水、电灯、电力与运输方法等之设备。②

工部局并不愿意承担过多的管理责任。1933年，工部局总裁费信惇就说："他认为对医院实施执照管理的建议在交纳税人特别大会讨论之前也同样应当在各方面予以认真考虑。虽然他不反对拟定各

---

① 张树年：《张元济往事》，东方出版社2015年版，第36页。
② 《费唐法官研究上海公共租界情形报告书》第2卷，第138页。

种管理医院的措施，但他认为这件事最好用工部局法令方式而不是通过对执照附则的修改来实行。即使用这种管理手段也要非常慎重考虑工部局的权力和它所拟颁布旨在实施此项管理的条例，倘使任何一家医院成为公共的危险，工部局现在可以凭其警察权来处理。"①

此外，工部局治制提供了相对独立的政治经济环境，有利于减轻商人负担。1908 年，某些华籍居民就被强征厘金之事向工部局提出请愿书，警务处抓捕了两名厘金税役，并送往会审公堂审理。董事会将此诉讼案交法律顾问处理，指示他按照先例坚决对这两个人处以重刑，只要用这个办法，就能继续使租界免征厘金。②

工部局十分重视排除中国政府对租界的干扰。在 20 世纪 30 年代工部局华董与外籍董事之间曾发生过争论，工部局华董徐新六表示"怀疑工部局作为一个租界市政团体是否可以颁布可能被认为是侵犯中国法律的章程"③。总裁费信惇宣布，他不怀疑工部局在这方面的权力。在某些地区持有一种观点说，国民政府拥有唯一的权力在租界以内行使某些职能。倘使工部局承认这种论点，那么它在租界内的行政权将结束。从法律观点来看，工部局凭其所说的警务权无疑有权颁布并实施为社会谋福利的有关章程，不管国民政府实行相似章程与否。租界内各法庭迭次支持此一论点，从而承认工部局拥有一定的警务权以符合全世界各城市所普遍运用的原则。最后他认为如果中国当局对工部局的要求报之以合作的态度，那么在执行拟议的章程将不会发生摩擦。④

---

① 《工部局董事会会议录》第 26 册，第 387 页。
② 《工部局董事会会议录》第 17 册，第 537 页。
③ 《工部局董事会会议录》第 26 册，第 389 页。
④ 《工部局董事会会议录》第 26 册，第 389—390 页。

第三节　个案分析：工部局大楼筹建中的财务运作

一座伟大的城市，在带来物质发展的同时，会在文化繁荣与社会进步上留下不可磨灭的贡献。上海作为一个"集合"城市，曾经的公共租界无疑是这座集合城市的核心区域。城市的运转，需要一个有效率、系统完备的市政管理机构，工部局的主要职能是维护租界安全，修筑道路、码头等公共设施，进行清洁卫生等公共服务，并依靠征收房捐、地税、执照捐、码头捐等税费，维持自身运转。

租界创立后，人口逐渐增多，租界面积不断扩大，租界内各种建设项目随之增多，租界管理也日趋繁复。工部局早先每周召开董事会，处理日常事务，后成立总办，执行董事会具体命令，专职处理工部局各种事务，工务处、财务处、卫生处、警务处等各处室，皆在总办领导下办公。但由于处室的增多，工部局雇员随之增加。此外，随着公共租界城市体量的不断增长，城市能级的提升，诸多事务需要协同处理，遂产生了对办公场所的集中需求。本节以20世

图 4-13　工部局大楼设计稿透视图

纪初工部局大楼修建的时代背景，围绕大楼修建过程中的相关问题，考察工部局的财务运作机制。

一、工部局"委员会"机制与大楼筹建

工部局大楼的修建，经历了长时间的讨论和较为漫长的决策过程。1904年，工部局提出扩大办公规模的建议，并建议将汉口路、江西中路、福州路、河南路所围合而成的街区全部买下，建设能供工部局各机关部门集中工作的新办公楼。[①] 工部局曾于1896年在南京路、广西路和贵州路口建造了工部局市政厅，占地面积近四千平方米，部分缓解了工部局的办公问题，但未能解决根本问题。除了因为办公场所过于狭促、不敷应用之外，还因为市政厅所在的地段地价昂贵，没有扩充可能，而且南京路上终日车水马龙，商业繁盛，不利于工部局董事会开会及各处室安静办公。而工部局计划购买的地块则有地价较低、环境安静、文化氛围浓厚等优点。

为了更好地推进工部局大楼建设，1910年，工部局董事会决定："任命一个特别委员会，由克莱格、朱满和德格雷先生组成，以充分考虑重建的问题，对万国商团司令部和操练厅提出意见，制订附有费用概算的明确计划，以便有助于董事会对整个问题作出结论性决定。"[②] 当年纳税人会议同意建造新的指挥部和训练厅的建议。[③]

顾问委员会是工部局的特色机构，分为常设委员会和特别委员会。因董事会事务纷繁，各董事无法顾及，乃设各种委员会（committee）以辅助之，如财务委员会，卫生委员会，工务委员会

[①] 《上海公共租界工部局年报》(1904)，上海市档案馆藏档案，档案号U1-1-917。
[②] 《工部局董事会会议录》第17册，第666页。
[③] *SHANGHAI MUNICIPAL COUNCIL REPORT OF THE MUNICIPAL BUILDINGS COMMITTEE* (1913)，上海市档案馆藏档案，档案号：U1-1-169。

皆是。各委员会之委员，或由董事自兼，或另聘他人，人数不一，少则二三人，多则至九人。由董事会交议案与他们研究审查，他们再将其结果报告董事会通过。一议案须经董事会正式通过后，始得发生效力。① 工部局创办的委员会的最大特点是专业操作、专项办理、办事迅速，以顾问形式发挥作用。特别委员会专为解决临时性的、系统复杂问题而设置。在工部局历史上，最著名的是地产估价委员会，1862年9月8日的租地人特别会议上批准成立了由汉璧礼、达拉斯、索恩、范彻、罗森组成的西侨地产估价委员会，以进行地产估价，规定每3年重新对土地估价一次。② 委员会的权力被工部局董事会牢牢掌控，其办事仅属顾问、咨询性质。

第二届工部局大楼委员会（The Municipal Buildings Committee），成立于1912年4月3日。由工部局总董在工部局董事会上提议："成立一委员会，由三名董事会成员及二名董事会以外的代表组成，以对整个问题进行充分考虑，并提出报告作为董事会的工作向导。"③

根据1912年4月11日出版的《字林西报》记载了工部局大楼委员会成立的介绍：

The Municipal Gazette contains a note of the Council's decision to appoint a Committee to report on the whole question of the reconstruction of Municipal buildings, announced in these columns yesterday. The Committee will consist of Messrs, H. De Gray, E. E. Clark, H. Figge for the Council, and Messrs.

---

① 穆渭琴：《参观了上海工部局与市政府归来》，《之江校刊》1935年第70、71期合刊。
② 《工部局董事会会议录》第3册，第546页。
③ 《工部局董事会回忆录》第18册，第599页。

E. S. Little and T. E. Trueman，independent ratepayers。①

1912年4月11日下午5点，工部局大楼委员会召开成立会议。会上，委员会主席讲到委员会的目的在于"提出一个整体的为解决整个租界的市政所需要的中央建筑的方案"②。会议最后阶段，工部局大楼的设计师特纳被邀请自由地表达他对建筑设计的方案。③

在工部局大楼委员会的统筹运作下，工部局大楼的建设推进加速，并首先解决了地皮购买问题。1913年2月15日，工部局大楼委员会主席伯基尔致函马克拜，与他协商以总价450 000两白银购买171号册地，并指出，工部局曾在1911年6月出价407 826两，在近几年，这项地产的价格已经减少。马克拜于2月20日回信伯基尔说，171号册地托管人不愿以450 000两出售，并准备在3月31日召开的纳税人会议上，建议以500 000两价格购买。④ 工部局大楼委员会认为此项出价目前看最为合理。工部局大楼委员会提到，总共500 000万两的价款之外，有一部分付给目前的中国租户，目前还有3年的租约未履行；将有一笔不低于60 000两的购买用于福州路和江西路的拓宽，这笔费用将在未来几年内以任何理由发生。⑤ 1913年3月19日举行的上海公共租界纳税人年会通过了工部局大

---

① *The Kidnapping Case*，*The North-China Daily News*，Apr. 11, 1912, 7th edition. 中文译文：《工部局公报》刊载了一则消息，内容是工部局决定成立委员会，负责就工部局大楼整个重建问题作出报告。该决定已于昨日在各专栏公布。委员会将由德格雷先生、克拉克先生、菲奇先生和独立纳税人李德立先生、朱满先生组成。
② 《上海公共租界工部局大厦委员会会议录》，上海市档案馆藏档案，档案号：U1-1-169。
③ 《上海公共租界工部局大厦委员会会议录》，上海市档案馆藏档案，档案号：U1-1-169。
④ *SHANGHAI MUNICIPAL COUNCIL REPORT OF THE MUNICIPAL BUILDINGS COMMITTEE* (1913)，上海市档案馆藏档案，档案号：U1-1-169。
⑤ *SHANGHAI MUNICIPAL COUNCIL REPORT OF THE MUNICIPAL BUILDINGS COMMITTEE* (1913)，上海市档案馆藏档案，档案号：U1-1-169。

楼委员会的报告,其第五项决议称:"工部局大楼委员会的报告被接收和采纳,工部局被授权按照其中所载的建议开展工作。"① 1913 年 3 月 26 日,按照马克拜以现款进行交易的商定,董事会立即与其办理过户手续。② 随后工部局与 171 号册地承租人程吴氏进行了多轮谈判,双方同意:

(1) 程吴氏将于 1914 年 1 月 31 日将所提租地转让给工部局。

(2) 工部局将允许程吴氏及其代理人、雇工和其他人员从 1914 年 2 月 1 日至 3 月 10 日止进入上述土地拆除建筑结构及建筑物。在上述期限内,程吴氏必须拆除所有建筑结构及建筑物。③

工部局将 167、168 和 171 号册地全部合入 168 号册地,江西路、汉口路、福州路、河南路所围成的整片地产,成为工部局随时可处置的独立资产。

第二个关键问题是大楼的设计招标。1910 年,纳税人会议同意建造新的指挥部和训练厅的建议。④ 同时香港总督建议,位于市中心的新的中央建筑实际上应该是综合办公中心,并将 171 号册地与 168 号册地一起规划。⑤ 建筑的设计要求满足中央巡捕房、中央救火站、卫生处、万国商团司令部和训练厅。

表 4-7 是工部局董事会需要的办公面积,表 4-8 是截至 1913

---

① 《上海公共租界西人纳税人年会与选举工部局董事及地产委员会的材料》(1913),上海市档案馆藏档案,档案号:U1-1-843。英文原文为:"Resolution V. —— That the Report of the Municipal Buildings Committee be received and adopted, and the Council be authorized to proceed in accordance with the proposals there in contained."
② 《工部局董事会会议录》,第 18 册,第 654 页。
③ 《上海公共租界工部局年报》(1913),上海市档案馆藏档案,档案号:U1-1-843。
④ SHANGHAI MUNICIPAL COUNCIL REPORT OF THE MUNICIPAL BUILDINGS COMMITTEE (1913),上海市档案馆藏档案,档案号:U1-1-169。
⑤ SHANGHAI MUNICIPAL COUNCIL REPORT OF THE MUNICIPAL BUILDINGS COMMITTEE (1913),上海市档案馆藏档案,档案号:U1-1-169。

年工部局各处室所要求的面积,为净面积,不包括楼梯、走廊等。

表4-7 工部局董事会需要的办公面积

(单位:平方英尺)

工部局董事会会议室	1 200
2委员会房间(每个600)	1 200
等候室	200
寄存室	200
总计	2 800

资料来源:*SCHEDULE OF REQUIREMENTS,SHANGHAI MUNICIPAL COUNCIL REPORT OF THE MUNICIPAL BUILDINGS COMMITTEE*(1913),上海市档案馆藏档案,档案号:U1-1-169。

表4-8 各部门面积汇总 (单位:平方英尺)

工部局董事会	2 800
万国商团	54 709
警务处	67 281
(已有)	(41 692)
(新增)	(25 589)
卫生处	26 854
(已有)	13 754
(新增)	13 100
工务处	17 605
财务处	17 425
总办处	12 575
总计	199 249

资料来源:*SCHEDULE OF REQUIREMENTS,SHANGHAI MUNICIPAL COUNCIL REPORT OF THE MUNICIPAL BUILDINGS COMMITTEE*(1913),上海市档案馆藏档案,档案号:U1-1-169。

据工部局大楼委员会的记录记载：工部局大楼建设委员会建议，设计的征集应该从上海、香港、马尼拉、新加坡和其他在远东的外国建筑设计团体中征集，并由技术专家组成的委员会选出最佳的3项设计，分别奖励10 000两白银、3 000两白银和1 000两白银，这项工作将在工务处的监督下主导进行。①

工部局将征集的设计进行综合修改，最后选择出了4个样本图，工部局董事会认为可以选择其中的优秀设计进行分组，整体综合考虑，并择定大楼整体三层，局部四层高度。② 委员会表示更看好第三项设计。

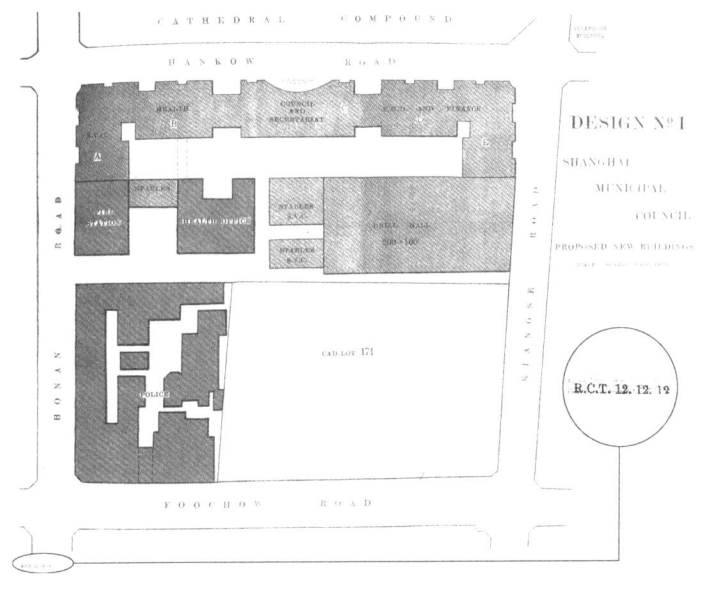

（方案一）

---

① SHANGHAI MUNICIPAL COUNCIL REPORT OF THE MUNICIPAL BUILDINGS COMMITTEE (1913)，上海市档案馆藏档案，档案号：U1-1-169。
② SHANGHAI MUNICIPAL COUNCIL REPORT OF THE MUNICIPAL BUILDINGS COMMITTEE (1913)，上海市档案馆藏档案，档案号：U1-1-169。

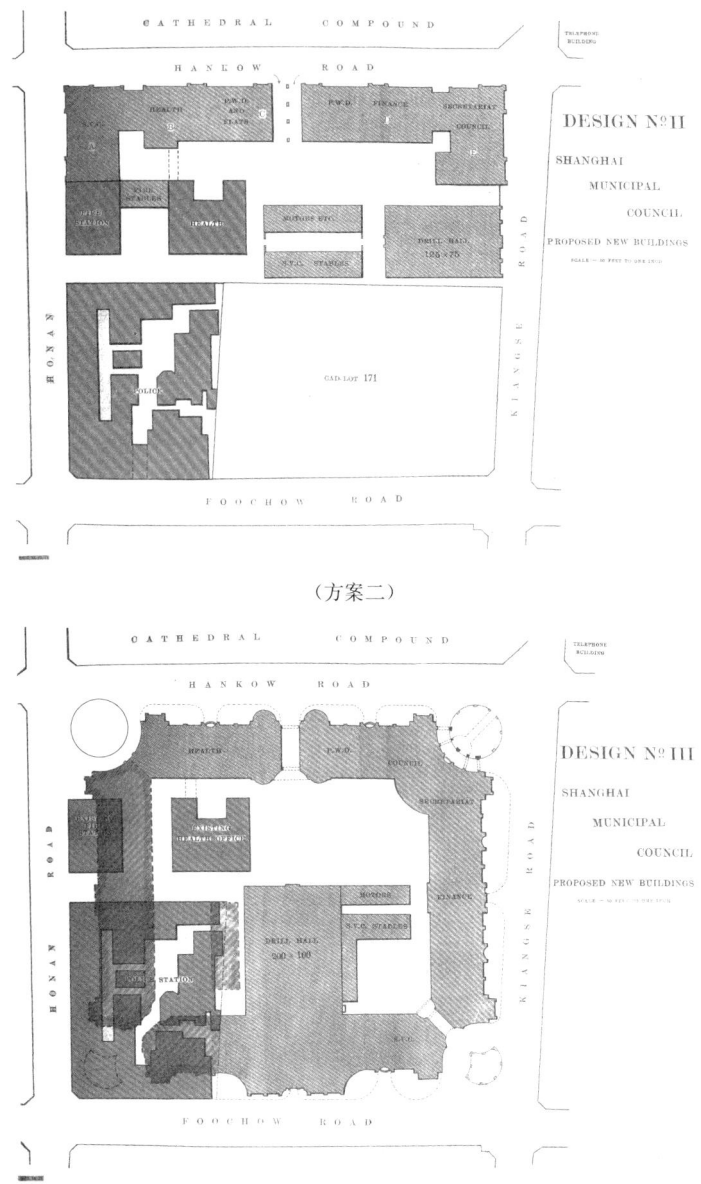

（方案二）

（方案三）

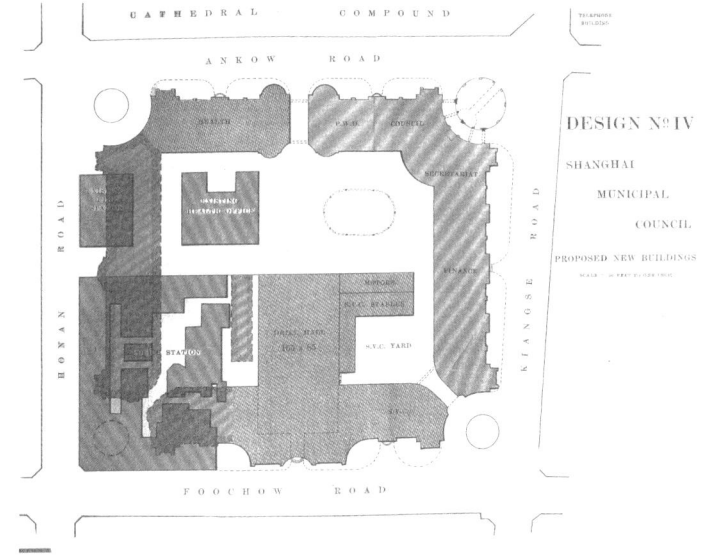

(方案四)

图 4-14　工部局大楼设计 4 个方案

图片来源：*SHANGHAI MUNICIPAL COUNCIL REPORT OF THE MUNICIPAL BUILDINGS COMMITTEE*（1913），上海市档案馆藏档案，档案号：U1-1-169。

委员会建议将设计的方案送到英国伦敦，工部局利用曾任工部局工程师（1889—1909）的查尔斯·梅恩的人脉资源，获得英国皇家建筑师协会主席的意见和评论。[①]

方案一中可见特纳的签名（R.C.T.）及其日期（12.12.12）。特纳，职务是首席建筑师助理和工部局大楼建设委员会秘书长。[②] 到1920年，工部局工务处首次出现了专职的"建筑师"，特纳是工

[①] *SHANGHAI MUNICIPAL COUNCIL REPORT OF THE MUNICIPAL BUILDINGS COMMITTEE* (1913)，上海市档案馆藏档案，档案号：U1-1-169。

[②] *SHANGHAI MUNICIPAL COUNCIL REPORT OF THE MUNICIPAL BUILDINGS COMMITTEE* (1912)，上海市档案馆藏档案，档案号：U1-1-169。

部局第一位担任建筑师职位的人。根据 1925 年出版的《字林西报行名录》记载，特纳退休时担任工部局建筑师。①

1913 年 5 月 14 日工部局董事会在经过讨论后，一致同意委员会（工务委员会）的意见：工务处对拟建的大楼要着手绘制设计图纸。② 董事爱士拉说他对特纳先生在讨论该问题时所发表的有见识的意见，及他在育才公学和新建的西童公学的突出成绩留下了深刻的印象。③ 于是特纳承担起工部局大楼设计图纸的任务。工部局工务处建筑师特纳于 1913 年 6 月完成了工部局大楼的平面设计。8 月完成了主要的立面设计，并于 9 月将其全部提交董事会讨论。董事会研究后认为，由主建筑师携带图纸到伦敦交给英国皇家建筑学院院长审阅，征求意见，并在伦敦绘制面对汉口路和江西路一隅的透视图。④ 1913 年底，工部局收到了英国皇家建筑师学会主席的相关意见，⑤ 对工部局的设计表示满意，但认为工部局是市政建筑，应该用传统的石材作为主要的建筑材料，不宜追求时尚而显得轻浮、急躁。

特纳于 1916 年 12 月 16 日在上海结婚。⑥ 1950 年 6 月，特纳因病在英国去世。消息传来，《字林西报》对此发了讣告，以纪念为上海城市建设做出过贡献的这位建筑师：

"R. C"或者"鲍勃"，他的密友如此称呼他，是前上海工

---

① *The North China Desk Hong List*, *North-China Daily News and Herald*, 1925, p. 240.
② 《工部局董事会会议录》第 18 册，第 662 页。
③ 《工部局董事会会议录》第 18 册，第 662 页。
④ 《上海公共租界工部局年报》（1913），工务处报告。
⑤ 英国皇家建筑师学会（Royal Institute of British Architects，简称 RIBA）于 1834 年以英国建筑师学会的名称成立，1837 年取得英国皇家学会资格。它的宗旨是：开展学术讨论，提高建筑设计水平，保障建筑师的职业标准。
⑥ *The Paper Hunt Club*, *The North-China herald and Supreme Court & Consular Gazette*（1870 - 1941），Dec. 16, 1916, 45th edition.

部局多年的建筑师。工部局决定建造这座屹立于汉口路和江西路交叉口的大楼时,便邀请了英国多位卓越的建筑师。特纳询问自己是否可以提交方案并得到许可。方案寄往英国并得到了方案评选专家组的认可。几年前,他退休回到英国,仍旧思念上海,希望从来没有离开过。①

工部局大楼所在地基上的拆除工作于1914年上半年完成,并在同年结束了新建筑的地基挖掘工作。1914年10月16日,工部局收到了多份承建工部局大楼的投标书,最后裕昌泰营造厂中标,规定"以工务处人造石第213号规定建造中央大楼",并补充"自即日起6个月内任何时候以花岗石代替人造石作为建筑物的饰面,费用由董事会和你方商定"②。1915年,由于董事会计划大楼以花岗石装饰,裕昌泰修改了投标价格,"即为底层和所有的柱子铺以花岗石,要价白银135 000两,整个楼房要价26万两"③。董事会接受底层和所有柱子的投标报价,并把整个问题留交即将召开的纳税人大会上总董发言作参考,并在纳税人年会第四项决议案中获得通过。④

裕昌泰中标原因有三,一是掌握了当时刚引入上海的钢筋混凝土施工技术;二是裕昌泰的创办人之一谢秉衡与工部局主管建筑的哈伯建立了密切关系;三是提供了最低的人造石报价599 850两。⑤

---

① *OBITUARY Mr. R. C. Turner*, *The North-China Daily News*, Nov. 5, 1950, 2nd edition.
② *New Central Offices*, *The Municipal Gazette*, Oct. 22, 1914.
③ 《工部局董事会会议录》第19册,第581页。
④ 《工部局董事会会议录》第19册,第591页。
⑤ 当时报价分为花岗石报价和人造石报价,裕昌泰花岗石报价为879 500两,报价并非最低。人造石报价为599 850两,为最低。工部局董事会最终选择了费用较低的人造石报价。资料来源:*NEW COUNCIL BUILDINGS ARE TO COST TLS. 599, 850*, *The China Press*, Feb. 11, 1915, 1st edition.

万国商团操练厅的建设，是单独进行招标的。10月21日《工部局董事会会议录》记载，工部局工务处第一八三号招标通告，共收到7份意欲承建操练厅钢结构屋顶的投标书，其中最低者即阖辟洋行，索价4 800镑，在11个月内交货。此项投标被批准接受。① 但紧接着10月28日，阖辟洋行伦敦办事处发电报给工部局董事会，称该公司对工务处第一八三号招标通告投标时，由于错误，比应有数字少算720镑。工程师之便函建议该公司应按照其投标书行事，但此数额巨大，董事会认为在此种情况下，上述办法很难行得通。于是以电话询问清楚下一个最低的投标者耶松老船坞，其投标价为白银5万两，现尚可进行交易，因此决定接受该船坞之投标，并通知阖辟洋行，其投标不具备条件。② 是年12月底，开始动工兴建，主要构架于1915年春天搭建完毕。

因为一战旷日持久的进行，工部局大楼建设因为材料、供暖系统设计问题，一度无进展。但在一战结束后，迅速推进，并顺利完工，工部局各部门相继搬入并开始办公。

二、工部局大楼建设资金运作与工部局的财政状况

工部局所掌握的财权是公共权力的表现形式之一，这项权力由以纳税人会议所代表的公共租界全体纳税外侨所赋予，也是公共租界外侨参与城市治理的路径，同时也是实现自身权益诉求的途径。工部局每年要在纳税人年会上报告上一年度的预算执行情况，并由纳税人审批当年的预算。重大财政支出，皆要由纳税人会议审批通过。据一份1915年工部局工程师的报告提道：当初纳税人同意该项

---

① 《工部局董事会会议录》，第19册，第562页。
② 《工部局董事会会议录》第19册，第563页。

计划时，他们准备花一笔足够的钱，建造一幢与上海相称的建筑。①可见，当时工部局的财力是非常充沛的，而且纳税人会对工部局大楼建设持积极态度，这与工部局所处的当时上海的时代大背景密切相关，也与工部局先进的财政运作密不可分。

据前文所述，工部局在买地、招标预算过程中，已有一百万两白银以上的开支。在工部局大楼未竣工以前，1920年的《时报》刊登《工部局新屋之费用：已用去二百万两》，其原文如下：

>　　字林报昨载一署名观察者之投函，上海工部局新屋自一九一三年造至今年，尚未落成，而费用已可观，即全屋前面所用青石已费二十五万九千九百五十两矣，试罗列各费用用途于左：
>　　地价（计九亩一分七厘四毫）八十七万四六五八两，地价上之利息六年共三十六万七三五六两，已付之造价五十万两，三年利息（七厘计）加十万五千两，共计已付款一百九十五万一千九百九十两。此外又加六年中工程师等薪水约四万八千两，总数此一屋需费已达二百万两，而今恐尚须十二月始，可落成云。②

如此须回答几个问题，即工部局的财力如何？工部局大楼建造时的宏观经济背景如何？如何通过工部局大楼看工部局的财政体制运作？

---

① *NEW COUNCIL BUILDINGS ARE TO COST TLS*. 599, 850, *The China Press*, Feb. 11, 1915, 1st edition.
② 《工部局新屋之费用》，《时报》1920年1月28日，第3版。

（一）工部局大楼修建计划提出时期，正处于工部局历史上财政状况最好的时期

从1899年至1918年，工部局财政收支保持了20年的盈余，相关统计见表3-2。

结合前文的论断，这一时期工部局不仅收入快速增长，而且支出小于收入，每年都有经常性盈余，使得工部局有实力和财力进行市政建设。

（二）上海多功能经济中心地位的初步确立

开埠以后的对外贸易的发展，带动了上海内贸、交通运输、电信通信、金融、工业等行业的发展，而这些行业的发展又相辅相成，互相促进，以其巨大的经济聚集力量，使上海自然地成为我国最重要的多功能经济中心。[1] 特别是进入20世纪以后，城市工业的发展，带动了上海现代金融业兴盛，上海的经济中心功能更加确立。而交通运输、电信通信、能源电力、市政建设等的发展与城市发展基本同步，城市繁荣更日盛一日。

（三）财务处先进的资金筹集方式

工部局早期的财务工作由总办处负责，下设会计、出纳、收税员等职位。1909年召开的纳税人会议不仅批评工部局财政开支的大幅增长，还批评总办处会计股承担的工部局财务工作，工部局于是筹设专业化的财务处。当年4月21日，工部局董事会批准了由古德尔代理会计师并进行财务处改组的必要调查，并同意他提出的增加人员的建议。[2] 11月1日，原总办处会计股代理股长古德尔被指定担任该处处长。财务处主要掌管工部局经常收入、支出预算及执行，

---

[1] 张仲礼主编：《近代上海城市研究》，上海人民出版社1990年版，第87页。
[2] 《工部局董事会会议录》第17册，第605页。

临时收支亦归其管辖。成立初期设处长1人,副处长1人,首席会计1人,助理会计若干人及买办间。随着工部局财政收支日趋庞大及事务增多,财务处专门成立会计股。1931年1月14日工部局公报发表公告:"自1932年1月1日起,将捐务处并入财政处。现任捐务处处长艾伦君,在未退休前,当另委以属于顾问性质之特别职务,现任帮办处长包恩君,暂充捐务处主任。"[①] 原属总办处管辖的捐务股划归财务处,该处又监管捐税稽征工作。财务处还管理原属于财务委员会管理的与各公用事业公司订立的重要合同等工作。

经纳税人会批准的财政预算并不意味着自动生效,还须遵守财务程序,各处室要将300两以上的开支预算详细造册,报财务处处长审核。财务处长在必要时可对各部门的预算提出意见,并报董事会讨论。对于未列入预算的支出,财务处长有权拒绝。财务处长批准的预算开支,经总办转呈各相关委员会审议,再报董事会批准。工部局财政处管理工部局的全部财政运作,由于该处是支付款项及保管账目的唯一负责机关,其所处的地位,足以切实限制工部局其他各部门的费用支出。

1913年2月17日,工程师对4种方案的花费做了预算,分别是700 000两,675 000两,750 000两,750 000两。而第1、2种方案不需要购买171号册地,第3、4种方案需要购买171号册地,则工部局财务处测定的花费为:

财务处认为需给建造工部局大楼的花费发放公债,而由利率决定的贷款利息,对于纳税人决定年度花费是一个重要的因素。一是年利率,一是偿还方式。财务处在预算过程中采取了6%和5.5%两

[①] 《上海公共租界工部局公报》,1931年1月14日,第2期。

表 4-9　4 种方案花费测算　　　（单位：两）

项　目	方案 1	方案 2	方案 3、4
建造预估费用	700 000	675 000	750 000
171 号册地购买费用	0	0	500 000
总计	700 000	675 000	1 250 000

资料来源：*SHANGHAI MUNICIPAL COUNCIL REPORT OF THE MUNICIPAL BUILDINGS COMMITTEE*（1913），上海市档案馆藏档案，档案号：U1-1-169。

种年利率标准进行计算。在过去的 12 年中，为电力等公用事业发放的公债普遍执行的年利率是 6%，偿还期为 20 年或 30 年。工部局大楼委员会曾提到将偿还期延长至 50 年，这样可以减轻工部局每年的还款压力。但就总还款额来说，偿还期的延长会导致还款总额的增加，所以这些贷款对普通投资者的吸引力远远超过前几年的债券。所以，出于平衡收支考虑，贷款的年利率下调至 5.5%，甚至是 5%。①

财务处在计算年度偿还金时，认为最佳方式是"分期付款"，这是迄今为止最公平的方法，被越来越多地用在诸如上海这样不断增长、发展的城市。在规定的期限内，这个政策的债务费用负担最重的是头几年，此后逐渐减少。未来的纳税人有他们自己的债务负担要承担，此外，他们前辈创造的"分期付款"很明显也要承担，它就会被想起。

表 4-10 显示的是由工部局财务主管 E. F. 古德尔制作的未来 50 年里每年工部局大楼公债需偿还的预算，由于方案 1 和方案 2 接近，方案 2 便不在表中记载。"A"是基于年利率 6% 计算，"B"是

---

① *SHANGHAI MUNICIPAL COUNCIL REPORT OF THE MUNICIPAL BUILDINGS COMMITTEE* (1913)，上海市档案馆藏档案，档案号：U1-1-169。

基于年利率5.5%计算。每个情况都是基于分期付款机制计算的偿还额。

表4-10 工部局大楼公债年度偿还额　　（单位：两）

年　份	还款额和利息费用			
	方案1		方案3和方案4	
	A	B	A	B
1913	—	—	15 000	13 750
1914	6 000	5 500	45 700	42 725
1915	23 380	21 765	63 230	59 127
1916	42 990	40 157	84 225	78 831
1917	54 800	51 400	96 640	90 670
1918	53 960	50 630	95 140	89 295
1919—1961 偿还额按右侧金额逐年递减	840	770	1 500	1 375
1962	17 000	16 750	29 140	28 795
1963	16 160	15 980	27 640	27 420
1964	15 320	15 210	16 440	16 320
1965	10 600	10 550	11 660	11 605
1966	5 150	5 138	5 665	5 651

说明：上述计算不包括在重建过程中租赁临时办公室的费用。
资料来源：*SHANGHAI MUNICIPAL COUNCIL REPORT OF THE MUNICIPAL BUILDINGS COMMITTEE*（1913），上海市档案馆藏档案，档案号：U1-1-169。

工部局在综合考虑购地成本、未来办公条件等情况后，最终选择了第三种方案,并在此基础上,要求工务处根据要求进行修改。工部局最终选择发行公债的票面金额利息 5 厘半,总数为 565 300 两银子,还款期为 50 年。① 其他建设资金,由工部局按照相应方式陆续筹措支付。

图 4-15　工部局发行的债券

随着工部局大楼建成,工部局各部门相继搬入并开始办公。1921 年 7 月,《时报》转载《大陆报》报道:工部局各科,除商团与其他零星事务所外,均已移入新屋,大约七月下旬,全屋可以告竣。刻秘书处总事务处与会议厅,均设中部第一层,大门在江西路。各

---

① 《工部局董事会会议录》第 18 册,第 659 页。

图 4-16 初建成的工部局大楼

图片来源：*Far Eastern Commercial and Industrial Activity*

税务处在最下一层，工程处已自黄浦滩移至新屋北部，大门在汉口路。财政处与储蓄银行设在河南汉口二路角之新屋内。至于商团事务所，将设在福州路一面之屋，与总捕房接近。再近江西路一部分之屋，将留待电气处移入云。①

1922 年 10 月 18 日，工部局召开会议，决定 11 月间正式开放行政大楼。其时，董事会将于每天下午 4 时至 6 时在"工部局办公室"及各"委员会办公室"接待来访者。具体事宜将由总办安排，届时还将在工部局公报和报界刊发对纳税人的邀请，并特别邀请领事团、法租界当局以及中国官员。还要准备有关大楼的历史及耗资等方面的资料，因为到时总董在"接待时间"内的演说里将会介绍这方面的情况。②

11 月 16 日，大楼投入使用。是日，《申报》为工部局举行新屋落成礼进行专题报道："工部局新屋落成定今日举行落成典礼等

---

① 《工部局新屋之内容》，《时报》1921 年 7 月 1 日，第 3 版。
② 《工部局董事会会议录》第 22 册，第 595 页。

情……连日各界赠送纪念品及致祝书祝贺者颇众，本埠各路商界总联合会昨日由委员会议决定制大银盾一座，上镌四字文曰'惠而好我'并派代表出席。"①

工部局新大楼占地 12 亩（加上工部局旧房屋，工部局共占地 26 亩），新楼计有房屋 400 间，在此办公的外国人约有 800 名。据《上海小蓝本》的记载，公布如下：

> 上海工部局总裁办公室（Director Generals' Office），江西路 209 号，电话：10089
> 上海工部局薪金委员会（Salaries Commission），江西路 209 号，电话：10089
> 上海工部局教育部（Education Department），江西路 209 号，电话：19416
> 上海工部局支银处（Finance Department），汉口路，电话：60904
> 上海工部局警务处（Police Force），汉口路 18 号，电话：61369
> 上海工部局卫生处（Public Health Department），汉口路 16 号工部局房子，电话：13051
> 上海工部局工程处（Public Works Department），汉口路 15 号，总线 60161 接各部办公处②

工部局在市政管理上的高效率，使得公共租界的城市管理成为

---

① 《工部局今日举行新屋落成礼》，《申报》1922 年 11 月 16 日，第 13 版。
② 《上海小蓝本》（*The Little Blue Book of Shanghai*），1931 年版，第 181、182、183 页。

中国城市管理的样板。南京国民政府曾多次派员在工部局学习市政管理。此外，在国际国内政治社会形势发生变动的情形下，工部局也不断探索市政管理的新模式，最著名的莫过于邀请费唐法官前来工部局，专门研究市政问题，"当时公共租界工部局，感界内市政尚不完美，因特聘斐桑氏为专家顾问。按斐氏现任南斐高级法院法官，对于市政学识，颇有研究，业已应聘。昨日有电告，已乘特根轮船来华"①。1月22日工部局董事会会议决定费唐大法官在工部局任职期间的报酬为每年2 500英镑，加上额外的零星费用。②

1930年1月13日，费唐来沪，随即以独立调查人身份开始工作，其办公室即在工部局大楼第341号房间。1930年6月，费唐向工部局提交了一份长达165页的备忘录，提出调查报告的基本构思。1931年4月25日，英文版《费唐报告》第一卷发表；6月，第二、三卷发表；1932年初，第四卷发表。固然费唐法官报告由于诸多原因，引起巨大争议，但它在探索城市管理制度与市场法治机制方面，是一份非常重要的研究报告。

三、工部局大楼与城市权力中心塑造

工部局以工部局大楼为总办公处，使得该地成为整个公共租界的行政中枢，由这里发出的各项命令，保证公共租界城市有序运转。以工部局大楼为核心的区域逐步成为公共租界乃至整个上海的权力中心。

公共租界权力中心的形成，对内来说，是指工部局的各个职能机构陆续搬入工部局大楼，并开始办公，进而管理城市；对外来讲，

---

① 《工部局聘请专家顾问》，《新闻报》1929年12月5日，第13版。
② 《工部局董事会会议录》第24册，第591页。

工部局大楼的成立，标志着上海公共租界正式有了总的办公地，有了自己的行政中枢。不管从城市面积还是从经济体量上看，公共租界无疑是上海"三界四方"的核心，是城市之心。基于公共租界的核心地位，工部局大楼更能代表上海的行政中心。1943年8月1日，工部局大楼成为伪上海特别市政府的办公地；1945年9月12日，成为国民党上海市政府办公大楼；1949年5月28日，上海市人民政府在此正式成立。直至1956年5月1日，中国人民解放军上海市军事管制委员会、上海市人民委员会陆续从此地迁出，搬至外滩中山东一路10号原汇丰银行大楼内办公。① 此后，该大楼作为部分政府机关的办公地，一直使用至21世纪初。

距工部局大楼兴建，已历百年。这座屹立在上海城市之心的大楼，在近代上海的研究中有多重意义，同时，透过对工部局大楼兴建的研究，我们也看到了工部局财务运作的逻辑：

第一，工部局大楼的兴建是工部局进行市政建筑建造的重要案例，其建造过程资料保存相对完整，有助于丰富对工部局在财务制度、城市规划、建设领域上的专题研究。

第二，从工部局大楼的筹建过程，包括纳税人会议的讨论与决策批准、地皮的买卖、建设资金的筹措过程等，可以清晰地理清工部局的财务运转程序。

第三，工部局大楼的建设，体现了随着上海城市发展、扩张，而不断增强的集中办公、跨部门合作的需求，这是复杂城市管理的体现。毋庸置疑，集中、联合办公的形式，极大提高了行政效率，也是"财"与"政"相互作用的体现。

---

① 《解放日报》1956年5月1日刊登上海市军管会、上海市人民委员会迁址通告。

第四节　问题隐伏：20世纪30年代
　　　　　工部局的紧缩行动

　　工部局的百年财政历程可分为3个阶段，在各个阶段中都出现过财政窘境，但20世纪20年代以后，工部局财政问题日趋严重。工部局平衡财政收支的方法不外乎增加捐税和减少支出两种。增加捐税容易招致纳税人反对，不易在纳税人会议上通过，故工部局每次都将减缩财政支出作为平衡财政的首要手段。

　　早在1873年召开的纳税人年会通过决议："近年来市政机构的开支在不断的上升，因此会议认为，应该要求继任的董事会对工部局的财务状况进行专门检查，并作出报告。"① 工部局董事会按照纳税人会议的要求，要求"工务委员会、警备委员会和防卫委员会对他们所属一些工作部门的费用开支各自进行检查，并在适当考虑到市政管理方面需要的情况下，查明哪一些费用可予以缩减，同时财务委员会也同样地对其三个工作部门的费用开支进行检查，所与各委员会均应尽可能早地将检查的结果报告董事会"②。

一、工部局财政收支的自我管控

　　工部局的财政收支以预算为基础，按照"量入为出"原则经营公共租界的财政。1864年工部局总办古尔德在给董事会的一封信中讲到工部局财务是"以进量出"③ 的政策，"以进量出"和"量入为

---

① 《工部局董事会会议录》第5册，第631页。
② 《工部局董事会会议录》第5册，第631页。
③ 《工部局董事会会议录》第2册，第483页。

出"思想基本相同,按照工部局的财政收入能力,合理分配工部局的支出规模和支出方向,这是工部局财政支出管控的初始程序。

　　由于工部局的财政预决算需在纳税人会议上由合格纳税人审批,故工部局财务报表的编制十分严格,工部局很早便对账目建立了系统的核查机制。1865 年 10 月 10 日工部局董事会上再次明确财政、捐税及上诉委员会的具有"对财会及账目部门监督"的职责。① 由于早期工部局抗税、逃税现象较多,1876 年 5 月 15 日,工部局董事会认为当前每月一次审计工部局账册的制度不够完善,指示总办拟出一套办法以改善现行制度。② 而且工部局的审计花费不菲,在 1876 年,由于先前为工部局审计账册的科纳要价 2 500 两报酬过高,8 月 7 日,工部局董事会决议向社会招聘,每年 500 两。③ 9 月 4 日,董事会同意任命麦克莱恩为工部局审计师,自 10 月 1 日生效。④ 工部局重视审计事项,但工部局董事会对于职员不合理的漫天要价,并不忍气吞声,充分体现了工部局的财务自主性。

　　支出的公开、公示,是进行财务管控的有效监督手段之一。早期工部局要在召开纳税人会议前 21 天将预算及支出状况登报,供纳税人核查,并在纳税人会议上审核,后期工部局要在《工部局公报》上刊登具体财务数字,对支出进行公开。1883 年 2 月 12 日,工部局董事会同意了法律顾问对新的《工部局市政章程及附则》⑤的改动草案如下:"不论在什么情况下,纳税人会议在其召开的公众会议

---

① 《工部局董事会会议录》第 2 册,第 520 页。
② 《工部局董事会会议录》第 6 册,第 734 页。
③ 《工部局董事会会议录》第 6 册,第 747 页。
④ 《工部局董事会会议录》第 6 册,第 753 页。
⑤ 《工部局市政章程及附则》共 17 款章程,附则 90 条,1882 年由《字林西报》印刷出版,上海市档案馆藏档案《上海公共租界工部局市政法规及附则》,档案号:U1-1-1058。

上，在授权工部局为租界从事物资采购或签订市政建设工程合同时，凡费用数额超过 5 000 两者，则工部局在切实可行的情况下至少应在租界内以英文出版的一家报纸上根据具体情况为必要的采购或市政建设工程刊登广告公开招标。但需根据纳税人会议批准此类采购或市政建设工程时所下达的指示去办。"①

　　工部局十分重视纳税人会议所作出的对于工部局财政支出批评的决议。1908 年，因在 3 月 20 日的纳税人年会上纳税人对目前预算提出批评，3 月 21 日工部局董事会召开特别会议，总董要求为满足公众极为普遍的意见，财务委员会应竭尽一切来防止下一年预算经费的超支，如果可能的话，要予以削减，这是很必要的。作为一种初步措施，会议决定要求各主要部门的主管就是否有可能进一步削减预算而不影响对公众服务的效率提出报告，然后由各有关委员会予以审核。②

　　关注"人"的因素，是进行历史研究的重要领域。由于工部局许多职员直接接触现金，工部局在财务体系中也建立了对职员的管控措施。由于工部局收税员乔治的过失，一名收账员最近挪用了一笔 899 元的款项，于是在 1908 年 4 月 29 日的工部局董事会决议要求捐务监督提出一份"关于收税员总的品质的特别报告"③，类似当今的政治审查。一般在沪的外国人都认为上海工部局职员纪律声誉显著。因工部局所处的地理环境，工部局职员贪污受贿的机会定会比同时期英美政府职员多，但工部局并未发生重大丑闻。美国人卡尔·克劳说："不仅从未有人被告上法庭，而且，我在上海几乎连续

---

① 《工部局董事会会议录》第 8 册，第 494 页。
② 《工部局董事会会议录》第 17 册，第 542 页。
③ 《工部局董事会会议录》第 17 册，第 550 页。

居住了 25 年以上，我不记得在此期间发生过任何超过一两天的流言蜚语。凡是流言蜚语，因为没有什么实质性依据，全都在一二天内自行消散了。合理的高薪外加就业和最终退休的保障鼓励了官场的廉洁。"① 但前文所述几个简单事例，已从反面证明工部局的监督制度并非坚不可摧，职员并非全部清正廉明，腐败现象也是存在的，被告上法庭的案例也时常发生。

但不可否认的是，工部局建立起了严格的职员管控机制，对工部局所雇佣职员的要求非常高。1910 年，工部局学务委员会职员开弗利尔在未获正式许可情况下将于 3 月 2 日离沪，工部局董事德格雷指出这名雇员在工作期间一直不断找岔子和带来麻烦，因此董事会指示将其从学校的职员名册上除名。②

为提高财政效率，节约经费，应对当年纳税人年会上对工部局公车私用的问题，在 1908 年 3 月 21 日召开的工部局特别会议上，工部局总董提议要关注一下工部局汽车的使用问题，他认为各部门再次购买车辆以前，其经济效益必须让董事会感到满意。会议决定把董事会的裁决通知各部门主管，即在社交或家务方面，应停止使用局产汽车。③ 当月 25 日董事会上，工务处和卫生处都表示遵从公众意见和董事会的指示。4 月 1 日，工部局董事会总董发现，电气处工程师仍然将汽车用于私事，据此会议决定提请电气委员会注意此事，以便在必要时采取进一步措施。④ 4 月 15 日，工部局董事会再次作出决定：各部门的汽车不管在任何情况下都只能用于公务。⑤

---

① 《洋鬼子在中国》，第 150 页。
② 《工部局董事会会议录》第 17 册，第 652 页。
③ 《工部局董事会会议录》第 17 册，第 542 页。
④ 《工部局董事会会议录》第 17 册，第 544 页。
⑤ 《工部局董事会会议录》第 17 册，第 547 页。

虽然工部局的财务控制比较严格,有效降低了腐败、贪污的出现概率,但在进入20世纪30年代后,工部局的财政收支还是遇到了很大的难题。

二、20世纪30年代工部局的财政收支状况

本书第三章已经论述工部局在1919年以后进入了财政"困境时期"。工部局一方面收入大幅增长,但支出亦大幅增加。1927年,因工部局"局用浩繁,财政支绌",于是组织节用委员会,"以纯粹顾问资格,调查财政,策划节流方法,条陈董事会采择施行"。[①]

工部局在1929年出售电气处后获得了一笔巨额资金,加之国际汇兑的因素,工部局经常进行现金理财,故工部局的财务报表的盈亏并不能反映其真实盈余。因此,为准确分析工部局财政超支的原因,将对1931—1937年工部局各处室的预算支出与实际支出进行分析。

表4-11　1931—1937年工部局财政支出预、决算数据统计表

支出部门	1931年（单位：两）			1932年（单位：两）		
	预算支出	实际支出	盈亏	预算支出	实际支出	盈亏
商团	440 850	451 891	-11 041	394 820	400 123	-5 303
火政处	693 630	728 604	-34 974	740 830	746 792	-5 962
警务处	6 708 790	6 885 170	-176 380	6 666 680	6 512 390	154 290
卫生处	1 075 570	1 328 720	-253 150	1 121 840	1 399 331	-277 491
工务处	4 438 790	4 150 409	288 381	4 079 100	3 854 111	224 989

---

① 《公共工部局节用委员会报告》,《申报》1929年2月13日,第15版。

续　表

支出部门	1931年（单位：两）			1932年（单位：两）		
	预算支出	实际支出	盈亏	预算支出	实际支出	盈亏
音乐队	182 930	202 841	-19 911	154 690	169 807	-15 117
图书馆	8 020	9 416	-1 396	7 770	9 552	-1 782
学务	919 910	1 048 779	-128 869	1 384 090	1 384 090	0
财务处	325 380	348 217	-22 837	789 960	774 470	15 490
总裁及总办办公室	796 390	833 858	-37 468	323 590	325 080	-1 490
法律处	72 720	69 956	2 764	87 760	88 453	-693
华文处	50 310	49 979	331	56 180	53 491	2 689
普通费用	849 630	1 186 200	-336 570	714 490	857 964	-143 474
总支出	16 939 870	16 715 099	224 771	15 537 230	16 408 949	-871 719

支出部门	1933年（单位：两）			1934年（单位：元）		
	预算支出	实际支出	盈亏	预算支出	实际支出	盈亏
商团	552 030	480 956	71 074	833 510	744 754	88 756
火政处	782 560	790 301	-7 741	1 134 500	1 146 956	-12 456
警务处	6 865 300	6 824 279	41 021	10 035 810	9 686 909	348 901
卫生处	1 149 790	1 358 407	-208 617	1 702 700	1 891 690	-188 990
工务处	4 250 490	3 888 538	361 952	5 690 350	5 385 244	305 106
音乐队	175 330	183 475	-8 145	244 050	253 276	-9 226
图书馆	9 270	10 121	-851	15 310	15 912	-602

续　表

支出部门	1933年（单位：两）			1934年（单位：元）		
	预算支出	实际支出	盈亏	预算支出	实际支出	盈亏
学务	1 623 490	1 624 920	-1 430	2 347 300	2 215 714	131 586
财务处	780 600	761 989	18 611	1 112 740	1 082 969	29 771
总裁及总办办公室	346 930	351 336	-4 406	512 300	504 704	7 596
法律处	89 240	89 707	-467	132 200	130 572	1 628
华文处	60 920	61 382	-462	101 990	100 937	1 053
普通费用	823 120	839 519	-16 399	1 166 430	1 215 975	-49 545
总支出	16 361 130	17 236 760	-875 630	24 168 230	25 243 935	-1 075 705

支出部门	1935年（单位：元）			1936年（单位：元）		
	预算支出	实际支出	盈亏	预算支出	实际支出	盈亏
商团	791 540	767 425	24 115	690 140	634 217	55 923
火政处	1 198 030	1 146 944	51 086	1 149 870	1 046 669	103 201
警务处	10 143 140	9 607 922	535 218	9 901 640	9 911 049	-9 409
卫生处	1 656 580	1 965 151	-308 571	1 622 720	2 064 789	-442 069
工务处	5 762 430	5 341 824	420 606	5 372 490	4 982 346	390 144
音乐队	244 330	245 955	-1 625	126 500	230 273	-103 773
图书馆	15 490	16 442	-952	15 750	16 748	-998
学务	2 342 120	2 162 696	179 424	2 418 630	2 308 188	110 442
财务处	1 132 150	1 114 468	17 682	1 129 620	1 099 966	29 654

续 表

支出部门	1935年（单位：元）			1936年（单位：元）		
	预算支出	实际支出	盈亏	预算支出	实际支出	盈亏
总裁及总办办公室	476 660	451 164	25 496	492 190	488 419	3 771
法律处	139 650	139 095	555	141 410	143 839	-2 429
华文处	109 810	102 636	7 174	108 000	103 356	4 644
普通费用	1 232 530	1 418 382	-185 852	1 201 370	2 051 924	-850 554
总支出	24 843 340	25 545 568	-702 228	24 414 240	26 660 181	-2 245 941

支出部门	1937年（单位：元）					
	预算支出	实际支出	盈亏			
商团	662 900	627 042	35 858			
火政处	938 750	918 989	19 761			
警务处	9 747 710	9 552 741	194 969			
卫生处	1 704 400	2 143 901	-439 501			
工务处	4 868 310	4 108 970	759 340			
音乐队	189 900	183 370	6 530			
图书馆	15 650	16 491	-841			
学务	2 356 990	2 170 182	186 808			
财务处	1 109 400	1 109 300	100			
总裁及总办办公室	468 340	467 914	426			
法律处	147 600	148 666	-1 066			

续　表

支出部门	1937年（单位：元）		
	预算支出	实际支出	盈亏
华文处	106 600	98 668	7 932
普通费用	1 549 010	1 686 463	-137 453
总支出	23 862 100	24 985 583	-1 123 483

资料来源：预算数据根据《上海公共租界工部局年报》（1930—1936），工部局华文处译述版；因20世纪30年代工部局年报中未载工部局财政支出报表，实际支出数据系上海市档案馆藏《上海公共租界工部局公报》（1931—1937）中数据摘录。

通过表4-11，我们得到的整体印象即是，在1931—1937年间，工部局整体财政支出与各职能部门支出都存在比较严重的超支现象。对数据进行分析，又会发现两个特征：一是除1931年的6年间，工部局每年的总支出皆超过预算支出；二是1933年及以前，在每一年的实际支出中，工部局有60%的处室均超支，1934年以后，工部局超支部门减少，但总财政超支现象并未扭转。

三、工部局财政收支不均衡原因分析

工部局实行量入为出的政策，又有纳税人监管，为什么会出现这样的现象？

下文试分析超支原因。

第一，工部局各市政机构扩张，并进行了大量的工程建设。

工部局自1929年开始，进行大规模建设，每年拨款600万两，其中有300万两来源于工部局的后备基金，但没有发行债券以筹措

基建项目资金。① 工部局自电气处出售后，得到巨款，使其有充足的财力进行纳税人会议要求的市政建设。据1930年工部局年报载当年进行的重要工程如下：

一、桥梁

1. 以三合土重造跨越虹口浜之有恒路桥。
2. 以三合土筑造跨越周同浜之眉州路桥。
3. 以三合土筑造跨越沙浜江之汤恩路桥及拓皋路桥。

二、房屋

1. 静安寺区火政分处扩充部。
2. 西苏州路及宜昌路之新火政分处。
3. 榆林路及威妥玛路之新捕房。
4. 虹口捕房备日捕居住之七层整批宿舍。
5. 华德路巡捕医院。
6. 华德路监狱之整批狱室三批，每批有狱室460间。整批工场、洗衣作与厨房之扩充部及医院。
7. 福州路与北京路之新菜场，及平凉路菜场一层。
8. 槟榔路垃圾焚化炉。
9. 公厕十四所。
10. 戈登路与梧州路工务处栈房之储藏披屋及办公处。
11. 汉壁礼西童男学宿舍。
12. 育才公学扩充部。
13. 赫司克尔路华童公学扩充部及内部改筑。

---

① 《工部局董事会会议录》第26册，第386页。

三、马路

放宽之各重要马路，有东百老汇路、北四川路、新闸路、福煦路及其他各路，共有路基及路面69 429万码。

有2 877哩之水泥碎石凝固之马路，业已用水泥三合土或地沥青三合土改筑，上铺地沥青片。

四、堤岸

所筑造者，有百老汇路与北杨树浦路间之虹口浜三合土堤岸，及大通路与麦根路间苏州河之三合土堤岸。

五、码头

建筑于西区及中区之苏州河岸。

六、水沟及阴沟

共筑10 284哩，内有阴沟543哩，雨水沟305哩，又与私产连接之沟1 804哩。[1]

由于这一时期国民政府完成了形式上的国内统一，带来了稳定的政治形势，并开始推动国内的建设，特别是"大上海计划"的制定，也带动了租界的经济繁荣，公共租界内迎来了一次建筑高潮。"租界内之建筑工程，终年不绝，而成一新高纪录。本年领照建筑房屋，约共值银46 633 800两。此外尚有向未分别记载之不重要工程，约值银2 000 000两。而本局之房屋建筑计划，亦系大规模工程之一，所以合并计算，1930年开始之建筑工程，共约值银50 000 000两。1929年为建筑事业之次高年度，其建筑总值为银27 000 000两。"[2] 1930年比1929年增长近一倍。

---

[1] 《上海公共租界工部局年报》(1930)，第184—185页。
[2] 《上海公共租界工部局年报》(1930)，第186页。

334　城市发展的"财"与"政"——近代上海工部局财政制度研究

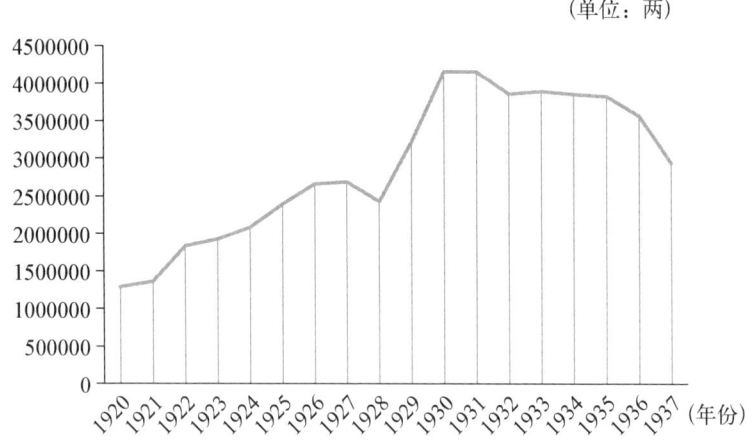

图 4-17　1920—1937 年工务处支出走势图

资料来源：据表 4-3 数据绘制而成。

通过图 4-17，我们可以看到，1929 年、1930 年工务处支出增长速度加快，1929 年工务处支出比 1928 年增长 32.78%，1930 年比 1929 年增长 28.99%。之后，工务处支出呈现下降趋势，但工部局其他处室的支出并未下降，要到 1934 年之后才出现下降趋势。

工部局各个领域的财政支出扩张是工部局出现财政窘境的直接原因。《申报》报道："往年上海商业日形发达，户口频频膨胀，故工部局之收入，因以年见增高，乃得逐步扩张市政，以便利租界之纳税者。今日之状态，固由不景气所造成，而另一重要因素，则为某种市政扩张费过巨有以致之也。工部局因将电气处售去，乃得增厚保护居民所急需之警队，而并不增收巡捕捐，同时并能实行扩大的教育程序，而以便利界内华人子弟为主旨。此外卫生处与公共工程处,亦大其规模焉。"①《申报》的这篇报道,可谓道出工部局出现财政问题的直接原因。

第二,工部局发行了大量电气公债和市政债券。

1893年工部局发行公债8万两,用于收购新申电气公司和扩充设备,此后又多次发行电气公债。在此不具体讲述工部局各债券历史及其规模,仅就其在20世纪二三十年代财务数据中的表现进行分析。

因工部局每年到期的债券数额不一,故工部局每年的利息支出数额不定。1924年,工部局利息支出946 992两,1925年为1 242 351两,1926年为1 555 764两,1927年为1 779 983两,1928年为1 856 050两。从1929年开始工部局利息支出变为负,即工部局出售电气处所得现金利息收入抵利息支出后有盈余,利息支出为1929年-1 646 296两,1930年-979 201两,1931年-585 380两,1932年-288 303元,1933年为-92 250元。但从1934年开始,利息支出又变为工部局的财务负担,1934年为813 329元,1935年为823 377元,1936为1 253 775元,1937年为1 537 072元,呈现了逐年增长的趋势,反映工部局债务负担愈来愈重。② 工部局发行的债券是一种财政手段,若能控制规模和节奏,可以实现良性循环,但由于国际经济形势的恶化和国际银价的跌落等因素影响,工部局的利息支出与其他财政不利因素产生共振,使工部局财政出现困难。

第三,工部局紧缩政策不力。

为削减财政支出,节约经费,工部局实行紧缩政策,但工部局的紧缩政策效果如何呢?下文是1936年《申报》登载的一篇评论工

---

① 《字林西报纪工部局财政困难增加巡捕捐显难再延》,《申报》1936年9月13日,第13版。
② 据《上海租界志》第343—347页中利息数据整理。

部局紧缩政策，我们从中进行判定：

　　上海公共租界工部局，因受界内商业衰落的影响，在财政上发生了很大的困难。据今年上半年的报告，该局本年度的负债总额，恐将超过一百万元。下年度的预算，如果再不设法补救，就要短少三百五十万元光景。该局为平衡收支起见，有过增加捐率从百分之十四到百分十六的拟议，因遭市民的反对，没有实现。最近便决定采取紧缩政策了，这在原则上本是市民所可赞同的。然而到今为止工部局所表示的紧缩方针，实在还不能使我们满意。第一，该局单就中下级公务人员的待遇条例，作了相当的修改，例如月薪二三十元的探员本来每月可领车费十二元，现在这项车费取消了，他们的生活上不能不受到重大的打击，可是每月支领巨薪，且有房租教育费等津贴的高级洋员的待遇，却还不见有多大的更改。且据日前西报所载，某洋员在工部局服务不过八年半，这次解职以后除续领一年半的薪俸之外，还可领取终身养老金每年八百镑。这种对于退职人员的巨额的支出，虽说是由于合同关系，然而在目前的紧缩声浪之下，终究是不合理的。第二，该局决定在本年底裁撤情报处和人力车务委员会这两个机关，人力车务委员会本是临时性质的机关，裁撤以后，将工作移归警务处办理，是不成问题的。至于情报处的裁撤，实在很有考虑的余地。该处虽然不过成立了五年有余，却是工部局最有意义的附属机关之一。工部局设立该处的动机，是在该局当道受了五卅事件的刺激，觉得市政当局与市民之间应有沟通意见的常设机关，以求消弭双方情感的隔阂。该处成立以后因任用得人，的确很能尽这样的使命。

这几年来，不但在报纸上增添了公共租界市政方面不少的资料，而且工部局的行政方针，也因该处勤于搜集市民舆论的缘故，受到不少有利的影响。无论如何，就行政效率来说，情报处的存在是必要的。现在工部局决定裁撤该处，所可节省的开支，就照该局所公布，也不过每年四万六千元。如果其中再除去了接替该处一部分职务的情报帮办的薪俸，那么，每年所可节省的就决不会到四万元。在下年度预算的差数中间，不过能够弥补百分之一左右的数额罢了。情报处的裁撤在工部局财政上的意义既然如此有限，我们希望在该处还未撤销以前，工部局理事会对于这个问题，再加以适当的考虑。

　　总之，工部局如果实行紧缩，应当着眼于太过紧费的非必要的地方。与其削减低级公务员的生活费，不如削减高级公务员的优厚的额外津贴。与其裁撤关系着多数市民的机关，不如裁撤关系着少数市民的机关。在公共租界的市民中间，中国人的人数在一百十二万以上，外国人的人数则不到四万。工部局统筹的事业，却有若干部门都偏重于少数外国人的福利，我们主张工部局的紧缩应该从那些部门入手。①

此时工部局已经成立八十多年，其治制已相对成熟，但公共租界内的各方也已形成利益的藩篱，进入自身设定的发展路径，没有外力打破，工部局会一直沿着设定路径走下去，直到危机爆发。正如前文所述，工部局虽然力图削减开支，却不能对真正的财政支出大头下手，只能就旁枝末节修修补补，不能根本改变工部局财政的

---

① 《工部局的紧缩政策》，《申报》1936年10月26日，第6版。

窘境。

事实上，在20世纪30年代早期，工部局并非没有意识到财政扩张带来的不平衡风险。1933年1月5日工部局董事会上，便讨论到财务委员会提到的有关于1933年度预算平衡有困难一事。[①] 而到1934年，工部局的财政收支不平衡已确定，但依靠出售电气处所得余款，工部局暂时解决了困难，财务处长在1934年3月21日的工部局董事会上报告，讲道：

> 目前表格中所示的普通预算总额共达2 638.5万元，而可用来偿付这笔开支的预计收益总额为2 443.1万元，这说明约有195万元的赤字，这笔赤字相当于九个月内2%的捐税，这一缺额比去年预算中出现的最初赤字稍微少一些，如财务报表所示的那样，赤字的最后结果表明有小额盈余。所以所要考虑的主要问题就是用什么方法来对付约为195万元的赤字。1932和1933年度的赤字是从普通准备金分别转账总计达122.5万银两和150万银两来提供资金的。在考虑把税收恢复到以前的税率问题时，他非常仔细地注意到上海现有情况。

> 自1931年以来，由于新房地产的建成，以及一大批现有房地产在公平的基础上通过重新估价，可征税的估价增加了1 600万元。估价标准实质上已作了调整，现在只是留待董事会选择合适时机提高征税的百分率。由于过去几年纳税人因降低税款获得红利，而实际上降低税款只有通过出售电气处才能实现，所以预算实况难以预料。如果不过分强调本地贸易状况，显然，

---

① 《工部局董事会会议录》第26册，第375页。

目前的经济形势不容乐观。

鉴于这样的考虑,他建议如果除了下一年增加直接税收外,能找到其他方法使预算平衡,那么就应该采取这样的一个途径:普通准备金中有足够的基金可应付本年度预算的估计赤字,因而他认为按照过去两年所采取的政策,拨出一笔总额为 200 万元的资金,以偿付这些赤字是合乎需要的。普通准备金包括一笔基金,这笔基金由与应用电气处买价有关的各种调整所产生,过去几年从普通预算中取得的资金都是依靠该基金项目发放,如果把 200 万元用于平衡本年度的预算,那么普通准备金中剩下的实际余额约为 55 万元,但这笔余额仍可通过其他来源得以增加。[①]

按照财务处长的说法,工部局董事们经过讨论后,对通过修订估价而取得的增加税收感到高兴,工部局的支出可以大大地超过它可从正常来源得到的收入,董事们对于下一年就增加房捐而无须征求纳税人的批准一事表示高兴。并且通过了财务处长的提议,从普通准备金中提取总数达 200 万元使预算达到平衡。[②] 但实际上,财务长的做法相当于在花"老本",工部局靠变卖电气处所得的款项来填补财务亏空,而一旦工部局的应急储备金用完,工部局除了加税和借债,别无他法。

1934 年 4 月 4 日,工部局华董贝祖诒发现问题,并在董事会上说道,在无法增加税款收入的情况下,唯有提取普通准备金才有可能使本年度预算达到平衡。由于提取这笔资金后,普通准备金中只剩下相对少的余额 55 万元,他对于应采取什么方法使 1935 年度预

---

① 《工部局董事会会议录》第 26 册,第 437 页。
② 《工部局董事会会议录》第 26 册,第 437 页。

算达到平衡深表关切，因而他觉得，除非达到经济目的的一切可能办法都已想尽，他多少有些不愿在增加捐税上谋求纳税人的认可，尽管他正确评价 1934 年预算中履行严格的节约。①

小　　结

美国人朗格在《上海社会概况》中写道：

> 上海是一个模范居住地……就税收而言，我们的财政系统做出的平等规定无处不在，丝毫不会让任何人有压迫之感，这方面的精英已被他们借鉴，应用到了海关税收中去。我们的法制体系也是如此，这个体系中官员的优渥的薪酬使得他们不可能与贪腐沾上边，保证了执法的公平和公正，同时保证了新商贸准则的良好应用。而在实际的操作过程中，他们也正在取得更大的进步。让我们希望在更高端的事务中，我们可能，也能够，指引他们朝着进步的方向前进。②

固然朗格从西方的视角对工部局的描述有夸大赞美之嫌，但仅分析工部局在财政支出对城市产生的良好作用上，工部局的有效城市管理对上海城市的近代化产生了强大的推动力。工部局财政支出的目的在于建立一种诚实有效的行政以管理公共租界，而有效的行政必须处理好两个方面：

一是财政方面，公开透明与审计是财政廉洁最好的保证手段。

---

① 《工部局董事会会议录》第 26 册，第 440 页。
② ［美］朗格等著，高俊等译：《上海故事》，生活·读书·新知三联书店 2017 年版，第 53 页。

《土地章程》规定,工部局每年的账目须经审计(即由独立之审计员审核)公布,并提交纳税人年会核准。

二是行政机关职员的待遇,必须保证衣食无忧。公共租界是一块在中国的由外侨管理的区域,其通过优惠的待遇、条件吸引优秀的人才前来服务、工作无可厚非,而且工部局保证所用人员的薪俸或工资,能按期依照定额发给,没有拖欠事情出现,也从未曾有随意减扣的事情。从历史角度看,工部局任用职员的条件,就高级职员而言,显然始终遵循一种优惠政策,而且在20世纪以后,工部局将下级职员的薪俸标准提高。庞大、优秀的高素质职员队伍,这是工部局城市治理的软实力。

费唐认为上述所列两种要素,对于维持工部局之财政清明,以及行政效能之高上标准,关系甚重。[1]

工部局的财政支出保证了工部局的行政效率,行政的高效率保证了城市治制的有效运转,这是公共租界发展与繁荣不可或缺的要素,并形成了一种良性的有序发展,如

图4-18 《费唐法官研究上海公共租界情形报告书》的作者费唐法官

租界的安全使得界内商业繁荣,不断对优秀人口产生虹吸效应;商业和人口,促进租界建筑设备规模宏伟,并促进界内地价异常高涨,使得工部局财政收入不断增长。

---

[1] 《费唐法官研究上海公共租界情形报告书》第2卷,第144页

第五章　比较视野：近代中国城市财政考察

研究近代上海工部局财政制度的施行及其影响，还需要对我国近代不同城市的城市财政与市政状况进行比较，置于宏观的视野中进行全貌的概览，由此对其在我国近代城市发展史中的历史定位和作用进行判定和研究。本章采用比较的方法，一是与同时期国内的租界城市比较，选取上海法租界、天津英租界、厦门鼓浪屿公共租界作为样本，分析其在市政管理与财政体制概况上的异同和影响；二是与同时期国内主要城市的比较，选择上海的华界和南京、青岛、济南、广州等城市，分析其财政收入状况，并重点分析国内城市房捐征收的发展进程。

近代著名财政学家贾士毅曾评论财政与城市建设的关系："近世都市行政，日有进步，凡游历欧美各国都市者，莫不羡慕其规模之伟大，设备之完全……究其所以发达之由，殆无不有资于财政。然则欲谋都市建设之进行，其必自整理都市财政始矣。"[1] 城市是具有多元化、多样化和丰富的有机体，城市财政制度的建构与城市治理的开展密切相关。近代以来，现代城市理念引入国内后发展起来的上海城市，是一个城市发展绝佳的样本。依托在沪华人和外侨缴纳的房税、地税等税费，工部局管理下的上海公共租界成为一座著名

---

[1]　贾士毅：《上海市财政前途之希望》，《上海财政》1930年第1期。

的国际化城市,与同时期华人治理下的上海市形成鲜明比照,工部局财政制度实践持续近百年,工部局城市财政制度的成功,对法租界、上海市政府和同时期我国主要城市皆产生重要影响,促进中国现代城市财政观念的宣传和实践,对上海市和国内其他城市财政制度的建构、市政管理的施行产生了一定的借鉴意义和示范效应。

第一节 国内租界城市财政概况与比照

一、上海法租界公董局财政与市政管理概况

上海法租界自 1849 年诞生,先后经历 1861 年第一次扩张、1900 年第二次扩张,至 1914 年的第三次扩张后,形成法租界的最大面积。随着法租界的扩张,上海法租界地区的道路逐渐拓展,从"筑路"到"建街",逐渐有了市政的近代化。由于上海租界地区的快速发展,城市建设的大力推进,法租界人口愈来愈多,并逐渐从地价高的地区向地价低的越界筑路地区扩散。一方面,由法租界公董局主导的市政建设日新月异,不断完善城市基础建设;另一方面,随着城市化的推进,也产生不少市政管理的问题,比如"界外道路,间有由法人修筑者,其路灯、电杆、自来水、煤气灯各种经费,均由法公董局担任,因此华法警察,权限不清,不免困难"[①]。作为上海公共租界的毗邻地区法租界,其拥有类似工部局的市政管理机构公董局,研究法租界公董局的城市管理体制,对其与公共租界工部局进行比较,可以更好地把握近代上海城市管理发展的全貌。当然,关于上海法租界的研究很早就已经展开,而且成果相当丰富,本文在此仅

---

① 《记载:上海推广法租界》,《学生》1914 年第 2 期。

做概况性论述,作为分析国内不同租界城市财政与市政管理的比较。

(一)法国驻沪领事领导下的上海法租界公董局市政管理

公董局作为近代上海法租界的市政机关,是法租界的管理者。成立之初,被称为大法国筹防公局,成立于1862年5月,原先只有董事会和总办,1864年设立市政总理处、公共工程处、警务处三大机关。

THE FRENCH MUNICIPAL COUNCIL OFFICES.

图 5-1　法租界公董局大楼

图片来源:*Twentieth Century Impressions of Hongkong Shanghai and Other Treaty Ports of China*

公董局的董事会,最初是由法国驻沪总领事委任的,后来改为选任制。1866年7月公董局组织法颁布后,改由地主会议选举的4名法籍、4名外籍董事组成,任期两年,每年改选其半。公董局董事会的主要职能是议决收支预算、捐税增减及公用事业拓展,并可任免公董局各职能部门的职员。法领事对议决案有否决权,并可将其解散,实为领事一人所操纵。1926年1月19日,第五十七届董事会增加两名华籍董事。1927年初,公布新的组织法,改由领事委任的临时行政委员会代行其职,人数十几人不等。从此,法租界选任的董事会便宣告中断。对于公董局董事会这种体制,有人评论道"公董局董事会不过是代表民意的机关,所有界内一切行政权警务权以及公务员的任免权都是属于法总领事的"[1]。

公董局董事会分设:工务、财务、教育、医生救济、交通、园艺、地产、厘正房捐、医院管理等九个委员会。厘正房捐委员会是1936年新设。[2]

公董局的内部组织,最初分为:市政总理处、公共工程处、警务处、医务处。1934年,法公董局董事会认为法租界内的市政日益繁复,为使各机关的序列和各级别的工作有优良效能,决定于次年改组局内各机关,组织相比以前,更严密、更复杂:

法租界市政组织列表,第一为总的组织架构[3]:

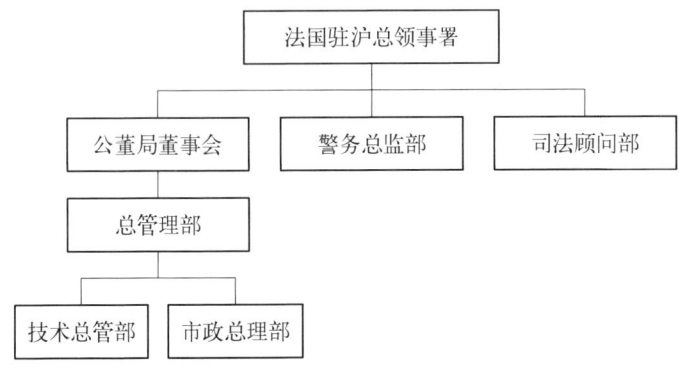

第二,为公董局总管理部组织架构:

---

① 香谷:《法租界的市政组织》,《上海法租界纳税华人会会报》1936年第2期。
② 香谷:《法租界的市政组织》,《上海法租界纳税华人会会报》1936年第2期。
③ 香谷:《法租界的市政组织》,《上海法租界纳税华人会会报》1936年第2期。

（甲）市政总理部：

（一）市政秘书处：（子）管理秘书科：一、文牍课：A. 收件股；B. 转件股；C. 覆件股。二、投标课。三、印刷所。四、公墓课。五、保险课。六、档案课。七、庶务课。（丑）董事会及各委员会秘书科。

（二）财务处：（子）预算科。一、会计课：A. 一般会计股；B. 各个会计股；C. 储蓄股；D. 监督用途股。二、捐务课：A. 税计股；B. 收捐股。三、收支课：A. 收支监察股；B. 押柜股；C. 征收地产股。四、统计课：A. 损益决算股。（丑）金库科。一、公债课。二、划款课。三、局立银行。

（三）讼事处：（子）法规科。

（四）土地处：一、征收地产课。二、局产保管课。三、地册经管课。

（五）分类营业及劳工检查处：（子）分类营业科。一、书记课。二、调查课。三、视察课。四、劳工检查科。（丑）人事课。一、任免股。二、存记股。三、调用股。

（六）医疗处：一、局立医院。

（七）卫生救济处：（子）救济科。一、施医。二、免费驻院。三、津贴及免捐。（丑）卫生科。一、清洁科：A. 检察股；B. 防疫股；C. 消毒股。二、注射课。三、化验所。四、宰牲场及菜场。五、墓地课。六、医药监察课。七、统计课。

（八）教育处：（子）小学教育。一、华童小学。二、法国小学。（丑）中学教育。一、中法学校。二、法国公学。（寅）私立学校检查与监察。

（乙）技术总管部：

一、一般技术研究课：A. 专利事业监视股；B. 专门委员会秘书股。

（一）无线电台信号台及天文台：一、无线电台。二、信号台。三、天文台。

（二）消防队。

（三）种植培养处。

（四）公共工程处。（子）管理科。一、书记课：A. 文件股；B. 执照股；C. 会计股。二、丈量课。三、堆栈课。（丑）设计科。一、机械课。二、水电课。三、路务课。四、建屋课。（寅）电政科。一、电政课。A. 公用电光股；B. 局用电灯股。二、自来水及煤气。三、机械课。A. 一般机械股；B. 汽车机械；C. 滚路械股；D. 制造股。四、运输课。A. 汽车间；B. 马棚。（卯）路政科：一、养路课。二、辟路课。三、清道课。（辰）营造科：一、修造课。二、建筑课（注）司法顾问部与总管理部是平行机关。①

第三为警务总监部组织架构②：

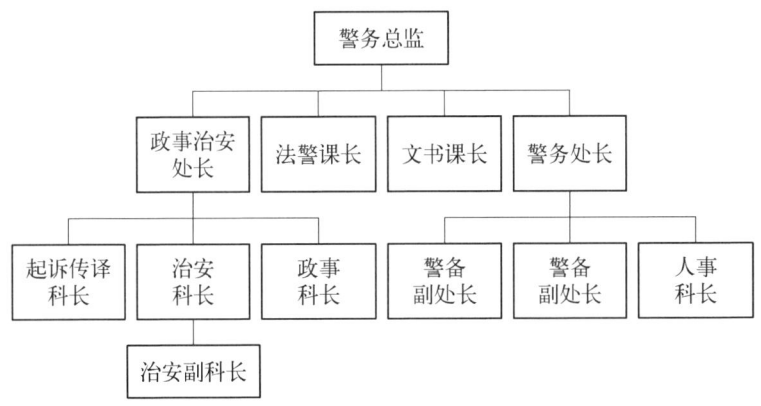

---

① 香谷：《法租界的市政组织》，《上海法租界纳税华人会会报》1936年第2期。
② 香谷：《法租界的市政组织》，《上海法租界纳税华人会会报》1936年第2期。

公董局与工部局一样，成立的最初目的也是为在法租界进行基础设施建设等。所以，公董局在法租界当然也进行大量的公共工程建设。例如1926年9月，由于法租界南部肇嘉浜河道淤塞，为改善该地区的这一问题，法公董局决议开挖日晖港，"打浦桥到潘家木桥一段靠北河道，因淤塞水浅，每遇落潮之时，舟楫不能往来，业已雇定大号驳船一只，装置机器捞泥机，停募在该局之下落垃圾码头一带，先行从事开挖"①。由于法租界的治安管理更为严格，市政建设良好，特别是法租界新拓界地区，环境优美，使得法租界西区居住条件日益提升，在这里兴建了大批住宅，包括花园洋房与石库门建筑等，成为沪上著名的宜居地区。1927年3月3日《申报》曾刊登打浦桥地区的房屋招租广告：

> 兹有坐落法租界金神父路南首（打浦桥）法政大学对面新新里新建市房七十余幢，租金每月十六元，石库门二十余幢，每月租金十六元，广式房一百八十余幢，每月租金十四元。不收小租、开门费。该处交通便利，法租界廿一路公共汽车直达门前，搭电车至卢家湾近在咫尺。且里内将自建小菜场，种种便利非常，欲租者请向该里管门人领看可也。此布。②

与居住功能相匹配的小菜场、商店商铺、公共交通、物业管理等诸多生活基本配套设施逐渐完善，使得打浦桥地区的人口也逐渐集聚、增多，市面也日趋繁盛，不仅大大拓展了城市的发展面积，

---

① 《法公董局开挖日晖港》，《申报》1926年4月27日，第15版。
② 《便宜房屋招租》，《申报》1927年3月3日，第12版。

也带动了毗邻的华界地区的人口集聚。这一案例成为观察城市管理者通过开展城市治理来促进地区发展的一个典型。

公共娱乐场所的管理，是城市管理的重要部分。1931年3月17日，法公董局修正了公共场所管理章程，规定："凡公共娱乐场所，如酒排间、菜馆、咖啡店、旅社、跳舞场、酒店等营业时间，至迟至次晨二时为止，即须闭门休业。其开市时间，至早须在上午六时以后。"① 以"章程"的形式来进行管理，并不断对"变化的社会现实"进行调适，一方面使"被管理方"与"管理方"皆有章可循，促进城市的有序运转，同时也实现城市管理的制度化和可持续性。

（二）法公董局财政概况

不同于英美租界的统一管理，法国政府一直努力保持法租界的独立性。在1862年公董局成立前，法国领事从不接收工部局对法租界市政建设经费的资助，小规模的工程往往由法国领事垫付资金，稍大型的工程由租界的租地人分摊费用，或由中国政府资助。1862年5月公董局成立，负责法租界行政管理。5月9日，公董局董事会召开第一次会议，商讨全面组织行政组织，改善财政状况事宜，决定从6月1日起，由董事会负责征收捐税。② 上海法租界的收入项目，与毗邻的公共租界在税种上基本等同，这可能与上海租界成立初期，英法美租界曾短暂共同置于工部局管理之下而形成的征税惯性有关，主要税种有地税、房捐、码头捐、照会费（也称照会税、执照捐、营业税）和其他捐税。公董局的特别收入，主要为发行公债和上年转入的经常预算结余等。此外，还有利息收入、气象台津

---

① 《法公董局管理公共场所章程》，《上海法公董局公报》1931年第4期。
② 《上海租界志》，第349页。

图 5‑2　*Bulletin Municipal*《上海法公董局公报》1909 年第 4 期

贴、学费、宰牲场收入、公共卫生救济收入、园林种植收入、公共工程收入、警务收入和杂项收入等。

公董局的财政支出，主要有：（1）行政支出，包括市政总理处（总办间）和经费、总管理处（督办办公室）经费、司法顾问部经费；（2）警务支出，包括防卫经费、警务经费、消防经费；（3）公共工程；（4）教育文化，包括教育经费和对学校补贴、文化事业补贴；（5）卫生救济，包括医务、宰牲场、公共卫生救济；（6）特别支出，包括公债清还费、功用征收地产费、代办工程垫款、欧籍贯职员互助金、杂项费用外,还有各处的临时费;(7)其他支出,主要为公董局局办公用事业支出及电话费、捐献等杂项支出等。

伴随着上海城市整体性的大发展,法租界的财政收入也经历大幅度的增加。由于法租界采取的体制与毗邻的公共租界并不相同,其实行的是自上而下的管理体制,可以有效地执行"量入为出"的财政政策,相对公共租界而言,法租界的财政状况相对较为良好。1924年,《申报》上刊文评论法租界财政状况:

> 兹更就其财政状况言之,亦殊令人满意。租界之内虽日益发展,而预算恒无不足之虞。该局募债,自1903年至今,共有六次,总额约四百万两。历届利息,悉从经常门项下支付,而到期之还本,亦可取于经常收入中,足见其财政地位之巩固。且该局常恃量入为出政策,未尝举新债以偿宿逋,益足增加公债之信用。该局产业除道路外,有地八百亩,值九百万两,界内道路共八百启罗米突,约一千七百亩,市有房屋值一百十万两。苟就土地道路房屋材料等并计在内,市有产业共值三千万两,二发行债券则为四百万两。且就担保之价值言,除市有产业外,尚有私人财产纳税之价值等,亦不可计。当1918年界内仅西人住屋532所,华人住屋10 506所。去年(笔者注:1923)则西人住屋增至1 666所,华人住屋增为18 908所,计增192%。加以该局力持撙节主义,故虽屡举新事业,而财力不绌。兹将1922年、1923年之收支总数列表如下:

表 5-1　1922—1923 年法租界公董局财政收支情况

（单位：两）

年　份	岁入项下	岁出项下	盈余项下
1922	1 730 870.55	1 626 696.61	104 173.94
1923	1 885 101.94	1 828 704.81	56 397.63

1924 年预算经常收入 1 824 730 两，上年盈余滚存 167 187.81 两，合计 1 991 917.81 两。岁出项下，总办处经费 115 862 两，其他各项 905 382.25 两，警务 465 363 两，公共工程 501 990 两，合计 1 988 799.23 两，盈余项下 3 118.36 两。[①]

进入 1930 年代后，公共租界工部局的财政状况遇到较大的困难，大规模抗税行为此起彼伏。但法租界的财政状况比公共租界情况略好，举例 1936 年法公董局财政状况：据报告 1936 年经常预算项下，计亏空 94 535.93 元，唯未能收入只税款尚有八万余元，故不敷额犹属微小。[②] 下表为 1935—1939 年法公董局经常收支细目表：

表 5-2　1935—1939 年法租界公董局经常收支细目表

（单位：元）

收入项目	1935 年	1936 年	1937 年	1938 年
捐税	5 516 176	5 518 822	5 791 782	6 431 057
照会费	2 015 289	2 055 898	2 122 916	2 342 648

---

① 《法公董局去年之财政状况》，《申报》1924 年 1 月 16 日，第 14 版。
② 《公董局一九三六年度财政状况》，《上海法租界纳税华人会会报》1937 年第 2 卷，第 8 期。

续　表

收 入 项 目	1935 年	1936 年	1937 年	1938 年
杂项	854 922	887 604	256 288	455 313
利息	171 058	79 942	130 679	77 303
天文气象无线电台	93 124	88 550	195 510	381 032
学费	99 082	109 571	116 737	167 930
宰牲场	85 967	99 767	103 789	127 882
公共卫生救济处	232 799	271 392	268 001	330 211
种植培养处	7 346	5 805	5 608	13 703
公共工程处	279 995	65 298	48 078	125 739
警务处	334 847	356 286	297 232	574 728
报效金			537 032	763 462
平衡基金		37 294		
经常预算收入总额	9 690 605	9 576 229	9 873 652	117 910 081
支 出 项 目	1935 年	1936 年	1937 年	1938 年
总管理部	82 623	72 662	83 425	127 707
市政总理部	4 042 930	4 263 997	4 352 890	4 843 661
技政总管部	2 256 353	2 136 496	1 993 350	2 424 101
司法顾问部	92 486	100 567	97 168	98 930
警务总监部	3 109 345	3 097 043	3 100 569	3 398 286
临时预算超支垫款				241 067
经预算支出总额	9 583 737	9 670 765	9 626 402	11 133 752
余额	106 868	-94 536	247 250	657 256

资料来源：《上海租界志》，第 366—367 页。

表 5-2 可见，公董局的最大项收入为捐税，其次为照会费。其捐税收入中包含房捐、地税和码头捐等项。但对比工部局，捐税收入不仅数额比工部局小，占比也不如工部局比例高。法租界照会费收入较多，达到经常预算收入总额的 20% 左右，对比工部局，1935 年工部局执照捐收入占经常收入的比重约为 12.8%。法租界的捐税收入中，房捐收入最高，1936 年实收 431 万元，占总收入的 31%。[①]

公董局较大项支出有市政总理部、技政总管部、警务总监部。市政总理处主要为日常开支及职员工资。1935 年，公董局进行了机关改组，市政总理处扩大为市政总理部，原先在附属各机关的教育处、公共卫生救济处、医务处、宰牲场等经费开支均计入。消防队的支出，归技政总管部管辖。警务总监部包括俄国义勇队和警务处的经费开支。下表是 1936 年法租界公董局的支出预算表：

表 5-3 1936 年法租界公董局各部门支出预算（单位：元）

名　　称	数　　额	占比（%）
一、总管理部	71 346	0.73
二、市政总理部	4 289 003.86	43.99
1. 政务处	116 816.80	1.20
2. 财政处	2 092 637.52	21.46
3. 地产处	30 927	0.31
4. 分类营业处	55 275.78	0.57
5. 医务处	151 542.69	1.56

---

① 《上海租界志》，第 356 页。

续　表

名　　称	数　　额	占比（%）
6. 卫生救济处	509 504.24	5.20
7. 宰牲场	31 582.01	0.32
8. 教育处	622 587.08	6.39
9. 调用人员	72 284.5	0.74
10. 补助与免捐	66 664.04	0.68
11. 储蓄与津贴	218 982.2	2.25
12. 杂项	320 200	3.28
三、技政总管部	2 214 222.67	22.71
1. 技术研究处	10 168.93	0.10
2. 无线电政气象台	136 459.16	1.40
3. 火政处	211 645.5	2.17
4. 种植处	80 306.35	0.82
5. 工程处	1 775 642.73	18.21
四、司法顾问部	93 180.17	0.96
五、警务总监部	3 082 312.4	31.61
总额	9 750 065.1	100

资料来源：据"法租界财政"中有关数据计算得出，相关数据载上海通志编纂委员会编：《上海通志》（第10册），上海社会科学院出版社、上海人民出版社2005年版，第6 993页。

观察表5-3，可以看到，公董局的各项支出中，以市政总理部为最大，警务总监部次之，其次为技政总管部。市政总理部中，财政处的开支最多。技政总管部中，工程处的开支最大。警务总监部则代表着法租界的治安力量,论单项的话,其占整个预算总数的31.61%。对比工部局的财政支出结构,二者都将大量的财政预算投入警务、工程等与城市安全、城市建设、城市管理等相关领域中,这也是公共租界、法租界二者城市建设与城市治理皆达到较高水平的原因之一。

(三)法租界的房捐征收

为上海公共租界工部局和法租界公董局贡献最大的收入项目,皆是房捐。根据《法租界公董局征收房捐章程》规定"凡供居住或经营工商业用之一切房屋或土地,无论其占不动产之全部或一部,概应照其租值,按本章程及本局税则表之规定征收房捐"[1]。上海法租界市政管理者公董局征收房捐方法,也是与工部局相类似的按租值核定征税的方法进行,下为上海法租界征收房捐章程:

法租界公董局征收房捐章程[2]

第一章 总 则

第一条 凡供居住或经营工商业用之一切房屋或土地,无论其占不动产之全部或一部,概应照其租值,按本章程及本局税则表之规定征收房捐。

第二条 凡房捐应由租户或以无论任何名义而占有前条所指之房屋或土地者缴纳之。

第二章 征 税 方 法

第三条 第一条所指房屋或土地,无论业主留供自用或有偿供第三者使用者,概照租值征收房捐。

---

[1] 《法租界公董局征收房捐章程》,《上海法租界纳税华人会会报》1936年第2期。
[2] 《法租界公董局征收房捐章程》,《上海法租界纳税华人会会报》1936年第2期。

第四条　第一条所指之房屋,一经设置器具,均应照收房捐。但其器具系由业主设置以供租赁而未出租者,免收房捐。

第五条　房捐仅就房屋及土地之租值课征之。凡由业主供给租户享用之设备如水、光、暖气、冷气、电梯等,不在课及之列。

第六条　房捐之征收,至少以半个月计算。租住或占有期不及半个月者,概以半个月论。

第三章　房捐计算法

第七条　房捐系依房屋或土地之现在租值计算。其核定租值之标准为:一、租约(如订有租约者);二、房租收据。但租约或房租收据所载之租金额低于实值时,则其租值应依临近类似房屋之租值比例定之,或按本章程第十七条所定之程序及照本局税则表之条件估定之。

第八条　如房租额内包含第五条所指之租户享用设备者,此项设备价值,不计入租值之内,其扣除部分,应照本局税则表估定之。

第九条　本局财政处处长及其指派人员(收捐员除外),得令业主及租户或占有人缴呈,藉以核定租值之一切字据。

第十条　如上条所指字据所载租值低于实值者,则本局得依职权将房捐按照本章程第七条第二项之规定核算之。

第四章　关于公寓之特例

第十一条　公寓之业主或经租人,应于每季就本局特备之表格(得随时索取)逐项填写,声报本部财务处。此项声报,应于每季末月二十日以前为之,一月一日为每年第一季之开始。业主或经租人,得与租户或占有人商定,于收租时同时带收房捐，缴纳本局出纳课。如租户或占有人欠付时，则应立即报知本局，以便采取一切有效办法，径向租户征收捐款。

第十二条　本章程第十一条所规定之声报未于适当时期呈送本局财务处，或此项声报为不完备不确实或有低估租值，本局财务处处长或其指派人员（收捐员除外），有依照本章程第九及第十两条之规定，调查及核算此项房捐之权。未于适当期内缴本局时，或遇有租户或占有人无力缴纳，而业主或经租人怠于声报本局时，则应缴纳房捐应归其负担。

第五章　特殊办法

第十三条　公寓之房捐额，得由本局与业主间，根据全部建筑物之租值（每两年估计一次），订立特约规定，由业主负责缴纳房捐。惟得转向租户或占有人求偿，其向每租户或占有人求偿之房捐额，不得超过各该租户或占有人所占房地之租值，及本局税则表所规定之捐率。

第十四条　大商业或大工业所占房屋或土地之房捐额，得由本局与业主或负责经租人间，订立特约，而应课税之租值，由本局按照税则表所规定之计算法，从优核定之。

第十五条　凡经核明有减租情事者，本局可将多收之捐额返还。但所返还之款，不得溯及三个全月以上。

第十六条　按照一九一四年四月八日上海法租界外马路协定第六条及第七条之规定，凡华籍农民或贫民之耕作地及其住屋，可以免纳房捐，但以不适用自来水、煤气、电灯等公用事业者为限。

第六章　异议之解决

第十七条　如遇争执时，则有关系之业主租户及占有人，得于其请愿书经本局驳回后八日内，由本人或其代表以书面提出抗议。其抗议书应由以业主二人及本局代表一人（按年由法国总领事指派）所组织之委员会审查之。此项委员会有照章最后核定该关系人应纳捐额之权。

第七章 房捐之征收

第十八条 房捐应先期预缴于本局出纳课。

第十九条 本局得分房捐为两种，第一种为每三个月预缴之，第二种为每两个月预缴之。

第八章 罚 则

第二十条 凡纳税人在受征后十五日内而未将房捐缴纳者，本局得取消其对于公用事业之享用。

第廿一条 除前条所规定之取缔办法外，凡纳税人在受征后一个月内仍未将房捐缴纳者，本局得诉请该管法院执行之。

第九章 附 则

第廿二条 法国总领事署一九三一年一月十三日第四号署令公布施行之出租住屋章程及一九三一年一月十三日第五号署令公布施行之分租公寓章程，自本章程施行日起，概行废止之。

按照上述法租界房捐征收章程看，其与公共租界基本相同，略有差异。公董局也是采用租值的方法，按比例征收，但计算方法按照公董局制定的有关税则表来计算，法租界并未有专门的估价委员会来专门进行估价，这一点也体现出法租界行政权力相对较大的政治传统。

对于房租中是否包含水电等费用和其征收捐税方法，1936年，法租界公董局修正房捐征收办法，规定"如房租系用年租值根据时，则此房捐总额，按照房东给予房客享用利益之多少比例递减"，① 具体如下：

  （1）含有自来水供给之房租，应减低百分之五；
  （2）含有电气供给之房租，应减低百分之五；
  （3）含有垃圾焚化设备之房租，应减低百分之五；
  （4）含有暖气或冷气设备之房租，应减低百分之十；
  （5）含有电梯设备之房租，应减低百分之十。
  惟规定因上项利益而减低之总数，不能超过房租总额百分之三十。②

  关于提供器具设备的房屋，其用于进行核定的房租进行减低，减低办法由公董局财政处处长或其代表，按照房客以享用器具之规模，酌情核定。"此项减低，不能在上述照各房客所享利益而减低后之房租净值，更超过百分之十五。"③
  然而，关于上海的法租界和公共租界，两者在行政制度建构之初，其理念上便有很大的区别，这也间接导致两个租界的城市发展方向有着非常大的差别，正如曾任维也纳驻巴黎大使的亚历山大·于布内男爵游览上海后，在其日记上写道：在英租界，商人和居民并没有任何先期的计划，所有重要工程均是根据当时需要或个人爱好来完成的。而法租界则是由公董局进行全局规划，全面施政，最

---

① 《法租界修正征收房捐办法》，《民报》1936年4月10日，第6版。
② 《法租界修正征收房捐办法》，《民报》1936年4月10日，第6版。
③ 《法租界修正征收房捐办法》，《民报》1936年4月10日，第6版。

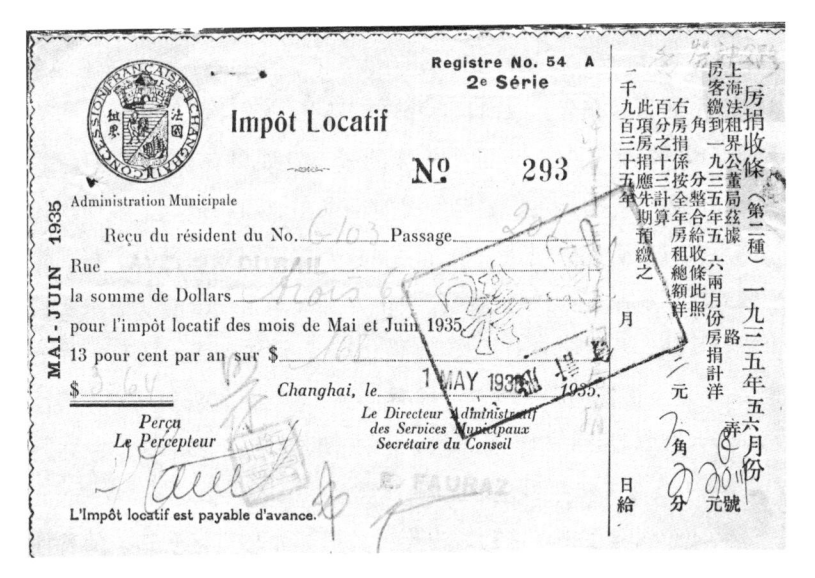

图 5-3　法租界房捐单

后全然实现规划目标。① 两个相互毗邻的租界，经济来往、人口流动十分频繁，但又存在着诸如交通、管理方面的许多不同，这种共性与特性的相伴相生，为公共租界、法租界包括华人管理的华界所共同组成的大城市里，存在着相互合作、向上发展的牵引力量，但又提供了许多缝隙，不仅让城市格局与城市面貌皆有很大的不同，也为城市管理制度的改变、创新提供了机会。

二、天津英租界工部局财政概况

天津是西方列强在近代中国设立租界最多的城市。天津在第二

---

① ［法］居伊·布罗索莱著，牟振宇译：《上海的法国人（1849—1949）》，上海辞书出版社2014年版，第12页。

次鸦片战争后开埠，逐步发展成为北方的第一大商埠。从1860年到1903年，先后有英、法、美、德、日、俄、意、奥、比9个国家，在天津划定开辟租界，总面积达23 350.5亩。天津的租界区域作为天津城市的核心区域，对近代天津的城市发展史有着重要的作用。在天津的各租界中，英租界是开辟时间最早、面积最大，多项现代化的市政设施首先出现在英租界。观察天津英租界的发展历程、管理模式、征税制度，并与上海公共租界工部局、我国的其他主要城市进行比照，具有明显的意义，正如时人曾评论调查天津英租界的意义："就上述各项调查所得，虽不能尽至，然可以观察英租界市治之佳者，其财政计划颇施行得法，愿吾市政当局注意焉。"①

（一）天津英租界工部局概况

天津英租界在创设之初，由英国驻天津领事直接管辖。随着西侨人口的不断增多，开始实行自治制度。由于此时在上海租界已经形成了比较成熟的自治模式，成立专管市政的工部局已运作多年，天津英租界仿照上海租界模式，先后于1863年通过了过渡性的《天津埠地方章程和领事章程》。1866年11月26日，天津英租界颁布了《天津土地章程和通行章程》，作为其"根本大法"。1897年，天津英租界扩展，并颁布《英租界扩界章程》，并单独成立英租界扩展界工部局。1903年1月13日，《英国围墙外扩充租界章程》公布。1918年，英租界制定了统一的章程，即《驻津英国工部局所辖区域地亩章程》，也称为驻津英国工部局1918年章程，取代《天津土地章程和通行章程》和《英租界扩展界章程》，于1919年1月1日起开始实施。1919年1月1日，天津的英租界市政管理开始统一，并

---

① 《关于津市之天津英租界工部局财政概况》，《银行月刊》1928年第8卷，第7号。

执行驻津英国工部局 1918 年章程。①

天津英租界的权力机构为选举人大会,其功能和性质与上海的纳税人会议相似,亦可由英国总领事随时发起召集选举人特别大会。根据地亩章程规定,其纳捐人选举资格如下:

(1) 任何国籍人士选举人大会期 21 日前在本租界为注册制业主,依据估定产值之地亩捐或房产租值捐除建筑不足额地亩捐不计外,每年由缴纳合计 200 两或超过 200 两只义务者,得有选举资格。惟该纳捐人年龄须满足 21 岁不受任何法律束缚或褫夺公权,业经清缴。本租界各捐款并在最近 12 个月内无任意违犯本局各章程或条例情事。

(2) 上列纳捐人每年缴纳地亩捐、房产租值捐分计或合计每足 200 两者,得登记有选举权一权。②

此外,章程还规定,占用房产人、合伙业主等,符合一定条件,亦可获得选举权。③

天津英租界由董事会管理的工部局,负责英租界的市政事务。工部局的首席官员是秘书长,同时兼任董事会的秘书,其由董事会推举一名英国人来担任,负责工部局的总体事务,对外可代表工部局。1928 年,英租界工部局"添华籍副秘书长辅佐办理工部局事

---

① 韩占领:《1929—1941 年天津英租界市政管理研究》,天津师范大学 2012 届硕士研究生论文,第 8 页。
② 天津市档案馆编:《天津英租界工部局史料选编》(上),天津古籍出版社 2012 年版,第 89 页。
③ 《天津英租界工部局史料选编》(上),第 89 页。

务"①。工部局董事会可以于必要时随时"派用秘书、员司、巡役等,并规定各员薪额,工资津贴等项准由工部局公款内支给"②。天津英工部局的组织机构主要分为五部,即总务处、巡务处、消防队、消防设备及工程处。③ 1923年1月,天津英工部局收购天津自来水厂,并改名为天津英租界工部局水道处。总务处主要管理文案和财政处,对于各部不能涉及的一切事务均由秘书长负责。工程处负责公共工程、基础设施(道路、桥梁、公园、菜场等的建设),巡务处负责治安、交通管理等;消防队、消防设备等负责城市消防。水务处负责自来水供给。另有卫生医官负责租界的医院、防疫等公共卫生事务。④

(二)天津租界工部局的收入情况

天津英工部局主要收入来源,可分六大类,即地亩捐、房产捐、建筑不足额之地亩捐、河坝收入、转头船位租金及辅捐收入。工部局每年的收入预算及决算,均根据此分类。关于天津英租界的工部局的研究成果颇多,本文仅就20世纪20年代的天津工部局的财政数据进行概述分析,与上海工部局的财政收入与支出进行对比。

1928年6—7月,《大公报》连续刊载记者李金寿的调查文章——《天津英租界工部局财政概况》,介绍了1925—1927年的天津英租界工部局财政状况。

可见1925—1927年三年里,天津英租界工部局收入保持了稳定的增长态势。其收入较大项为房产捐、辅捐、地亩捐。在1927年,

---

① 《英工部局华职员张道宏等辞职真相》,《益世报》1931年8月3日,第6版。
② 《天津英租界工部局史料选编》(上),第102页。
③ 《关于津市之天津英租界工部局财政概况》,《银行月刊》1928年第8卷,第7号。
④ 尚克强、刘海岩主编:《天津租界社会研究》,天津人民出版社1996年版,第122—123页。

地亩捐收入一下子超过房产捐、辅捐，成为收入占比最大项。这与上海工部局房捐一直占比最高的地位，并不相同。

表5-4 1925—1927年天津英租界工部局收入情况

（单位：元）

年份	地亩捐	房产捐	建筑不足额之地亩捐	河坝收入	转头船位租金	辅捐收入	总　　额
1925	138 743	171 812.56	18 622.23	42 782.72	4 000	178 995.7	554 955.21
1926	146 661.77	183 762.2	18 588.43	43 950.96	4 000	230 778.6	627 742.06
1927	270 047.84	206 473.96	25 333.47	56 130.33	4 000	246 969.15	808 954.75

资料来源：《关于津市之天津英租界工部局财政概况》，《银行月刊》1928年第8卷，第7号。

地亩捐：所有老租界新租界地亩及推广租界已垫地经过一足年之地亩捐，均按估定价值二百分之三征收，推广租界内其他各地捐，均按估定价值八百分之三征收。

就地亩捐而言，上海工部局和天津工部局都采用了按估定价值征税的方式。但对于界外地区，且天津工部局的地亩捐征收范围涉及推广租界和其他地区。而上海工部局，对于界外筑路地区，并没有征收地税的权力，正如前面房捐章节中所述，征收特别市政捐（即房捐）。

房产捐：所有坐落老租界新租界内及推广租界已垫地房屋估定租值捐，按百分之十一征收。其中具体的征收日期和方法，可见天津英工部局1927年董事会报告暨1928年预算中记载"估定房产租值捐"的内容：

> 查本租界捐户于上次年会所公举之估价委员，业经将坐落

租界内各段房产本年租值估计完竣。

此项估定租值列有单表,凡愿参阅者可于本年4月30号以后随时惠临本局。

设捐户对于该估价委员所估全年租值或有不满意处,应于本年5月31号或早日通知本局局长,俾本局得于颁发该捐账单日期以前详细考核所具责问情由,凡有请求另行估计。全年租值之请愿书倘于本年5月31号以前未能递到者,则本局概不受理。

每年9月为缴纳全年房产捐之期,倘至9月30号仍未缴纳者,按照本局条例第三十九条本局得征额外附加捐,以所欠缴数之10%为准。

如本年房产捐至迟至9月30号尚未将全数照缴者,则本局对于其请求核减房产捐事概不受理。

凡已缴纳之捐因特别情形,本局得依照下列详细规定或可准予退还,惟此项捐款之应否退还,仍由本局斟酌决定。[1]

对于并未全年占用的房产,采取酌情减免的方式,具体标准如下:

凡房产于一年中曾经占用6个月或6个月以上者,其所缴之捐概不退还。

凡房产于一年中未经占用时日超过6个月者,本局得斟酌情形按照下列计算表将已缴之捐退还。

---

[1] 《天津英租界工部局史料选编》(上),第12页。

计开：

只占用 5 个月者退还 10%

只占用 4 个月者退还 20%

只占用 3 个月者退还 30%

只占用 2 个月者退还 40%

只占用 1 个月者退还 50%

全年未经占用者退还 75%

凡非出租之产业应即作为有人占用照章收捐。

如查得房屋内有家具置放者，应作为有人占用。

无论如何，本局对于应收房产捐之数不得少于该地基未曾建筑房屋之空地捐。

设各捐户依照上例有应享退还某年房产捐之权利者，应于次年 1 月 7 号以前据函请求，过期概不核办。①

通过上述规定可见，天津工部局在采用照核定估值按税率征收房捐的方法上，与上海工部局、法租界公董局相同。但其采用的是全年一次性征收，与上海工部局和法租界公董局一年分四次征收的方式不同。此外，在减少核定租值方面，天津工部局有占用时间的规定，并制定了相应的扣减比例，而上海工部局并未有这些规定。此外，上海和天津工部局对提供家具都制定了优惠的标准。

建筑不足额之地亩捐：此捐率按老租界新租界暨推广租界经过三足年之已填地亩各地所有房产建筑平均 60% 为额定标准，凡有地亩之房产建筑不敷上列额定标准者，应按照该地不敷数目 11%

---

① 《天津英租界工部局史料选编》（上），第 13 页。

纳捐。

建筑不足额之地亩捐为天津工部局的独特税种,上海工部局并未有此种规定。探究其制定缘由,应在于通过降低此类地亩的税率,降低地亩的持有成本,促进地产的开发。

河坝收入:河坝收入项中,可分两类,一为系船捐,一为河坝租金,统曰河坝收入。

> 轮船类,各式轮船凡系靠英租界河坝者以注册净吨数计,每一吨征收系船银五分,所有纳捐轮船,得停靠河坝三日(计七十二小时,由开到时起算)。如系靠时间须延长者,每增加廿四小时,增收捐十五两。
>
> 驳船类,凡系靠英租界河坝驳船装载货物,每百吨或不满百吨者,收系船捐五两,此项货物吨数,以重量或溶剂计算,均依轮船货单为凭。凡有驳船每系靠河坝一次,尚须另征费用七两。上列各捐费,概由各该船公司或代理人缴付。

关于河坝,租费之缴付法:凡有装卸船轮,或驳船货物堆积河坝者,每吨以重量或容积计,征收河坝租费银五分。附注:装卸轮船货物,凡交此租费者,得积存河坝七日(海关假期除外)。凡有货物逾此限期,仍未提取者,应工部局得代行收存。一切危险及费用,概由货物担负。设英工部局准许该货物过上列期限,仍堆积河坝者,则该项货物以包计或以担计,应征收按日计算寄存费。此按日计算之寄存费率,大概与津埠普通货栈按月计算栈费相等。

转头船之租金:此三年中(1925—1927),转头船位租金,皆为四千两。

辅捐收入：辅捐收入，包含五项收入，一执照捐，二码头捐，三建筑图样审查费，四市工业收入，五地亩转移及抵押注册费。因所有收入，不能加入以上五类中者，即包括于辅捐收入中，此英工部局计划之缺点也。盖辅捐收入之性质，颇与杂项收入相似。按地方收入分类原理，杂项收入只包含零星收入款项，为数不多亦不重要，均无独立一类之资格。今工部局竟将码头捐及市工业收入并入辅捐收入中，足使辅捐收入每年占全收入30%以上。同时转头船位租金，数目甚微，凡独居一类，此其分类之缺点也。

兹将各种执照捐征收率列下：汽车每年80元，每季21元；电水自行车，每年40元，每季10.5元；马车每月2元；人力车每年9元，每月1元；自行车每年1元；装货排子车及大车每月2.2元；装货排子车（自有）每月一角五分；手车每月3角；犬每年5元；小本营生每月1.25元；民车每月6角或1元、每日5角；净水车每月3元；粪车每月20元；旅馆，一等每月15元，二等每月10元，三等每月5元。

执照捐为上海工部局、上海法租界公董局、天津工部局皆共有的一项捐费，其与城市的繁荣程度密切相关，对有效地进行城市管控，维护城市秩序有着重要作用。

辅捐收入中第二项为码头捐：凡有经过英租界河坝货物，均按各货价值千分之一征收码头捐。设系应纳税货物，则上列捐率约合海关整税2%。再者运货人或接受货物人，应将该货物纳税凭证或应纳关税数目单据，送交工部局以资考核是否适用。

码头捐在上海工部局的收入中属于四大项收入之一，一直占据着较为重要的地位。在天津英租界的财政报告中，其并未单列，但码头捐、执照捐等为天津工部局辅捐收入中较重要的收入，也是辅捐收入项目在其收入结构中占比较大的原因。

辅捐收入中第三项为建筑图样审查费：洋式建筑：(1) 房屋建筑容积，勿超过 2 万立方尺者收审查费 6 元，增加容积每 5 000 立方尺或不满 5 000 立方尺者收审查费 1.5 元。(2) 已核准图样如有更改而于容积无所增减者收费 1.5 元。(3) 房屋内部更改，与现有墙壁无关者，收费 4.5 元。否则依照第一项办理。(4) 设某图所载，系多所同样房屋，则第一所房屋图样审查费应依上列各条计算之，其他各所仅收规定费率之半数。惟任何一种多数同样房屋图样审查费，总数不得过 75 元。附注：任何单所房屋之审察费，不得超过 35 元。华氏建筑（住房铺面或商行）：(1) 三所或不满三所附带房收费 4 元。(2) 十所或不满十所附带下房收费 7.5 元。(3) 每增加房屋一间，或房屋一所收费 0.5 元。4. 他种房屋收费 15 元。附注：每段房屋取费，至多不得过 75 元。

辅捐收入第四项为工业收入。其中电气事业收费如下：用户安装电表 1 个，每月至少须纳用电费 1 元，缴纳电费时，任何项下，所用电力，均得列入纳费总数。此外还有设计电灯、烹煮、暖气、马力用电、自有道路电灯、电表押租费等。

辅捐收入第五项为地亩转移及抵押注册费：地亩转移在工部局注册者，均按照工部局勘估价值四百分之一收费，以 25 两为收费最低至百两为收费最高数目。概由新业主缴纳，地亩抵押注册，无论产业价值，一概收费 10 两，新契纸，每张收填发费 15 两。

（三）天津英租界工部局的支出情况

天津英租界工部局的 5 个职能部门中，以工程处费用最大，总务处次之，巡务处又次之，消防队更次之，消防设备费用最小。以 1925 年为例，总务费为 178 493.71 两，占费用总额 21%。巡务费为

79 317.62 两，占费用总额 9%。消防队费为 9 067.2 两，占费用总额 1%。消防设备费为 1 175.56 两，占费用总额 1‰。工程费为 595 890.18 两，占费用总额 68%而有余。总共费用 863 943.27 两。① 对比第四章中上海公共租界工部局的财政支出，1924 年，工务处支出突破 200 万两，达到 2 080 931.32 两，占总支出 26.46%。1925 年、1926 年、1927 年上海工部局的工务处支出分别是 2 388 640 两、2 657 916 两、2 685 153 两，基本上是天津英租界工部局工务处支出的 4 倍。上海工部局警务处的支出也一直是其较大项支出，1925 年为 2 372 857 两，是天津工部局巡务费的约 30 倍。而上海工部局工务处的支出并不是工部局的最大项支出，警务处在 1927 年超越工务处，达到 3 017 994 两。

天津英租界工部局的年报中关于支出的报告与上海公共租界工部局年报不同，并未进行专门的支出统计，而是将某处的收入与支出合并计算。根据天津英租界工部局的财务报告所列，其支出共分为三项：总务经常支出、总务特别支出和水道处支出。根据 1931 年的财务报告记载，其总务经常支出，支出范围包括总务管理、警务处、消防队、工程处；总务特别支出，支出范围包括桥梁马路便道等、天津公学、电务处；水道处。②

就上海公共租界工部局和天津英租界工部局的收入趋势来看，天津也无法与上海相比。在 1930 年 4 月 16 日下午举办的天津英租界选举人常年大会上，董事长就 1929 年的报告做演说，见到"综核各报告所列，吾人不得不抱歉声明者为 1929 年事实，关于市政工作既市政收入总数未见进展而反形退步也，此乃自 1918 年本租界统归

---

① 《关于津市之天津英租界工部局财政概况》，《银行月刊》1928 年第 8 卷，第 7 号。
② 《天津英租界工部局史料选编》（上），第 408—410 页。

董事会管理以来向所未见,致与时俱进之状况遂行中辍现象,寄若此无特殊发展之事实可纪,爰属当然事理,董事会同人更许鄙人声明董事会之主要职务辄不光彩"①。

综上所述,可以看到,天津英租界工部局不仅财政收入总规模比上海工部局低,其在城市治理方面的开支也较上海工部局低。这一方面是二者在规模上有差距,尤其近代上海与天津两个城市的层级地位不同,上海在近代是全球六大城市之一,是远东的金融、贸易中心,天津是北方的第一大埠,但与上海的经济规模不可比拟,也奠定了两座城市在获取财政收入总量方面的差异。另一方面,天津英租界工部局仿效上海公共租界工部局的治理模式,建立起较为完整的城市财税制度,其将城市财政收入绝大部分投入城市治理中,带来了城市的较快发展,促进了天津城市在近代的崛起,这不能不说有效的城市财政对城市发展具有深远影响。

三、厦门鼓浪屿公共租界

1935 年,一位署名为"志坚"的作者,在《新生周刊》发表了《鼓浪屿印象记》,里面写道:

> 一上鼓浪屿,就好像身入了"桃花源"一样,那平坦宽广的柏油路,马路的两旁植着繁茂的树木绿荫中,矗立着一座座红白相间的小洋房。那里面住着外国的领事,洋行的买办,从南洋回来的富商大贾,下野的军阀政客。整齐的路政和美丽的小洋房,实在是用无数百姓的血肉所堆成的啊!②

---

① 《天津英租界工部局史料选编》(上),第 311 页。
② 志坚:《鼓浪屿印象记》,《新生周刊》1935 年第 2 卷,第 2 期。

作者这段话，一方面提及鼓浪屿是在西方列强侵略、强权下的产物，另一方面，也提及鼓浪屿相对成功的市政管理，是使得这里成为重要的宜居之地的原因。

第二次鸦片战争以后，外国人开始迁入鼓浪屿，占据地盘，建楼久居，有 12 个国家的领事馆建在岛上。之后，西方列强通过各种途径，试图订立章程，在鼓浪屿设立管理机构，但并未得逞。1897 年，驻鼓浪屿的各国领事共同炮制一份《鼓浪屿行政事务改善计划》，不再通过地方当局，直接报告北京各国公使，要求核批，但因公使团内部尚有矛盾，不能取得一致同意，才没有实现。①

八国联军侵华后，清政府内外交困，驻厦门的各国领事，共同策划所谓的"鼓浪屿公界"阴谋。1902 年 1 月 10 日，在厦门的日本领事馆签订了《厦门鼓浪屿公共地界章程》，鼓浪屿被划为公共租界。1903 年 1 月，正式成立工部局，并于同年 5 月 1 日，正式开始运作。厦门鼓浪屿公共租界的各种制度以上海公共租界为蓝本。

(一) 鼓浪屿工部局组织架构

工部局由董事会负责监督管理，董事有 7 名，其中 1 名为道台指派的中国人担任。工部局初期只有 1 个巡逻队，设巡捕长 1 人，有 1 个巡长、设 3 个三等巡官和 14 个巡捕。后工部局组织逐渐扩大，分为内勤、外勤两部。内勤分为书记处、警务处。书记处下设会计、出纳各 1 人。警务处设管辖巡捕以及后来成立了侦探队。此外，又分设财政、建设、卫生 3 股。财政股主办征收地租，兼收商店、小贩、双桨、轿、狗等牌照税，以及违警罚款。建设股设有筑

---

① 张镇业、叶更新、杨纪波、洪卜仁：《"公共租界"时期的鼓浪屿》，载中国人民政治协商会议福建省厦门市委员会文史资料编辑室编：《厦门文史资料（选辑）》第三辑，内部发行，1980 年，第 14 页。

路队负责修建路面、水沟和种树。卫生股由副局长兼管，雇用专职卫生员，设有清道、清洁两队，打扫清运垃圾和粪便，转售给内地农民做肥料。

早在1878年，在鼓浪屿的外侨群体擅自组织"鼓浪屿道路墓地基金委员会"时，就规定凡洋人每人每年纳人头税5元者，即具有纳税者的资格而享有选举权和被选举权。在鼓浪屿沦为"公共租界"后，"鼓浪屿道路墓地基金委员会"改组为"洋人纳税者会"，并具有选举工部局董事会外籍董事的权力。根据《厦门鼓浪屿公共地界章程》第四款规定：（1）凡洋人在鼓浪屿管地，在领事存案，估值不在1000元之下者，可以公举。洋人董事系公举，故必如此。华人董事由厦门道派定，毋须公举，不在此例。（2）执有特字代前项管业人之不在此口者，可以公举。（3）洋人除照费外，每年完捐在5元以上者，可以公举。① 鼓浪屿的洋人纳税者会与上海公共租界的纳税人会议性质、地位相似。

1928年，鼓浪屿公共地界设有财政、建设、卫生、教育、公安5个委员会。主持日常行政的最高负责人被称作局长，其机构分为内勤、外勤两部，分设书记局（由局长兼）、警务局（分印捕、华捕、侦探、监狱）。②

工部局通过制定《鼓浪屿工部局律例》对市政进行管理，共有粘贴广告、滥用风枪、脚踏车、妓馆、建筑、家畜、残酷家畜、割伐树木、养犬执照、纸炮、赌博、羊照、肩挑贸易执照、名胜石、垢秽物、旅馆执照、非法拘捕、码头章程、风筝、牛奶厂章程、牛

---

① 《厦门鼓浪屿公共地界章程》，资料来源：http://www.glysyw.com/html/yczs/zjgl/2016/0312/2283.html
② 《"公共租界"时期的鼓浪屿》，第97页。

奶瓶之涤法、牛奶捐、酒照、嚷酒（注：即猜拳）、本局办事室时间、鸦片、巡捕格外职务、结队游行传单表示、告谕、卫生广告、报告身故章程、双桨小船规则、招牌、屠场、畜类捐、遮洋、侵入私业、演戏执照等，这些具体的规定，成为工部局进行城市管理的主要依据。

在1932年的《厦门鼓浪屿工部局报告书》中，详细记载了包括洋人纳税会、选任华董事华委员报告、洋人纳税者特别会、局务概况、加征之牌照税、防疫及防痘情形、警务、公共市场、自来水、电灯、电话、重估产业税委员会等十数项内容。[①]

（二）鼓浪屿工部局的收支状况

按照《厦门鼓浪屿公共地界章程》中的条款规定，工部局在租界内：可以照续开规例，抽收捐款、照费，估捐田产、房屋之捐，并可抽收运入藏贮界内货物之输。惟百货之输，无论系运来及贮藏，均不得过货值4%。该会众人公集或来会者数逾大半，并可酌核抽收别项捐输。（按：捐即房产税，输即货物税）[②]

根据前文的工部局律例资料看，工部局在公共租界内征收：轿牌捐、建筑执照捐、牛奶间执照税、海滩税、狗牌捐、市场税、小贩牌税、屠宰税、戏照捐、洋酒照捐、土酒照捐、双桨牌捐、港内轮渡税、旅社执照捐、特殊挂欠业产税、粪业包捐、附加捐、地产租金等二十多种捐税，下表是工部局的1903—1937年的收支情况：

---

① 《厦门鼓浪屿工部局报告书》，1932年。
② 《厦门鼓浪屿公共地界章程》，资料来源：http://www.glysyw.com/html/yczs/zjgl/2016/0312/2283.html

表 5-5　1903—1937 年鼓浪屿工部局收支统计表

（单位：元）

年份	岁　收	岁　出	产业税收入	建筑执照收入	罚金收入
1903	15 416.50	13 930.31	9 595.36	—	120.30
1904	21 917.19	22 308.32	15 036.37	248.7	430.90
1905	23 229.79	21 349.63	15 343.08	230.55	900.60
1906	23 028.83	22 733.72	15 599.98	352.65	233.67
1907	23 858.80	20 468.23	16 704.06	334.35	291.67
1908	26 036.22	27 571.78	17 197.25	590.85	441.89
1909	26 044.63	26 309.20	17 166.60	340.54	379.60
1910	26 539.68	27 208.52	18 016.92	836.60	301.87
1911	27 264.89	30 214.44	18 584.86	603.90	498.57
1912	缺	缺	缺	缺	缺
1913	30 592.93	22 304.07	22 227.58	459.43	449.10
1914	34 667.70	27 753.20	25 581.78	1 231.59	899.02
1915	32 257.75	29 286.24	20 856.63	1 250.03	1 473.20
1916	38 939.00	32 142.04	24 843.39	2 902.20	1 978.20
1917	39 246.86	41 328.80	27 519.46	1 240.46	1 659.54
1918	41 688.32	39 211.34	29 478.97	731.76	1 172.88
1919	43 107.17	44 789.84	30 402.43	1 416.32	450.50
1920	46 299.09	51 767.53	31 872.56	1 375.45	422.62
1921	51 197.39	43 766.28	33 435.11	2 754.23	1 529.02

续　表

年份	岁　收	岁　出	产业税收入	建筑执照收入	罚金收入
1922	57 557.83	57 219.06	34 614.79	2 529.20	2 856.89
1923	78 117.31	73 910.38	49 695.51	4 433.50	4 327.45
1924	94 277.64	89 718.37	54 857.11	6 968.81	4 363.22
1925	100 600.59	98 350.86	62 201.54	4 368.50	3 937.78
1926	102 565.41	111 173.45	69 036.73	2 045.05	3 061.45
1927	97 857.13	91 824.80	71 069.32	1 956.00	1 247.42
1928	102 006.89	100 911.89	72 016.18	2 463.00	2 193.15
1929	105 512.55	105 131.38	73 771.38	1 589.50	4 224.00
1930	113 112.80	114 322.42	75 058.25	1 295.50	7 404.50
1931	111 594.78	107 832.14	76 207.69	2 409.00	5 883.00
1932	123 672.98	123 375.73	92 173.60	2 822.38	6 775.50
1933	145 706.99	156 108.89	100 731.86	2 720.45	9 088.59
1934	167 519.36	166 801.96	103 829.62	4 070.75	10 702.14
1935	151 624.16	161 400.49	101 612.02	2 240.85	4 131.80
1936	145 912.72	142 269.96	110 463.54	1 395.10	1 569.80
1937	144 298.84	145 213.43	111 700.15	478.00	1 327.00

资料来源：《"公共租界"时期的鼓浪屿》，第 99—101 页。

观察上述数据，鼓浪屿工部局的岁收并不大，初期只有 15 416.50 元，到 20 世纪 20 年代末突破 10 万元，在 1937 年抗日战争爆发前，其最高岁收出现在 1934 年，达到 167 519.36 元。其收入与同时期上海公共租界工部局上千万元的收入相比，仅为其"零头"。同样，鼓浪屿工部局的岁出也不大，其在1926年突破10万元的支出，最高支出在1934年，达到166 801.96元。

鼓浪屿在地理空间上，较上海公共租界、上海法租界、天津英租界相对较小，"周围仅有三英里，所以不上一个钟头就可环行一周"①。因此，一方面，空间的限制，使其经济规模不可能太大，也就在商业收益上不可能太多，因此其商业经济相比于上海、天津，规模较小，但"五脏俱全"，有人评论道：

> 鼓浪屿大部分都是洋房别墅，市场不多，比较最热闹的是在龙头一带，那里有百货公司、电影院、京戏班、台湾班、跳舞场、旅馆、酒家，一切都市的享乐都是具体而微的应有尽有。不过，物品的价格较之厦门还贵，比起上海来就更贵了，这是因为鼓浪屿完全是一个富商大贾消费享乐的地方，本市是没有一丝一毫的生产的，一切物品都须仰给于外面的输入，所以生活成都也就特别的高了。②

因此，经济业态较为单一、人群较为统一，这样的构成，使鼓浪屿工部局的治理可以较为有针对性，并不需要太多资金，便可进行全域的管理。

在《厦门鼓浪屿外人租界地律例》中，对建筑房屋进行了详细规定：自本律例发生效力起，任何房屋或楼屋，非先将图样送请工部局，并得工部局书面批准，不得建筑。工部局可以拒绝批准；或

---

① 志坚:《鼓浪屿印象记》,《新生周刊》1935年第2卷，第2期。
② 志坚:《鼓浪屿印象记》,《新生周刊》1935年第2卷，第2期。

认为必要时，可以修改适合卫生条件或其他事项。任何人未经许可，建筑房屋或楼屋者，处罚一百元以下罚金，并且工部局可以请求有关国籍的法庭，将房屋或楼屋拆除，费用由违反者偿还。

工部局为扩大其权力，制订了《厦门鼓浪屿外人租界地律例》外，还制订了《鼓浪屿工部局律例》，其中"建筑"一款，对征收建筑执照捐有详细规定：

(1) 凡呈请建筑书内，当附图详绘，并载明长阔度数。
(2) 该图经董事许可后，应遵守图中所载，不得逾越。
(3) 凡重建或新筑屋宇，其沟渠水道，当绘明图中。
(4) 无论何屋，其建筑不得侵及公路或小路抑公业。
(5) 须开凿水井，宜具充足之泉水。
(6) 该新屋之沟道，须接连公沟。
(7) 新筑之屋，须具一水池，以收集屋上雨水。其池之大小，由本局董事审定。
(8) 建筑工程，须于十二个月内完工。倘过期未能完竣，则建筑执照费当再缴纳。
(9) 倘所纳之建筑执照未曾用过，可于十二个月内将所纳之照费取回八折。
(10) 建筑照内所开条件，应一律遵守；违者立即阻止停工，并召回该建筑执照。
(11) 凡价值五千元以下者，每百元须纳一元；凡五千元之外者，每百元须纳洋五角。[1]

---

[1] 《鼓浪屿工部局律例》，载中国人民政治协商会议福建省厦门市委员会文史资料编辑室编：《厦门文史资料（选辑）》第三辑，内部发行，1980年，第85—86页。

房捐在鼓浪屿的收入中，也占据比较重要地位，和工部局一样，若遇到预算支出不够，往往采用增加房捐的方式，如1932年，鼓浪屿工部局"因增加公共卫生经费，决自本月起，加征房捐百分之四十，至明年重估房捐为止"①。从这则加增房捐的案例，也可以看到，鼓浪屿工部局由于其整体收入低，可供支配的收入也低，一旦遇到应急事件，采用的加增房捐的幅度是巨大的，这也是上海公共租界工部局房捐征收史上从未有过的事情。这也例证，一个城市的财政规模的大小，对其行政能力的强弱和扩充有直接关系。

第二节　冲击下的仿效：国内城市财税与市政的起步发展

近代以来，国人迫切希望建设发达、先进、现代的城市，极其渴望拥有都市文明，有从海外游学归国者评论都市发达与国家文明程度的关系，"近代的文明，是都市的文明，都市就是近代文明的表现者。我们要看那国文明程度如何，只须看他的城市就可以下断语了"②。著名的法国学者白吉尔认为，在上海，"中华文明与西方现代性的相撞是以实用主义的方式来达到平衡的"③。

近代以来，西方城市财政制度在中国土地上的移植、引入，产生了良好的窗口效应，正如"冲击—反应"现象，引起我国众多城市的学习、模仿，进行调适以找到适合自身发展的道路，推动我国城市的现代化，向前发展。正如1901年《新闻报》称："今使将房

---

① 《鼓浪屿加增房捐》，《新闻报》1932年7月12日，第8版。
② 刘鬱樱：《谈市政管理》，《道路管理》1930年第32卷，第1期。
③ ［法］白吉尔著，王菊、赵念国译：《上海史：走向现代之路》，上海社会科学院出版社2014年版，前言。

捐一端言之,不必远征诸外国也,仅观上海租界办法,每户按租金多寡抽收一成,每季汇收,居民不敢有丝毫蒂欠。"① 正如墨菲所讲:"两种文明接触的结果以及中国对此所发出的反响,首先在上海出现,现代中国就在上海诞生。"②

这种影响的冲击、扩散,不仅让上海成长为中国本土的第一个现代化、具有多重中心功能的超级城市,同时上海的成功经验使其成为一个重要的扩散器,进而将这种效应传递到国内其他城市,因此,观察近代中国城市自身对工部局财政制度与城市管理制度的"反应",成为了解我国的城市史、财税史不可缺少的内容。但同时必须认识到,中国幅员辽阔,城市众多,有不同的地域文化和成长路径,不可能全部照搬一种模式,正如费孝通总结的"因为中国具有这样长的历史和这样广的幅员,一切归纳出来的结论都有例外,都需要加以限度、偏执,因为当前的中国正在变迁的中程,部分的和片面的观察都不易得到应有的分寸"③。

一、上海华界的财税与市政管理

传统中国的政区类型始终为地域型政区,以县为基层政区单元,县下虽设有官,"在某些朝代也出现专管城市的行政机构,但并不存在市制"④。中国城市财政的近代化是中国近代城市史发展中的一个重要课题,城市的行政与财政互为表里,二者相互推进,共同缔造了城市的面貌。传统时期,我国并没有系统性的针对城市的税收,

---

① 《论上海房捐》,《新闻报》1902年1月11日,第1版。
② 《上海——现代中国的钥匙》,第4—5页。
③ 费孝通:《乡土中国·生育制度·乡土重建》,商务印书馆2016年版,第339页。
④ 刘君德、汪宇明:《制度与创新——中国城市制度的发展与改革新论》,东南大学出版社2000年版,第4页。

直到近代以后才逐步建立城市捐税制度。城市捐税与设立城市行政管理机构有很强的相关性,主要体现在创建征收机构和制定各种法规等。① 我国现代意义上的市政制度,直到租界开埠以后,在上海才出现。

(一)上海华界现代市政的起步

民国《上海县志》载,"上海置县,始于元,析于华亭设治。吴淞黄浦之交,襟江凭海,为吴越冲要剧邑。迨中外通商,轮轨辐辏,工商坌集,益号繁缛"②。近代上海,有所谓的"一市三制",存在着公共租界、法租界和华界。华界是华人自己管理的城市区域,其与租界毗邻,见证了上海租界从荒地、河滩,一步步建设成为现代化的都市,特别是其成功的市政管理,给国人带来了强烈的刺激,当时人对比后写道:"上海市租界以内,道路平坦宽广,整齐美观,行旅交通,既甚便捷,秩序亦复井然。反观华界,除主要寥寥通路以外,大都纡回曲折,狭小不整,既不便于交通,复不适于美观。"③ 因此,借鉴西方现代城市管理的成功经验来管理华界,治理华界,成为当时有识之士的一致看法。

华界在市政管理的制度化方面经历了很长时期,且起步亦晚,有一定程度是被毗邻的公共租界工部局和法租界公董局所带来的市政建设成果所刺激,驱动华界地区主动学习租界的市政管理方法与经验。加之自治运动的兴起与清末新政改革为县城市政制度成形提供了政策环境和合法性保障。④ "事事落后的中国,要求实业

---

① 张利民、熊亚平:《近代中国城市捐税制度初探》,《华中师范大学学报》2018年第7期。
② 《民国上海县志》,1936年,序一。
③ 张辉:《上海市地价研究》,正中书局1935年版,第49页。
④ 刘雅媛:《清末民初上海县城城市财政的形成与构成》,《中国经济史研究》2022年第1期。

文化之振兴，自然非从市政建设入手不可。"① 特别是租界在进行成功的市政管理的同时，有充足的财政收益，更激起了大家对发展市政和财政的渴望，有人评论征收房捐："道路之平砥，路灯之光明，巡捕之严密，地方之清洁，车马之便捷，词颂之简便，以中国而论，孰有过于上海租界者乎？是故所收房捐，征之租户，而租户无怨。曰是盖用以整□租界。凡与我同居于租界者，共得起利益者也。"②

上海华界市政管理起步，始于 1896 年上海南市马路工程局成立，后改称南市马路工程局善后局，管理浦滩、马路、捐款、稽查及开办电厂等事务。1898 年马路工程善后局颁布《沪南新筑马路善后章程》24 条，其主要内容如车辆捐照、行车点灯、定时倾倒垃圾、开挖水沟须保局核准等，均系仿照租界章程。因为租界订有马路违犯章程，对违犯有关规则者进行处罚，马路工程善后局颁布了《简明罚款章程》6 条，并招捕设制中国巡捕房，以便巡查执行。据民国初年《上海县续志》记载，光绪、宣统年间华界相继筑成 30 余条马路，其中就有斜桥南路、肇周路等。

1905 年，上海地方自治运动兴起，上海绅商郭怀珠、李平书、叶佳棠等人在地方政府的支持下，成立了"上海城厢内外总工程局"等市政机关，意图改变华界市政的落后面貌。这是上海县城第一个现代意义上的市政机构。

1909 年 1 月，清政府颁布《城镇乡地方自治章程》，令各地设立自治公所。上海城厢内外总工程局改组为上海城厢内外自治公所，

---

① 刘鬱樱：《谈市政管理》，《道路管理》1930 年第 32 卷，第 1 期。
② 《论上海房捐》，《新闻报》1902 年 1 月 11 日，第 1 版。

其模仿工部局的治制结构。城厢内外总工程局的管辖范围为租界以南的华界地区，即上海老城厢及其周边，主要负责修建排污水道、道路桥梁、清理垃圾、公共照明，核发建筑许可，包括一些大型的工程项目，如有轨电车等。其60名董事由纳税人会议选举产生。具体工作的雇员由自治公所采用招聘的形式，并发放薪资。自治公所有权开征不同的地方税来获取财政经费，同时维持一个800人规模的巡警队伍和一个地方法庭。这是租界的治制向外扩散，在上海本地产生的直接影响。其拥有一部分市政建设、民政、地方税收和公用事业管理权，基本架构与工部局基本相同。下为《上海县城厢内外总工程局章程》：

上海县城厢内外总工程局章程

一、选举董事

（甲）工程局之设，为整顿地方一切之事，抵制外人侵占，开通内地风气，助官司之不及，与民生之大利，事关创办，全在得人，故以选举董事为第一要义。

（乙）工程局以上海县知县为督办，不另派委员，局设办事总董一员，办事帮董二员，会议董事九员。总董必须本籍绅士充当，帮董一本籍一客籍，均须殷实商人，不用绅士。会议董事不论土客绅商。

（丙）选举之法，总董必须声望素著，操守可信，识见明通，才具开展。帮董必须身家殷实，事理明白，勤干有为，廉洁自爱。会议董事必须通达时务，居心公正。均于开会日，由本地绅士及城厢内外各业商董书名投柜秉公选举，择多数者充当。

（丁）办事总董帮董均须常驻局中，不得不优给薪水。总董月支薪水夫马银二百四十两，帮董每月支薪水夫马银一百二十两，饭食由局供给。

（戊）办事总董三年一举，客籍帮董四年一举，本籍帮董五年一举。如年限内有违背公理、伤害公德及才不胜任，或意外事故，由会议董事主政开特别大会，凭众辞退，另行选举会议董事。有以上情节，在寻常开会时辞退另举。

（己）总董权限主一切应兴应革之事。会商督办经督办认可者，即由总董办理，督办不得掣肘。如督办不认可，而事关重大，势在必行者，邀集会议董事共决可否。其有会议董事不能决者，开特别大会公共决议。

（庚）局中出入银钱，皆由帮董管理。帮董两人，一司银钱一司庶务，每三个月轮管。如春季甲管银钱，乙管庶务，夏季乙管银钱，甲管庶务，每日将收支账送总董过目盖章，每季送督办盖印，每年造征信录遍示大众。

（辛）局中应设司事若干人，由总帮董酌量定额，至多不得过十人。如用十分，则总董遴用六人，帮董各遴用二人。司事薪水俟派定职司后，由会议董事议定。服役之下人名数工食，均由总帮董酌定。

二、建设议场

（甲）地方大事断不能一二人定议，故须设一议场，凡事须经众议决者，开会集议。每年常例开会两次，一在夏季，一在冬季。如众人有议兴与革之事，皆可在此时提议。

（乙）议事场须在城厢适中之地建一敞屋，可容三千人座位。除工程局议事外，学堂演说亦可借用。

三、清查地亩

（甲）城厢内外居民房屋地基，数百年来未经清丈，致多畛幅不清。现既设立工程局，应将各户地亩，按照所执咸丰五年之田单，举行清丈。如丈少者，详请减粮，丈多者，照数补粮，不追既往。惟须照时值补缴地价。其无田单者，以印契为凭，或有印契遗失未经报案者，以粮串为凭，俱由局董会同段董办理，不假手书差，务绝骚扰索诈徇私贿串等弊。

（乙）清丈地亩，逐户绘图，注明四址丈尺，另由工程局给发执照，附图于后。盖用县印以后，无论有单无单，均以此照为凭。

（丙）照费计亩缴纳，大约一亩地纳银五钱，不加丝毫小费。

（丁）清丈后溢出之地所缴价钱及工程局执照费，均充局用，由局造册报县详司一面，列入征信录。

四、开筑马路

（甲）欲市廛之兴旺，必将街路开拓，使行人便利。城中东西大街尚宽，余皆狭隘，一时未能改良。城外如浦滩马路基址颇宽，修造亦尚合法，其自十六铺桥至董家渡之老马路，造不合法，行人不便，载重之车覆辙相寻，亟宜改筑。其北自陆家石桥，经郎家桥至花衣街之路，中间宽窄不等，且多曲折，亦须一律改作马路。此三条为南北干路，干路造好，则马车人力车来往便利，居租界之人皆愿自北之南矣。其支路则大小东门直街俱尚宽展，惟造法不佳，车行不便。其他若毛家街黄家码头至黄家嘴角董家渡大街至小南门，均须开拓改筑，庶枝干相通，来往便利，南市商务必日旺，居民亦必日多。

（乙）城中虽一时未能开通，而沿城亦可造一干路。

（丙）西北一带，并非租界，而法公董局筑成马路，设捕收捐，不一而足，侵碍主权，阴行展拓，害非浅尠。应先将西门外方浜桥至斜桥一路，设法收回，自修自管。此路本有可归我管制约，想道署有案可查。

五、整理河渠

（甲）通行之河，如城外之护城河，穿城之肇嘉浜，均须疏通，不宜任其淤塞。护城河县志载宽三丈，今大门外宽处尚有二三丈，小东门新北门一带，则侵占日窄，或不及丈，应一律改为宽二丈四尺，两旁俱打椿脚砌驳岸，中间开深通潮之口，置闸启闭，常蓄水五六尺，以便船只往来。

（乙）城中沟渠甚多，年久失浚，淤浅污秽大碍卫生，亟宜逐一填塞。其向为阴沟出水者，仍做暗沟，以流通积水。

六、推广警察

（甲）城中警察额，仅二百名。限于经费，不能增多。今城厢内外，既设总工程局，则十六铺外马路之工程局，自应归并。旧有之巡捕，亦应改为警察。其十六铺内街二十三七铺及西门一带，均须添设巡警，庶归一律。

（乙）城中开办警察时，原议官绅合办，是以总局派有绅士会议，嗣后应以上海县为警察总办，以工程局总董为警察会办，裁去总巡等名目。各分局俱以绅士为局长，不派委员，则与情较可相治办理，亦可期切实。

（丙）警察学堂，本宜常年开设，因限于经费，于两班学生派出后即撤，以至续补者皆不学之徒，诚非正办，应再延请教习，重开学堂，切实教育，一面选派学生赴日本学习，以备将来进步。

七、考求工程

（甲）工程局既设，一切筑马路砌阴沟各项工程，均须有熟谙之人，方可举办。泰西建筑，设有专科，速宜选派学生出洋学习，为将来经久之计。目前兴作迫不及待，若延请洋工程师，不但费巨，且恐不能浃洽，宜访求华人之熟悉工程者，到局承办。

（乙）中国向不以工人为上等，故习此者身份不高，品流亦杂。然士夫中不乏讲求工作之人，亦分别延雇，俾可互相研究，且资督率。

八、派员发审

（甲）工程局原系官督绅办，然县主政务殷繁，若事无大小，概行送县，必有日不暇给之势，应请特派工程局发审委员州县一员，佐贰一员，凡警察各分局案件，概送工程局发审委员讯问。可了者，即了。案情稍重者，仍送县究办。

（乙）发审委员宜由地方会议公举指名请派，州县薪水与总董同，佐贰与帮董同若办事，判讼不孚舆论，随时由总董帮董开会公议禀道撤换。①

整体来看，清末民初，上海地方行政机构的财政收入项，由地方捐、船捐、车捐等构成上海县城城市财政收入的主体。② 上海自治机构的财政收入架构，有较明显的比照公共租界财政收入项的特征，具体而言：

---

① 《上海县城厢内外总工程局章程》，《东方杂志》1905 年第 10 期。
② 刘雅媛：《清末民初上海县城城市财政的形成与构成》，《中国经济史研究》2022 年第 1 期。

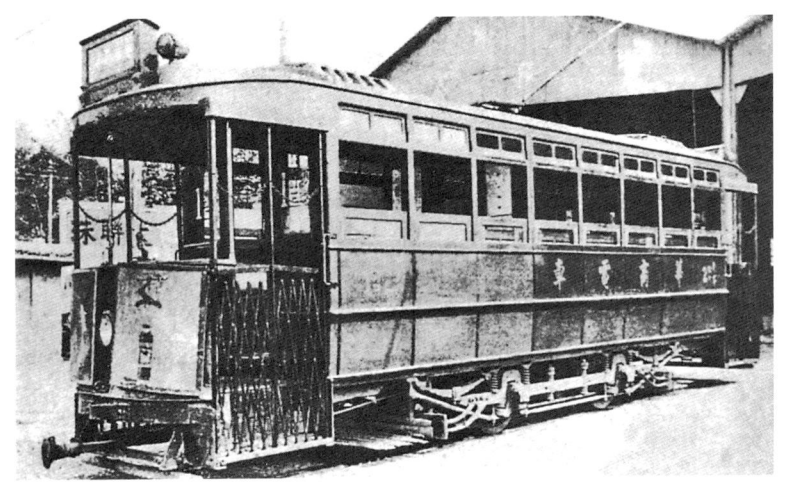

图 5-4 华商上海电车公司的有轨电车

地方捐,也称地方月捐,总工程局开办初期仅在城外征收,其税率除个别情况外,一般为房租的 5%,由合并以往的杂捐而来,自洋一二角以至一二元不等,悉充清道、路灯、路工、巡警等用,贫苦之户向皆一律免捐。根据估定房租按率征收的地方捐,其性质、征收方法与用途等,皆与工部局的房捐相类似。

车捐为仿照工部局的人力车执照捐而设立。从 1905 年 10 月开始,华界开始征收车捐,唯有办理捐照才可通行,"凡马车、东洋车、小车、塌车、火车过十六铺桥经行本局所辖界址,无论官绅商民,各国洋人,自用、雇用马车均须预先一律来局纳捐,领取捐照,如无捐照即属违章,应将车辆拘留,照章议罚,并行补捐"[①]。

船捐为马路工程局时期所设,起始于 1899 年初,各船"分帮分

---

① 《布告车辆征捐文》,收录《上海市自治志(二)》,《中国方志丛书》华中地方第 152 号,成文出版社有限公司 1915 年版,第 135 页。

等就担脚之多寡,生意之大小定月捐之等次"①。船只分为号帮、教帮、大埠、散帮4类,共42个船帮,船只又划分大、中、小号,分等按月征收,每月每船捐额从0.1元至1元不等,缴纳船捐发给联票一张,并于船尾用洋漆标写记号以分辨。②

工程捐由市政机构向工程所在地附近商铺居民征收。在道路工程中,工程经费筹措需要向沿路铺户收取,征收依据据说由于"填筑芋浜之处房租陡增数倍,是以均甚乐输"③。

晚清时期上海地方自治机构的创设及其征收捐税的开展,是上海地方士绅与地方行政当局在受西方现代城市市政观念和成果的影响下,着手改变国人城市面貌的开始,其仿照工部局的税收方法所建立的华界城市税收体系,在辛亥革命以后,得到继承和发展。

(二)从上海市政厅到工巡局城市捐税征收

1911年,辛亥革命爆发后,上海迅速光复。新成立的沪军都督府将原城厢内外自治公所改组为南市市政厅。1912年,按照江苏省颁布的市乡制,改称上海市政厅。此时上海市政厅仍属于上海县管辖。1913年5月,上海县议事会决议设特别会计处,专理地方经费,议订试办规则10条。11月,县公署委丁熙咸、张信为地方特别会计正副委员,设办事处于尚文路钱学务课。④ 根据《民国上海县志》记载,民国初期上海县收入表中,项目有:

---

① 《示征船捐》,《申报》1899年2月15日,第2版。
② 《示谕浦江船户船尾标记改用洋文明码文》,收录《上海市自治志(二)》,《中国方志丛书》华中地方第152号,第136页。
③ 《禀苏松太道瑞城内填河筑路修街各项已办工程开折陈请察核备案文》,收录《上海市自治志(二)》,《中国方志丛书》华中地方第152号,第20页。
④ 《民国上海县志》卷二,第36页。

忙银附税、漕粮附税、租课附税、契税附税、牙税附税、屠宰附税、房捐、年租余款、公产租金、分款息金、各市乡抽提马巡费、各机关捐拨慈善费、县立各校学生纳费、医院收入、农场收入、苗圃收入、忙漕滞纳罚金、违警罚金、市乡补助警察费、市乡补助教育费、公产变价、特别收入、杂收入①。

上海县费支出表中，项目有：

参议事会、产款经理处、县警察、公立医院、祭祀附修理设备、选举、测绘地图、修志局、官契局、赚置建筑公产、整理公产、苗圃附植树场、农场、补助慈善、补助市乡水利、杂项。②

此外，县教育费支出，也是一大项，包括劝学所、第一小学校、第二小学校、第三小学校、乙种农业学校、农村师范学校、敬业初级中学、女子小学校、女子中学校、通俗教育、公共体育场、经理学款产、县视学员、补助学界、购置校基建筑校舍、购置建筑学产、整理学产、其他支出。③

尽管在行政上属于上海县，但上海市政厅具有相对的自治权，可以根据规章管理其域内的包括征税等相应事务。根据《上海市政厅暂行章程》规定："本市政厅遵奉江苏暂行市乡制记原有之城自治公所，按照市公所之摄制，呈准县民政长，呈报苏沪都督，定名曰

---

① 《民国上海县志》卷三，第33—35页。
② 《民国上海县志》卷三，第36—37页。
③ 《民国上海县志》卷三，第38—39页。

上海市政厅，以办理本市区域一切事宜。"① 市政厅行政范围设学务科、卫生科、工程科、农工商务科、善举科、公共营业科6个科，各分科依规约办事。此外，还设市舶课以管理各种船只的一切事宜。其根据规定，征税如下各项特税公费：

（1）公益税；

（2）交通税：车辆、船只；

（3）商业税：纸烟店、酒肆、茶馆；

（4）行政征费：戏园书场、茶摊货摊、船契挂号、田房印契学费、广告。②

税务科设专员1人，按照董事会的指挥，"执掌税票执照，稽核数目，整理簿籍，凡关于税务者，皆属之"③。

税务科设助理员2员，助理征收车辆税、船契挂号、田房印契学费及广告税事务。征收公益税由税务专员委任助理员，指定地段征收。所需税票即由该员填写交专员核准。助理员每日应遵照董事会办事规约时间向各该地段税户实力征收，如见本地段内有移来移去之户，当立即报告于专员，或专员委任之收发助理员查考。④ 上海市政厅就中区及东南西三区按月征收公益税，充市区行政经费，统名曰公益税。此项公益税包括清道捐、路灯捐在内，居民税数均照房租五厘征收。铺户及或货栈税数均按照房租七厘征收。东区外马路市房货栈因向无房捐，所有公益税数均按照房租一成二厘征收。凡居户、铺户、货栈、房屋为自己产业者，应纳之税，估计租价照

---

① 《上海市自治志各项规则规约章程》，收录《上海市自治志（二）》，《中国方志丛书》华中地方第152号，第1099页。
② 《上海市自治志》，第1131页。
③ 《上海市自治志》，第1131页。
④ 《上海市自治志》，第1132页。

五厘、七厘、一成二厘分别征收。凡居户、铺户、货栈应纳税款均向现住址户征收。①

此外,市政厅还有针对影戏场、车辆、广告税等皆制定了纳税章程,照章纳税。下表为上海市政厅收入和支出情况统计:

表 5-6 上海市政厅收支总表　　　(单位:元)

收入类别	1912年3—12月	1913年1—6月	1913年7月—1914年3月
公款	—	—	194
公产	18 865	12 149	18 702
地方捐	51 388	31 495	31 562
车捐	39 293	27 117	32 248
船捐	24 725	13 915	19 037
商船船契号挂	4 918	4 482	5 061
执照费	3 622	2 203	2 943
中资捐	10 024	7 570	5 385
学务捐	—	205	51
工程捐	4 413	5 133	12 968
善举捐	—	39 786	—
广告税	539	255	555
添加税	823	3 476	3 819
清洁捐	4 000	6 400	9 400

---

① 《上海市自治志》,第1134页。

续　表

收入类别	1912年3—12月	1913年1—6月	1913年7月—1914年3月
茶酒烟店捐	—	1 413	2 731
学务收入	16 845	8 602	8 887
补助费	16 002	1 043	66
各商业捐助	660	380	404
董事办事员捐薪	60	—	—
公物变价	353	—	6 107
庄息	—	6 842	7 432
杂收入	680	152	310
总计	197 466	172 705	167 909
支出类别	1912年3—12月	1913年1—6月	1913年7月—1914年3月
学务费	74 322	34 230	38 271
卫生费	17 006	10 416	13 423
工程费	33 777	42 489	59 842
路灯费	20 022	12 399	16 271
善举费	52 418	52 458	13 043
议事会费	714	837	895
董事会费	14 803	9 534	15 908
南区费	4 548	2 548	3 217

续　表

支出类别	1912年3—12月	1913年1—6月	1913年7月—1914年3月
西区费	4 953	3 019	3 912
中区费	2 193	1 974	2 879
选举费	409	553	432
裁判所费	5 815	—	—
购置公产	24 508	—	2 300
特别费	554	—	1 167
债息	10 482	310	11 853
西区兵灾遗失	—	—	695
总计	266 524	170 767	184 109

资料来源：《民国上海县志》，卷3，第40—41页。

根据表5-6可以看到，在收入中，地方捐、车捐、船捐为其收入的最大项，但其收入规模相对工部局较少。其中，地方捐类似工部局的房捐，车捐则与工部局对车辆等征收的执照捐相类似，工部局对货物征收码头捐不在其征税项目内，对应的是采用对船只征收船捐的方式。这也可以看到华界政府更多采用管理收费的形式来获取财税收入。在支出各项中，变化幅度较大，总体看以工程费、学务费、善举费、路灯费、董事会费等开支较大，其支出结构、支出规模与工部局差异较大。

此外，公共租界以北还有闸北市政厅作为自治管理机构。据《民国上海县志》记载：上海市政厅全年收入20万元。闸北市政厅全年收入 8 万元。① 1914 年 2 月 3 日，袁世凯终于颁布停办各省自治令。3 月 1 日，工巡捐局取代市政厅开始办公。

1914 年后，闸北的沪北工巡捐局地方捐税收入逐渐增加，至 1923 年度收入近 50 万元。表 5-7、表 5-8 是沪北工巡捐局收入和支出情况：

表 5-7　沪北工巡捐局收入表　　（单位：元）

年度	总捐	车捐	船捐	清洁捐	杂捐	营造照费	总计
1914	27 160	36 545	2 312	8 000	5 968	2 484	82 417
1915	43 465	48 612	6 382	12 000	7 632	2 336	120 430
1916	46 420	47 723	8 704	16 520	9 151	1 946	130 466
1917	44 339	56 873	7 648	13 635	7 915	2 148	132 560
1918	50 110	72 545	6 745	14 665	22 705	2 116	168 888
1919	51 338	84 979	7 431	19 495	44 340	1 866	209 351
1920	61 719	100 331	10 075	19 380	55 669	2 910	250 086
1921	75 091	123 629	12 906	36 804	13 702	4 772	266 906
1922	98 629	145 313	16 338	44 180	29 872	6 988	341 322
1923	201 565	164 918	14 410	40 088	48 021	7 965	476 969

资料来源：《民国上海县志》，卷三，第 41—42 页。

表 5-8　沪北工巡捐局支出表　　（单位：元）

年度	办公费	工程费	卫生费	贴费	总计
1914	23 442	13 162	11 931	12 600	61 135
1915	22 455	47 373	16 000	41 235	127 032

---

① 《民国上海县志》卷 3，第 40 页。

续　表

年度	办公费	工程费	卫生费	贴费	总计
1916	29 260	40 945	17 800	42 389	130 395
1917	22 583	93 843	19 803	38 692	174 922
1918	30 716	48 237	28 895	39 122	146 971
1919	28 312	138 528	30 274	36 310	233 425
1920	32 244	164 745	31 773	34 786	263 550
1921	42 810	136 564	35 434	43 752	258 562
1922	54 044	233 317	46 218	45 467	379 047
1923	59 099	345 299	49 179	63 205	516 783

资料来源:《民国上海县志》卷三,第41—42页。

北洋军阀统治时期,国内政局动荡,战乱频发。但位于上海的华界地区,虽然也时常有政治动乱,但市面保持了相对的安宁,未有较大规模的战争发生,有利于进行城市建设,实现城市治理,进而促进经济发展、人口增长和市面繁荣。观察沪北工巡捐局的收入数据统计,其收入趋势保持较为快速的增长,各项收入也是有了大幅的增加,这增长的趋势与同时期上海工部局的收入趋势接近。在具体的收入项目中车捐一直占据最大项收入,直到1923年总捐收入超过车捐收入,也凸显了城市建设的扩展(特别是住房建设)对税收的正向促进作用。这一点在沪北工巡捐局的支出数据中可以看到,除个别年份外,其工程费基本保持大幅增长的趋势,增加的比例和幅度大于其他各项收入,特别是1922年、1923年,工程费支出数额占总支出的60%以上。这也从侧面证明了国人对于华界市政建设远远落后于租界的感受,迫切需要加大城市基础设施建设方面的投资,以改善市容面貌、提高生活居住环境。而这一切,都需要获得充足的财政经费,才能实现目标。正如1926年,有人在《申报》上刊文《告华界居民(市政)》,讨论租界与华界市政对比时"辙美租界之设施,而深感华界市政之穷败",认为"无论举办何事,均以经济为标准。经济充裕,则百事皆举,否则一事莫能为也"①。但不可否认,虽然我国华界当局在城市治理方面做了很大程度的努力,但其与毗邻的租界城市仍有显著的差距,在市政管理方面,"华界居民之习惯,凡大门以内,始为己家,大门以外,于我何与。而不知所谓马路者,非公家所有,亦非路人所有,盖我亦有分焉。彼等不明此义,抛弃垃圾,必弃之街中。只须离开己门三尺地,即不须过问。其意若曰,只须我之家内无垃圾可矣。倘经过其地方,不妨振衣掩鼻而行。于是人同此心,心同此理。一家抛弃,家家随之,而马路之卫生,乃不堪闻问。为清道夫者,亦几疲于奔命矣"②。

(三)上海特别市的财税管理

1927年7月7日,上海特别市政府成立,开始系统性地对上海华界进行规划和市政管理。上海特别市政府统治下的华界市政,分为财政、教育、社会、公安、功用、土地、卫生、工务等局,具体职责分工如下:

> 关于市内之征收捐税、房产价值之估计、公产之管理等类事项,由财政局治理之。
> 关于学校行政及教育制度之改革等类事项,由教育局治

---

① 耐:《告华界居民(市政)》,《申报》1926年5月19日,第19版。
② 耐:《告华界居民(市政)》,《申报》1926年5月19日,第19版。

理之。

关于公共卫生及监督医药业并公私立医院、医校、防疫等类事项，由卫生局治理之。

关于治安、户籍、消防、侦缉等类事项，由公安局治理之。

关于公共建筑，或规划道路、审核营造等类事项，由工务局治理之。

关于全市土地之登记及评估地价、征收土地等类事项，由土地局治理之。

关于全市土地之登记及评估地价、征收土地等类事项，由土地局治理之。

关于自来水、电气一切公用事业之监督，由公用局治理之。

关于农工商业及劳动之行政、公益、慈善等类事项，由社会局治理之。

此外未划入市政府区域内之一切行政，现仍归上海县政府管辖。①

整体来看，上海特别市政府的组织架构，基本与上海工部局类似，其财政捐税的征收框架，也是采用估值收捐的方式进行，可以看到工部局的成功模式所引起的带动效应是十分明显的。具体到税收方面，房捐地捐等税，租界与华界各有规定，多寡不一，主要类别有：

田赋税：土地执业证暨田单等（租界华界同），分上下忙及冬季漕粮（宝山县称米粮）。上下忙，每年合正附税手续费，及带征市政

---

① 《上海地产大全》，第50—51页。

经费。冬季漕粮，每年合正附税手续费，及带征市政经费。每年每保征收数目不一，按照市政府财政局预算规定，将每保应征之数，折作银两收讫。①

年租：上海界内永租契，每年每亩须纳年租制钱1 500文（合银1两）。由挂号洋商转缴（宝山界内每年每亩须纳年租制钱2 000文）。②

暂行地价税：在土地是刑法未公布以前，凡上海市政府所辖之去区域内，不论宅地、农田、坟地、荡潆，除市有土地及属于公共慈善用途，而无收益之土地外，须由土地所有权人缴纳暂行地价税。其税率按照估定地价计算，每年暂征6‰，分二期缴付。第一期自一月一日至二月底止，第二期自七月一日至八月底止。业主可于规定期内，自报地价以为根据。但业主自报之数与时价相差过巨时，由估价委员会评定之。凡已征收暂行地价税之土地，其原有田赋正附税遂即废止。市内无论已否清丈之地，一律同时征收暂行地价税。但未经清丈换证者，暂收田赋，掣给版串。俟清丈换证后，补缴税款。业主将该项版串请土地局查明抵扣，如已征收暂行地价税之土地证，买卖时仍转土地执业证者，其应纳之转移税，按时价征收2%。③

华界的房捐，也像租界一样，每年分四期征收。每期住宅按照房租缴纳10%，商店缴纳14%，房东房客各任一半。房东应缴之半数，由房客代为垫缴，在房租内扣除。

然而，城市里的居民数量多寡并不与城市税收多寡呈现正相关

---

① 《上海地产大全》，第116页。
② 《上海地产大全》，第116页。
③ 《上海地产大全》，第117页。

关系。从工部局、上海特别市的角度看，其人口增长与财政收入增长呈现正相关。但横向对比华界、公共租界和法租界，则发现居民税收负担轻重与城市税收输入多寡无直接关系。1928年，上海特别市市政府为谋市政发展，特派员调查租界与华界税收的比较，"调查结果，相违殊甚"，其居民租税负担的比较如下：

> 特别市区内居民数额为 1 503 970 人，每月市税收入为 276 457 元，平均每人负担税额约一角八分余。
>
> 公共租界居住人数 827 000 人，每月税收为 1 460 181 元，平均每人每月负担额数为一元七角六分余。
>
> 法租界居住人数为 348 076 人，每月市税收入为 391 770.45 元，平均每月每人缴纳负担费，约一元一角二分余。①

对于这种情况，有人曾评论道"华界经济之用于市政者，年有几何，为市民者从未过问。一旦有所措施，拟乞助于市民，为数未尝巨也，亦必大声疾呼，加以横征暴敛之恶名。卒之。欤，莫能得事，亦弗举。反观租界每月所收捐税，几十倍于华界，而为租界之居民者，未尝有反对之声也。居租界者，亦尝居住华界，而其纳税之态度，往往判若二人。事之难办，孰逾巨于此"②。

通过上述调查也可以发现，在经济较为发达、社会水平较为先进、城市治理水平较高的公共租界、法租界，其经济总量决定了纳税总额的高低，譬如房捐，租界和华界皆是根据估定租值按照税率征收，而房租较高的租界则明显每套房子可以征收的捐税收入更多。

---

① 《上海华租两界每月税收之比较》，《银行月刊》1928 年第 8 卷，第 10 号。
② 耐：《告华界居民（市政）》，《申报》1926 年 5 月 19 日，第 19 版。

同时，尽管租界人数少于华界，但由于其整体财税收入高，进而显示出人均纳税额较多，如单从数据看则应该是租界的人均缴纳负担更重，证明租界的税负较重，应该会限制经济的发展，但这与事实并不相符。这也证明，不断完善的城市管理制度和成功的城市治理会不断吸引人口流入，同时会促进城市财税收入的提高。城市财税收入不断用于改善城市治理，则会让城市的"财"与"政"实现正相关的循环促进，让城市实现可持续发展。构建完整的城市治理制度，不是一朝一夕就能建构，同时制度施行所产生的影响，是潜移默化的，需要长期施行才能达成目标。

二、近代我国其他城市的捐税征收——以房捐为例

我国房产税征收历史悠久，从遥远的周朝一直到明清时期，对涉及居住性房屋、经营性房屋和房屋交易等多种属性的房产，有不同类型的缴纳税捐规定。周朝九赋中田赋征收规定"田不耕者出屋粟"[①]。唐德宗建中四年（783）开征"间架税"，规定"凡屋两架为一间，屋有贵贱，约价三等，上价间出钱二千，中价一千，下价格五百"[②]。明代规定"京城内外房屋，门面房一间，每月分别征银两四五分。其行户照买卖大小，分别上中下九则编册，每年征收一次"[③]。对于民间买卖房屋的行为，清顺治四年（1647）规定，民间买卖房屋者，由买主依卖价每一两课税银三分。清雍正七年（1729）规定，契税每两纳三分外，加征一分作为客场经费。乾隆十四年（1749），再次厘定税契之法，买卖契税率为9%，典契为

[①] 杨天宇：《周礼译注》，上海古籍出版社2004年版，第191页。
[②] 王溥：《唐会要·卷84》（杂税），中华书局1955年版，第1545页。
[③] 方裕谨：《顺治年间征收杂税史料选（上）》，《历史档案》1983年第2期。

4.5%。① 中国古代征收的这些房产税，在增加国家财政收入、抑制土地兼并等领域，产生不少积极的作用，但也体现出征收不延续、不规范，各地不统一等问题。

晚清以降，随着现代城市市政管理理念的传入，特别是有关城市捐税与城市管理二者之间的相互作用关系得到更多人关注，"市政之发达，与经济之富裕有极大关系。经济宽裕，则市内之建设可以完备。建设完备，则人民多乐于迁居市内。查市内之经济，皆为市民所纳。人民既乐于迁居市内，则市内经济之来源，自必增加。经济来源增加，则建设愈加完备。故市内之发达，与经济为相互推进者"②。前文已经论述近代我国存在的租界城市中"财"与"政"的关系，下面将着重论述我国主要城市在近代的房捐征收情况。

近代中国政府开征的房捐或房税，基本参照上海公共租界工部局"估定房租、按率征收"的模式。清光绪二十四年（1898），户部通令各省调查城市集镇的铺户行店数，抄袭租界办法，制定房捐章程，规定每月由房东、房客两者各半交纳房租的一成。③ 1914 年 3 月，北洋政府财政部发布《房税条例草案》14 条，规定房税对铺房和住房征收，计税依据为房屋租价，税率为铺房 10%，住房 5%，房税由租户代缴，房主与住户各负担一半税款。④ 1917 年，财政部颁布《京师房捐章程草案》11 条，其基本原则、制度框架、征收机制、减免条款等，均与工部局的房税征收制度高度类似，如第三条"店屋照全年租价征收百分之五，住屋照全年租价征收百分之三"、

---

① 赵云旗：《中国古代房产税：类型、特点与效应》，《财税史鉴》2019 年第 7 期。
② 《市政府管理之五：总捐》，《会声》1932 年第 5 期。
③ 漆亮亮：《房产税的历史沿革》，《涉外税务》2002 年第 4 期。
④ 刘燕明：《民国时期房地产税收制度的变革及特点》，《税务研究》2013 年第 3 期。

第四条"房捐每年分四期征收之"等。① 下面为1917年《京师房捐章程草案》的具体内容：

《京师房捐章程草案》②

财政部拟在北京试办房捐，暂用租价税课制，刻已草拟章程十一条，咨送国务院核议，兹将条文草案特志于下：

第一条　本章程所定房捐，凡京师内外城区域内房屋均适用之。

第二条　京师房捐由财政部设立房捐征收局派员办理，会同步军统领衙门及警察厅征收。

第三条　凡店屋住屋之所有者，应依下列税率缴纳房捐。店屋照全年租价征收百分之五，住屋照全年租价征收百分之三。

第四条　房捐每年分四期征收之，以二五八十一等月为征收之期。

第五条　房捐在出租房屋，则对于租金收益人，在自住或以典押人住及以无价借住址房屋，则对于现住人课之。

第六条　凡房屋有租价者，以原租价计算，其无租价者，比照临近相类之房屋估计之。

第七条　凡国有、公有及用于公益无收益性质之房屋，或全年租价不及六十元，及废弃不适用之房屋，均免其征收。

第八条　匿报应纳房捐或报告不实者，照所匿及短报之数加三倍处罚。延迟不缴者，照应纳房捐十分之一处罚。

---

① 《京师房捐章程草案》，《新闻报》1917年1月28日，第5版。
② 《京师房捐章程草案》，《新闻报》1917年1月28日，第5版。

第九条　本章程施行后与房捐性质不同之铺捐仍照旧征收。

第十条　本章程施行细则另定之。

第十一条　本章程自公布日施行。

此章程草案所规定的北京房捐征收方法，采用租价税课制，规定根据房屋的租价，按照税率每年分四期征收，基本的征税原则、征税方式与上海工部局相接近。当然，在房租或房屋价值核定上，并没有类似工部局的房租估价委员会专司此事，只规定"匿报应纳房捐或报告不实者，照所匿及短报之数加三倍处罚。延迟不缴者，照应纳房捐十分之一处罚"。除了当时北洋政府所在地的北京外，国内其他城市也有房捐征收，下面通过观察我国不同省份、不同城市的房捐征收案例，分析近代我国主要城市的房捐征收变迁。

（一）广东房捐征收概况

晚清时期，为筹集庚子赔款，广东地方当局筹议开征房捐。1901年，在《广东开办房捐示谕照录》中提到，因为《辛丑条约》即将签订，"和议将次告成，赔款需四百五十兆，敕各省设法筹备"，广东地方当局认为"当此时事多艰，谋生不易，岂忍重累吾民，惟有开办房捐亩捐，尚属捐自有业之家，实在贫苦小民不致因之加困"[1]。并拟定抽捐章程，房捐二十取一，"凡有房屋之人，俟房捐总局将章程酌定榜示之后，务各按月遵章捐缴，其每月租银不及二元及自居房屋只有两三间者，一概免收。乡僻小村免其捐缴"[2]。

广东的房捐在20世纪30年代，改称"房捐警费"，这与上海工部局后期亦称房捐为巡捕捐或总捐相接近，突出缴纳房捐与维护城

---

[1] 《广东开办房捐示谕照录》，《北京新闻汇报》，1901年6月22日。
[2] 《广东开办房捐示谕照录》，《北京新闻汇报》，1901年6月22日。

市治安管理的相互关系。广东房捐经费的征收对象为铺屋码头及其他一切不动产，下文是1933年的《广东省会公安局征收房捐警费章程》：

广东省会公安局征收房捐警费章程①

（二十三年十二月六日奉 省府令发）

第一条　凡在本局辖内铺屋码头，及其他一切不动产，无论自业或租住，均应完纳房捐警费。（以下简称警捐）

第二条　凡租赁铺屋码头，及其他一切不动产，应照租额由租户按月完纳房捐经费，业主应纳之房捐，由租户在租项内扣回。

第三条　铺屋码头及其他一切不动产，如系租赁者，按照租额百分之十五征收房捐警费。（例如每月租额一元业主应纳房捐七分五厘，租户应纳房警费七分五厘，余类推）

第四条　铺屋如系自业自居者，按照产价每千元，每月征收警捐一元二角，多少照计。

第五条　码头如系自业自用者，按照产价每千元每月征收警捐一元二角，多少照计。

第六条　祠堂书院寺庙会馆，按照产价每千元每月征收警捐三角，多少照计。

第七条　自业之铺房或祠堂书院寺庙会馆，如分租一部分与人，其分租之部分，按照租额，缴纳警捐；其自住部分，应按照所占全间厅房成数，比照产价成数，匀计征收。

---

① 《广东省会公安局征收房捐警费章程》，《广州市政府市政公报》，1933年第448期。

第八条　凡典受屋宇自居，应照该屋主原日产价收捐；其典受一部分者，应按照全间厅房成数，比照屋主原日产价成数，匀计征收。如典受全部或一部，其价超过屋主原日产价或匀计价额者，应照典契价额，计征警捐。

第九条　租地自建上盖，有年期交还地主，而无契价核征者，除地租征收警捐主客分担外，另照建筑价额，每千元每月征收警捐一元二角，由租地自建人负担，如有铺底登记者，则照铺底警捐征收，以免重征。

第十条　铺屋如系典受出赁者，本章程所定业主责任，均由典受者负担。

第十一条　铺屋码头等，如系承批转租，其转租之租额共数，超过原租额者，应照转租之租额，征收警捐；如转租之租户已报迁出，其原批租约尚未解除时，应照原租额征收警捐。

第十二条　铺屋如系包租分赁，其分赁租额之共数，超过原租额之半数者，其超过之数，应增收警捐。（例如原租额十元，分赁之租额其数五元一角，其一角即超过之数，应照十元零一角核收警捐。）

第十三条　自业之铺屋或祠堂书院寺庙，如有分赁者，除自住部分，按照本章程第七条办理外，其余仍照租额百分之十五，核收警捐，不得全间作自业计算。

第十四条　业主收租时，应向租户取回每月代缴房捐之收据，以清手续，倘不取回收据，日后住客如有积欠警费房捐，仍由业主负担。

第十五条　凡铺屋码头等，于迁出或退租时，除由租户领取迁出证外，该业主应携带租簿，赴该管分局报明注销户册，以清手续。

第十六条　凡租户有因特别情形，未经遵章到该管分局报明领取迁出证而他迁者，该户业主，应即携带租簿，到该管分局报明注销户册，停计警捐。倘有延漏不报，该户警捐业主，仍须继续缴纳，不得推诿。

第十七条　凡铺屋码头及其他一切不动产，如系租赁与外国人居住或营业或湾泊轮渡者，业主须先与订明，遵章缴纳警捐。倘不订明，致有藉口延欠者，所有警捐，概由业主负担。

第十八条　本章自布告日施行。

观察上述房捐经费征收规定，其对不动产的用途上，界定为自住和租赁。对于租赁出去的不动产，根据租价按照税率征收。对于自住、部分自住及铺房、祠堂、书院、寺庙、会馆等，则根据产价征收。而产价的界定标准，并没有列明，而上海工部局则全部由房租估价委员会进行估价，有统一的标准和上诉机制。然而整体上看，1933年的《广东省会公安局征收房捐警费章程》尽可能详细规定了铺屋、码头和其他一切不动产在征税过程中遇到的各种问题，并作了相应的应对措施。

（二）浙江房捐征收概况

浙江毗邻上海，其房捐征收则体现出更加明显的规范化特点。以1928年浙江为例，其《浙江省住屋捐章程》共22条，其中关于缴纳房捐房屋认定，如"凡在本省各市县之城镇内房屋供居住之用者，无论租屋典屋已屋，均适用本章程征收住屋捐"；关于房捐率规定，如"住屋捐按照每月租价百分之十征收，其月租在二元以内者免捐，但系一所房屋分租数户者，房主应照收入租金总数，依第三条规定纳捐"；关于不确定房租的房屋估价规定，如"凡典屋己屋及租地建筑之屋，以临近之住屋结构大小、间数多少、建筑优劣新旧为比例，或估计其价值按照当地租价率，定其租价计算收捐"；关于偷税漏税等违法行为规定，如"租户或典主房屋，应缴住屋捐，如有隐匿不报及以多报少或以其他方法希图蒙混者，除责令补缴捐款外，处以应补捐数十倍以下，五倍以上之罚金"，"凡每月应缴住屋捐，如逾月终延玩不缴者，除责令照缴捐款外，处以应缴捐数二十分之一之罚金"，"编查员及征收员如有向房主租户需索或串同务必及隐匿捐数情事，按照刑律处治"①。此外，还规定了住屋每年编查，住屋捐由市县政府查，照编查册，按月填造，收捐凭证派员征收。② 下面为《浙江省住屋捐章程》的具体内容：

《浙江省住屋捐章程》③

第一条　凡在本省各市县之城镇内房屋供居住之用者，无论租屋典屋已屋，均适用本章程征收住屋捐。

第二条　住屋捐按照每月租价百分之十征收，其月租在二元以内者免捐，但系一所房屋分租数户者，房主应照收入租金总数，依第三条规定纳捐。

第三条　凡租屋租价应查验其租契及租折所列之数计算，收捐由房主租户各半担任，前项租契租折查验后应加盖戳记。

旧有押租超过月租三倍以上者，就其超过数额按十分之一作为租价，并入租金计算收捐。此项捐额概由房主担任。

---

① 《浙江省住屋捐章程》，《浙江民政月刊》1928年第8期。
② 《浙江省住屋捐章程》，《浙江民政月刊》1928年第8期。
③ 《浙江省住屋捐章程》，《浙江民政月刊》1928年第8期。

第四条　凡典屋己屋及租地建筑之屋，以临近之住屋结构大小、间数多少、建筑优劣新旧为比例，或估计其价值按照当地租价率，定其租价计算收捐。

第五条　凡党部政府机器附属机关或军营学校及慈善事业所用之房屋，一律免捐。如系租赁，应减半收捐，由房主担任。

第六条　凡住屋应每年编查一次，载明房主租户姓名并间数、租价、编号列册，随给编查凭照一纸。前项编查事宜，由市县政府都同警察机关办理之。

第七条　编查住屋时，遇有空屋，须查明房主姓名及其住址，依次列册，不得漏载。

第八条　凡有新造住屋及从新改建者，应由房主将地址间数报告警察机关，转报市县政府注册。

第九条　凡住屋租价有增减时，应由房主租户报告警察机关，转报市县政府注册。

第十条　凡有迁徙或被灾情事及空屋出租时，应由房主租户报告警察机关，转报市县政府注册。

第十一条　住屋捐由市县政府查，照编查册，按月填造，收捐凭证派员征收。租屋向租户征收，其房主应出半捐，由租户于月租内自行扣回。典屋或己屋向典主及房主直接征收之。

第十二条　住屋捐以没有十六日起至末日止，为收捐期限。捐款收清，随给收捐凭证。

第十三条　住屋捐编查册及编查，凭征收捐凭证，由市县政府编号印发。

第十四条　凡捐款均以通用银币完纳，其不及一元者，准以小银元或铜币照市核算。

第十五条　凡空屋出租或自用及租价有增减时,自起租使用增减日起计算征收,其迁徙或被灾者,查明时日停捐。

第十六条　租户或典主房屋,应缴住屋捐,如有隐匿不报及以多报少或以其他方法希图蒙混者,除责令补缴捐款外,处以应补捐数十倍以下,五倍以上之罚金。

第十七条　凡每月应缴住屋捐,如逾月终延玩不缴者,除责令照缴捐款外,处以应缴捐数二十分之一之罚金。

第十八条　每月征起捐款及归公之罚金,除有特别指定用途外,均拨充警察经费。

第十九条　每月征起捐款及罚金,应由市县政府于次月内造具表册,分报浙江省政府民政财政两厅查核,并将所收各户捐数及罚金分区公告。

第二十条　关于收住屋捐费用,除杭州宁波两市另有规定外,每月捐数在千元以下者,得照月捐十分之一开支。超过千元者,其超过数照二十分之一开支。

第二十一条　编查员及征收员如有向房主租户需索或串同务必及隐匿捐数情事,按照刑律处治。

第二十二条　本章程由浙江省政府公布之。

特别是第六条,明确规定住屋每年编查一次,并登记住房的详细信息,这更体现出政府对城市住房管理的管控强度,有利于保证房捐覆盖面的准确性。

(三)南京房捐征收概况

1927年国民政府定都南京以后,开始设置城市管理机构,进行市政管理,据1930年的统计,"全国各都市之成立市政府及市政筹备处者,已有五十余处。至于实施改革,如交通之整理,房屋之改造等等,实已有相当的成效"①。此外,各城市设置专门的税收管理,我国国内各城市房捐的征收占各该地收入的很大比重,据资料记载,苏州市从1928年11月至1929年6月财政来源有18项,其中房捐、交通捐、营业捐占据了前三位,分别占总收入的28.67%、23.83%、7.99%。②

南京的房捐征收,始于清末。开办之始,由江宁县署征收,所收之捐用作江宁小学经费,当时征收范围仅限于城厢内外营业的店铺房屋,"城内按行租抽收百分之十五,下关则按行租抽收百分之七五,由房主房客各半担负。因只收店铺房屋之捐,故名曰铺房捐,每月收数仅数百元③。"1914年春,江宁县署以征收困难为由,请江苏省城警察厅代征铺房捐,并由警察厅设立铺房捐事务所,派专员设柜征收。后该事务所并归到江苏省警察厅捐务处办理,藉警察职权,极力整顿,一共办理计13年,每月收入亦仅三四千元。除去征收费外,其余悉数充作江宁县教育经费之用。

1927年,南京国民政府成立后,铺房捐改由南京市公安局捐务处征收。捐务处将下关折半征收之成案推翻,改照城内按租抽收15%。1927年5月,南京市财政局组设成立,接收地方各项税捐,并于6月1日将公安局捐务处改为南京市财政局捐务处。旋又取消捐务处,将铺房捐等并归财政局税捐股直接征收。另在下关组设一办事处,征收下关一带铺房捐。后因捐税日多,缴捐拥挤,在财政局前街设立税捐处总理征收税捐的事务。

---

① 刘鬱櫻:《谈市政管理》,《道路管理》1930年第32卷第1期。
② 《苏州市政府暨所属各机关中华民国十八年度支付预算数目表》,《苏州市政月刊》1929年第7—9期。
③ 林一可:《市政记述:南京市房捐整理经过》,《中央日报》1936年11月15日,第4版。

铺房捐在财政局接办后，根据以往的开办经验，参酌当时情形，厘定征收房捐章程，"以原有铺房捐率太重，减为按租抽收百分之十，仍由主客各半负担。并于铺房捐外加征住房捐款，住房捐率则照铺房折半按租抽收百分之五，由房主负担。并规定铺房租金不满一元住房租金不满二元者，概行免捐"①。该项章程，经 1927 年 7 月第十七次市政联系会议议决通过，8 月 1 日公布施行。当时因财政部正在征收两个月房租，以济北伐军费，所有本市房租概由公安局代征。财政局若同时启征住房捐恐引起市民之误会，故只派员分途调查全市铺房租价，以凭核实征捐，住房捐则暂缓举办。铺房捐调查结果与效果很好，以往铺房捐捐率为 15%，而月征捐额仅三四千元。此次将铺房捐捐率降低为 10%，月征捐额反增至八千余元。②

根据《南京特别市财政局征收房捐章程》提到，征收房捐是"为补助市政经费"，其规定，凡在本市区域内之房屋，除政府机关外均应按月缴纳房捐；凡自置、自住或自营业之房屋并无租价者，按照临近房屋租金作为比例，由本局派员前往查核后估计之，或自行申报产价，铺房按价值每月征收 1‰，住房按价值每月征收 0.5‰。对贫民小户有照顾规定：矮小民房门牌为一个号数，月租共计在 2 元以下者，免征房捐；贫民小户铺房捐额不满 3 角，住房捐额不满 2 角 5 分者，滞纳时应勒令补缴，正捐免于处罚。对于漏捐者按应缴纳税额加 5 倍处罚，逾期交纳者，分别加罚 1、2、3、5 成。③

1933 年，南京市修正房捐章程，对住房、铺房的属性等皆进行

---

① 林一可：《市政记述：南京市房捐整理经过》，《中央日报》1936 年 11 月 15 日，第 4 版。
② 林一可：《市政记述：南京市房捐整理经过》，《中央日报》1936 年 11 月 15 日，第 4 版。
③ 《南京特别市财政局征收房捐章程》，《南京特别市市政公报补编》1927 年。

了明确规定。关于房屋产价，系指房屋之地价（在未征收地税以前，无论其地为已有或租用，其地价皆作产价价值一部分归房主名下计算），建筑费、装修费等之总价值而言。免捐的房屋，也进行了扩充：

（1）党政机关；

（2）国有市立各学校；

（3）私立学校；

（4）法定团体；

（5）慈善团体；

（6）消费合作社；

（7）寺院庵庙坛观及其他礼拜场所；

（8）贫民草屋；

（9）铺房租值不满 2 元者；

（10）住房租值不满 4 元者，但在一门牌内同住数户，合计租金满 4 元者。

以上 10 种类型的房屋，仍应征捐。①

南京市政府和上海工部局一样，采用核定房捐捐额的办法，关于地价房屋造价如何估定，南京市政府财政局按照"房屋行租租额及认房租有不实时，另按产价（产价系指房屋之地价）建筑费装修费等之总价值，用估计方法办理"。其估价方法，含有伸缩性，比如（1）关于地价，缘本市奠都以还，地价飞涨，时价竟有超过原价十倍或数十倍者，财政局照章以时值估计定捐，而业户多有根据当时原价声明异议，是此项地价，应否按照时值估计，抑依契据所载原

---

① 《修正南京市财政局征收房捐章程》，《南京市政府公报》1933 年第 131 期。

价计算，便成问题。（2）房屋造价，原系以工务局修改知照单所载数目为准则，但事实上或因房屋中途变更建筑，或房主希图少纳捐款，所报造假常与事实未能尽符，此项修建知照单是否仍可作为确定产价之标准，亦成问题。（3）铺房与住屋之征捐，在征收房捐章程第六、第十一及第十二各条，虽曾分别规定，惟本市各商户每有以间接供营业用之房屋（如公司银行之职员宿舍及俱乐部等），请按住房征捐。此后凡商店除设置营业柜台处所以外，其余与营业相关的房屋，是否一律按照铺房定捐，又为问题之一，是以上各点，在解释上容易产生异议，执行上多遇到纠纷，因此1934年12月21日南京市政府第三三五次市政会议，乃有下列之决议：

（1）地价照时价估计。

（2）建筑房屋中途变更计划，或报价不实者，由工务局于建筑完毕时，派员切实复勘，估定造价，将验收单填送财政局。

（3）与营业有关之房屋，照铺房征捐。①

（四）济南房捐征收概况

济南是北方的重要城市，是山东省会所在地，其市政开始于清末时的商埠局。② 1929年夏，济南市政府成立，开始着手进行市政建设。济南市政府组织结构中，比较重要的机构有公安局、教育局、工务局、财政局、秘书处、参事室及各种委员会和其他机构。由市政会议负责进行各种监督管理。1929年7月，1930年5月，为促进市政发展，济南派市政调查团去杭州、上海，调查各地市政情况。为筹措市政建设经费，1930年末，济南市计划开征房捐。但随即由于各界反对取消。

---

① 《市政记述：南京市房捐整理经过（续完）》，《中央日报》1937年2月15日，第14版。
② 《本市之基础建设》，《济南市政月刊》1930年第3卷第1期。

1932年，济南正式开征房捐。济南市的房捐征收，由市财政局设立房捐征收处负责征收，根据1932年4月通过的《济南市征收房捐暂行规则》规定，凡在本市区内之房屋，除党政机关、军营、学校、教会、寺院及纯以公共利益为目的之团体处所，无营业性质者外，概依本规则之规定，按月缴纳房捐。前项党政机关、军营、学校以及公共利益为目的之团体处所，其房屋如系租赁者，仍由房主纳捐。教会寺院及以公共利益为目的之团体处所内，附有住户或铺户者，仍应按其所占之部分纳捐。①

济南市的房捐分为住房和铺房2种，住房捐按每月租价征收5%，铺房捐按每月租价征收10%，凡设置露天场所为各项营业之用者，如游艺场、屠兽场、晾晒场、竞赛场、窑场、酱园、染坊、堆栈之类，以铺房论。房捐捐额按照租房证据所载用途及租金数目，按照捐率征收，凡自用房屋应由房主估计租价，缮具认捐呈报书呈报财政局核办。如财政局认为所报不实，得比照附近同等房屋之租价估定征收之。②

在济南市的财政收入中，房捐占据重要地位。根据资料统计，1934年济南市房捐收入总数为359 694.85元，其中铺房捐252 398.39元，住房捐105 481.83元，补缴铺房捐1 801.43元，补缴住房捐13.20元。③ 而在济南市政府财政局的各项收入实况统计表中，1934年总收入734 991.27元，房捐收入毫无疑问地占据最高比重，其次为地租钱粮及土地收入120 727.09元、屠宰检验费99 564.90元、车捐55 530.80元、市有房产收入25 672.66元、妓

---

① 《济南市征收房捐暂行规则》，《济南市政月刊》1932年第2期。
② 《济南市征收房捐暂行规则》，《济南市政月刊》1932年第2期。
③ 《济南市政府财政局房捐收入比较图》，《济南市政统计》，1936年，第212页。

捐 24 858.00 元、车只磅验费 19 454.70 元、广告税及广告注册费 18 333.02 元、营业登记证 7 049.60 元、杂项收入 4 105.65 元。①

(五)其他省市房捐征收概况

福建房捐分房税和铺税,房税按年租额的 5% 征收,铺税按年租额征 1/12;山东房捐除济南、龙口、烟台 3 处归省外,其余归各县,住房捐按每月租价征收 5%,铺房捐按每月租价征收 10%;广西仅就商铺征收房捐,已收警捐之县,按月租额征收 2.5%,未收警捐之县征 5%。②

(六)未征房捐的城市财政——以青岛为例

近代中国,并不是所有城市都征收房捐。青岛"为华北通商要港,中西观瞻所系",同样为特别市,1929 年,所有市政府收支各款,均归财政局经营,每月经常收入平均约 30 余万元,经常支出约 20 余万元,外加特别支出、现时收支,差足相抵。③ 在早期,青岛和山东省内其他城市一样,亦征收房捐。国民政府统治山东后,成立青岛特别市,对税制进行整理。青岛市开始以田赋收入为大宗,没有房捐收入。下表是 1932 年我国主要城市人口数与财政收入数:

表 5-9　1932 年我国主要城市人口数与财政收入数

市　别	人口数(人)	岁入总数(元)
青岛	440 135	5 436 818
南京	684 695	11 774 115
上海	1 769 838	9 819 084

① 《济南市政府财政局各项收入实况统计表》,《济南市政统计》,1936 年,第 205 页。
② 张生:《南京国民政府的税收(1927—1937)》,南京出版社 2001 年版,第 197 页。
③ 《地方财政情形:青岛》,《中央银行旬报》1929 年第 11 期。

续　表

市　别	人口数（人）	岁入总数（元）
北平	1 487 289	4 570 042
天津	1 334 153	4 977 278
汉口	742 536	5 085 923
广州	954 642	8 027 736

资料来源：叶子刚：《从青岛的财政论到建设》，《都市与农村》1935年创刊号。

从表5-9可见，青岛虽然人数较少，但年财政收入却不低，如果算人均数，则排名更靠前。

1932年，青岛的财政收入项目，可以分为田赋、契税、营业税、屠宰税、赛马税、车捐、地方财产收入、地方事业收入、地方行政收入、地方营业收入、补助费收入、其他收入等12项。财政局直接收入中，田赋为最大宗，年约110万余元；其次为营业税37万元，屠宰税35万元，卫生费13万元，车捐13万元，赛马税10万元，房租4万元，契税2万元。非财政局直接经收之间接收入，以港务收费为大宗，年约190余万元，其次为自来水厂盈余，约31万余元，国库补助60万元，市产整理10万元，合之其他约340余万元，总计直接间接两项收入，年为543万余元。①

而青岛在城市支出方面，如码头仓库的整理、道路桥梁的修建、教育的扩充、农林的培养、水道的增辟、地方治安的维护等，对一个城市的发展都至关重要。具体来看，用于事业建设及扩充教育，占大多数，总计支出为543万余元，收支相抵。其中，公安费110

---

① 《青岛市财政概况》，《中行月刊》1933年第1期。

万余元，交通费 79 万余元，建设费 77 万余元，教育费 57 万余元。其次为行政费 47 万余元，财务费 23 万余元，实业费 15 万元，卫生费 8 万余元。其他诸如协助慈善事业及国立学校等费 5 万余元，暂时垫拨海军军费 120 万余元。①

青岛在没有房捐作为财政收入来源的情况下，仍能获得较为充足的城市财政收入，这与其对城市财政制度的梳理有密切关系。1932 年春季起，青岛市财政局测绘全市地形，清丈户口，至 1933 年冬印成五千分之一的市区详图，复又推进至市外各区，因此，评估地价有了确实的根据，较旧有的契税收益，超出许多，而且税率相对公平合理。同时，自 1930 年 1 月起，成立私有地评价委员会，实行评估，把旧征 6% 的税率依土地法改为 2%。② 虽然降低了税率，但因为地价的增高，税收反而有增无减。1932 年，实行征收营业税，把旧有的特种营业捐及娱乐捐都完全废止，而改征营业税。时人评价"只要把青岛的税目一看，就知道比其他各市简单得多"③。以上仅是对青岛城市税收改革的简单列举，证明通过科学的方法整理税制，可以在增加税收收入的同时，不让民众的负担过分增加。

以上选取的是我国近代部分大城市房捐征收情况。可以看到，随着近代市政观念的引入，特别是上海工部局成功的市政建设和城市税收，成为非常好的学习样板，我国大部分城市通过开征房捐作为增加市政经费的主要措施，且房捐在城市财政收入中，一般占据最重要的收入。当然，我国各城市的房捐征收和上海工部局也有不

---

① 《青岛市财政概况》，《中行月刊》1933 年第 1 期。
② 叶子刚：《从青岛的财政论到建设》，《都市与农村》1935 年创刊号。
③ 叶子刚：《从青岛的财政论到建设》，《都市与农村》1935 年创刊号。

同，如分为铺房捐和住房捐、按月征收等，体现了城市税制的移植和引入，仍据各地的情况进行调适。与此同时，还存在不征收房捐，也能实现较良好城市财政收入的青岛，通过科学地整理税制，实现了收入增加。

三、抗战胜利后上海的房捐征收

抗战胜利以后，存在于中国近一个世纪的租界，全部被收回。我国城市税收开启了独立探索的阶段，以上海为例，上海地方当局继续征收房捐，但基本传承前面的房捐征收办法，根据1947年上海市房捐征收细则规定：

上海市房捐征收细则①

三十六年六月是日上海市参议会修正通过
同月三十日第一六五〇一号府令颁发

第一条　本细则依房捐条例第十四条之规定订定之。

第二条　土地已加建筑如棚架篱笆等而能利用者，虽非房屋，依房屋论捐。土地经部分建筑或造屋，而其余部分仍须利用者，依全面积分别估计征收房捐。

第三条　房捐由房主负担，凡出租房屋之房捐，由住户代缴后抵付房租。

前项所称之房主，系指房屋所有权人、典权人、抵押权人、地上权人而言。

第四条　房屋所有人不收房租时，房捐仍由住户代缴其捐

---

① 《上海市房捐征收细则》，《上海市政府公报》1947年第7期。

额，依自用房屋例办理。

第五条　房捐捐率概照房捐条例第四条办理。空关房屋之房捐，其捐率照自用房屋之捐率加倍征收，并应由房主负责缴纳。

第六条　同一承租人或同一业主所居用之房屋有一部分作为营业用者，悉以营业用房屋论捐。

第七条　房捐每年分春夏秋冬四季征收之。

第八条　房捐之征收由财政局分发缴款通知书，纳捐人持同该缴款书，于限期内径向指定收款处所缴纳之。

第九条　（一）免征房捐之房屋，除房捐条例第六条已有规定外，凡在三十六年二月一日后经工务局发给营建执照之新建房屋，自完成日起免征房捐三年。

（二）免征房捐之政府机关不包括国营及公营事业机关在内。

（三）居民自用住家房屋之免捐，以重行估定之二十六年之全年租值不逾一百元者为标准。

第十条　出租房屋申报租额时，应由承租人对于租约所载之租金及押租，具结证明自用房屋申报现值时，应由房主将建筑年份、当时造价合同等附呈，并由建筑工程师证明其现值。如证件不备者，得自觅建筑工程师估定其现值。

第十一条　出租房屋之租额，除应自出租之日起十日内，由出租人向财政局申报外，并应于每季之首十日内申报增减新建房屋。倘全部或一部分落成，有人居住时亦应于十日内申报之。

第十二条　自用房屋之原估定租值或租用房屋之租价，得因房屋之显著改装添建或毁损等而重行核定之,并得自改装添建及损毁之日起核计补征或核减。

第十三条 怠于申报租金或房屋现值时,财政局得依时价代予估定征捐。如纳捐人认为有异议时,得提出证件交由上海市房屋评价委员会评定之。

第十四条 房捐之征收,不因异议而停止。一经评议决定,并应依其决定。

第十五条 房捐以财政局房捐缴款书送达住户之次日起,十四日为清缴期限,住户如逾期不缴者,依房捐条例第十二条之规定,分别加收滞纳罚金。

第十六条 本细则由上海市政府公布之日施行,并层转财政部备案。

房捐征收一直延续到新中国成立之后,成为新中国财税制度研究的重要内容。根据一份笔者自藏的《上海市人民政府财政局房捐缴款书》显示,截至1950年7月,上海市政府按照房屋用途分类,营业房捐率为14%,住家捐率为10%,每季房捐捐额＝每年征捐基数×14/100(营业用)或10/100(住家用)×1/4(每季)×本季实征倍数。缴款书背后载《房捐缴款须知》。

房捐缴款须知

一、缴纳房捐须将捐款或支票持本缴款书三联一并向缴款地点交收款人。

二、本缴款书应在下列地点缴纳:

江宁区　缴款地点:

江宁区中国人民银行上海分行沪西区第一分处　江宁路五五七号

　　　　　　　　　　　　沪西区第六分处　海防路五二七号

曹家渡交通银行办事处　　　　　　康定路一三五七号

三、纳捐人如以支票缴纳捐款者须开明"上海市人民政府财政局"抬头并须划线支票如非本人开具应加盖背书，纳捐人如于缴款限期之末日以支票缴纳捐款者必须于当日上午十一时前（票据交换时间）缴清逾期作为次日收入论照章仍应加收滞纳金。

四、为避免缴款拥挤起见此项房捐得以缴款限期最后一日以前任何一天为付款日期之远期支票向指定房捐缴款处所缴纳远期支票应以中国人民，中国，交通，四明，中国实业，中国通商，新华七家银行及邮局支票为限。

五、夏季房捐应于财政局缴款书送达之次日起十日内缴清逾期缴纳者每日按百分之三加征滞纳金。

六、本季房捐捐额——每年征捐基数×14/100（营业用）或 10/100（住家用）×1/4（每季）×本季实征倍数。

1950年1月，中央人民政府政务院发布的《全国税政实施要则》中，设置了一个独立的税种"城市房产税"。1951年，政务院将房产税、地产税合并为"城市房地产税"。同年8月，中央人民政府政务院颁布了《城市房地产税暂行条例》。由此，新中国的房产税征收进入了一个新的阶段。

424 城市发展的"财"与"政"——近代上海工部局财政制度研究

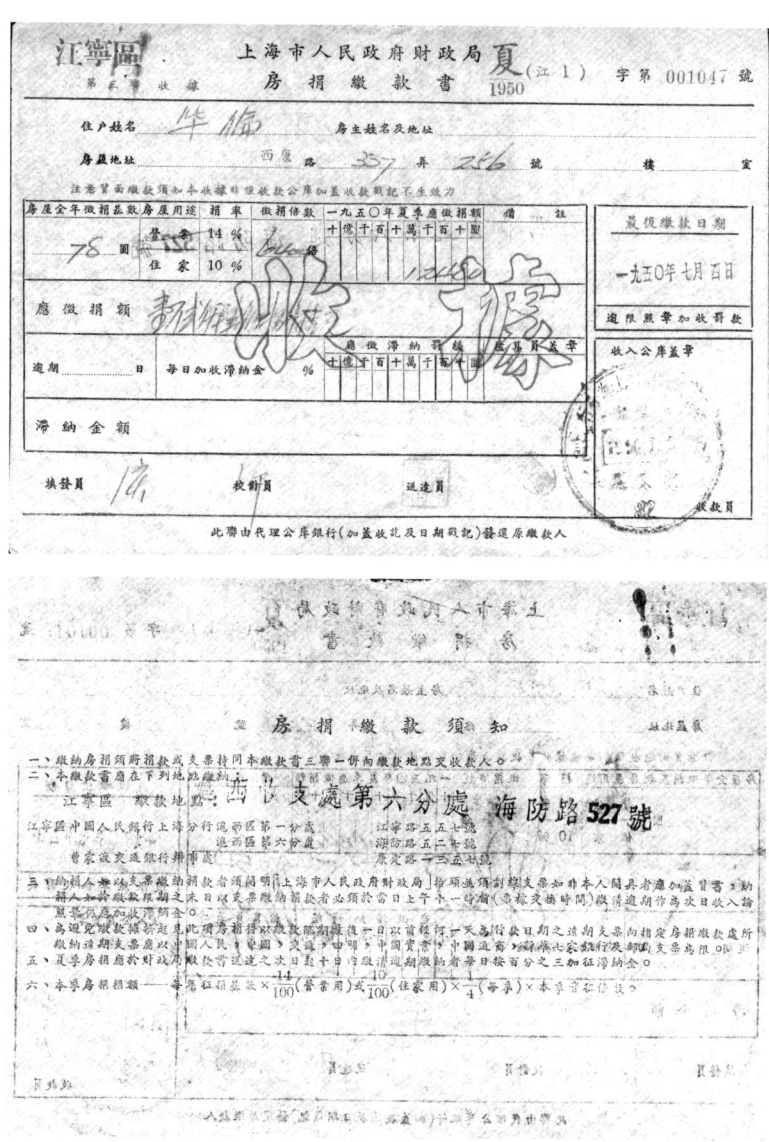

图 5-5 《上海市人民政府财政局房捐缴款书》(1950 年 7 月 4 日)

小　　结

本章主要论述了近代以来，我国不同城市的市政管理与城市税收征收状况。一是同种属性城市的内部比照，如上海的公共租界、法租界与天津的公共租界，鼓浪屿公共租界之间的对比；二是租界城市和非租界城市的对比，如上海、南京、济南、青岛等城市之间对比。通过两个层面的比照，探讨不同城市治理与城市税收之间的互动关系和效果。

鸦片战争以后，在西方列强的侵略下，我国的国门被打开，一批租界城市陆续出现。毋庸置疑，存在于上海、天津的租界城市，是侵略强权的产物，是西方列强殖民的象征，对于我国是一段屈辱的历史。但同时，这些城市通过正确处理城市税收和城市治理的关系，确实实现了城市的快速发展，尤其上海一度成为远东第一大城市。伴随着现代城市税收、市政管理等思想的不断传入，在一批先进城市样板效应的带动下，我国的城市也开启了近代化历程，开始在市政管理和城市税收领域进行学习和探索，城市"财"与"政"的关系探索也正式起步。南京、广州、青岛、济南、杭州等一批国内城市，也在探索如何进行城市税收和城市治理，努力实现城市的发展，这在我国城市发展史、城市财税史上，具有转折性的历史意义。

然而近代中国战乱频发，社会动荡，一是使得国内城市少有长期稳定的发展环境来进行城市建设，二是大量的税收款项被用于军费开支，不能用于民生和城市建设，叶惠钧在为期刊《上海财政》作序中写道：

> 财政之源，出诸市民。市民以血汗所得之资，每年缴纳于市政当局，不知其若干万。虽处此军事频仍、精疲力竭之秋，仍必各尽天职，勉力输将，无非欲促市政，以遂安居乐业之愿。在市政当局，亦应体念市民愿望所在，负担之重，收得一份财，即应替市民进行一份市政。事事公开，款不虚糜，庶可以得市民之谅解，而收指臂相助之效，方为善策。①

相反，上海工部局虽然也有部分经费用于万国商团的开支，但其背靠欧美各列强的支持，保障了租界的相对安全的发展环境，可以将绝大多数征收的城市财政用于租界的建设、治安、卫生等领域，使租界的城市建设得到持续、稳定的发展。

因此，近代中国人自己管理城市的财政制度构建的尝试，能在一定程度上引进现代城市管理水平的制度，且能根据本土实际情况，制定符合社会现实的征税制度，部分促进了城市财政收入的提升和城市发展，譬如南京、广州、杭州、武汉、济南等城市都实现较快的发展，并带动区域的社会经济水平提高。但由于近代中国战乱频发，城市的财政收入时常被抽取用于赔款、偿还借款利息、军费等用途，导致不能用于民生和城市基础设施建设。概括而言，虽然我国在近代城市管理与城市财政制度建构的尝试举措，并未成功促进国内本土城市实现较快的发展水平，但这不能一概而论归为中国人不能管理现代城市，必须考虑近代中国战乱频发、政坛纷乱的时代大背景。

---

① 叶惠钧：上海财政序，《上海财政》1930 年第 1 期。

结　论

"现代化是中国最强有力的意识形态。"① 自鸦片战争以来，面对欧风美雨带来的思想观念与西方侵略者的坚船利炮，无数仁人志士都苦求富国强民的良策，追求国家在各领域的现代化，成为大家的一致追求。现代化的实现是多维的，需要在不同领域展开，而其中的一个重要领域是城市治理的现代化。

现代意义上的"上海"，是在开埠以后崛起的，城市的核心区域是当时的公共租界、法租界和华界部分区域。从1843年上海开埠到1937年淞沪抗战爆发，本书主要研究了这段时期上海公共租界城市治理与财政制度的相互关系。纵览工部局走过的近百年历程，有不少问题值得探究，是什么因素决定了公共租界社会、政治和经济的形态，具体是哪些因素推动社会更新和城市发展；在公共租界社会经济结构运行中，制度在当中起了多大作用，而这些制度又如何与城市管理相互作用；城市财政的来源有哪几种，推动城市财政制度变革的因素有哪几种类型，等等。经济史学家吴承明认为：任何经济都是在一定制度下运行的，否则就乱了，制度变迁通常是由于经济发展的需要。② 无疑，工部局的财政制度是上海公共租界市政管

---

① 杜维明：《否极泰来：新轴心时代的儒家资源》，北京大学出版社2016年版，第6页。
② 吴承明：《谈谈经济史研究方法问题》，《中国经济史研究》2005年第1期。

理制度的重要组成部分，工部局所掌控的财政资本是上海公共租界城市现代化的动力源泉。1936 年，著名的市政研究专家唐应晨在《市政评论》中讲道：

> 不过我们仔细地想一想，外人所以在中国设立租界的，也有它内在的原因，我国市政的落后，这是无可讳言的事实，我们看到外人在中国经营的租界，如马路的整洁、交通的管理，卫生的设备，凡一切市政的设施，无不应有尽有。再看一看华人治理的华界，较之租界，是不啻天渊之别。市民同样的纳税，为什么没有市政的建设？市民们如同在地狱里过活。这我们不能不引为遗憾的一件事。还有外国的租界，自经我国收回管理以后，市政的设施，常有日形退化的趋势：如镇江汉口收回的几个租界，都是今不如昔！固然是原因很多，而中国政府没有能重视市政，确是一个重大的原素。中国的政治，不仅是市政是这样，往往因人因事而变迁，政令朝更夕改，官吏五日京兆，使从事市政的人，不能安心去为市民工作，不能实现他的整个的市政建设的计划，在目前尚在幼稚的市政，亦会常常受到意外的打击，如最近的九江市又取消了。[①]

在当下的社会科学研究中，"制度"概念受到广泛关注和深入探索，并在多个学科当中发挥着完善理论体系、拓展研究领域、丰富

---

① 《租界制度与市政建设》，《市政评论》1936 年第 6 期。

基本理论、变革研究方法的作用。① 但就"制度"的本质而言，制度有生成、维系和演变等不同阶段，研究视域必须涵盖其生命的全周期。就工部局财政制度而言，它的形成不是一蹴而就，是在不断地冲突与调试中，由近代上海的中外居民根据自身利益选择而逐步形成的财政收入模式，同时也为了自身生活的安全和舒适决定了财政支出结构。也可以说，生活在公共租界的每一个居民，他们共同决定了公共租界的社会经济结构和政治模式的演化方向。制度也只有不断适应形势、满足"人"的需求，才能促使社会结构良性循环发展。

本书研究内容为工部局财政制度，试图从5个方向阐述问题：一是整理出工部局财政收入、支出的历史数据，并对阶段特征进行分析判定；二是对工部局各项收入与支出的历史渊源与发展演变进行厘清，判断各项收支在工部局财政制度建构中的地位与作用；三是分析工部局财政制度与上海城市变迁（特别是经济变迁）的互动关系，对上海城市经济发展路径演变进行研究；四是通过剖析工部局的城市治理模式，论述财政制度对城市治理的影响；五是通过比较分析近代我国租界城市和主要城市的城市管理和城市财税实践，分析工部局的城市财政制度、市政管理制度对我国城市管理、城市财税的现代化产生影响。

一、工部局的财政制度施行与影响"二重性"辨析

应客观辨析工部局财政制度施行在近代中国产生的"二重性"

---

① 马雪松、张贤明：《政治制度变迁方式的规范分析与现实思考》，《政治学研究》2016年第2期。

影响，工部局的城市财政作为我国财税发展史重要一环，既对我国的财税制度现代化产生了促进作用，同时也是推动上海公共租界城市发展的动力之源。

首先，上海租界是英国发动的侵略战争大背景下的产物，工部局成立的根本目的是维护西方侵略者在上海的利益。但是，工部局同时是上海公共租界财政制度的缔造者，是公共租界城市建设的践行者，是公共租界市政管理的维护者，在中国的土地上成功地进行了一次城市治理实践。在租界成立初期，在沪外侨采取摊派的模式，为租界修筑道路、码头等基本公共设施筹集资金，不仅资金量小，而且不具备持续性。在工部局的主导下，地税、房捐、码头捐、执照捐等逐步成为公共租界固定收入项目，并由此建立了工部局的财政收入制度。这种由工部局移植西方的城市财政模式，并首次在中国本土进行实践，经过"移植与调适"，建立起适应上海城市发展的财政制度，不仅自身成为我国财税发展史上的重要内容，而且深刻影响到近代我国其他城市的财政制度的构建。工部局城市治理的成功，使得其财政制度具有"样本"作用，并不断向外扩散，引起了其他租界城市和国内其他大中城市的学习。

其次，工部局的城市财政制度对我国近代财税制度的发展，起到了推动作用。现代财税制度是现代国家制度的重要组成部分，它区别于传统制度的地方在于：（1）财税收入必须主要来源于现代税基，这种税收，应该是普遍的、平等的、直接的和规范的，且征收于公众私人财产；（2）财政支出应主要服务于公共利益和公共目的，必须用来提高大众安全和福利，保障社会的安全和正常运转；（3）财政收支管理过程必须透明公开、由预算控制，而预算又控制于议会或代表会等代议制机构，它的权力应该是来源于所代表的民众,其监督控制要把握在社会公众或全体民众的手中。工部局的房税以《土地章程》为法理来源,由纳税人会议代表租界民众形成共同决议赋予其征税权力,并将税收征收制度化、程序化,根据工部局自身收支状况、社会经济运行状况等进行税率调节,使其具备现代税制诸多特征。工部局的城市财政制度可以说是中国近代史上具有"现代意义"的城市财政制度之始,其持久、稳定的征收实践,为工部局开展城市治理提供可能。

最后,工部局通过财政支出推动了城市的发展、更新和升级。制度的演化会创造一种合宜的环境,以有助于通过合作的方式来完成复杂的交换,从而促成经济成长。[1] 工部局通过稳定的财政收入制度,获取了源源不断的财政资金,使其有资本、有实力修筑码头、道路等公共设施,为商业、贸易的开展提供了适宜的商业条件;工部局重视公共安全、公共卫生、市政建设等,为外侨提供安全、舒适的生活环境,并不断吸引华人投资、居住,为公共租界带来了人气,提供了资本活水,形成了城市发展的良性循环。

二、财税结构与城市发展的共生性关系探讨

本书认为工部局的财政收入结构变迁与上海城市经济发展同步。财政收入结构是一种稳定的经济模式,围绕工部局收入结构的政治决策,不仅是公共租界政治变迁的重要依据,也是近代上海城市政治博弈的线索。工部局财政收入的增减,表面上是不同税收的高低,其暗含的却是制度的变迁。综合分析工部局四大捐税收入,各项捐税在不同时段各有使命,促进了工部局财政收入的结构演变:

---

[1] 《制度、制度变迁与经济绩效》,前言第1页。

码头捐依托上海贸易港口地位，为工部局早期的城市建设提供了巨大资金力量。但依托海关征收的码头捐、依靠道台的捐助和领事的裁判，工部局始终未能真正掌控码头捐。也因为工部局实际上不具有政治地位，无法自我征收码头捐，所以码头捐不能演变为真正的货物税，只是一种捐。

执照捐制度，实际上是工部局对公共租界社会进行管理的一种重要制度。在租界早期，由于人数较少，商业并不繁荣，执照捐的地位和税额并不十分重要。而进入20世纪后，伴随着公共租界的经济、社会和文化的全面繁荣，执照捐涉及餐饮、娱乐、交通等社会生活的方方面面，地位日趋重要，工部局通过执照捐制度规定了租界社会生活等方面的准则。

工部局的房捐、地税是工部局城市治理最主要的资金来源。产权，是经济进一步发展的基石，是投资扩张的动力，也是社会稳定的保证。[1] 公共租界通过《土地章程》很好地解决了土地产权问题，奠定了租界发展的原始基础。公共租界地产的永租制保证了土地产权的不被侵扰，道契又为公共租界土地流转加盖了黄金信誉，促进了地产的买卖。公共租界的房捐制度，因不对空置房屋征收房捐，从而使得房地产商可以在没有后顾之忧的情况下投资房地产建设，大量的房地产建设带来了流动资金，房地产的保值、增值又不断吸引外来资本的涌入，吸引大量人口流入，带动城市经济的活力，促进近代上海城市的不断更新，成长为世界性大都市。

码头捐、执照捐和房捐、地税在工部局财政收支各个阶段的先后特征及其历史地位，见证了上海公共租界由单一的贸易港口发展

---

[1] 厉以宁：《山景总须横侧看》，商务印书馆2014年版，587页。

升级为近代中国的贸易中心、工业基地和金融枢纽的历程，也是上海城市经济发展变迁的历程。

三、"路径依赖"问题与城市社会裂变

工部局财政制度中的"路径依赖"问题是公共租界后期城市社会裂变的重要原因。

路径依赖意味着必须追溯制度的渐进性演化过程。诺斯认为："在报酬递增的情况下，制度是举足轻重的，它塑造了经济的长期路径，但只要在此制度下的市场是竞争的，甚至只要大致接近于零交易费用模型，那么长期路径就是有效率的。在合理的偏好假设下，不仅不同的路径不会出现，而且低绩效也不会长期驻存。"① 工部局在建立了相对稳定的财政收入结构后，在地税、房捐、码头捐、执照捐这四大收入项目下，通过提高税率或拓展征收范围来增加收入，形成了相对稳定的路径，即便在1869年、1898年修改了《土地章程》，也只是不断强化这一路径，不敢有所突破，这也使得工部局出现了"路径依赖"的特征。

虽然工部局可以依据《土地章程》相关规定制订附则以完善相关管理程序，但必须经及其繁复的"立法"程序，必须经由纳税人会议批准，这就极大地限制了工部局对公共租界的控制力，每每不能及时订立新法，正如费唐形容"该局处不充分之市府立法规定之下，以办理市政，适与治理毗连租界各区官吏所颁条例内载之较为细密规定相反，各该区域之行使立法权，远比工部局为自由"②。固然，工部局不敢突破《土地章程》的限制是出现

---

① 《制度、制度变迁与经济绩效》，第112页。
② 《费唐法官研究上海公共租界情形报告书》第1卷，第300页。

"路径依赖"的一个因素,但工部局缺乏正式的"政府"地位的合法性是其自身的先天不足,后期不能适时正视华人政治力量、经济力量的崛起,则又是工部局在 20 世纪二三十年代出现问题的重要原因。

以华人为纳税主体的工部局财政制度,未能及时调试华人对政治和经济权力的诉求,使得工部局的财政无法突破"路径"的藩篱,特别以 1936 年加税失败为代表,正式宣布以工部局的财政制度为核心的市政管理制度到了亟须变革的临界线,只是日本侵华打破了其自我革新或被迫革新的内在变革因素。

四、城市发展中"财"与"政"关系的启示

工部局的财政收支和城市管理制度,为国内城市和世界其他城市提供了可借鉴的样本。

工部局的城市建设与管理,不仅使国内众多城市有学习的样板,来自世界各国的商人、冒险家,在领略上海繁荣经济的同时,也将上海的制度文化带回本国,丰富了世界各国城市建设和管理的内涵。1861 年,日本长崎租界的管理者便向工部局请求其提供上海捕房的规章制度和其他管理租界的资料。[①] 纳税人会议制度唤起了租界投票人的市民意识,其在上海的成功实行,使得许多先进中国人了解、学习公共决策和社会契约的原则及实践。此外,其不仅对于中国具有意义,对于同时代世界其他未实行民主制度的国家来讲,同样具有典范意义。十几个或者更多国家的投票人全都享有同等的市政权利和特权,听取如何管理自己城市的报告,确定税率,并通过次年

---

① 《工部局董事会会议录》第 1 册,第 622 页。

的预算。对英国人和美国人来说,这种做法毫无新奇之处,但对其他国家的国民来说,这是一种市民责任的新体验,他们必须来到上海,才能学会民主制度是如何起作用的。

此外,工部局提供了国人学习近代市政的样本。1933年,南京政治学院致函工部局"请准该校派遣毕业生若干名,至本局各处实习市政"①。工部局认为"此项陈请虽事属创见,但颇富于兴趣,且为有益之举"。该校旋即选派曾经研究市政学之学生6名,自1933年7月初起至10月底止,至工部局各处学习。实习生实习期间,工部局给予机会,可以观察局中各处之如何工作,及在行政方面,处与处间之如何调和合作。此外并由工部局各处职员,予以办理市政之实际指导。工部局年报载:"1935年3月,杭州之浙省警务专门学校(译意)亦向本局陈请,准其派遣学生,前来学习消防工作;4月,浙江之省会公安局(译意),亦请本局,准其练习生前来实习指印及枪械之辨认;该两起学生,分别由本局之火政处及警务处给予必要之学习便利。此外又有南京政府各部分所派来之学生,亦于本年全年至本局各处学习,本局之给予此种协助,中国各地当局,显然深为感纫。"②

依法收捐,是任何市政机关必要而且重要的职能。捐税明明白白规定,统一标准,依法征收,且能保障居民,使其不受非法勒索的害处。

工部局的地税、房捐制度对当今城市管理也赋予一定的借鉴意义。上海公共租界作为外国人的居留地,房地产制度看似繁复,但其却符合一定的经济规律。工部局的地产制度,其重点在于保证产

---

① 《上海公共租界工部局年报》(1933),第13页。
② 《上海公共租界工部局年报》(1935),第11—12页。

权和可流通性；工部局的房捐制度，不对空置房产征收房捐，使得房产商可以没有后顾之忧地投资房地产业。这种"供给型"经济模式，保证产权的制度模式，促进了上海经济的繁荣。稳定的地税、房捐收入，则为城市发展提供了源源不断的资金供给。

工部局的市政管理制度、职员管理制度和财政制度并非完美无瑕，但其作为上海城市制度的一部分，促进了城市的发展。撇开租界的敏感性，单就工部局的管理制度文化，其在近代中国具有一定的示范意义。费唐认为"谓工部局之行政为诚实有效，此并非言该局之行政，业已完全无疵，第仅谓就大概而言，业已维持一种高等程度，处理偌大行政机关，如工部局所须维持者，其间欺诈错伪遗漏之事件，在所难免。办理种种市政，因此而雇用多数属员，在一种环境如上海所有者内，诚难望其能杜绝一切贿赂与败德"[①]。近代上海政治、经济和社会错综复杂，具有两重性，"它是中国遭受资本主义列强欺凌的耻辱标志，又是近代文明的窗口；它是侵犯中国主权的'国中之国'，又是进步人们反对封建、军阀统治的活动据点；它是外国资本主义对华经济掠夺的最大基地，又促使上海成为全国的经济中心；它是殖民主义文化渗透的重要场所，又是传播近代新学的批发部和中转站；它促使了上海社会风气的腐败，也刺激了一些健康因素的发展"[②]。正确看待租界带来的两重性影响，从文化交流和制度传承的角度看待近代上海工部局财政制度，希冀对当下有所裨益。

回首当下，上海这座城市每天都在发生着巨大的变化。再次审视近代上海城市的发展历程，可以看到坚持科学、理性的精神和理

---

① 《费唐法官研究上海公共租界情形报告书》第 2 卷，第 141 页。
② 熊月之：《论上海租界的双重影响》，《史林》1987 年第 3 期。

念，不断根据变化的社会现实完善城市治理，形成良性、有序的城市运转制度和可持续更新的城市治理模式，这是上海在过去崛起并发展的重要制度因素。每座伟大的城市在发展中，都会不断遇到挫折，但每次都会浴火重生，走向更新、更壮阔的辉煌。

参考文献

一、中外文档案

上海公共租界工部局年报（1861—1929），上海市档案馆藏档案，档案号 U1-1-876 至 942。

MINUTES OF LAND RENTERS'MEETING（1864—1869），上海市档案馆藏档案，上海公共租界工部局西人纳税人会议报告，档案号 U1-1-1049。

REPORT OF RATE-PAYERS MEETING（1870），上海市档案馆藏档案，上海公共租界西人纳税人年会材料，档案号：U1-1-784。

RATE-PAYERS' MEETING（1871），上海市档案馆藏档案，上海工部局年报（1871），档案号：U1-1-884。

Rate Payers' Meeting（1873—1893），上海市档案馆藏档案，上海公共租界工部局纳税人会议记录册（1871—1893），档案号：U1-16-4813。

REPORT OF RATE-PAYERS MEETING（1874—1899），上海市档案馆藏档案，上海公共租界西人纳税人年会材料，档案号：U1-1-787 至 824。

REPORT OF THE ANNUAL MEETING AND SPECIAL MEETING

OF RATEPAYERS（1900—1941），上海市档案馆藏档案，上海公共租界西人纳税人年会、特别会议及选举工部局董事与地产委员材料，档案号：U1-1-825 至 875。

RATEPAYERS' MEETING（1870—1884），徐家汇藏书楼藏书，书号：1069127。

上海租界纳税华人会选举规则，上海市档案馆藏档案，档案号：Q165-1-117-34。

上海公共租界工部局地价表（1867—1933），上海市档案馆藏档案，档案号 U1-1-1023 至 1044。

地产委员会报告（1875），上海市档案馆藏档案，档案号：U1-1-1026。

上海公共租界工部局现金簿，上海市档案馆藏档案，档案号：U1-1-626 至 627。

上海公共租界工部局税簿，上海市档案馆藏档案，档案号：U1-1-628。

上海公共租界工部局各委员会会议录，上海市档案馆藏档案，档案号：U1-1-45 至 55。

上海公共租界工部局财务委员会会议录，上海市档案馆藏档案，档案号：U1-1-56 至 64。

上海公共租界工部局公用事业委员会会议录，上海市档案馆藏档案，档案号：U1-1-103 至 106。

上海公共租界工部局特别委员会会议录，上海市档案馆藏档案，档案号：U1-1-140。

上海公共租界工部局西籍职员登记簿，上海市档案馆藏档案，档案号：U1-1-629 至 644。

上海公共租界土地出租年会及特别会议的材料，上海市档案馆藏档案，档案号：U1-1-782。

上海公共租界土地出租年会的材料，上海市档案馆藏档案，档案号：U1-1-783。

上海公共租界工部局关于市政电气的材料，上海市档案馆藏档案，档案号 U1-1-1063。

上海公共租界公用事业便览，上海市档案馆藏档案，档案号：U1-1-1248 至 1249。

上海公共租界工部局治安章程（中文），上海市档案馆藏档案，档案号：U1-1-1256。

寓沪西人工部局执照条款，上海市档案馆藏档案，档案号：U1-1-1259。

上海公共租界工部局总办处发给各项执照章程（中文），上海市档案馆藏档案，档案号：U1-1-1265。

上海公共租界附则，上海市档案馆藏档案，档案号：U1-1-1268。

上海公共租界工部局与上海电力公司的协定，上海市档案馆藏档案，档案号：U1-1-1280。

上海英租界道路码头委员会会议录，上海市档案馆藏档案，档案号：U1-1-1291。

上海公共租界工部局总办处关于教育补助金事（卷1），上海市档案馆藏档案，档案号：U1-3-3920。

上海公共租界工部局总办处关于中国学校补助金：教育局备案和工部局补助金规程（卷2），上海市档案馆藏档案，档案号：U1-3-3921。

上海公共租界工部局总办处关于豁免房捐的文件（卷1—19），上海市档案馆藏档案，档案号：U1-3-41至55。

Land Tax and Municipal Rate for the Year 1866 to 1929，上海市档案馆藏档案，档案号：U1-14-7162。

上海公共租界工部局市政法规及附则，上海市档案馆藏档案，档案号：U1-1-1058。

二、中外文报纸

《申报》，上海书店1983年影印版。

《新闻报》

《政治官报》

《益世报》

THE CHINA WEEKLY REVIEW（《密勒氏评论报》）

《字林西报》

《北华捷报》

《民国日报》

《东方杂志》

三、志书、资料集等

《上海法公董局公报》

《厦门鼓浪屿工部局报告书》，1932年。

《上海法租界纳税华人会会报》1936年第2期。

《上海公共租界工部局年报》（1930—1943），工部局华文处译。

《上海公共租界工部局公报》（1930—1937），工部局华文处译。

《上海法租界公董局年报》

《上海指南》（1930），商务印书馆版。

《上海小蓝本》(*The Little Blue Book of Shanghai*),1931年版。

中国社会科学院近代史研究所翻译室编:《近代来华外国人名辞典》,中国社会科学出版社1981年版。

汤志钧主编:《近代上海大事记》,上海辞书出版社1989年版。

上海市公用事业管理局编:《上海公用事业1840—1986》,上海人民出版社1991年版。

上海财政税务志编委会编:《上海财政税务志》,上海社会科学院出版社1995年版。

上海市档案馆编:《清代上海房地契档案汇编》,上海古籍出版社1999年版。

《上海房地产志》编纂委员会编:《上海房地产志》,上海社会科学院出版社1999年版。

上海图书馆编:《老上海地图》,上海画报出版社2001年版。

《上海租界志》编纂委员会编:《上海租界志》,上海社会科学院出版社2001年版。

上海市档案馆编:《工部局董事会会议录》第1—28册,上海古籍出版社2001年版。

印永清、胡小菁主编:《海外上海研究书目(1845—2005)》,上海辞书出版社2009年版。

承载、吴健熙编:《老上海百业指南——道路机构厂商住宅分布图》,上海社会科学院出版社2008年版。

天津市档案馆编:《天津英租界工部局史料选编》(上、中、下),天津古籍出版社2012年版。

马学强、王海良主编:《〈密勒氏评论报〉总目与研究》,上海书店出版社2015年版。

《上海公共租界发给各项执照章程》，1925 年。
《中英合载上海洋泾浜北首租界章程》，商务印书馆 1926 年版。

四、近人著作、译著

裘昔司：《上海通商志》，商务印书馆 1926 年版。

陈无我：《老上海三十年见闻录》，上海大东书局 1928 年版。

董修甲：《市政研究论文集》，青年协会书局 1929 年版。

罗志如：《统计表中之上海》，"中央研究院"社会科学研究所 1932 年版。

楼桐孙：《租界问题》，商务印书馆 1932 年版。

陈炎林：《上海地产大全》，上海地产研究所 1933 年版。

张辉：《上海市地价研究》，正中书局 1935 年版。

王铁崖编：《中外旧约章汇编》第 1 册，生活·读书·新知三联书店 1957 年版。

姚贤镐编：《中国近代对外贸易史资料 1840—1895》第 1 册，中华书局 1962 年版。

吴圳义：《清末上海租界社会》，文史哲出版社 1978 年版。

吴圳义：《上海租界问题》，正中书局 1981 年版。

徐公肃、丘瑾璋：《上海公共租界制度》，收录《上海公共租界史稿》，上海人民出版社 1980 年版。

蒯世勋：《上海公共租界史稿》，收录《上海公共租界史稿》，上海人民出版社 1980 年版。

邹依仁：《旧上海人口变迁的研究》，上海人民出版社 1980 年版。

中国人民政治协商会议福建省厦门市委员会文史资料编辑室编：《厦门文史资料（选辑）》第三辑，内部发行，1980 年。

徐雪筠等译编:《上海近代社会经济发展概况(1882—1931)》,上海社会科学院出版社1985年版。

阮笃成:《租界制度与上海公共租界》,《民国丛书》第四编·24,上海书店1989年版。

夏晋麟:《上海租界问题》,《民国丛书》第四编·24,上海书店1989年版。

张仲礼主编:《近代上海城市研究》,上海人民出版社1990年版。

费成康:《中国租界史》,上海社会科学院出版社1991年版。

陈旭麓:《近代中国社会的新陈代谢》,上海人民出版社1992年版。

李必樟编译:《上海近代贸易经济发展概况》,上海社会科学院出版社1993年版。

尚克强、刘海岩主编:《天津租界社会研究》,天津人民出版社1996年版。

阎照祥:《英国政治制度史》,人民出版社1999年版。

周育民:《晚清财政与社会变迁》,上海人民出版社2000年版。

马学强:《从传统到近代:江南城镇土地产权制度研究》,上海社会科学院出版社2002年版。

郭庆旺、赵志耘:《财政学》,中国人民大学出版社2002年版。

唐力行:《国家、地方、民众的互动与社会变迁》,商务印书馆2004年版。

熊月之、马学强、晏可佳选编:《上海的外国人(1842—1949)》,上海古籍出版社2004年版。

汪荣祖:《史学九章》,生活·读书·新知三联书店2006年版。

葛元煦撰,郑祖安标点:《沪游杂记》,上海书店出版社2006年版。

余英时:《民主制度与近代文明》,广西师范大学出版社2006年版。

严中平编:《中国近代经济史 1840—1894》,经济管理出版社 2007年版。

钱端升:《民国政制史》,上海人民出版社 2008 年版。

张鹏:《都市形态的历史根基——上海公共租界市政发展与都市变迁研究》,同济大学出版社 2008 年版。

陈来:《传统与现代》,生活·读书·新知三联书店 2009 年版。

秦德君:《政治设计与政治发展》,商务印书馆 2009 年版。

焦建国:《英国公共财政制度分析》,经济科学出版社 2009 年版。

马学强、张秀莉:《出入于中西之间:近代上海买办社会生活》,上海辞书出版社 2009 年版。

张生:《上海居,大不易》,上海辞书出版社 2009 年版。

熊月之、高俊:《上海的英国文化地图》,上海锦绣文章出版社 2010 年版。

马学强、曹胜梅:《上海的法国文化地图》,上海锦绣文章出版社 2010 年版。

熊月之、徐涛、张生:《上海的美国文化地图》,上海锦绣文章出版社 2010 年版。

梁元生:《晚清上海——一个城市的历史记忆》,广西师范大学出版社 2010 年版。

娄承浩、薛顺生编著:《上海百年建筑师和营造师》,同济大学出版社 2011 年版。

杨大茅:《中国近代财税法学史研究》,北京大学出版社 2010 年版。

余永和:《英国安茹王朝议会研究》,社会科学文献出版社 2011 年版。

马长林:《上海公共租界城市管理研究》,中西书局 2011 年版。

宋钻友：《永安公司与上海都市消费（1918—1956）》，上海辞书出版社 2011 年版。

唐力行：《读史偶得：关于转型期中国社会的若干思考》，上海人民出版社 2011 年版。

熊月之：《西学东渐与晚清社会》，中国人民大学出版社 2011 年版。

樊果：《陌生的守夜人——上海公共租界工部局经济职能研究》，天津古籍出版社 2012 年版。

孙慧敏：《制度移植：民初上海大中国律师（1912—1937）》，"中央研究院"近代史研究所 2012 年版。

王立诚：《近代中外关系史治要》，上海人民出版社 2012 年版。

王家范：《中国历史通论》，生活·读书·新知三联书店 2012 年版。

万勇：《近代上海都市之心：近代上海公共租界中区的功能与形态演进》，上海人民出版社 2014 年版。

熊月之主编：《上海史国际论丛》第 1 辑，生活·读书·新知三联书店 2014 年版。

刘增合：《"财"与"政"：清季财政改制研究》，生活·读书·新知三联书店 2014 年版。

俞可平：《论国家治理现代化》，社会科学文献出版社 2014 年版。

行龙：《走向田野与社会》，生活·读书·新知三联书店 2015 年版。

薛理勇主编：《上海掌故大辞典》，上海辞书出版社 2015 年版。

马学强、龚峥主编：《上海的城南旧事》，上海社会科学院出版社 2015 年版。

黄耿志：《城市摊贩的社会经济根源与空间政治》，商务印书馆 2015 年版。

滕淑娜：《税制变迁与英国政府社会政策研究》，中国社会科学出版社 2015 年版。

张树年:《张元济往事》,东方出版社 2015 年版。

任超:《英国财税法学史研究》,法律出版社 2017 年版。

马学强主编:《上海城市之心:南京东路街区百年变迁》,上海社会科学院出版社 2017 年版。

陈恒等著:《西方城市史学》,商务印书馆 2017 年版。

何杨、王文静编著:《英国税制研究》,经济科学出版社 2018 年版。

熊月之:《上海租界与近代中国》,上海交通大学出版社 2019 年版。

马学强主编:《打浦桥:上海一个街区的成长》,上海社会科学院出版社 2019 年版。

马学强、朱亦锋主编:《从工部局大楼到上海市人民政府大厦》,上海社会科学院出版社 2019 年版。

杜恂诚等:《近代上海公共租界的土地制度与市政管理》,上海人民出版社 2020 年版。

王笛:《走进中国城市内部:从社会的最底层看历史》,北京大学出版社 2020 年年版。

郑时龄:《上海近代建筑风格》,同济大学出版社 2020 年版。

王稼句整理点校:《晚清现象》,山东画报出版社 2020 年版。

唐力行:《开拓社会文化史的新领域》,商务印书馆 2020 年版。

罗婧:《繁华之始:上海开埠初期租界地区洋行分布与景观变迁 1843—1869》,同济大学出版社 2022 年版。

译著类

费唐著,工部局华文处译:《费唐法官研究上海公共租界情形报告书》第 1—3 卷,1931 年版。

［英］李嘉图著，郭大力、王亚南译:《政治经济学及赋税原理》，商务印书馆 1962 年版。

［美］罗兹·墨菲著，上海社会科学院历史研究所译:《上海——现代中国的钥匙》，上海人民出版社 1986 年版。

［德］卡尔·雅思贝斯著，魏楚雄、俞新天译:《历史的起源与目标》，华夏出版社 1989 年版。

［法］费尔南·布罗代尔著，施康强、顾良译:《15 至 18 世纪的物质文明、经济和资本主义》第 1—3 卷，生活·读书·新知三联书店 1993 年版。

［德］哈贝马斯著，曹卫东、王晓珏等译:《公共领域的结构转型》，学林出版社 1999 年版。

［美］施坚雅著，叶光庭、徐自立等译:《中华帝国晚期的城市》，中华书局 2000 年版。

［日］小浜正子著，葛涛译:《近代上海的公共性与国家》，上海古籍出版社 2003 年版。

［美］顾德曼著，宋钻友译:《家乡、城市和国家——上海的地缘网络与认同 1853—1937》，上海古籍出版社 2004 年版。

［法］安克强著，张培德译:《1927—1937 年的上海:市政权、地方性和现代化》，上海古籍出版社 2004 年版。

［法］白吉尔著，王菊、赵念国译:《上海史:走向现代之路》，上海社会科学院出版社 2005 年版。

［美］斯皮罗·科斯托夫著，单皓译:《城市的形成:历史进程中的城市模式和城市意义》，中国建筑工业出版社 2005 年版。

［英］威廉·布莱克斯通著，游云庭、缪苗译:《英国法释义》第 1 卷，上海人民出版社 2006 年版。

［美］马士著，张汇文、姚曾廙、杨志信、马伯煌、伍丹戈合译：《中华帝国对外关系史》（1—3卷），上海书店出版社2006年版。

［加拿大］简·雅各布斯著，金衡山译：《美国大城市的死与生》，译林出版社2006年版。

［美］费正清、刘广京编：《剑桥中国晚清史1800—1911》，中国社会科学出版社2007年版。

［法］梅朋、傅立德著，倪静兰译：《上海法租界史》，上海社会科学院出版社2007年版。

［美］塞缪尔·P.亨廷顿著，王冠华、刘为等译：《变化社会中的政治秩序》，上海人民出版社2008年版。

［美］乔万尼·萨托利著，冯克利、阎克文译：《民主新论》，上海人民出版社2009年版。

［意］贝奈戴托·克罗齐著，［英］道格拉斯·安斯利英译，傅任敢译：《历史学的理论和实际》，商务印书馆2010年版。

［美］小罗伯特·D.李、罗纳德·W.约翰逊、菲利普·G.乔伊斯著，扶松茂译：《公共预算制度》，上海财经大学出版社2010年版。

［美］鲍威尔著，邢建榕、薛明扬、徐跃译：《我在中国二十五年》，上海书店出版社2010年版。

［德］马克斯·韦伯，阎克文译：《经济与社会》第1卷、第2卷，上海人民出版社2010年版。

［德］马克斯·韦伯，斯蒂芬·卡尔伯格英译，苏国勋、覃方明、赵立玮、秦明端中译：《新教伦理与资本主义精神》，社会科学文献出版社2010年版。

［德］马克斯·韦伯，康乐、简惠美译：《社会学的基本概念——经

济行动与社会团体》，广西师范大学出版社 2011 年版。

［美］卡尔·克劳著，夏伯铭译：《洋鬼子在中国》，复旦大学出版社 2011 年版。

［澳］布伦南、［美］布坎南著，冯克利、秋风等译：《宪政经济学》，中国社会科学出版社 2012 年版。

［意］贝内德托·克罗齐著，田时纲译：《作为思想和行动的历史》，商务印书馆 2012 年版。

［美］康芒斯著，赵睿译：《制度经济学》，华夏出版社 2013 年版。

［美］道格拉斯·C.诺斯著，厉以平译：《经济史上的结构和变革》，商务印书馆 2013 年版。

［法］托克维尔著，冯棠译：《托克维尔文集》（1—4 卷），商务印书馆 2013 年版。

［法］托马斯·皮凯蒂著，巴曙松、陈剑等译：《21 世纪资本论》，中信出版社 2014 年版。

《泰晤士报》著，方激编译：《帝国的回忆：〈泰晤士报〉晚清改革观察记》，重庆出版社 2014 年版。

［法］居伊·布罗索莱著，牟振宇译：《上海的法国人（1849—1949）》，上海辞书出版社 2014 年版。

［美］道格拉斯·C.诺斯著，杭行译：《制度、制度变迁与经济绩效》，格致出版社、上海三联书店、上海人民出版社 2014 年版。

［美］戴维·哈维著，叶齐茅、倪晓晖译：《叛逆的城市：从城市权利到城市革命》，商务印书馆 2014 年版。

［英］埃比尼泽·霍华德著，金经元译：《明日的田园城市》，商务印书馆 2014 年版。

［美］詹姆斯·M.布坎南著，穆怀朋译：《民主财政论：财政制度和

个人选择》，商务印书馆 2015 年版。

［英］安德罗·林克雷特著，启蒙编译所译：《世界土地所有制变迁史》，上海社会科学院出版社 2016 年版。

［美］克利福德·格尔茨著，杨德睿译：《地方知识——阐释人类学论文集》，商务印书馆 2016 年版。

［英］彼得·霍尔著，王志章等译：《文明中的城市》第 1—3 册，商务印书馆 2016 年版。

［美］朗格等著，高俊等译：《上海故事》，生活·读书·新知三联书店 2017 年版。

［美］乔·古尔迪、［英］大卫·阿米蒂奇著，孙岳译：《历史学宣言》，格致出版社、上海人民出版社 2017 年版。

［德］马克斯·韦伯著，韩水法、莫茜译：《社会科学方法论》，商务印书馆 2018 年版。

［法］马克·布洛赫著，张和声、程郁译：《历史学家的技艺》，上海社会科学院出版社 2019 年版。

［英］威廉·R·葛骆著，叶舟译：《中国假日行》，生活·读书·新知三联书店 2019 年版。

［英］兰宁、库寿龄著，朱华译：《上海史》第一卷、第二卷，上海书店出版社 2020 年版。

五、外文著作

Twentieth Century Impressions of Hongkong Shanghai，and other Treaty Ports of China: Their History，People，Commerce，Industries，and Resources，Editor-in-Chief：Arnold Wright，Lloyd's Greater Britain Publishing Company，LTD. 1908.

Far Eastern Commercial and Industrial Activity‐1924，Compiled by E. J. Burgoyne，Edited by F. S. Ramplin. The Commercial Encyclopedia Co.（London，Shanghai，Hongkong，Singapore），1924.

Leaders of Commerce，Industry and Thought in China（Shanghai），Compiled by S. Ezekiel，Published by Geo. T. Lioyd，Shanghai，1924.

Who's Who in China（*Biographies of China*，《中国名人录》），Published by The China Weekly Review（Shanghai），1925.

A Short History of Shanghai，By F. L. HAWKS POTT，D. D.，Author of A Sketch of Chinese History，KELLY & WALSH，Limited，Shanghai，1928.

Men of Shanghai and North China: a Standard Biographical Reference Work，second edition，Shanghai：The University Press，1935.

Shanghai Old-Style Banks（*Ch'ien-Chuang*）*1800‐1935: A Traditional Institution in A Changing Society*，By Andrea Lee McElderry，Center for Chinese Studies The University of Michigan，1976.

Local Merchants and the Chinese Bureauracy，*1750‐1950*，By Susan Mann，Stanford University Press，1987.

Personal Reminiscences of Thirty Years' Residence in the Model Settlement: Shanghai（*1870‐1900*），By Dyce Charles，Hardpress Publishing，2013.

All About Shanghai and Environs: The 1934‐35 Standard Guide Book，By Peter Hibbard，China Economic Review Publishing for Earnshaw Books，2008.

六、期刊、杂志、论文

《上海县城厢内外总工程局章程》,《东方杂志》1905 年第 10 期。

《记载：上海推广法租界》,《学生》1914 年第 2 期。

《关于津市之天津英租界工部局财政概况》,《银行月刊》1928 年第 8 卷第 7 号。

《浙江省住屋捐章程》,《浙江民政月刊》1928 年第 8 期。

贾士毅:《上海市财政前途之希望》,《上海财政》1930 年第 1 期。

叶惠钧:《上海财政序》,《上海财政》1930 年第 1 期。

《工部局卫生处处长的谈话》,《中国美术杂志》1932 年第 16 期。

《上海公共租界房屋建筑章程（上海公共租界工部局订）：中式房屋建筑规则》,《中国建筑》1934 年第 8 期。

陈俊德:《上海码头捐之由来及其概况》,《上海财政》1931 年第 2 期。

《沪公共租界财政之现状》,《中行月刊》1931 年第 11 期。

马吉甫:《上海公共租界之地税与房捐》,《中国经济》1934 年第 2 卷第 2 期

穆渭琴:《笔记：参观了上海工部局与市政府归来》,《之江校刊》1935 年第 70 期。

志坚:《鼓浪屿印象记》,《新生周刊》1935 年第 2 卷第 2 期。

洪瑞坚:《上海公共租界的地价与地税》,《市政评论》1936 年第 10 期。

《费信惇谈工部局之职能》,《外论通信稿》1936 年第 1613 期。

香谷:《法租界的市政组织》,《上海法租界纳税华人会会报》1936 年

第 2 期。

熊月之：《论上海租界的双重影响》，《史林》1987 年第 3 期。

沈晓娅：《清末上海公共租界史料选编》，《历史档案》1991 年第 2 期。

《上海英租界道路码头委员会史料》，《上海档案工作》1992 年第 5 期。

方子文：《旧上海公共租界筹集市政建设资金的形式》，《上海财税》1994 年第 8 期。

吴士英：《论租界对近代中国社会的复杂影响》，《文史哲》1998 年第 5 期。

袁燮铭：《晚清上海公共租界政权运作机制述论》，《史林》1999 年第 3 期。

熊月之：《略论近代上海市政》，《学术月刊》1999 年第 6 期。

马学强：《"民间执业全以契券为凭"——从契约层面考察清代江南土地产权状况》，《史林》2001 年第 1 期。

甘慧杰：《论孤岛时期日本对上海公共租界行政权的争夺》，《档案与史学》2001 年第 6 期。

漆亮亮：《房产税的历史沿革》，《涉外税务》2002 年第 4 期。

熊月之：《上海城市精神述论》，《史林》2003 年第 5 期。

李佳策：《上海租界的财政统计》，《上海统计》2003 年第 8 期。

邢建榕：《水电煤：近代上海公用事业演进及华洋不同心态》，《史学月刊》2004 年第 4 期。

朱婷：《近代上海租界政体制度与城市经济发展》，《上海经济研究》2004 年第 11 期。

唐力行等：《论题：区域史研究的理论与实践》，《历史教学问题》

2004 年第 5 期。

熊月之:《开放与调适: 上海开埠初期混杂型社会形成》,《学术月刊》2005 年第 7 期。

吴承明:《谈谈经济史研究方法问题》,《中国经济史研究》2005 年第 1 期。

陈文彬:《民营公用事业:"监理"还是"监督"? ——关于近代上海公用事业管理方式的一场官商之争 (1927—1930)》,《中国经济史研究》2006 年第 2 期。

杜恂诚:《收入、游资与近代上海房地产价格》,《财经研究》2006 年第 9 期。

杜恂诚:《道契制度: 完全意义上的土地私有产权制度》,《中国经济史研究》2011 年第 1 期。

杜恂诚:《晚清上海租界的地价表现》,《史林》2012 年第 2 期。

王敏:《中英关系变动背景下"费唐报告"的出笼及搁浅》,《历史研究》2012 年第 6 期。

刘燕明:《民国时期房地产税收制度的变革及特点》,《税务研究》2013 年第 3 期。

高峰:《近代上海公共租界的土地价格、地税制度与城市化 (1845—1933)》,《财经研究》2013 年第 8 期。

钟翀:《近代上海早期城市地图谱系研究》,《史林》2013 年第 1 期。

孙宏伟:《英国地方自治的发展及其理论渊源》,《北京行政学院学报》2013 年第 2 期。

熊金武:《近代上海公共租界土地管理制度变迁——基于制度供给与需求的视角》,《贵州社会科学》2014 年第 4 期。

王敏:《从费唐报告看近代上海崛起之路》,《学术月刊》2014 年第

6期。

李东鹏：《上海公共租界纳税人会议代表性研究》，《史林》2015年第5期。

李东鹏：《利益博弈：略论上海公共租界纳税人会议与各方关系》，《泰山学院学报》2015年第4期。

李东鹏：《上海公共租界纳税人会议制度研究——从〈土地章程〉、〈议事规章〉看纳税人会议》，《江西师范大学学报》2015年第4期。

刘雅媛：《清末民初上海县城城市财政的形成与构成》，《中国经济史研究》2022年第1期。

李东鹏：《近代上海租界工部局的房税》，《经济社会史评论》2022年第4期。

孙倩：《上海近代城市建设管理制度及其对公共空间的影响》，同济大学博士学位论文，2006年。

牟振宇：《近代上海法租界城市化空间过程研究（1849—1930）》，复旦大学博士学位论文，2010年。

韩占领：《1929—1941年天津英租界市政管理研究》，天津师范大学2012届硕士研究生论文。

罗靖：《上海开埠初期租界地区洋行分布与景观变迁（1843—1869）》，复旦大学博士学位论文，2013年。

七、网络资料

《鼓浪屿公共地界章程》，资料来源：http：//www.glysyw.com/html/yczs/zjgl/2016/0312/2283.html

表格目录索引

表 1-1　工部局常设委员会 ································ 42
表 1-2　工部局特别委员会 ································ 44
表 1-3　资产负债估计备忘录 ······························ 53
表 1-4　1865—1869 年公共租界土地估值表 ················ 58
表 1-5　1865—1869 年公共租界估值地产总面积 ············ 58
表 1-6　1865—1869 年上海公共租界地价估值表 ············ 60
表 1-7　1865—1869 年地税收入占税费收入比重统计表 ······· 61
表 1-8　上海租界房捐率变动表 ···························· 62
表 1-9　1867—1875 年公共租界房屋数量、估值总额与税率统计表 ··· 66
表 1-10　1840—1869 年英国每年向中国输出的英国产品总值 ··· 73
表 1-11　1864—1869 年码头捐收入分析 ···················· 74
表 2-1　上海公共租界工部局地税收入统计表（1871—1937） ··· 99
表 2-2　工部局地税与纳税地产总值同比增长统计表 ·········· 109
表 2-3　1865—1875 年上海公共租界征收地税面积与估计地价统计表 ·· 113

表2-4	1900—1930年上海公共租界征收地税面积与估计地价统计表	114
表2-5	业主服务之租金减低表	129
表2-6	工部局房捐收入统计（1871—1937）	134
表2-7	工部局外侨房捐与华人房捐收入统计表	145
表2-8	上海公共租界人口统计表	149
表2-9	1932—1937年工部局西式房屋、华式房屋捐额统计表	150
表2-10	1929—1937年上海公共租界房屋、房捐收入统计	150
表2-11	码头捐收入统计表	167
表2-12	1870—1930年上海对外贸易总额占比	172
表2-13	1866年9月30日前在公共租界获得执照的旅馆、饭店统计表	182
表2-14	工部局执照捐收入统计表（1871—1937）	186
表3-1	1870—1898年工部局经常性财政收支统计表	196
表3-2	1899—1918年工部局经常性财政收支统计表	199
表3-3	1919—1931年工部局经常性财政收支统计表	203
表3-4	1932—1942年工部局经常性财政收支统计表	203
表3-5	1876年下半年房捐拖欠人员名单	212
表3-6	要求俄国领事馆提供保护但拖欠工部局捐税统计表	217
表3-7	工部局1930年度收入统计表	235
表4-1	1867年4月1日至1868年3月31日工部局支出项目	263

表4-2	上海公共租界工部局经常支出百分比统计表（1927—1931）	265
表4-3	1920—1937年工部局经常财政支出项目统计表	268
表4-4	1930年已完工房屋火警设备一览表	279
表4-5	1930年度关于有碍卫生食品公诉案之件数及罚金一览表	284
表4-6	1930年工部局各处室中外职员统计表	289
表4-7	工部局董事会需要的办公面积	306
表4-8	各部门面积汇总	306
表4-9	4种方案花费测算	316
表4-10	工部局大楼公债年度偿还额	317
表4-11	1931—1937年工部局财政支出预、决算数据统计表	327
表5-1	1922—1923年法租界公董局财政收支情况	352
表5-2	1935—1939年法租界公董局经常收支细目表	352
表5-3	1936年法租界公董局各部门支出预算	354
表5-4	1925—1927年天津英租界工部局收入情况	365
表5-5	1903—1937年鼓浪屿工部局收支统计表	376
表5-6	上海市政厅收支总表	393
表5-7	沪北工巡捐局收入表	396
表5-8	沪北工巡捐局支出表	396
表5-9	1932年我国主要城市人口数与财政收入数	417

图片目录索引

图 1-1　1920 年代的外滩景象 ·················· 27
图 1-2　1857 年工部局董事会董事（左：腊肯，中：克雷，右：曼）·················· 34
图 1-3　1900 年工部局董事会合影 ·················· 37
图 1-4　曾担任上海公共租界工部局总办的爱德华 ·················· 38
图 1-5　曾担任工部局总裁的费信惇 ·················· 39
图 1-6　1934 年上海公共租界纳税人年会场景 ·················· 51
图 1-7　1844—1870 年租界外侨数量变化图 ·················· 64
图 1-8　1855—1876 年公共租界华人数量变化图 ·················· 65
图 1-9　1865—1867 年公共租界空置房数量变化图 ·················· 67
图 1-10　上海码头工人正在装卸货物（1927）·················· 76
图 2-1　1927 年的上海外滩 ·················· 88
图 2-2　1931 年上海地价区划图 ·················· 91
图 2-3　工部局地税收入与经常收入增长趋势图（1871—1937）·················· 103
图 2-4　1940 年公共租界房客报告单 ·················· 120
图 2-5　1935 年工部局市政捐税票 ·················· 128
图 2-6　1938 年工部局市政捐税单（正面）·················· 132

图 2-7	1938 年工部局市政捐税单（反面）	133
图 2-8	工部局房捐收入和经常总收入增长趋势图（1871—1937）	139
图 2-9	1928 年上海公共租界工部局房租单	152
图 2-10	20 世纪初期上海黄浦江景	154
图 2-11	1871—1898 年工部局鸦片馆执照捐收入增长图	185
图 2-12	1871—1937 年工部局执照捐收入变动图	190
图 3-1	1870—1931 年工部局经常性收入、支出统计图	196
图 3-2	1936 年工部局董事会合影	234
图 3-3	20 世纪 30 年代的上海电力公司	238
图 3-4	1928 年 4 月上海公共租界纳税华人会选举工部局董事委员代表大会	247
图 4-1	20 世纪 20 年代的南京路	256
图 4-2	工部局工务处华籍职员	272
图 4-3	位于福州路的工部局中央巡捕房（20 世纪 30 年代）	275
图 4-4	工部局警务处的巡逻汽车	276
图 4-5	工部局杨树浦救火站	279
图 4-6	工部局救火队的消防云梯	282
图 4-7	工部局救火队的消防车	283
图 4-8	工部局正在进行路面清扫（1920）	284
图 4-9	工部局卫生处为市民注射预防传染病疫苗	286
图 4-10	工部局交响乐团演出剧照	289
图 4-11	外滩行驶的有轨电车（20 世纪 10 年代）	292
图 4-12	工部局为居民提供厨房用电	294

图 4-13　工部局大楼设计稿透视图 …………………………… 301
图 4-14　工部局大楼设计 4 个方案 …………………………… 309
图 4-15　工部局发行的债券 …………………………………… 318
图 4-16　初建成的工部局大楼 ………………………………… 319
图 4-17　1920—1937 年工务处支出走势图 …………………… 334
图 4-18　《费唐法官研究上海公共租界情形报告书》的作者费
唐法官 …………………………………………………… 341
图 5-1　法租界公董局大楼 …………………………………… 344
图 5-2　*Bulletin Municipal*《上海法公董局公报》1909 年第
4 期 ……………………………………………………… 350
图 5-3　法租界房捐单 ………………………………………… 361
图 5-4　华商上海电车公司的有轨电车 ……………………… 389
图 5-5　《上海市人民政府财政局房捐缴款书》（1950 年 7 月
4 日）…………………………………………………… 424

后 记

在人类历史上,城市在促进物质、文化繁荣和社会进步上,所发挥的作用是不可磨灭的。简·雅各布斯曾说过,当我们面对城市时,我们面对的是一种生命,一种最为复杂、最为旺盛的生命。我们必须用发展变迁的、系统性的视野看待一座城市的变迁。同时,城市是一个有着具体形状和活动的地方,我们在研究一个具体城市时,应该观察实际发生和存在的事情,对其进行归纳、总结,而不是进行过多虚无缥缈的遐想。本书是关于近代上海公共租界工部局财政制度的研究,并探讨财政与市政之间的相互关系,具体到近代上海城市的"财"与"政"而言,需要认真回答以下问题:

第一,工部局"财"从哪里来,"政"往何处施。从1854年工部局成立,到成为闻名世界的市政管理机构,在近代上海的城市核心区,工部局是如何推动市政管理制度和财政制度的形成、变革,这其中的因素有哪些等。特别是工部局在城市治理中,如何正确处理把控"财"的获取与"政"的施行,使二者形成良性循环互动,这是促进城市崛起、发展的基本原因之一。

第二,如何正确把握上海的租界、工部局在近代史上的"二重性"问题,及由此产生的华洋博弈是如何在工部局沿袭、依赖的发展路径上打开缺口。毋庸置疑,上海的租界是西方列强对我国实行侵略的产物，而工部局作为外国人管理公共租界的市政机构，本身就是掠夺中国财富、奴役中国人民、扩充侵略势力的工具，是一段任何时候都不能遗忘的屈辱历史。但同时必须认识到，近代中国独特的时代背景、动荡的政治格局、复杂的社会结构和剧烈的社会变革，让租界一定程度上成为相对安全的孤岛，也有利于先进思想的传播。而工部局则依托充沛的财力，吸引全世界的优秀人才来管理城市，形成了较为发达的市政管理制度和城市财税制度，促进了上海城市的大崛起。正因为此，近代城市治理的理念首先在这里引入中国，并发生扩散，推动了中国城市近代化的进程。

第三，如何通过横向的比较视野，看上海工部局的城市财政制度在中国城市发展史、城市财税史和中国近现代历程中的地位和影响。本书进行的比照主要从三个方面进行，一是上海公共租界工部局与同在上海的法租界公董局、华界当局的对比；二是上海工部局与国内其他租界城市市政管理机构之间的对比；三是上海工部局与我国重要城市市政管理机构之间的对比。通过上述比照研究，近代上海城市的发展和崛起，对地方、国家、世界的影响有哪些，结果自然呈现。

上述具体问题的提出与解决，既是本书进行分析研究的主要论点，也是支撑本书的主要内容，同时，这也是推动我继续深入展开有关上海城市发展问题思考的动力。本书所依据的核心资料是上海市档案馆藏的《上海公共租界工部局年报》《纳税人会议记录》和《工部局董事会会议录》。此外，上海图书馆、上海社会科学院图书馆等丰富的近代图书、期刊、报纸馆藏，也是本书重要的资料来源。

本书是我在攻读硕士学位和博士学位期间所取得的研究成果的基础上，结合近些年从事城市史研究的所得、所思，不断进行深化的成果。研究上海公共租界工部局始于我 2010 年考入上海社会科学院历史研究所攻读硕士学位期间，在张秀莉研究员的指导下，选择"上海公共租界纳税人会议"作为研究主题。但我从经济学跨专业到历史学，缺少历史学本科 4 年系统的学术训练和积累，带来了基础不牢、知识面不广、视野不开阔、研究方法不成熟等问题，这些都是读书期间面临的挑战。

2013 年，我来到上海师范大学开始攻读博士学位，在导师唐力行教授、马学强研究员的指导下，我选择"近代上海工部局财政"作为研究主题，先后发表几篇研究论文，初步形成了关于上海工部局财政制度研究的成果。这里要特别感谢马学强研究员，我参加了他主持的多项有关上海城市史研究的课题，包括《〈密勒氏评论报〉总目与研究》《上海城市之心：南京东路街区百年变迁》《上海石库门珍贵文献选辑》《从工部局大楼到上海市人民政府大厦》《打浦桥：上海一个街区的成长》等著作的编写，由此加深了对上海城市的认识和理解，锻炼了思维能力和写作能力，这些研究成果也对继续深化上海工部局财政制度研究提供助力。马老师经常叮嘱我做研究要脚踏实地，要掌握"硬通货"。他经常带我们前往上海市、区的档案馆，图书馆，城市建设档案馆，以及一些机构查阅房屋、户口等原始资料，让我体验到掌握细节内容的重要性。读博期间，唐力行老师对我非常关心并经常提供帮助，唐老师帮我确定继续研究上海工部局财政制度，并且给我机会参加他主持的国家社科基金重大项目"评弹历史文献资料整理与研究"，承担英文著作《*Plum and Bamboo: China's Suzhou Chantefable Tradition*》（《梅与竹：中国传统苏州评弹》）的翻译工作。该书于 2018 年底由商务印书馆出版。唐老师治学严谨，现在仍记得唐老师在上课时教导我们：做人和历史研究一样，必须要对社会进行深刻的认识，认真思考广阔的时间、空间维度，方能准确找到自己的定位。师恩难忘，我只有在今后人生道路上继续努力奋斗，努力拿出更多的成果，以报答诸位老师的培育之恩。

博士毕业后，我来到上海文化广播影视集团有限公司的上海音像资料馆工作，工作内容依然与上海城市史相关，而且在上海城市史研究过程中的知识积累、研究方法和研究能力的学术训练，对工作业务帮助很大，形成一个良性循环。

从2010年开始研究上海城市史，到2025年书稿付梓，在此要特别感谢在研究过程中对我提供帮助的众多师友。感谢上海社会科学院熊月之研究员、张秀莉研究员、万勇研究员、王健研究员、叶舟副研究员、牟振宇副研究员，上海大学王敏教授，上海师范大学徐茂明教授、洪煜教授，浙江大学城市学院韦飚教授，他们对我的学术研究十分关心，提出许多宝贵的指导建议，或提供资料，或提供线索，在此特别致谢。

书稿的写作过程中，得到许多学友的帮助，同中国社会科学院当代中国研究所的龚浩副研究员一起讨论城市财税的相关问题，许多建议都被我采纳。感谢金坡、胡端、胡德勤、李家涛、解军、刘晓海等学友，在学术研究的道路上互相帮助，既是学术研究上的同行者，也是日常生活上的好兄弟。感谢鲍世望老师对本书的图片设计提供帮助。感谢彭晓亮、高明、夏和武、陈凌、陆烨、袁家刚、蓝天、施如怡、付楠、徐宁、吴赟、季珩等学友在本书资料搜集、撰写、修正等环节给予的助力。

书稿的顺利出版，也得益于上海社会科学院出版社编辑老师们的认真编辑，为书稿勘误，使得书稿质量提升良多。在此表示诚挚的谢意。

最后我要特别感谢妻子陈凤、我的父母和李国良兄长。因为他们的关爱和奉献,让我可以心无旁骛地进行学术研究。

李东鹏

2025 年 4 月 12 日